재무회계강의

백복현 정부천

LECTURES ON
FINANCIAL ACCOUNTING

弘文社

머리말

이 책은 저자가 강의하면서 만들어 놓은 강의노트를 정리하여 만들어졌다. 회계과목은 지루하고 어렵다는 말을 많이 듣는다. 이 책은 차변과 대변을 다루는 분개 위주의 설명이 아니라 재무제표를 이해하고 분석하는 틀을 제공하는 데 목적을 두었다. 또한 독자의 이해를 위해 다양한 문제, 실제 사례, 최근 학계의 연구 내용도 함께 넣었다.

처음 볼 때는 각 단원이 따로 분리되어 있는 것처럼 보이지만 하나의 공통된 주제를 바탕으로 쓰여졌다. 이 책의 관심사는 회계기준이 허용하는 자의성(flexibility)과 경영자의 인센티브가 서로 작용하여 재무제표에 어떤 영향을 주느냐 하는 것이다. 현행 회계기준은 많은 부분에서 동일한 경제활동에 대해 경영자에게 다른 회계처리를 허용하고 있다. 예를 들어 공사계약에서 공사완성기준법 대신 공사진행률법을 쓰기도 하고, 감가상각처리에서 정액법 대신 정률법을 쓰기도 하고, 재고자산 평가에 선입선출 대신 가중평균법을 쓰기도 한다. 또한 경영자들은 회계처리를 할 때 많은 추정과 예측을 한다. 따라서 경제적 실질(fundamental)이 변하지 않아도 회계처리의 차이는 재무제표의 차이를 낳는다. 이 책은 공격적인 회계처리를 보수적으로 했을 때 재무제표가 어떻게 달라지는지 알아본다. 서로 다른 회계처리를 한 경쟁기업 간에 재무지표를 비교하기 위해 독자가 어떤 조정이 필요한지도 고민해 보도록 했다.

각 단원 안에 있는 셀프스터디 문제는 단원에서 꼭 알아야 할 주제를 학습하고, 연습문제는 실제로 재무제표를 이해하고 분석하는 데 도움을 주기 위해 만들어졌다. 저자는 이 책을 통해서 독자들이 회계기준이 경영자에 허용하는 주관과 판단의 자유가 재무제표에 어떻게 다양한 스펙트럼으로 나타나는지 이해하고 분석할 수 있는 틀을 가졌으면 하는 바람이다.

이 책은 주위 여러분의 도움이 있기에 가능했다. 동료교수들이 저술 과정에서 저자에게 새로운 시각과 조언을 아끼지 않았다. 특히 김중배(SMU), 노용오(McGill), 오승빈(U. Wisconsin-EC), 김정민(Northwestern), 최가영(City University of London), 이용규(서울대) 교수에게 감사한다. 김성효(MIT 박사과정), 김건우(U. Chicago 박사과정), 박찬무(Northwestern 박사과정), 이찬석(서울대 석사과정), 이형용(서울대 학부)에게도 감사를 표한다. 홍문사 임권규 사장님과 이경희 편집주간 도움 없이는 좋은 책이 불가능했음을 밝힌다.

2024년 2월

서울과 마노아 연구실에서 저자가

Lectures on Financial Accounting

차 례

제1장 재무회계란 무엇인가

제2장 재무제표 작성을 위한 회계처리

제3장 수정분개 및 재무제표 작성

제4장 영업 이익의 보고 및 분석

제5장 수익성 분석 및 해석

제6장 영업자산 보고 및 분석

제7장 기업 간의 투자활동의 보고 및 분석

제8장 부채의 보고 및 분석

제9장 자기 자본의 보고와 분석

제10장 부외금융과 법인세의 보고 및 분석

제11장 현금흐름표의 작성

1. 기업활동과 재무제표
2. 재무제표 분석 체계와 산업 및 기업전략 분석
3. 재무제표의 종류

01

재무회계란 무엇인가

Lectures on Financial Accounting

10

CHAPTER 01

재무회계란 무엇인가

1 기업활동과 재무제표

기업은 계약의 총합(nexus of contracts)이다. 종업원과 고용계약을 하고, 공급업체와 물건 납품계약을 하며, 소비자와도 상품의 매매계약을 한다. 기업의 재무제표(financial statements)는 기업활동에 따른 경제적 계약을 요약해서 보여준다. 회계는 기업에 발생한 경제적 계약의 결과를 자산(assets), 부채(liabilities), 자본(owners' equities), 수익(revenues), 비용(expenses) 등으로 구분하여 재무제표에 반영한다.

재무제표는 기업이 은행, 채권시장, 주식시장 등에서 자본을 조달하여(financing activities) 어떻게 투자를 하고(investing activities) 본연의 영업활동(operating activities)에서 부를 창출했는지 일련의 과정을 보여주는 사진이라 할 수 있다. 재무제표는 자본을 조달한 외부 투자자, 미래투자자(potential investors), 은행, 기타 외부 이해관계자에 다양한 정보를 제공하여 재무제표 작성자(즉, 회사의 경영자)와 정보의 불균형(information asymmetry)을 낮춘다. 하지만 이러한 재무제표는 회계기간이 끝날 때마다 공시되기 때문에 정보의 적시성(timeliness)이 떨어질 수 있다. 일부 기업은 재무제표를 보기 좋게 만들기 위해 분식회계를 하거나 중요한 경제활동을 숨길 유인이 있을 수 있다. 이러한 경우 투자자와 회사의 정보 불균형은 심해지고 투자자들은 그런 회사에 투자를 꺼리게 된다. 정보 불균형이 점차 심해지면 결국에는 자본시장(capital markets) 자체가 붕괴가 될 수도 있다. 노벨경제학 수상자 스티글리츠(Stiglitz)가 비유한 중고차 시장에서의 정보불균형과 시장의 붕괴는 정보 불균형 문제의 좋은 예이다. 차의 상태를 잘 아는 주인과 이를 모르는 소비자 간의 정보불균형으로 중고차 시장에 평균치 이하의 하품 중고차(lemon)만 나오고 아무도 사지 않는 상황이 오게 된다. 결국 중고차 시장이 붕괴된다. 자본시장도 마찬가지다. 자본을 조달하는 투자자와 자본을 활용하려는 기업 간에 정보불균형이 심해지면 좋은 기업이 싼 자본비용으로 자본조달을 할 수 없게 된다. 자본시장이 붕괴될 수도 있다.

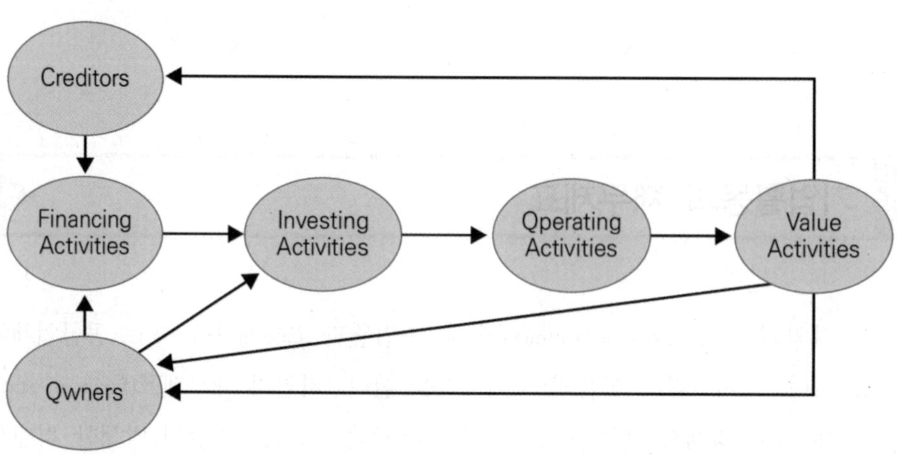

기업의 활동은 기업환경과 기업전략에 의해서 영향을 받는다. 기업환경에는 노동시장, 자본시장, 제품시장, 기업에 대한 규제 등이 포함되며, 회계 측면에서 생각해 본다면, 자본시장의 구조, 회계규정, 세무규정, 외부감사 관련 법률 등이 회계 환경을 규정한다. 기업의 전략은 얼마나 다양한 제품을 판매하는지, 얼마나 차별화된 제품을 제공하고자 하는지, 제품가격을 낮게 할지 높게 할지에 대한 결정이며, 주어진 환경과 기업이 가진 강점과 약점을 고려하여 결정된다. 회계 측면에서도 회계정책의 결정, 회계추정과 관련된 결정, 보고 형식, 자발적인 공시 등에 회계전략이 개입될 여지가 있다. 기업은 회계처리 시 많은 재량(flexibity)을 가지고 있고 추정도 많이 한다. 예를 들면 감가상각 자산의 내용 연수나 감가상각 방법을 어떻게 할 것인지 결정할 때 기업의 전략적 목표에 도움이 되도록 설정할 수 있다. 가격경쟁이 치열할 때 사용하는 자산의 내용 연수를 가능한 한 길게 정할 수도 있다. 또한 관련 법규에 의하여 강제되지 않지만, 기업은 자발적인 공시를 통하여 자본 조달비용을 낮추고자 할 수도 있으며, 반대로 자발적인 공시를 최소화하여 경쟁기업에게 정보가 공개되는 것을 최소화하고자 할 수도 있다. 이러한 예는 회계 전략이 기업의 전략과 긴밀하게 연결되어 있음을 보여준다.

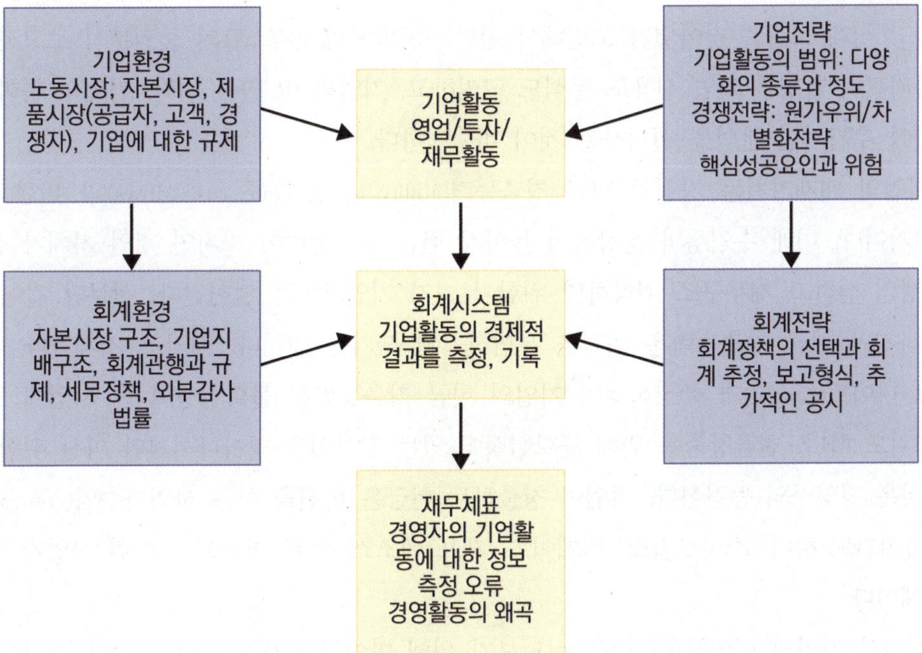

2 재무제표 분석 체계와 산업 및 기업전략 분석

재무제표는 기업과 관련된 많은 경제적 계약을 회계 시스템이라는 렌즈를 통해서 보여준다. 재무제표 분석의 목적은 내재가치(intrinsic value)를 평가하는 것인데 재무제표를 볼 때 회계 렌즈가 가진 한계를 고려하고 접근해야 한다. 마치 돋보기안경을 썼을 때 사물이 커 보이듯이 회계시스템의 렌즈를 통해 나온 재무제표도 여러 가지 추정, 왜곡이 있을 수 있다. 기업이 경제적 계약을 회계처리 할 때 다양한 재량권(discretion)을 가지고 있음을 명심해야 한다. 회계정보는 추정이 필요하여 측정 오류가 있을 수 있다. 또한 기업이 경영활동을 왜곡할 유인도 존재할 수도 있다. IPO나 M&A를 하고 있는 기업일 수도 있고 단기 보상체계가 강조되는 기업도 있다. 기업이 가진 재량권과 추정, 왜곡은 기업의 경제적 성과의 실질을 정확히 반영하지 못하게 하기 때문에 재무제표를 이용해 기업분석을 할 때는 이러한 한계점을 극복하고 실제 모습을 찾아낼지 고민해야 한다. 증권사 애널리스트의 증권분석 보고서나 신용평가기관이 발행한 기업 신용도 분석도 고려하고, 기업의 IR 활동 전략, 기업의 문화 등도 분석하여 추가적인 분석을 실시하는 것이 바람직하다.

기업의 내재가치는 기업의 현금 창출능력(ability to generate cash flows)과 위험(risk)의 줄다리기이다. 미래 수익성과 성장성이 높아서 현금 창출능력이 커지면 기업 가치가 올라가고 경쟁의 심하고 재무구조 취약하면 위험이 커져 기업가치는 떨어진다. 선문답 같이 들리기도 하지만 현금 창출능력은 위험을 부담하기에 생기는 것이다. 시카고 경제학파 대두인 프랑크 나이트(Knight)가 주장하듯이 기업의 현금 창출능력은 불확실성이 큰 사업에 도전한 보상이기도 하다. 현금창출을 위해 불확실성이 있는 신사업을 찾아나서지만 파산 위험을 피하는 것은 경영자의 능력이다. 기업이 창출하는 현금은 혁신을 하는 사업가수익(entrepreneur income)이기도 하다. 스티브잡스, 빌게이츠, 제프 베조스, 엘론 머스크는 이런 사업가 수익의 좋은 예이다.

여기서 기업의 이익창출능력을 살펴보기 위해 마이클 포터(Porter) 교수가 제시한 방법(framework)을 간단히 소개한다. 포터는 외부에서 바라볼 때(Outside-In) 기업경쟁력이 어느 정도인지 분석하는 좋은 틀을 제공한다. 이런 분석방법은 기업 내부관점에서 핵심역량(core competence)을 찾는(Inside-Out) 프랄라드 교수의 방법론과 비교된다. 기업의 산업경쟁력을 평가하기 위해서는 먼저 기업이 속해 있는 산업 특성을 알아야 한다. 산업의 수익성을 알아내기 위해 해당 산업이 얼마나 매력적인지 그 산업에 속한 기업이 독점적 지위를 가지고 있는지 살펴본다. 또한 경쟁우위를 위해 기업이 어떤 전략을 택하고 있는지 알아보아야 한다. 기업의 이익 창출능력은 결국 기업의 내재가치에 반영된다. 전략분석 다음으로 기업이 사용하는 회계처리, 추정을 살펴보고, 다양한 재무제표 비율(financial ratios)을 분석한다. 이를 바탕으로 기업의 미래 영업활동 예측하고 기업의 내재가치를 알아본다. 자세한 내용은 졸저 재무제표 분석과 기업가치 평가를 참조하기 바란다. 여기서는 산업분석과 기업의 전략분석을 간단히 살펴보자.

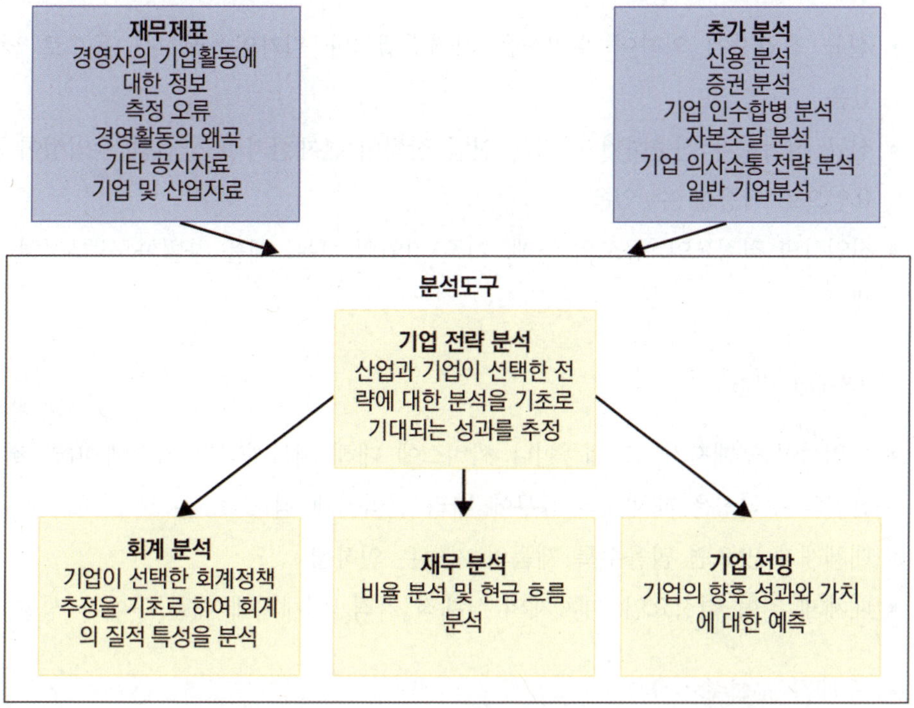

(1) Porter's five Forces Analysis - 산업 분석

마이클 포터에 따르면 다음의 다섯 가지 요인에 의해서 산업의 수익성이 결정된다. 결국 특정산업에 속한 기업이 얼마나 독점적 우위를 지니고 있는지 알아보는 것이다. 한 산업에서 독점적 우위를 지닐수록 수익성을 커질 것이다.

① 기존 진입자 경쟁강도

- 이미 시장에 진입한 기업 간의 경쟁
- 경쟁은 경쟁자들이 경쟁위치 개선에 대한 압력을 느끼거나, 그 기회를 찾고 있을 때 일어남
- 경쟁강도 결정요인: 산업의 성숙도, 제품 차별화, 경쟁자의 수, 전환 비용, 학습 효과의 수준, 고정원가의 비중, 퇴거장벽, 초과 생산설비 등

② 신규 진입자 위협

- 신규 진입자에 의하여 수익성은 가격경쟁이나 원가인플레이션 등으로 낮아질 수 있음
- 신규 진입자가 진출하기 어려운 진입 장벽이 존재한다면 산업의 수익성이 높아지는 요인으로 작용할 수 있음
- 진입장벽 결정요인: 규모의 경제, 기존 기업의 보복, 제품 차별화, 정부정책, 조세, 규제 등

③ 대체재 위협

- 수익성이 구매자가 그 제품이나 서비스에 대해 지불하려는 가격에 따라 결정된다면 산업의 수익성은 대체제의 유무에 따라 달라지게 됨
- 대체재가 많으면 많을수록 제품의 가격은 인하됨
- 대체재 위협 결정요인: 대체재의 상대적 가격, 대체재에 대한 구매자 성향 등

④ 구매자 교섭력

- 구매자들이 가격 인하 및 품질 제고 압력 또는 판매자가 수익성을 낮추도록 경쟁 유도
- 구매자의 교섭력이 높을 때 사업상의 압박 높음
- 구매자의 교섭력을 결정하는 데에는 구매자들이 얼마나 가격에 민감한가의 정도와 공급자에 대한 구매자들의 상대적인 교섭 능력이 중요
- 교섭력 결정요인: 구매 비중, 구매 규모, 구매자의 정보력, 가격민감도, 대체품의 존재, 구매자의 후방통합능력, 구매자의 교섭력 등

⑤ 공급자 교섭력

- 공급자들은 가격을 인상하거나 품질을 저하시키려는 위협으로 협상력을 제고
- 공급자 교섭력이 높을 때 원가상승 / 이윤감소
- 협상력 결정요인: 투입원재료 차별성, 교체비용, 대체 원재료의 출현, 공급물량 정도 등

예로 마이클 포터의 Five Forces Analysis를 킴벌리 하기스 기저귀에 적용해 보자.

우선, 기저귀 산업은 산업의 성숙도가 높고, 팸퍼스, 보솜이, LG생활건강, 메리즈 등 다수의 기업들이 경쟁을 하고 있다. 또한 신규 진입자의 잠재적 위협도 존재한다. 기저귀 제조에 대규모 자본력이 필요하지 않고 기술 격차가 크지 않기 때문이다. 하지만 기저귀는 영유아 제품이라는 특성상 브랜드에 대한 고객 충성도가 높은 편이다. 따라서 기존 기업들이 구축해온 브랜드 가치가 크게 손상되지 않는 한, 신규 기업이 기존 제품의 고객을 빼앗아 오는 것이 제한적일 수도 있다. 기저귀 산업의 대체재 위협도 있다. 기저귀는 필수재에 가깝기 때문에 기저귀 자체가 대체될 가능성은 낮으나, 최근 천 기저귀 등 친환경 제품이 출시됨에 따라서, 대체재로의 고객 이탈이 위협이 된다. 구매자의 협상력도 존재하는데 킴벌리가 이마트, GS마트, 롯데마트, 홈플러스 등 대형 구매업자에게 많이 의존하기 때문이다. 또한 기저귀 산업의 공급자의 협상력도 높다. 공급자의 원재료는 기업에 관계없이 천연 펄프로 거의 동일하며 기저귀 제품의 원재료 비율은 제품원가의 약 70%를 차지하기 때문이다.

(2) Competitive Strategy Analysis-기업전략 분석

위에 설명한 산업의 수익성 결정요인은 기업의 전략 선택에도 영향을 준다. 다른 전략의 선택은 재무제표에 다른 모습으로 나타난다. 적절한 전략은 기업이 경쟁적 우위(competitive advantage)를 잘 활용하는 것이다. 기업전략은 기업의 핵심 능력(core competence)과 핵심 성공요인이 조화를 이루어야 한다.

① 가격 우위 전략

저렴한 원가로 제품을 생산하여 시장에 공급함으로써 경쟁력을 획득하고자 하는 전략으로, 규모의 경제, 범위의 경제, 제품 디자인의 간결화, 저렴한 원료 조달 및 제품 유통 등이 요구된다.

② 차별화 전략

우수한 제품을 시장에 공급함으로써 경쟁력을 획득하고자 하는 전략으로, 우수한 제품 수준, 제품의 다양성, 고객 서비스, 제품을 고객이 편리한 방법으로 배달하는 등의 능력이 요구된다.

삼성SDI 기업 사례

전자공시시스템(DART)를 활용하여 삼성SDI의 제44기 회계연도(2021년 1월 1일–2021년 12월 31일)의 사업보고서 및 재무제표를 이용하여 다음 물음에 답하시오. 전자공시 시스템을 활용하는 방법은 본 장의 말미에 설명되어 있다.

사업보고서상의 'II. 사업의 내용'을 참고하여 삼성SDI의 사업내용을 간단히 요약하고 (a) Porter's 5 Forces Analysis–산업분석과 (b) Competitive Strategy Analysis–기업전략 분석을 적용해 보자. 필요한 경우 애널리스트 보고서 및 거시경제 관련 뉴스를 참고한다.

사 업 보 고 서

(제 52 기)

사업연도 2021년 01월 01일 부터
2021년 12월 31일 까지

금융위원회
한국거래소 귀중 2022 년 3 월 8 일

제출대상법인 유형 : 주권상장법인

면제사유발생 : 해당사항 없음

회 사 명 : 삼성SDI 주식회사

대 표 이 사 : 전영현

본 점 소 재 지 : 경기도 용인시 기흥구 공세로 150-20
(전 화) 031-288-4114
(홈페이지) http://www.samsungsdi.co.kr

작 성 책 임 자 : (직 책) 재경팀장 (성 명) 김윤태
(전 화) 02-2255-2660

3 재무제표의 종류

(1) 재무상태표

재무상태표는 특정 시점(회계연도 말 또는 분기 말)에 기업이 가지고 있는 경제적 자원과 자금원천, 자금운영 상황을 보여준다. 재무상태표는 자산, 부채, 자본으로 구분되어 나타난다. 자산은, 기업이 보유하고 있는 경제적 자원이며 미래에 경제적 효익(현금 증가)을 창출할 것으로 기대되는 항목들이다. 일반적으로 유동자산(current assets)과 비유동자산(non-current assets)으로 구분하는데, 유동자산은 향후 1년 이내 혹은 정상적인 영업주기 이내에 현금화될 것으로 예상되는 자산이다. 구체적으로는 기업이 보유한 현금, 매출채권, 재고자산, 단기투자자산 등이 해당한다. 비유동자산의 예로는 토지나 공장, 차량 등의 유형자산이나 기업이 보유한 특허권, 상표권 등의 무형자산이 있다. 이러한 자산은 장기적으로 사용하면서 효익을 창출할 것으로 기대되는 자산이다. 기업이 가지고 있는 자산은 기업이 조달한 자금과 같다. 자금 조달은 부채와 자본으로 이루어진다. 부채는 기업이 주주가 아닌 투자자로부터 빌린 자금을 나타내며, 미래에 경제적 희생(현금 감소)이 예상되는 항목이다. 은행에서 돈을 빌리거나 채권시장에서 회사채를 발행한 돈이 여기에 포함된다. 자본은 주식시장에서 조달한 자금을 나타내며, 자산에서 부채를 차감한 잔여지분이다.

회계등식: 자산 = 부채 + 자본

자산은 항상 부채와 자본의 합과 같고 이를 회계등식(accounting equation)이라 한다. 모든 경제적 거래는 회계등식을 만족한다. 경제적으로는 기업이 보유한 자산은 채권자로부터 조달한 자금(부채)과 주주로부터 조달한 자금(자본)의 합이라는 의미를 나타낸다. 채권자 일정한 이자수익과 원금의 회수를 기대하고 투자한다. 반면 주주는 기업의 경제적 자원에서 채권자의 몫을 뺀 나머지에 대해 권리를 가진다. 위의 회계등식에서 보듯이 자산에서 부채를 뺀 순자산이 주주의 몫이다.

주주는 기업의 주인으로 잔여지분에 대한 권리를 보유하고 있으며, 자본에 대한 구체적인 회계처리에도 이러한 생각이 반영되어 있다. 채권자는 이자와 원금의 보장에만 관심이 있기 때문에 보수적이고 위험 회피적이다. 반면 주주는 채권자의 몫 이외에 나머지를 가져가기 때문에 위험을 추구하는 경향이 있다.

자산, 부채, 자본에 해당하는 대표적인 항목의 예로는 다음과 같은 계정들이 있다. 자산과 부채 항목은 유동항목과 비유동항목으로 나눌 수 있는데, 유동항목이란 1년 이내 혹은 정상적인 영업기간 내에 해당 계정이 현금화되거나 소멸하는 항목을 의미한다. 비유동항목은 유동항목이 아닌 계정과목으로 장기적으로 사용되는 항목이다. 한편, 자본의 경우에는 기본적으로 계속기업 가정에 따라 영구적인 보유를 가정하기 때문에, 유동인지 비유동인지에 대한 구분을 적용할 수 없다. 계속기업 가정이란 기업이 이른 시일 내에 영업을 중단하지 않고, 지속적으로 운영된다는 가정이다. 현실에서 기업이 도산 등의 이유로 소멸하는 경우가 있기는 하나, 그러한 경우에도 의도적으로 혹은 계획적으로 기업을 소멸시키려는 것은 아니기 때문에 계속기업 가정(going concern assumption)은 회계에서 적용되는 중요한 가정 중 하나이다.

분류	유동/비유동	계정과목 예시
자산	유동자산	현금 및 현금성 자산 투자증권 매출채권 재고자산 선급보험료
	비유동자산	건물 영업권 특허권 토지
부채	유동부채	미지급급여 미지급금 유동성장기부채 단기차입금 미지급법인세
	비유동부채	장기차입금 사채
자본		보통주자본금 우선주자본금 기타포괄손익누계액

회계계정의 종류 및 의미

자산	
현금 및 현금성 자산	현금, 당좌 예금, 보통 예금 등 요구불 예금 및 현금성 자산을 의미한다.
현금	통화(지폐, 주화) 및 언제든지 통화와 교환할 수 있는 통화 대용 증권을 포함하며, 통화 대용 증권은 자기앞 수표, 타인 발행 당좌 수표, 송금 수표, 여행자 수표, 우편환 증서, 기한이 도래한 공사채의 이자표, 배당금 영수증, 일람 출급 어음 등이 있다.
현금성 자산	현금은 아니지만 현금으로의 전환이 쉽고, 가치의 변동에 큰 위험이 없는 유가 증권 및 단기 예금 중 취득 당시 만기가 3개월 이내의 것을 의미한다.
단기 매매 증권	단기간 내의 매매 차익을 목적으로 취득한 유가 증권으로 매수와 매도가 적극적이고 빈번하게 이루어지는 것을 의미한다.
매출채권	고객에게 상품이나 용역을 제공하고, 대금을 아직 받지 않았거나 어음으로 받은 경우 판매 대금을 받을 권리를 의미한다.
단기(장기)대여금	차용증서 등을 발행하고 현금 등을 빌려준 경우, 1년 이내(이후)에 현금을 받을 권리를 의미한다.
미수금	상품 이외의 자산을 외상으로 매출한 경우에 판매 대금을 받을 권리를 의미한다. 거래의 형태에 따라서 미수이자 등의 이름으로 나타날 수 있다.
선급금	거래처에 상품이나 용역을 주문하고 상품 대금의 일부를 계약금으로 지급한 경우에 향후 상품이나 용역을 제공받을 권리를 의미한다. 거래의 형태에 따라서 선급보험료 등의 이름으로 나타날 수 있다.
재고자산	회사가 영업활동 과정에서 판매하기 위한 상품으로, 외부에서 매입할 수도 있고, 회사가 자체적으로 생산할 수 있다.
재공품	회사가 재고자산을 직접 생산할 경우, 기말시점에서 아직 완성하지 못한 단계의 재고자산을 의미한다.
완성품	회사가 재고자산을 직접 생산할 경우, 기말시점에서 완성하여 판매할 수 있는 상태의 재고자산을 의미한다.
만기보유증권	장기간 자금 운용을 목적으로 만기가 3~5년으로 확정된 공채, 사채 등의 채무증권을 만기까지 보유하는 목적으로 매입한 경우에 해당 증권에 대해 사용되는 계정이다.
매도가능증권	여유 자금을 운용할 목적으로 매입한 주식이나 채권 중에서 단기매매증권이나 만기보유증권으로 분류되지 않는 증권에 대해 사용되는 계정이다.
지분법적용투자증권	타회사에 대한 지배나 통제를 행사할 목적으로 주식을 매입하였으며 지분율이 20% 이상 50% 미만인 경우에 주로 적용된다.
투자부동산	기업 본래의 영업활동이 아니라 투자목적으로 소유하는 토지나 건물 등의 부동산에 대해 적용된다.

유형자산	구체적인 존재 형태를 갖고 있으며, 장기간 영업 활동에 사용하기 위해 취득한 토지, 건물, 기계장치, 차량운반구, 비품 등을 의미한다.
무형자산	물리적인 존재 형태를 갖고 있지 않으나, 법률이나 계약으로 경제적 가치를 갖는 자산을 의미하며, 영업권, 산업재산권, 라이선스, 저작권, 소프트웨어 등이 해당한다.
감가상각누계액	유형자산이나 무형자산은 회사의 영업활동을 위해 장기적으로 사용되는 과정에서 경제적 가치가 감소하는데, 이를 반영하여 해당 계정의 금액을 감소시키는 데 사용된다. 관련 자산의 금액을 감소시킨다는 점에서 자산의 반대계정(contra-asset account)이라고 한다.

부채	
매입채무	상품을 매입하고 대금을 지급하지 않았거나 약속 어음을 발행하여 지급한 경우에 매입대금을 지급할 의무를 의미한다.
단기(장기)차입금	거래처나 은행 등으로부터 현금을 차입하고 1년 이내(이후)에 갚기로 한 경우에 해당 의무를 의미한다.
미지급금	상품 이외의 자산을 외상으로 구입한 경우에 대금을 지급할 의무를 의미한다. 거래의 종류에 따라서 미지급이자, 미지급보험료 등으로 나타날 수 있다.
선수금	거래처에서 상품이나 용역을 주문받고 상품 대금의 일부를 계약금으로 받은 경우 향후 상품이나 용역을 지급할 의무를 의미한다. 거래의 종류에 따라서 선수보험료 등으로 나타날 수 있다.
예수금	종업원의 신원 보증금, 소득세 원천 징수액, 국민연금, 건강보험료 등을 일시적으로 보관하는 경우, 향후 지급해야 할 의무를 의미한다.
사채	주식회사가 이사회의 결의에 따라서 사채를 발행하고, 투자자로부터 자금을 차입하게 되는 경우 생기는 부채를 의미한다.
전환사채	사채 중에서 향후 지분증권으로 전환할 수 있는 권리가 부여된 사채를 의미한다.

자본	
자본금	기업 설립 시 최초 자본 출자금 및 이후 추가 출자금의 증감을 반영하는 계정이다. 발행주식수에 1주의 액면 금액을 곱한 금액이다. 보통주와 우선주에 대한 자본금으로 나눌 수 있다.
주식발행초과금(주식할인발행차금)	신주 발행 시 액면금액을 초과(미달)한 금액에 주식이 발행되는 경우, 액면을 초과(미달)하는 금액을 의미한다.
이익잉여금	기업의 영업활동 결과 발생한 순이익 중 주주에게 배당 등으로 지급한 금액을 제외하고 회사에 유보된 금액을 의미한다.
기타포괄손익누계액	포괄손익 중 당기순손익을 제외한 기타포괄손익을 누적시킨 금액으로, 매도가능증권평가손익, 파생상품평가손익, 해외사업환산손익 등이 있다.

자기주식	회사가 시장에서 유통되는 주식을 스스로 취득하였을 경우에 나타나는 계정으로 자본금액을 감소시킨다. 자기주식은 상법 규정에 의해서 배당을 받을 수 없으며, 의결권도 없으며, 발행주식수 계산시 포함되지 않는다.

2021년 상장기업 평균 대차대조표

(2021년 코스피, 코스닥 상장 기업들의 총자산 대비 계정별 비중의 평균을 나타낸 표)

자산		부채	
유동자산	52.617%	유동부채	29.518%
현금 및 현금성자산	14.032%	단기사채	2.449%
매출채권 및 기타채권	12.901%	단기차입금	7.803%
재고자산	11.103%	유동성장기부채	2.456%
단기금융자산	11.165%	매입채무 및 기타유동채무	11.498%
기타유동자산	3.416%	기타유동부채	5.313%
비유동자산	47.123%	비유동부채	11.492%
유형자산	26.564%	사채	2.682%
무형자산	3.760%	장기차입금	4.042%
장기금융자산	5.952%	기타비유동부채	4.768%
관계기업 등 지분관련 투자자산	4.095%	자본	58.990%
장기매출채권 및 기타비유동채권	0.739%	자본금	9.624%
기타비유동자산	6.014%	자본잉여금	40.011%
		기타자본	−2.625%
		기타포괄손익누계액	1.252%
		이익잉여금	7.862%
합계	100%	합계	100%

위의 표는 우리나라 평균기업의 재무상태표이다. 현금은 총자산의 14%이고 유형자산은 26.5%이다. 부채와 자본의 비율은 40 대 60 정도이다.

다음은 삼성SDI의 재무상태표를 보자. 우리는 회계등식이 성립하는 것을 확인할 수 있다.

21년도의 총자산은 25조이고 부채는 10조이며 자본은 15조이다.

삼성SDI의 연결 재무상태표

연결 재무상태표

제52기 2021.12.31 현재
제51기 2020.12.31 현재
제50기 2019.12.31 현재

(단위: 원)

	제52기	제51기	제50기
자산			
유동자산	7,444,907,068,203	5,657,405,165,394	5,181,414,896,890
현금 및 현금성자산	2,325,692,348,376	1,545,974,321,801	1,156,295,420,684
매출채권 및 기타채권	2,195,425,598,789	1,870,381,153,317	2,015,345,598,328
재고자산	2,487,316,318,701	1,810,785,260,639	1,707,920,528,827
기타투자자산	164,541,358,730	167,037,269,633	135,761,635,931
기타유동자산	258,708,109,360	256,395,938,005	154,545,416,286
파생상품자산	13,223,334,247	6,831,221,999	11,546,296,834
비유동자산	18,388,285,928,733	15,876,827,101,435	14,670,681,551,114
매출채권 및 기타채권	13,538,047,881	25,279,489,150	27,812,097,927
관계기업투자	7,885,424,300,376	7,143,396,948,925	6,763,177,128,524
유형자산	7,635,995,590,121	6,128,099,170,818	5,426,843,174,367
무형자산	798,911,068,282	793,573,297,061	831,370,661,521
투자부동산	150,410,177,327	150,502,139,591	153,656,745,607
이연법인세자산	140,864,868,927	96,846,429,192	85,799,169,237
기타투자자산	1,572,410,115,693	1,358,684,147,489	1,262,913,960,187

기타비유동자산	105,884,740,957	106,629,882,558	113,253,135,231
파생상품자산	84,847,019,169	73,815,596,651	5,855,478,513
자산총계	25,833,192,996,936	21,534,232,266,829	19,852,096,448,004
부채			
유동부채	6,461,285,795,016	4,983,633,140,961	3,741,522,650,216
매입채무 및 기타채무	3,269,446,524,533	1,809,091,871,927	1,434,987,949,747
미지급법인세	126,201,165,219	44,391,708,778	72,873,576,031
선수금	211,277,273,149	353,726,970,697	60,860,323,805
선수수익	39,131,549,681	17,761,781,525	5,513,614,118
단기차입금	2,510,216,802,997	2,427,504,179,850	1,766,474,985,603
파생상품부채	2,330,249,501	28,783,093,680	
충당부채	302,682,229,936	302,373,534,504	400,812,200,912
비유동부채	4,175,207,887,065	3,191,672,237,752	3,450,228,602,652
매입채무 및 기타채무	265,947,483,830	210,040,906,245	239,328,868,322
장기선수금	35,429,209,729	1,344,199,495	5,259,529,488
장기차입금	2,107,760,803,273	1,484,319,604,943	1,801,994,890,105
종업원급여부채	9,358,262,362	38,705,231,267	61,489,160,231
파생상품부채	10,016,686,557		2,420,075,456
충당부채	93,311,709,876	79,823,289,635	99,138,643,473
이연법인세부채	1,653,383,731,438	1,377,439,006,167	1,240,597,435,577
부채총계	10,636,493,682,081	8,175,305,378,713	7,191,751,252,868
자본			
지배기업의 소유주에게 귀속되는 자본	14,704,264,131,372	12,977,616,019,092	12,324,936,720,467
자본금	356,712,130,000	356,712,130,000	356,712,130,000
자본잉여금	5,001,974,693,202	5,001,974,693,202	5,001,974,693,202
기타자본항목	-345,131,583,767	-345,131,583,767	-345,131,583,767
기타포괄손익누계액	1,174,235,557,799	545,959,019,790	404,513,003,532
이익잉여금	8,516,473,334,138	7,418,101,759,867	6,906,868,477,500
비지배지분	492,435,183,483	381,310,869,024	335,408,474,669
자본총계	15,196,699,314,855	13,358,926,888,116	12,660,345,195,136
부채 및 자본총계	25,833,192,996,936	21,534,232,266,829	19,852,096,448,004

재무상태표는 다음과 같은 점에서 유용하다.

- 일정시점의 기업의 재무상태에 관한 정보 제공
  일정시점에 기업이 보유하고 사용 중인 경제적 자원과 그 경제적 자원산 조달원천 중에 외부로부터 차입한 부채와 소유주의 지분에 해당하는 잔여지분인 자본이 얼마나 되는지 보여준다.
- 기업의 장단기 지급능력에 관한 정보 제공
  유동자산과 유동부채 사이의 비율인 유동비율(current ratio)을 보고 기업의 단기적인 지급능력을 파악할 수 있다. 총부채와 자본 사이의 비율인 부채비율(debt ratio)로 기업의 장기지급능력도 알 수 있다.
- 기업의 재무구조에 관한 정보 제공
  기업은 기업의 가치를 올리기 위해 자금을 얼마나 부채로 조달하고 자본으로 조달해야 하는지 고민한다. 재무상태표는 이러한 부채와 자본의 관계의 변화를 보여준다.

하지만 재무상태표는 한계점도 지닌다.

- 역사적 원가에 따른 평가의 한계
  재무상태표에 표시되는 많은 자산은 취득원가(historical cost)로 기재되어 재무상태표 작성시점의 올바른 자산가치를 반영하지 못함. 이를 보완하기 위해 취득원가 대신에 공정가치(fair market value)를 더 많이 사용하려는 경향이 있다.
- 경영자의 주관적인 판단에 따른 평가의 한계
  매출채권에 대한 대손 추정, 감가상각방법 등 재무상태표의 많은 부분에서 경영자의 주관이 개입되기 때문에 서로 다른 평가가 내려질 수 있다.
- 화폐표시정보의 한계
  경영자의 경영철학, 종업원의 사기, 인적자원의 가치, 브랜드 가치 등의 중요한 질적 정보들은 화폐단위로 계량화하기 힘들어 재무상태표에 보고되지 못한다.
- 대체적인 회계처리방법에 따른 한계
  회계기준은 대체적인 처리방법들을 허용하고 있어서 기업 간 서로 다른 평가방법들을 사용할 경우 재무상태표의 비교가능성이 낮아진다.

(2) 손익계산서

아래 표는 평균 국내기업들의 총자산 대비 당기순이익을 보여준다. 그러면 순이익은 어떻게 구해질까? 손익계산서는 매해 회계기준으로 측정한 부의 증감을 보여준다.

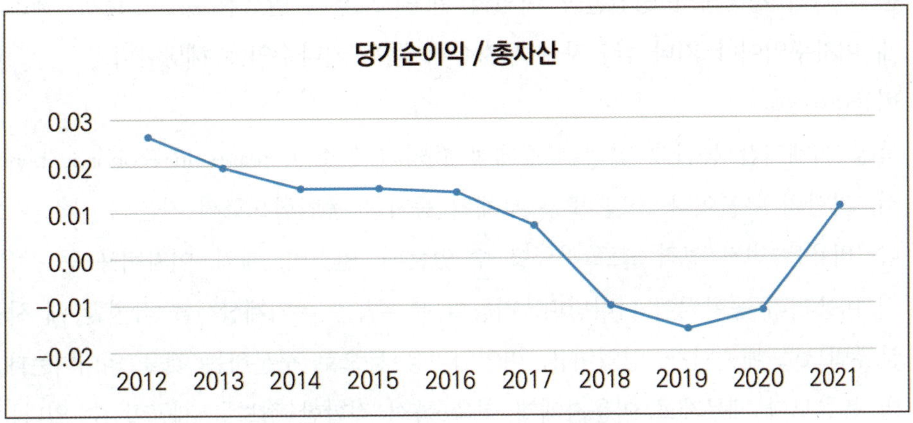

손익계산서는 기업이 벌어들인 수익과 지출한 비용 항목으로 이루어진다. 이는 재무상태표가 회계기말이라는 특정 시점을 기준으로 작성된다는 점과는 대조되는 특징이다. 경제학에서 자주 쓰는 stock의 개념이 재무상태표이고 flow의 개념이 손익계산서다.

손익계산서의 기본적인 형식은 다음과 같다.

수익(revenues) − 비용(expenses) = 당기순이익(net income)

구분		계정과목
포괄손익계산서	수익	매출액, 임대료, 이자수익
	비용	매출원가, 급여, 감가상각비, 광고선전비, 이자비용
	기타포괄손익	매도가능금융자산평가손익, 유형자산재평가손익, 해외사업외화환산손익

- 수익(revenues)

특정 회계기간 동안에 발생한 경제적 효익의 증가(increases in economic benefits)로서, 자산의 유입이나 부채의 감소를 동반함으로써 자본의 증가를 초래한다. 수익은 크게 매출과 기타수익으로 나눌 수 있다. 매출은 기업의 주된 영업활동에서 발생한 수익으로 총매출액에서 매출할인, 매출환입, 매출에누리 등을 차감한 금액이다. 기타수익은 기업의 경상적인 영업활동 이외의 활동으로부터 발생한 수익으로서, 제조기업에게 이자수익이나 기타 금융자산 투자수익 등은 기타수익에 해당한다.

- 비용(expenses)

특정 회계기간 동안에 발생한 경제적 효익의 감소(decreases in economic benefits)로서, 자산의 유출이나 소멸 또는 부채의 증가를 동반함으로써 자본의 감소를 초래한다. 비용은 먼저 성격 별로 분류할 수 있는데, 인건비, 매입, 이자비용 등 같은 성격의 비용끼리 통합되어 나타난다. 기능별 분류법은 손익계산서를 작성할 때 사용되는 분류법으로 매출원가, 영업비용, 비영업비용 등으로 구분하는 것을 의미하는데, 성격별 분류보다 재무제표 이용자에게 더욱 목적 적합한 정보를 제공할 수 있다는 장점이 있으나, 기능별 분류에 따른 경영자의 자의적 판단과 왜곡이 발생할 수 있다는 단점이 있다.

- 포괄손익(comprehensive income)

포괄손익은 일정기간 동안 주주와의 자본거래－주주의 투자 및 주주에 대한 분배 등－를 제외한 모든 거래나 사건에서 인식한 자본의 변동을 말한다. 포괄손익은 좁은 의미의 손익계산서 항목과 기타포괄손익 항목으로 구분된다. 손익항목 중 기타포괄손익에 포함되는 예로는 매도가능증권 평가손익, 파생상품평가손익 등이 있다. 이러한 항목은 당기순이익에 직접 반영될 경우 기업의 경영성과를 왜곡할 수 있기 때문에, 기타포괄손익으로 분류하여 자본에 직접 반영한다. 이러한 회계처리를 통하여 경영자의 경영성과에 반영하는 것이 적절하지 않은 손익계정이 당기순이익에 영향을 주는 것을 최소화할 수 있다. 국제회계기준 하에서 기업은 손익계산서를 제시할 때, 좁은 의미의 손익계산서와 기타포괄손익계산서를 별개로 제시할 수도 있으며, 포괄손익계산서를 통합하여 제시할 수도 있다.

다음은 삼성SDI의 연결포괄손익계산서로서 손익계산서와 기타포괄손익계산서를 통합한 형태이다. 또한 앞에서 설명한 바와 같이 비용을 기능별로 분류한 것을 알 수 있다. 먼저 매출원가는 매출액과 대응되어 있고 그 다음에 영업비용에 해당하는 판매비와 관리비 그 다음에 영업외비용이 나열되어 있음을 볼 수 있다.

삼성SDI의 연결 포괄손익계산서

연결 포괄손익계산서

제52기 2021.01.01부터 2021.12.31까지
제51기 2020.01.01부터 2020.12.31까지
제50기 2019.01.01부터 2019.12.31까지

(단위: 원)

	제52기	제51기	제50기
매출액	13,553,220,248,796	11,294,770,446,035	10,097,426,164,132
매출원가	10,475,602,069,114	8,914,217,432,960	7,882,255,450,606
매출총이익	3,077,618,179,682	2,380,553,013,075	2,215,170,713,526
판매비와 관리비	2,010,042,579,185	1,709,217,654,651	1,752,994,251,257
영업이익(손실)	1,067,575,600,497	671,335,358,424	462,176,462,269
기타수익	51,960,888,011	50,205,002,985	82,720,339,943
기타비용	93,328,475,158	147,740,368,241	89,624,717,352
금융수익	547,619,989,802	528,826,123,713	314,411,076,884
금융비용	440,534,600,273	591,925,690,538	383,670,661,559
지분법손익	530,041,919,350	292,710,207,317	178,629,731,183
법인세비용차감 전 순이익(손실)	1,663,335,322,229	803,410,633,660	564,642,231,368
법인세비용	412,933,761,988	172,444,336,134	162,275,801,799
당기순이익(손실)	1,250,401,560,241	630,966,297,526	402,366,429,569
기타포괄손익	629,464,562,852	136,609,851,168	138,715,909,426
후속기간에 당기손익으로 재분류 되지 않는 항목	232,418,639,469	59,405,681,279	36,230,016,544
순확정급여부채 재측정요소	-5,968,133,542	4,557,253,690	5,897,603,445

기타포괄손익-공정가치측정금융자산평가손익	312,538,060,698	73,814,357,496	41,532,379,368
법인세효과	-74,151,287,687	-18,965,929,907	-11,199,966,269
후속기간에 당기손익으로 재분류되는 항목	397,045,923,383	77,204,169,889	102,485,892,882
지분법자본변동	191,618,539,908	60,009,573,086	21,850,440,243
해외사업환산손익	238,564,516,062	-26,482,304,334	60,421,135,318
파생상품평가손익	17,423,534,765	77,530,704,627	28,819,436,259
법인세효과	-50,560,667,352	-33,853,803,490	-8,605,118,938
총포괄손익	1,879,866,123,093	767,576,148,694	541,082,338,995
당기순이익(손실)의 귀속			
지배기업지분	1,169,801,394,611	574,723,493,870	356,548,860,592
비지배지분	80,600,165,630	56,242,803,656	45,817,568,977
총포괄손익의 귀속			
지배기업지분	1,793,592,722,080	719,623,908,425	493,820,676,756
비지배지분	86,273,401,013	47,952,240,269	47,261,662,239
주당손익			
보통주 기본 및 희석주당손익(단위: 원)	17,492	8,593	5,331
우선주 기본 및 희석주당손익(단위: 원)	17,542	8,643	5,381

포괄손익계산서은 여러 가지로 유용하다.

- 당기의 재무성과에 대한 정보 제공
  한 기간의 재무성과가 어떠한 활동으로부터 얼마나 발생하였는가 하는 내역들을 구체적으로 보여줌으로써 재무성과를 평가할 때 유용하다.
- 기업의 미래수익성에 대한 정보 제공
  기업의 과거 활동별 성과를 분석하면 미래의 경영성과를 합리적으로 예측할 수 있는 기초자료가 된다.
- 경영자의 경영능력의 평가기초
  기업의 주주들은 포괄손익계산서를 통하여 현재 경영자의 경영능력을 판단할 수 있다.

- 이익계획 등 정책수립의 기초

  기업의 효율적이고 합리적인 경영을 위하여 매우 중요한 예산편성, 이익계획의 수립, 신규사업의 검토, 배당정책의 수립 등에 필요한 판단자료를 제공한다.

하지만 포괄손익계산서의 한계점은 다음과 같다.

- 회계이익의 진실성

  포괄손익계산서에 보고되는 당기순이익과 총포괄이익은 회계원칙의 적용결과 계산된 이익수치로 경제학적인 관점에서의 이익과 다르다.
- 이익의 질의 문제

  당기에만 특별히 나타남으로써 차기의 이익예측에 도움이 되지 않는 항목들도 있고, 수익과 비용을 인식하여 이익을 산출해 내는 과정에서 경영자의 자의적이고 주관적인 판단이 개입되기도 한다.
- 기간별 수익과 비용의 대응문제

  동일 기간의 수익과 비용으로 인식된 금액들이 서로 다른 시점의 화폐가치를 반영하고 있는 경우가 있다.

셀프스터디 문제 ❶

다음은 알로하 회사의 2021년 기말 시점 재무정보이다. (단위: 억원)

(기말)현금	1,422
영업현금흐름	2,433
매출	46,739
자본	22,751
총부채	34,657
비용	42,031
비현금자산	55,986
투자현금흐름	−1,812
순이익	4,708
(기초)현금	469

위 자료를 바탕으로 2021년 기말 시점에서 손익계산서, 재무상태표, 현금흐름표를 작성하시오.

해답

알로하 기업 손익계산서 2021년 기말에 종료되는 회계기간	
수익	46,739
비용	42,031
순이익	4,708

알로하 기업 재무상태표 2021년 기말			
현금	1,422	총부채	34,657
비현금자산	55,986	총자본	22,751
총자산	57,408	부채 및 자본	57,408

알로하 기업 현금흐름표 2021년 기말에 종료되는 회계기간	
영업활동으로부터의 현금흐름	2,433
투자활동으로부터의 현금흐름	−1,812
재무활동으로부터의 현금흐름	332
현금의 증감	953
기초현금	469
기말현금	1,422

셀프스터디 문제 ❷

마할로 기업은 2021년 1월에 조직되었다. 같은 날, 투자자들은 ₩24,000을 주고 마할로 회사의 주식과 교환하였다. 회사는 같은 날 ₩20,000을 은행에서 3년간 차입하는 계약을 맺었다. 이자는 매년 12월 31일에 지급된다.

2021년 말 회사는 다음과 같은 거래를 추가로 수행하였다.

(a) 용역을 제공하고 고객에게 ₩80,000을 청구하였으며, 그 중 ₩44,000은 연말까지 현금으로 회수되었다.

(b) 사무용품을 ₩5,000을 현금으로 구입하였으며, 기중에 용역을 제공하는 과정에서 사무용품 ₩3,000을 소모하였다.

(c) 다른 용역을 제공하는 과정에서 ₩40,000을 지출하였다.

(d) 차입금과 관련하여 이자비용으로 ₩2,000을 지급하였다.

(e) 법인세를 ₩7,000을 납부하였다.

위 거래를 바탕으로 재무상태표와 손익계산서를 작성하시오.

해답

마할로 기업 손익계산서 2021년 1월 1일 - 2021년 12월 31일			
매출			
용역매출		80,000	=80,000
비용			
용역원가	43,000		=3,000 + 40,000
이자비용	2,000		=2,000
총비용		(45,000)	
세전이익		35,000	
법인세		(7,000)	=7,000
순이익		28,000	

마할로 기업 재무상태표 2021년 12월 31일 말			
자산			
현금		34,000	=24,000 + 20,000 + 44,000 - 5,000 - 40,000 - 2,000 - 7,000
매출채권		36,000	= 80,000 - 44,000
사무용품		2,000	= 5,000 - 3,000
총자산		72,000	
부채			
차입금 (10%)	20,000		=20,000
총부채		20,000	
자본			
자본금	24,000		=24,000
이익잉여금	28,000		= 28,000 (배당이 없다는 가정 하에, 첫 회계연도에는 당기순이익과 동일)
총자본		52,000	
총부채 + 총자본		72,000	

(3) 현금흐름표

현금흐름표는 손익계산서와 마찬가지로 특정 회계기간의 기업의 경영성과를 반영하는 재무제표이다. 손익계산서에 반영된 경영성과는 발생주의 회계원칙에 근거하여 계산한 데 비해, 현금흐름표에 반영된 경영성과는 현금주의 회계원칙에 근거하여 계산한 것이라는 차이가 있다. 만일 기업이 현금으로만 거래를 하면 현금흐름표의 영업활동은 손익계산서와 똑같다. 현금흐름표는 영업활동현금흐름뿐 아니라 투자, 재무활동으로 인한 현금흐름도 보여준다. 회계기간 동안 현금 변화의 원인을 보여주는데 아래와 같이 세 가지 활동으로 나눠 보고한다.

1. 영업활동 현금흐름(cash flow from operating activities): 이익과 직접 관련된 현금흐름이다. 재화, 서비스를 구매한 소비자에게서 받은 현금, 원자재 구입에 지출한 현금, 종업원, 국세청에 지급한 현금 등이 이에 해당한다.
2. 투자활동 현금흐름(cash flow from investing activities): 생산을 위해 투자한 자산의 구입과 판매와 관련된 현금흐름이다. 토지, 건물, 기계설비 구입에 지출한 현금이나 판매했을 때 받은 현금 등이 예이다.
3. 재무활동 현금흐름(cash flow from financing activities): 자본조달과 관련된 현금이다. 은행에서 차입한 현금, 시장에서 사채나 주식을 발행하여 들어온 현금이 이에 해당된다.

영업활동 현금흐름을 보고할 때 공급업자, 소비자, 국세청 등 주체별로 나누어 현금의 유출입을 자세히 보고하는 직접법과 당기순이익에서 시작하여 발생주의와 현금주의 차이를 조정하는 간접법이 있는데 우리나라 대부분 기업이 간접법을 사용한다.

아래는 간접법으로 작성된 SDI 현금흐름표로 영업활동과 관련하여 발생주의와 현금주의의 차이를 조정하는 내역을 보여준다.

삼성SDI 연결 현금흐름표

연결 현금흐름표

제52기 2021.01.01부터 2021.12.31까지
제51기 2020.01.01부터 2020.12.31까지
제50기 2019.01.01부터 2019.12.31까지

(단위: 원)

	제52기	제51기	제50기
영업활동현금흐름	2,176,027,358,565	1,948,820,240,507	923,071,632,668
당기순이익(손실)	1,250,401,560,241	630,966,297,526	402,366,429,569
조정	1,187,697,644,221	1,083,053,412,867	981,811,235,384
자산 및 부채의 증감	-24,604,442,118	391,515,981,529	-306,525,781,905
이자의 수취	13,573,960,109	12,380,644,336	18,526,591,410
이자의 지급	-48,651,257,909	-58,100,631,064	-76,707,916,337
배당금의 수취	15,385,096,369	13,580,121,562	17,560,342,245
법인세의 지급	-217,775,202,348	-124,575,586,249	-113,959,267,698
투자활동현금흐름	-1,949,533,211,819	-1,778,432,984,467	-1,535,059,765,165
기타투자자산의 감소	273,753,610,636	35,210,001,360	354,134,808,478
매각예정비유동자산의 처분		1,038,723,012	14,985,000,000
유형자산의 처분	10,692,315,194	9,976,839,576	19,321,225,868
무형자산의 처분	1,746,071,614	5,550,412,288	2,388,236,528
종속기업 및 관계기업투자의 감소	1,389,603,087		
정부보조금의 수령	86,857,352,097	4,700,984,847	11,132,956,765
기타투자자산의 증가	-42,291,984,192	-73,340,022,498	-28,435,487,348
유형자산의 취득	-2,254,718,265,711	-1,728,269,788,047	-1,898,302,351,538
무형자산의 취득	-2,291,914,544	-4,300,095,005	-5,117,253,918
종속기업 및 관계기업투자의 증가	-24,670,000,000	-29,000,040,000	
대여금의 증가			-5,166,900,000
재무활동현금흐름	582,723,399,679	240,618,953,464	238,934,747,615
단기차입금의 차입	1,443,570,249,492	1,271,203,046,418	616,344,421,550

장기차입금의 차입	881,522,738,917	740,043,844,833	829,278,138,624
종속기업의 유상증자	34,860,680,000	213,300,000	14,871,010,104
배당금의 지급	-69,335,475,252	-69,176,595,714	-66,937,928,740
사채의 상환	-370,000,000,000	-100,000,000,000	
단기차입금의 상환	-1,100,904,053,479	-1,095,524,548,897	-862,536,300,892
장기차입금의 상환	-205,899,906,750	-485,032,942,883	-265,800,161,063
종속기업의 유상감자 등 비지배 지분의 변동	-6,683,613,662	-30,480,000	-84,400,000
리스부채의 상환	-24,407,219,587	-21,076,670,293	-26,200,031,968
현금 및 현금성자산의 증감	809,217,546,425	411,006,209,504	-373,053,384,882
기초 현금 및 현금성자산	1,545,974,321,801	1,156,295,420,684	1,516,585,546,977
환율변동으로 인한 현금흐름	-29,499,519,850	-21,327,308,387	12,763,258,589
기말 현금 및 현금성자산	2,325,692,348,376	1,545,974,321,801	1,156,295,420,684

아래 표는 우리나라 평균기업의 영업현금흐름 대비 총자산 비율을 보여준다. 총자산 대비 3%에서 6% 정도가 영업현금흐름이다.

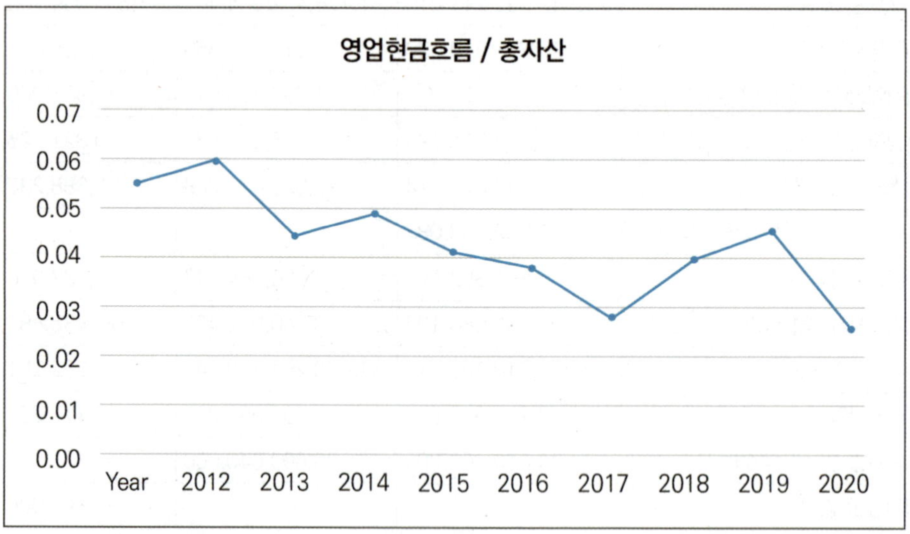

(4) 자본변동표

자본변동표는 주주에게 귀속되는 부분인 자기자본에 대한 변동내역을 보여준다. 일반적으로 자본은 자본금, 자본잉여금, 기타자본항목, 기타포괄손익누계액, 이익잉여금으로 구분하여 나타낼 수 있다. 기타포괄손익누계액은 포괄손익계산서에 나타나는 기타포괄손익을 회사의 설립시점부터 누적시킨 금액이며, 이익잉여금은 포괄손익계산서에 나타나는 당기순손익을 회사의 설립시점부터 누적시킨 금액이다.

기중에 발생한 자본거래가 배당금의 지급만 존재한다고 가정할 경우, 다음과 같은 관계가 설립한다. 당기순이익은 포괄손익계산서에 나타나는 항목과 같은 금액임에 유의해야 한다.

기말이익잉여금 = 기초이익잉여금 + 당기순손익 − 배당금

아래 그림에서 보듯이 우리나라 평균기업의 총자산 대비 이익잉여금 비중이 뚜렷한 감소 추세를 보이고 이익잉여금 규모는 증가하고 있다.

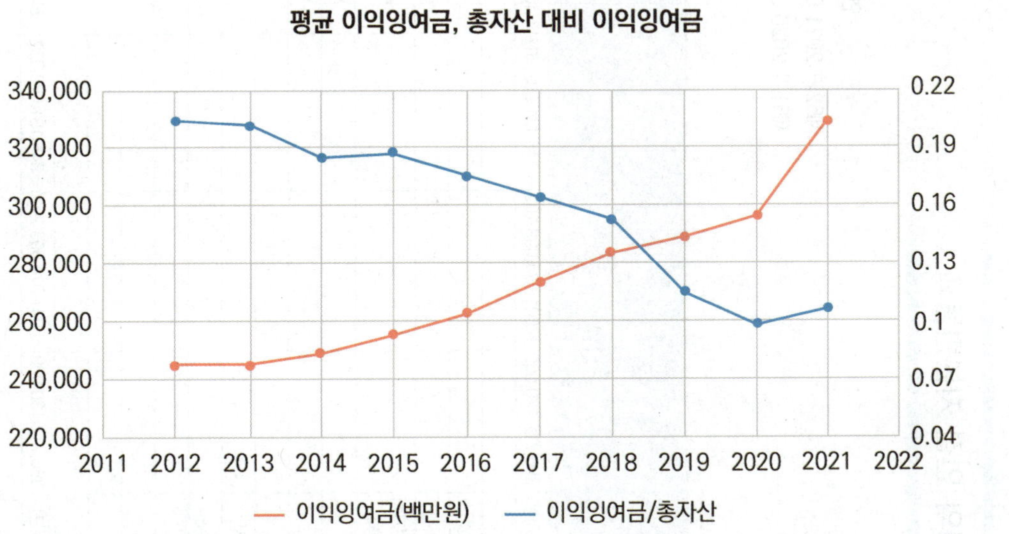

삼성SDI의 연결 자본변동표

연결 자본변동표

제52기 2021.01.01부터 2021.12.31까지

제51기 2020.01.01부터 2020.12.31까지

(단위: 원)

	자본							
	지배기업의 소유주에게 귀속되는 자본						비지배지분	자본 합계
	자본금	자본 잉여금	기타자본 구성요소	기타포괄 손익누계액	이익 잉여금	지배기업의 소유주에게 귀속되는 자본 합계		
2020.01.01 (기초자본)	356,712,130,000	5,001,974,693,202	-345,131,583,767	404,513,003,532	6,906,868,477,500	12,324,936,720,467	335,408,474,669	12,660,345,195,136
당기순이익(손실)					574,723,493,870	574,723,493,870	56,242,803,656	630,966,297,526
순확정급여부채 재측정요소					3,454,398,297	3,454,398,297		3,454,398,297
파생상품평가손익				58,768,274,107		58,768,274,107		58,768,274,107
기타포괄손익-공정가치 측정금융자산평가손익				55,951,282,982		55,951,282,982		55,951,282,982
지분법자본변동				44,918,200,116		44,918,200,116		44,918,200,116
해외사업환산손익				-18,191,740,947		-18,191,740,947	-8,290,563,387	-26,482,304,334
연차배당					-66,944,609,800	-66,944,609,800	-2,231,985,914	-69,176,595,714
종속기업의 유상증자							172,620,000	172,620,000
종속기업의 유상감자							-30,480,000	-30,480,000
종속기업의 처분								
종속기업의 청산								
종속회사의 설립							40,000,000	40,000,000
비지배지분의 취득								
2020.12.31(기말자본)	356,712,130,000	5,001,974,693,202	-345,131,583,767	545,959,019,790	7,418,101,759,867	12,977,616,019,092	381,310,869,024	13,358,926,888,116

2021.01.01(기초자본)	356,712,130,000	5,001,974,693,202	-345,131,583,767	545,959,019,790	7,418,101,759,867	12,977,616,019,092	381,310,869,024	13,358,926,888,116
당기순이익(손실)					1,169,801,394,611	1,169,801,394,611	80,600,165,630	1,250,401,560,241
순확정급여부채 재측정요소					-4,485,210,540	-4,485,210,540		-4,485,210,540
파생상품평가손익				13,207,039,352		13,207,039,352		13,207,039,352
기타포괄손익-공정가치 측정금융자산평가손익				236,903,850,009		236,903,850,009		236,903,850,009
지분법자본변동				145,274,367,969		145,274,367,969		145,274,367,969
해외사업환산손익				232,891,280,679		232,891,280,679	5,673,235,383	238,564,516,062
연차배당					-66,944,609,800	-66,944,609,800	-2,390,865,452	-69,335,475,252
종속기업의 유상증자							34,860,680,000	34,860,680,000
종속기업의 유상감자							-406,530,400	-406,530,400
종속기업의 처분								
종속기업의 청산							-7,212,370,702	-7,212,370,702
종속회사의 설립								
비지배지분의 취득								
2021.12.31(기말자본)	356,712,130,000	5,001,974,693,202	-345,131,583,767	1,174,235,557,799	8,516,473,334,138	14,704,264,131,372	492,435,183,483	15,196,699,314,855

[재무제표 간의 관계]

재무상태표, 포괄손익계산서, 현금흐름표, 자본변동표는 서로 밀접한 관계를 맺고 있다. 삼성SDI의 사례에서 다음과 같은 관계가 성립함을 확인한다.

– 재무상태표의 기말자본금액과 자본변동표상의 자본금액이 일치
자본변동표는 재무상태표에 나타난 주주자본에 대해서 회계기간에 발생한 증감항목을 구체적인 자본항목으로 나누어서 상세하게 보여주는 재무제표이다. 따라서 자본변동표상의 기말자본은 재무상태표의 기말자본과 금액이 같다.

– 재무상태표의 기말현금금액이 현금흐름표상의 기말현금금액과 일치
다음 그림에서 확인할 수 있듯이 현금흐름표는 재무상태표에서 현금 및 현금성 자산의 변동을 나타내 준다. 정보이용자의 수요를 고려해서 현금흐름의 변동을 영업활동, 투자활동, 재무활동으로 나누어서 보여주는 재무제표가 현금흐름표이다.

– 포괄손익계산서의 손익금액이 자본변동표에 반영된 금액과 일치
자본변동표는 주주자본의 회계기간 동안의 변동을 나타내 주는데, 손익계산서에서 계산된 포괄손익은 자본변동표에서도 확인 가능하다. 구체적으로는 포괄손익이 당기순이익과 기타포괄손익으로 나누어서 기록된다. 당기순이익은 경영성과를 반영하는 지표이며, 기타포괄손익은 주주의 부를 변동시켰으나 경영성과에 반영하기는 부적절한 항목을 나타낸다.

– 현금흐름표(간접법)의 당기손익금액이 포괄손익계산서상의 금액과 일치
현금흐름표를 간접법으로 작성할 경우 영업활동의 경우 당기순이익에서 시작해서 현금흐름을 수반하지 않는 손익항목과 비영업활동 항목을 제외하는 방식으로 영업현금으로부터의 현금흐름을 구하게 된다.

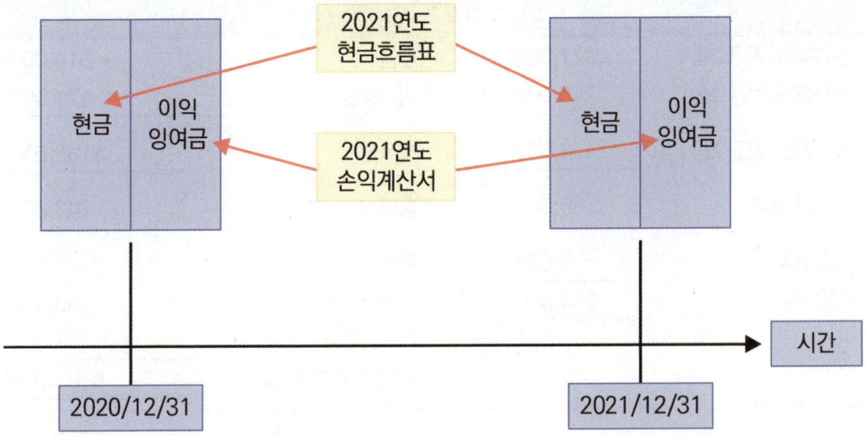

손익계산서		자본조정표	
매출	$15,500		
	(8,500)		
비용		기초 이익잉여금	$59,000
순이익	$7,000 →	당기순이익	7,000
		배당금	(2,500)
		기말 이익잉여금	$63,500

자본조정표		재무상태표	
기초 이익잉여금	$59,000	현금	$14,000
당기순이익	7,000	기타자산	171,500
배당금	(2,500)	총자산	$185,500
기말 이익잉여금	$63,500	부채	$42,000
		주주자본	
		보통주	80,000
		이익잉여금	63,500
	→	부채와 자본의 합	$185,000

자본조정표		재무상태표	
영업활동 현금흐름	$21,000	현금	$14,000
투자활동 현금흐름	(16,000)	기타자산	171,500
재무활동 현금흐름	3,500	총자산	$185,500
현금의 증가	8,500	총부채	$42,000
기초현금	5,500	자본	
기말현금	$14,000	보통주자본금	80,000
		이익잉여금	63,500
		부채와 자본의 합	$185,500

재무상태표	제44기
자산	
유동자산	2,063,191,570,729
현금 및 현금성자산	730,176,083,443
비유동자산	8,492,479,318,664
자산총계	10,555,670,889,393
부채	
유동부채	1,526,957,189,977
비유동부채	1,486,297,268,662
부채총계	3,013,254,458,639
자본	
지배기업지분	7,378,093,369,859
비지배지분	164,323,360,895
자본총계	7,542,416,430,754
부채 및 자본총계	10,555,670,889,393

포괄손익계산서	제44기
매출액	5,016,464,902,443
매출원가	4,260,003,195,771
매출총이익	**756,461,706,672**
판매비와 관리비	783,856,065,271
영업이익(손실)	**(27,394,358,599)**
기타이익	207,469,202,202
기타비용	387,857,616,957
금융수익	202,091,503,836
금융비용	216,288,053,479
지분법손익	405,998,488,460
법인세비용차감 전 이익(손실)	**184,019,165,463**
법인세비용(수익)	36,103,464,446
당기순이익(손실)	**147,915,701,017**
기타포괄손익	**(68,314,804,673)**
재분류되는 항목	(54,547,599,627)
재분류되지 않는 항목	(13,767,205,046)
총포괄손익	**79,600,896,344**
당기순이익(손실)의 귀속	**147,915,701,017**
지배기업지분	130,598,633,385
비지배지분	17,317,067,632
포괄손익의 귀속	**79,600,896,344**
지배기업지분	67,387,480,978
비지배지분	12,213,415,366

현금흐름표	제44기
영업활동현금흐름	**308,449,759,876**
당기순이익(손실)	147,915,701,017
조정	200,548,147,389
이자수취	18,699,072,263
이자지급	(34,027,364,737)
배당금수취	19,163,710,495
법인세의 납부	(43,849,506,560)
투자활동현금흐름	**(504,231,031,808)**
재무활동현금흐름	**(25,689,848,951)**
현금의 증가(감소)	(221,471,120,883)
기초의 현금	946,516,332,079
환율변동으로 인한 현금흐름	5,130,872,248
당기말의 현금	730,17,083,443

자본변동표		2012.12.31.(기말자본)	자본의 변동	2013.12.31.(기말자본)
지배기업의 소유주에게 귀속되는 자본	자본금	240,681,185,000	0	240,681,185,000
	연결자본잉여금	1,258,440,117,639	4,518,366,264	1,262,958,483,903
	연결기타자본항목	(163,787,924,767)	345,845,374	(163,442,079,393)
	기타포괄손익누계액	1,051,350,255,914	(49,443,947,361)	1,001,906,308,553
	이익잉여금	4,986,541,200,257	130,598,633,385-81,150,661,846 (배당 등)	5,035,989,171,796
	지배기업의 소유주에게 귀속되는 자본 합계	7,373,224,834,043	4,868,235,816	7,378,093,069,859
비지배지분		191,256,767,954	17,317,067,632-44,250,474,691 (배당 등)	164,323,360,895
자본 합계		7,564,481,601,997	(22,065,171,243)	7,542,416,430,754

(5) 주석

주석은 재무제표의 중요한 부분 중이 하나로서, 위에서 기술한 재무제표를 정확히 이해하기 위해서는 주석의 내용을 이해할 필요가 있다. 주석은 기업이 채택한 회계기준이나 정책에 대한 설명, 재무제표의 특정 항목에 대한 상세한 설명, 공시의무에 따른 항목 등이 포함된다. 한국채택국제회계기준(K-IFRS)를 도입하면서 주석에 포함되는 정보가 늘어났으며, 이에 대한 올바른 이해는 매우 중요하며, 경제적인 의사결정에 큰 도움을 줄 수 있다.

셀프스터디 문제 ❸

다음은 오하나 회사의 계정별 잔액을 나타내고 있다. 2021년 기말 끝나는 회계기간에 대해 다음의 자료를 활용하여 오하나 기업의 손익계산서와 현금흐름표, 재무상태표를 작성하시오.

(단위: 억원)

현금 및 현금등가물	3,542	재고자산	4,289
재무활동 현금흐름	-4,968	영업활동 현금흐름	5,949
장기부채	1,662	매입채무	5,249
유형자산	8,233	자본잉여금	1,024
기타비유동자산	3,112	장기투자자산	532
기타유동부채	9,294	기타유동자산	5,835
기타비유동부채	1,542	이익잉여금	6,520
단기투자자산	1,123	매출채권	4,623
법인세비용	550	판매관리비	3,111
자본금	5,998	연구개발비	2,021
기초현금 및 현금등가물	1,546	매출원가	32,422
순매출액	42,991	기타이익	1,387

오하나 기업 손익계산서 2021년 기말에 종료되는 회계기간	
순매출액	42,991
매출원가	(32,422)
매출총이익	10,569
판매관리비	(3,111)
연구개발비	(2,021)

영업이익	5,437
기타이익	1,387
세전이익	6,824
법인세비용	(550)
당기순이익	6,274

오하나 기업 재무상태표 2021년 기말			
현금 및 현금등가물	3,542	매입채무	5,249
단기투자자산	1,123	기타유동부채	9,294
매출채권	4,623	장기부채	1,662
재고자산	4,289	기타비유동부채	1,542
기타유동자산	5,835		
유형자산	8,233	자본금	5,998
장기투자자산	532	이익잉여금	6,520
기타비유동자산	3,112	자본잉여금	1,024
총자산	31,289	부채 및 자본 합	31,289

오하나 기업 현금흐름표 2021년 기말에 종료되는 회계기간	
영업활동으로부터의 현금흐름	5,949
투자활동으로부터의 현금흐름	1,015
재무활동으로부터의 현금흐름	-4,968
현금의 증감	1,996
기초현금	1,546
기말현금	3,542

셀프스터디 문제 ❹

2021년 기말시점 호쿠 기업의 재무상태표는 다음과 같다. 2013년에 발생한 다음의 사건을 참고하여 물음에 답하시오. (단위: 억원)

호쿠 기업 재무상태표 2021년 기말

현금자산	5,000	부채	20,000
비현금자산	30,000	자본금	10,000
		이익잉여금	5,000
총자산	35,000	부채 및 자본 합	35,000

1. 외상으로 재고를 6,000원에 매입하였다.
2. 종업원들에게 인건비로 2,000원에 현금 지급하였다.
3. 원가가 3,000원인 재고자산을 5,000원에 외상 매출하였다.
4. 3번 거래에서 발생한 매출채권 중 3,500원을 회수하였다.
5. 1번 거래에서 발생한 매입채무 중 1,500원을 지급하였다.
6. 다음 연도에 방송될 광고서비스를 2,000원에 구입하였다.
7. 다음 연도까지 지급되지 않을 인건비 1,000원을 종업원들이 가득하였다.
8. 기계장치에 대한 감가상각비 500원을 기록하였다.

1. 위의 8개의 거래를 다음의 형식에 맞추어 작성하시오.

번호	현금자산	비현금자산	부채	자본금	이익잉여금	수익	비용	순이익
기초	5,000	30,000	20,000	10,000	5,000			
1		6,000 (재고자산)	6,000 (매입채무)					
2	-2,000 (현금)				-2,000 (이익잉여금)		2,000 (인건비)	-2,000
3		5,000 (매출채권) -3,000 (재고자산)			5,000 (이익잉여금) -3,000 (이익잉여금)	5,000 (매출액)	3,000 (매출원가)	5,000 -3,000
4	3,500 (현금)	-3,500 (매출채권)						
5	-1,500 (현금)		-1,500 (매입채무)					
6	-2,000 (현금)	2,000 (선급광고료)						
7			1,000 (미지급인건비)		-1,000 (이익잉여금)		1,000 (인건비)	-1,000
8		-500 (유형자산)			-500 (이익잉여금)		500 (감가상각비)	-500
기말	3,000	36,000	25,500	10,000	3,500	5,000	6,500	-1,500

2. 손익계산서와 재무상태표를 작성하시오.

호쿠 기업 손익계산서 2021년 기말에 종료되는 회계기간			
수익	5,000	총부채	25,500
비용	6,500	자본금	10,000
순이익	-1,500	이익잉여금	3,500

호쿠 기업 재무상태표 2021년 기말			
현금	3,000	총부채	25,500
비현금자산	36,000	자본금	10,000
		이익잉여금	3,500
총자산	39,000	부채 및 자본	39,000

삼성SDI의 주석사항

1. 재무제표를 작성하는 데 사용된 회계기준 및 회계정책, 회계추정에 대한 설명을 제공하는 경우

(6) 파생상품

파생상품과 위험회피회계

내재파생상품은 주계약이 금융자산이 아니고 특정 요건을 충족하는 경우에 별도로 회계처리하고 주계약으로부터 분리합니다.

파생상품은 최초 인식 시에 공정가치로 측정합니다. 최초 인식 이후에 공정가치로 측정하고 그 변동은 일반적으로 손익으로 인식합니다.

위험회피의 개시시점에, 당사는 위험회피를 수행하는 위험관리의 목적과 전략을 문서화합니다. 당사는 위험회피대상항목과 위험회피수단의 현금흐름의 변동이 서로 상쇄되는 것이 기대되는지를 포함하여 위험회피대상항목과 위험회피 수단사이의 경제적 관계를 문서화합니다.

이자율지표 개혁에 영향을 받는 위험회피관계

당사는 이자율지표 개혁으로 인해 회피대상위험으로 지정된 이자율지표, 위험회피대상항목이나 위험회피수단의 이자율지표에 기초한 현금흐름의 시기 또는 금액에 불확실성이 존재하는 경우, 위험회피대상항목과 위험회피수단 사이의 경제적 관계를 평가할 때 이자율지표가 이자율지표 개혁의 결과로 변동되지 않는다고 가정합니다.

또한 당사는 예상거래의 현금흐름회피와 관련하여 예상거래의 발생 가능성이 매우 큰 지를 결정할 때 이자율지표 개혁의 결과로 이자율지표가 변경되지 않는다고 가정하며, 이전에 현금흐름위험회피회계로 지정되었으나, 현금흐름위험회피회계가 중단된 예상거래가 여전히 발생할 것으로 예상되는지를 결정하기 위해 위험회피로 지정된 이자율지표의 현금흐름이 이자율지표 개혁의 결과로 변경되지 않는다고 가정합니다.

2. 회사 재무정보에 대한 보다 구체적인 정보를 제공하는 경우

2) 손상차손

당기 말과 전기 말 현재 매출채권 및 기타채권의 연령 및 각 연령별로 손상된 채권금액은 다음과 같습니다.

(단위: 천원)

구분	당기 말			전기 말		
	채권잔액	손상되지 않은 금액	손상된 금액	채권잔액	손상되지 않은 금액	손상된 금액
만기일 미도래	2,006,199,100	2,066,199,100	-	1,627,489,506	1,627,489,506	-
1일-30일	93,016,082	93,016,082	-	128,249,428	128,249,428	-
31일-60일	151,735,031	151,734,692	339	4,905,314	4,905,314	-
60일 초과	6,956,822	6,945,610	11,212	2,095,689	2,093,785	1,904
합계	2,317,907,035	2,317,895,484	11,551	1,762,739,937	1,762,738,033	1,904

3. 기타 정보이용자에게 유용한 정보를 공시하는 경우(지배구조, 임직원 보상, 소송 및 우발채무 등)

위원회명	구성	성명	설치목적 및 권고사항	위원장
경영위원회	사내이사 3인	전영현 장혁 김종성	• 정관, 이사회의규정 및 결의에 따라 그 업무를 수행하며, 이사회가 위임한 사안에 대하여 심의하고 의결 • 위원은 이사 중에서 이사회 결의로 선임하여 2명 이상 6명 이하로 구성 • 경영위원회의 결의는 위원 과반수의 출석과 출석위원 과반수의 찬성으로 함 • 부의할 사항은 이사회가 이사회 규정에 의하여 위임한 사항 및 기타 중요한 경영사항으로 함	전영현
감사위원회	사외이사 4인	권오경 김덕현 박태주 최원욱	• 관련 법령 및 정관에 따라 위원회의 구성, 운영 및 권한, 책임 등을 감사위원회 규정에 정의하여 감사업무를 수행함 • 감사위원회의 구성, 운영에 관한 상세한 사항은 이사회에서 정함	최원욱
내부거래 위원회	사외이사 4인	권오경 김덕현 박태주 최원욱	• 정관의 규정 및 이사회의 결의에 따라 그 업무를 수행 • 공정거래 자율준수 체제 구축을 통해 회사 경영의 투명성을 제고하기 위함 • 위원회의 구성, 운영에 관한 상세한 사항은 이사회에서 정함	권오경

사외이사후보 추천위원회	사내이사 3인 사외이사 4인	전영현 장혁 김종성 권오경 김덕현 박태주 최원욱	• 정관의 규정 및 이사회의 결의에 따라 그 업무를 수행 • 사외이사후보추천위원회의 구성, 운영에 관한 상세한 사항은 이사회에서 정함	미정
보상위원회	사내이사 1인 사외이사 2인	김종성 권오경 박태주	• 정관의 규정 및 이사회의 결의에 따라 그 업무를 수행 • 이사 보수 결정 과정의 객관성, 투명성 확보를 제고하기 위함 • 등기이사의 보수한도 및 기타 이사회에서 위임한사항 심의	박태주

부록: 전자공시시스템 이용하는 법

1 DART의 가장 기본적인 화면으로 상단에 있는 검색을 활용하여 회사명을 입력한다. 정기공시, 주요사항보고, 발행공시 등 다양한 내용을 선별하여 정보를 검색할 수 있으며, 사업보고서 및 재무제표는 정기공시에서 확인할 수 있다.

2 삼성SDI의 사업보고서 및 재무제표를 확인하기 위해서는 정기공시-사업보고서를 클릭한다.

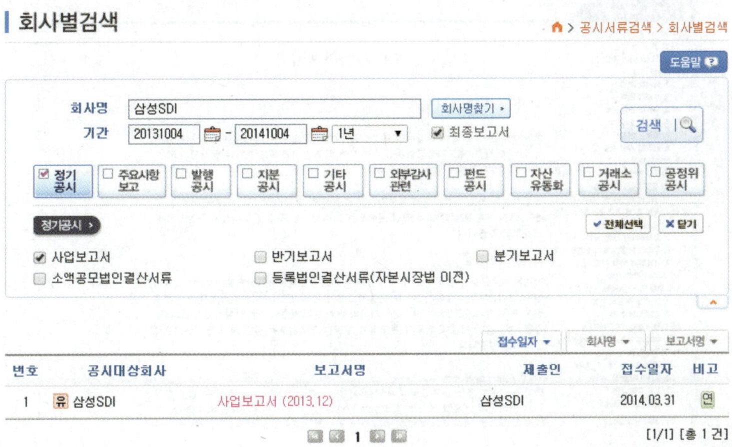

3 사업보고서는 웹(Web)상에서 확인하여 필요한 정보를 찾을 수도 있으며, 사업보고서와 재무제표를 각각 PDF와 EXCEL로 다운로드하는 기능을 활용할 수도 있다.

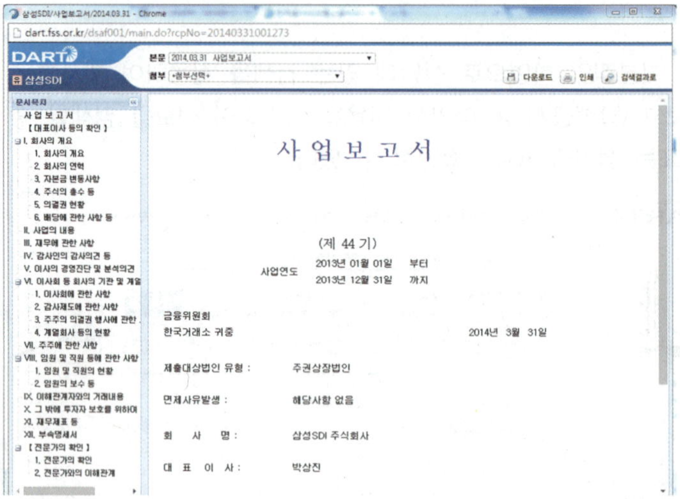

4 사업보고서를 통해 회사의 전반적인 내용과 지배구조 및 이사회 관련 사항, 재무제표 등을 확인할 수 있다. 재무제표는 한국채택국제회계기준(K-IFRS) 하에서 연결재무제표가 기본재무제표로 제시되며, 정보이용자가 회계연도 간 재무정보를 쉽게 비교할 수 있도록, 최소 2개 회계연도 이상을 비교 공시하도록 되어 있다. 부속명세서를 클릭하면 재무제표에 나타난 정보를 작성하는 데 사용된 회계정책에 대한 설명과 재무제표의 이해를 돕는 주석사항을 확인할 수 있다.

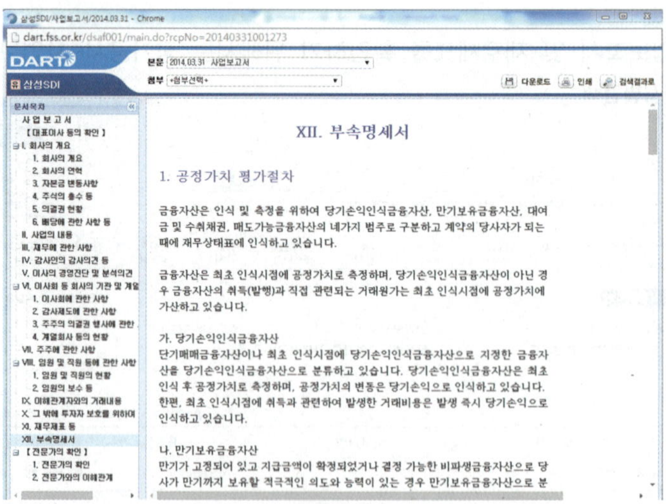

5 회사는 회계감사기준이 정하는 바에 따라 정기적으로 외부의 독립적인 감사인의 회계감사를 받게 되어 있다. 회계감사보고서는 사업보고서에 첨부되어 있다.

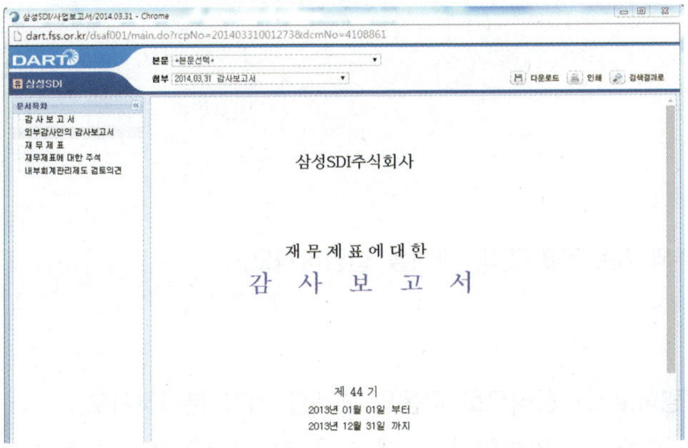

유용한 사이트

홈페이지		내용
금융감독원	http://www.fss.or.kr/	금융 및 자본시장 관련 규제와 법규 정보를 얻을 수 있으며, 회계감사인에 대한 감리결과를 공시한다.
전자공시시스템	http://dart.fss.or.kr/	금융감독원에서 운영하며, 상장법인 등이 공시서류를 인터넷으로 제출하고, 투자자 등 이용자는 제출 즉시 인터넷을 통해 조회할 수 있도록 하는 종합적 기업공시 시스템으로 사업보고서, 감사보고서, 펀드 공시 등이 나타난다.
한국거래소	http://krx.co.kr/	한국거래소에서 거래되는 주식, 채권, 파생상품 등의 종목, 시가, 거래량 등에 대한 정보를 제공한다.
상장공시시스템	http://kind.krx.co.kr/	신규상장, 관리종목, IPO현황, 채권정보 등을 제공하며, 일부 금융감독원에서 운영하는 전자공시시스템과 중복되는 정보도 있으나, 한국거래소 고유공시 사항은 상장공시시스템에서만 확인 가능하다.
한국회계기준원	http://www.kasb.or.kr/	한국채택국제회계기준(K-IFRS) 및 일반기업회계기준에 대한 공식적인 정보를 제공하며, 기업이나 정보이용자의 질의에 대한 답변도 얻을 수 있다.
한국공인회계사회	http://www.kicpa.or.kr/	공인회계사 관련 법규에 대한 정보와 공인회계사를 위한 연수 프로그램을 제공한다.

01 연습문제

01 재무제표의 종류와 재무제표 간의 관계를 설명하시오.

02 회계 등식을 설명하고 그 등식으로 다음의 거래를 각각 분석하시오.

1. $17,000으로 건물을 구입하였다. 이때 어음 $10,000을 발행하고, 나머지는 현금으로 지불했다.
2. 은행으로부터 $10,000을 차입하였다.
3. $10 주식을 100주 추가 발행하였다.
4. 주주에게 배당금 $120을 지급하였다.
5. 수도세, 전기료, 각종 공과금을 $100 지출하였다.

03 다음은 한 달 동안 순서대로 발생한 일련의 거래이다.

1. A와 친구들은 자본금 $5,000으로 S카페를 시작했다.
2. 커피머신 2대를 $3,000에 구입하며 $1,500의 어음을 발행했다. 커피머신은 보통 5년 동안 사용이 가능하다.
3. 커피 원두 $500을 신용 구매했다.
4. 커피 판매를 분석해보니, 현금 매출만 $1,000이었다.
5. 커피 원두의 매입채무 중 $250과 임대료 $400을 지급했다.
6. 전기세와 수도료, 직원 급여 $200을 현금으로 납부했다.
7. 어음 중 $1,000을 상환하였다.

[문제]

A. 회계 등식으로 각 거래를 설명하시오.

B. 한 달 거래내역을 요약하시오.

C. 요약된 거래내역을 바탕으로 재무상태표를 작성하시오.

04 다음은 오하나 회사의 2023년 12월 31일에 종료되는 회계기간에 대한 계정별 잔액을 나타내고 있다.(단위: 원)

1 다음의 자료를 활용하여 오하나 기업의 손익계산서, 재무상태표, 현금흐름표를 작성하시오.

(단위: 원)

(기말)현금 및 현금등가물	3,542	재고자산	4,289
재무활동 현금흐름	-4,968	영업활동 현금흐름	5,949
장기부채	1,662	매입채무	5,249
유형자산	8,233	자본잉여금	1,024
기타비유동자산	3,112	장기투자자산	532
기타유동부채	9,294	기타유동자산	5,835
기타비유동부채	1,542	이익잉여금	6,520
단기투자자산	1,123	매출채권	4,623
법인세비용	550	판매관리비	3,111
자본금	5,998	연구개발비	2,021
(기초)현금 및 현금등가물	1,546	매출원가	32,422
순매출액	42,991	기타이익	1,387

2 작성한 재무제표를 토대로 재무상태표와 현금흐름표 간에 연결되는 고리를 찾으시오.

3 재무상태표는 자본항목의 기말시점의 정보를 제공한다. 자본항목의 기중 변동을 확인하기 위해서는 어떤 재무제표를 확인해야 하는가?

05 2022년 기말시점 호쿠 기업의 재무상태표는 다음과 같다. 2022년 기말잔액은 2023년의 기초잔액과 같다.

(단위: 원)

호쿠 기업 재무상태표 2022년 기말			
현금자산	5,000	부채	20,000
비현금자산	30,000	자본금	10,000
		이익잉여금	5,000
총자산	35,000	부채 및 자본 합	35,000

2023년에 발생한 다음의 사건을 참고하여 물음에 답하시오.

1. 외상으로 재고를 6,000원에 매입하였다.

2. 종업원들에게 인건비로 2,000원을 현금 지급하였다.
3. 원가가 3,000원인 재고자산을 5,000원에 외상 매출하였다.
4. 3번 거래에서 발생한 매출채권 중 3,500원을 회수하였다.
5. 1번 거래에서 발생한 매입채무 중 1,500원을 지급하였다.
6. 다음 연도에 방송될 광고서비스를 2,000원에 구입하였다.
7. 다음 연도까지 지급되지 않을 인건비 1,000원을 종업원들이 가득하였다.
8. 기계장치에 대한 감가상각비 500원이 발생하였다.

1 위의 8개의 거래를 다음의 형식에 맞추어 작성하시오.

번호	현금자산 +	비현금자산 =	부채 +	자본금 +	이익잉여금	수익 −	비용 =	순이익

2 2023년 12월 31일에 종료되는 회계기간에 대한 손익계산서와 재무상태표를 작성하시오.

호쿠 기업 손익계산서 2023년 12월 31일에 종료되는 회계기간	
수익	
비용	
순이익	

호쿠 기업 재무상태표 2023년 12월 31일			
현금		총부채	
비현금자산		자본금	
		이익잉여금	
총자산		부채 및 자본	

사례문제 다음은 아모레퍼시픽의 2013년 12월 31일에 종료되는 회계연도(제8기)에 대한 자료이다.

(단위: 원)

	제8기	제7기	제6기
자산			
유동자산	967,573,866,630	804,188,990,983	753,684,184,901
비유동자산	2,434,275,073,292	2,222,003,708,576	2,061,743,383,407
자산총계	3,401,848,939,922	3,026,192,699,559	2,815,427,568,308
부채			
유동부채	542,699,085,858	417,240,276,609	425,983,123,582
비유동부채	291,018,320,763	265,165,357,502	251,141,439,827
부채총계	833,717,406,621	682,405,634,111	677,124,563,409
자본			
자본총계	2,568,131,533,301	2,343,787,065,448	2,138,303,004,899
부채와 자본총계	3,401,848,939,922	3,026,192,699,559	2,815,427,568,308

	제8기	제7기	제6기
매출액	3,100,413,235,735	2,849,462,498,512	2,554,722,779,517
매출원가	911,806,524,695	847,204,206,147	774,623,272,849
매출총이익	2,188,606,711,040	2,002,258,292,365	1,780,099,506,668
판매비와 관리비	1,818,768,516,657	1,636,919,632,445	1,407,248,665,213
영업이익	369,838,194,383	365,338,659,920	372,850,841,455
금융수익	11,345,251,127	12,208,474,974	11,165,261,732
금융비용	2,664,425,172	2,125,288,930	1,922,956,661
기타영업외손익	(18,148,860,829)	(15,378,553,167)	46,511,607,506
관계기업손익	3,155,994,712	1,674,509,104	1,037,293,287
법인세비용차감 전 순이익	363,526,154,221	361,717,801,901	429,642,047,319
법인세비용	96,167,099,912	92,460,264,042	102,373,282,558
당기순이익	267,359,054,309	269,257,537,859	327,268,764,761

추가자료 1

1. 일반사항:

회사는 2006년 6월 1일을 분할기일로 화장품, 생활용품, 식품 및 기타의 제조, 가공, 매매업 등을 영위할 목적으로 주식회사 아모레퍼시픽그룹으로부터 분할 신설되었습니다.

2.1 재무제표 작성기준

회사의 재무제표는 한국채택국제회계기준에 따라 작성되었습니다. 한국채택국제회계기준은 국제회계기준위원회("IASB")가 발표한 기준서와 해석서 중 대한민국이 채택한 내용을 의미합니다.

한국채택국제회계기준은 재무제표 작성시 중요한 회계추정의 사용을 허용하고 있으며, 회계정책을 적용함에 있어 경영진의 판단을 요구하고 있습니다. 보다 복잡하고 높은 수준의 판단이 요구되는 부분이나 중요한 가정 및 추정이 요구되는 부분은 주석 3에서 설명하고 있습니다.

추가자료 2

본 감사인은 첨부된 주식회사 아모레퍼시픽의 2013년 12월 31일과 2012년 12월 31일 현재의 재무상태표와 동일로 종료되는 양 회계연도의 포괄손익계산서, 자본변동표 및 현금흐름표를 감사하였습니다. 이 재무제표를 작성할 책임은 회사 경영자에게 있으며, 본 감사인의 책임은 동 재무제표에 대하여 감사를 실시하고 이를 근거로 이 재무제표에 대하여 의견을 표명하는 데 있습니다.

본 감사인은 대한민국의 회계감사기준에 따라 감사를 실시하였습니다. 이 기준은 본 감사인이 재무제표가 중요하게 왜곡표시되지 아니하였다는 것을 합리적으로 확신하도록 감사를 계획하고 실시할 것을 요구하고 있습니다. 감사는 재무제표의 금액과 공시내용을 뒷받침하는 감사증거에 대하여 시사의 방법을 적용하여 검증하는 것을 포함하고 있습니다. 또한 감사는 재무제표의 전반적인 표시내용에 대한 평가뿐만 아니라 재무제표 작성을 위해 경영자가 적용한 회계원칙과 유의적 회계추정에 대한 평가를 포함하고 있습니다. 본 감사인이 실시한 감사가 감사의견 표명을 위한 합리적인 근거를 제공하고 있다고 본 감사인은 믿습니다.

본 감사인의 의견으로는 상기 재무제표가 주식회사 아모레퍼시픽의 2013년과 2012년 12월 31일 현재의 재무상태와 동일로 종료되는 양 회계연도의 재무성과 및 현금흐름의 내용을 한국채택국제회계기준에 따라 중요성의 관점에서 적정하게 표시하고 있습니다.

추가자료 3

3. 중요한 회계추정 및 가정:

회사는 미래에 대하여 추정 및 가정을 하고 있습니다. 추정 및 가정은 지속적으로 평가되며, 과거 경험과 현재의 상황에서 합리적으로 예측가능한 미래의 사건을 고려하여 이루어집니다. 이러한 회계추정은 실제 결과와 다를 수도 있습니다. 다음 회계연도에 자산 및 부채 장부금액에 조정을 미칠 수 있는 유의적 위험에 대한 추정 및 가정은 다음과 같습니다.

(1) 법인세

회사의 과세소득에 대한 법인세는 대한민국의 세법 및 과세당국의 결정을 적용하여 산정되므로 최종 세효과를 산정하는 데에는 불확실성이 존재합니다(주석 23 참조).

(2) 금융상품의 공정가치

활성시장에서 거래되지 않는 금융상품의 공정가치는 원칙적으로 평가기법을 사용하여 결정됩니다. 회사는 보고기간 말 현재 중요한 시장상황에 기초하여 다양한 평가기법의 선택 및 가정에 대한 판단을 하고 있습니다(주석 34 참조).

(3) 충당부채

회사는 보고기간 말 현재주석 16에서 설명하는 바와 같이 반품예상액과 관련한 충당부채를 계상하고 있습니다. 이러한 충당부채는 과거경험에 기초한 추정에 근거하여 결정됩니다.

(4) 고객충성제도

회사는 고객충성제도에 따라 보상점수에 배분할 수취대가에 대해서, 제공될 제품의 공정가치에 근거하여 추정하고 있으며, 과거 경험에 기초한 기대회수율과 기대회수시점을 고려하고 있습니다.

(5) 순확정급여부채

순확정급여부채의 현재가치는 보험수리적 방식에 의해 결정되는 다양한 요소들 특히 할인율의 변동에 영향을 받습니다(주석 18 참조).

01 아모레퍼시픽의 자료를 통해서 회사의 주요사업에 대한 정보를 확인할 수 있다. 이를 바탕으로 회사의 유동자산, 비유동자산, 유동부채, 비유동부채에 어떤 항목이 있을지 추측할 수 있는가?

02 아모레퍼시픽의 재무상태표가 2013년 시점의 금액뿐 아니라 전기의 금액도 제공하는 이유는 무엇인가? 회사의 총 자산성장률을 계산해 보자.

03 아모레퍼시픽이 채택한 회계기준은 무엇인가?

04 아모레퍼시픽의 감사보고서에서 감사의견을 알 수 있는가? 투자자 입장에서 감사보고서를 통해 어떤 판단을 할 수 있는가?

05 아모레퍼시픽이 2013년 기초에 은행으로부터 차입을 통해서 5년 만기 차입금 2,000억원을 빌렸으며, 이자율은 5%이라고 가정하자. 해당 차입금은 제시된 재무제표에 반영되어 있지 않다고 가정하자. 만약 위의 거래를 재무제표에 추가적으로 반영한다면 레버리지 비율과 당기순이익은 어떻게 변화하는가? 법인세율은 24%으로 가정한다.

06 회사의 경영진은 2014년의 경영환경에 대해서 호황일 경우와 불황일 경우로 나누어 경영전략을 세우고 있다. 호황일 경우 영업이익은 500억원, 불황일 경우 200억원으로 예상된다. 이는 다음과 같은 표로 정리할 수 있다. 5번에 나타난 가상의 거래를 (1) 반영하기 전과 (2) 반영하기 후의 상황에서 영업이익 변동에 따른 당기순이익 변동액에 대해서 생각해 보자.

(단위: 억원)

	호황	불황	호황	불황
	(1) 반영 전	(1) 반영 전	(2) 반영 후	(2) 반영 후
영업이익	500	200	500	200
금융수익	50	50	50	50
금융비용	0	0	(100)	(100)
세전이익	550	250	450	150
당기순이익	500	250	450	150

회사가 2013년에 레버리지 비율을 높이는 의사결정(차입)을 한 경우와 하지 않은 경우에 영업이익 변동에 따른 당기순이익의 변동액을 비교하시오.(영업이익에 대한 당기순이익의 탄력성)

07 기본 재무상태표 등식이 성립함을 확인하시오.

08 추가자료 3을 참고하여 경영자가 이익을 조정할 가능성에 대해 논하시오. 회사가 재무제표에 나

타난 회계정보는 확정적인가? 자의성이나 판단이 개입될 여지가 있는가? 회계기준은 경영자의 이익조정 가능성에 대해서 어떻게 대처하는가? 회계기준이 경영자의 이익조정을 완벽하게 막을 수 없다면, 대체적인 매커니즘으로는 무엇이 있는가?

1. 거래 분석
2. 분개
3. 전기(Posting)

Lectures on Financial Accounting

02

재무제표 작성을 위한 회계처리

CHAPTER

02 재무제표 작성을 위한 회계처리

앞 장에서 살펴보았듯이 기업은 회계기간 동안 발생한 기업활동의 결과로 인해 여러 가지 계약을 발생시킨다. 이 중 경제적으로 의미 있는 거래에 대해서는 회계처리를 수행함으로써 투자자들에게 관련 정보를 제공하는 것은 회계의 중요한 목적 중 하나이다(Stewardship). 보다 구체적으로는 회사의 자산, 부채, 자본, 수익, 비용에 영향을 주는 경제적 거래에 대해 적절한 회계처리를 통해 재무제표에 반영한다. 자산, 부채, 자본과 관련된 정보는 일련의 방식을 따라 정리하여 재무상태표를 통해 보고한다. 수익과 비용과 관련된 정보는 손익계산서를 통해 보고한다. 현금과 관련된 정보는 회사의 유동성 및 장래 기업 전망과 관련하여 특히 중요하기 때문에 현금흐름표를 작성한다. 또한 회사의 여러 회계정보 이용자 중에 특히 주주를 위해서 자본변동표를 작성하여 회사와 주주간의 거래를 보다 상세히 전달하며, 주석을 통해 재무제표를 통해 나타나지 않은 자세한 정보를 전달하게 된다. 이는 앞서 1장에서 배운 내용이다. 재무제표를 작성하기 위해 가장 먼저 수행해야 할 일은 우선 경제적 거래들을 발견하고 그러한 경제적 거래들을 회계시스템에 반영하여야 하는가를 결정하는 일이다. 그런 후에 경제적 사건들을 분석하고 기록하는 단계에 들어간다.

재무제표는 일반적으로 회계기간 말(분기 말 또는 연말)에 작성한다. 이때 각 계정별로 회계기간 중에 발생한 거래를 반영하게 되면 기말잔액은 기초잔액과 달라지기 마련이다. 따라서 다음과 같은 과정을 생각하면 편리하다.

1단계: 기초 잔액을 결정한다. 이번 회계기간의 기초잔액은 전기의 기말잔액과 동일하다.
2단계: 기중에 발생한 거래를 분석하여 기록한다.
3단계: 손익계산서 항목을 구분하여 기말잔액을 계산하여 손익계산서를 작성한다.
4단계: 재무상태표 항목을 구분하여 기말잔액을 계산하여 재무상태표를 작성한다.

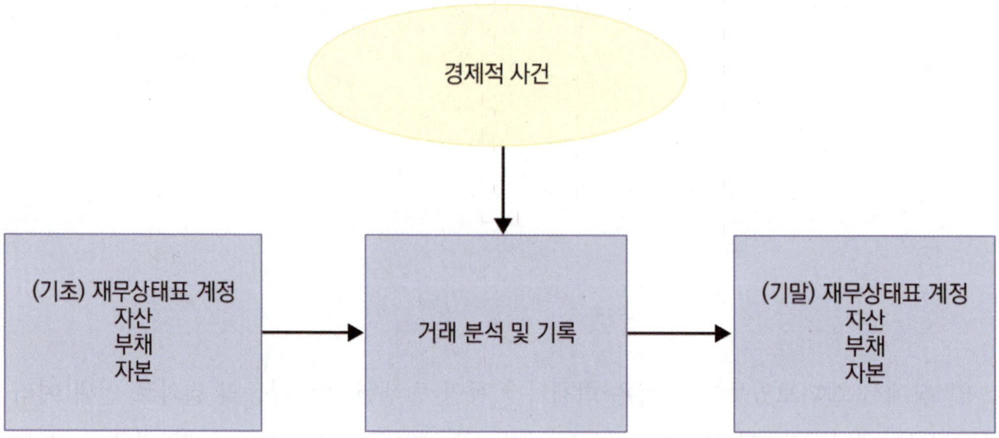

먼저 경제적 거래를 회계시스템에 반영하는 방법에 대해서 배울 것이다. 일반적으로 거래는 아래의 그림과 같이 (1) 주주지분(자본)에 영향을 주는 거래(수익/비용 인식)와 (2) 주주지분에 영향을 주지 않는 거래(주주와의 거래)로 나눈다. 자본에 영향을 주는 거래는 다시 수익에 미치는 거래와 자본거래로 나눌 수 있고, 자본(주주지분)에 영향을 미치지 않는 거래는 자산(부채)에 미치는 영향이 상쇄되는지, 자산과 부채에 똑같이 영향을 주는지에 따라서 구분할 수 있다.

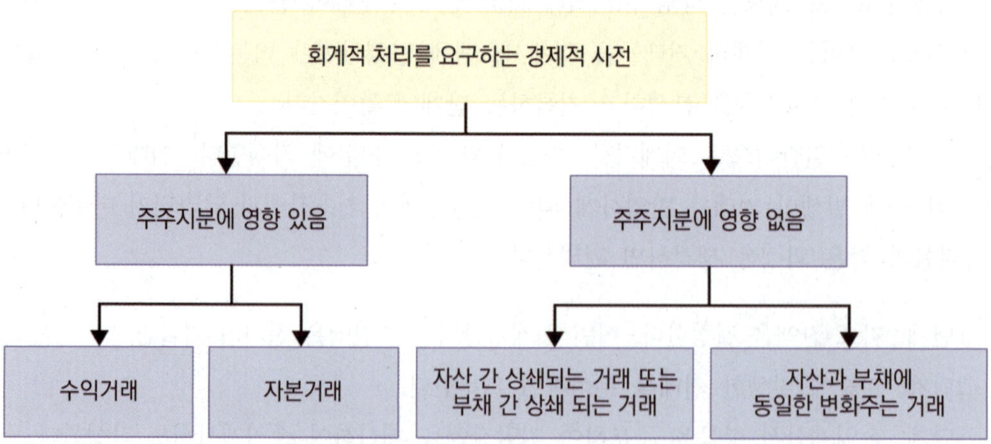

1 거래 분석

자본(주주지분)에 영향을 미치는 거래-수익거래

자본(주주지분)에 영향을 미치는 거래는 수익거래와 자본거래로 나눌 수 있다. 이러한 구분은 주주가 회사의 주인으로서 자본을 출자하고 채권자나 종업원 등에게 지불하고 남은 이익의 소유를 갖는다는 인식에서 출발한다. 따라서 주주는 회사의 다른 이해관계자와는 구분되는 지위를 갖고 있다. 수익거래는 사업을 통해 영업활동으로 인하여 창출되거나 손실된 가치를 반영한다. 수익거래는 주주가 아닌 상대방과 회사 간에 이루어진 거래를 의미한다. 예를 들어 채권자에게 이자를 지급하거나 종업원에게 인건비를 지급하는 거래는 모두 수익거래이다. 반면 자본거래는 주주와 회사 간에 거래가 발생한 것으로, 회사에 자금을 출자하고 주식을 받는 것이나, 회사가 주주에게 배당을 지급하는 것 등이 해당한다. 특정 거래가 수익거래인지 자본거래인지 판단하는 것은 사업의 성과를 분석하는 데 중요하다. 수익거래의 경우에, 매출을 인식하게 되면 순이익이 증가하며, 이로 인해 이익잉여금과 순자산(자산-부채)도 증가한다. 비용을 인식하게 되면 순이익이 감소하며, 이로 인해 이익잉여금과 순자산도 감소한다.

1. 자본에 영향을 미치는 거래 중에 수익거래에 대해서 자세히 살펴보자. 위에 나온 4가지의 거래를 나누는 유형 중에 가장 중요한 거래가 수익거래이다. 수익거래는 회사의 영업활동과 관련하여 발생하며, 자본을 증가시키는 거래는 수익이라고 말하며 자본을 감소시키는 거래는 비용이라고 한다. 이러한 수익과 비용을 어떻게 인식하는가의 문제는 회계처리에서 가장 중요한 이슈이다. 가령 원재료를 구입하고 제품으로 가공하여 판매하는 회사가 있다고 하자. 이 회사가 원재료를 공급자로부터 구입하고 나서 생산한 제품을 판매하는 시점에서 매출(수익)을 인식하며 동시에 매출원가(비용)을 인식한다. 이러한 거래는 해당 회사의 주요 영업활동과 관련하여 발생하므로 수익거래의 정의를 충족한다.

예시 1 팔라마 회사는 다른 회사에 돈을 대여하여 발생한 이자수익 1,500원을 현금으로 받았다.

재무상태표			손익계산서		
자산 =	부채 +	자본	비용	수익	순이익
현금 1,500		이익잉여금 1,500		이자수익 1,500	1,500

회사는 이자수익을 수익으로 인식하며, 동시에 현금 자산의 증가 1,500원을 인식한다. 이러한 거래는 당기순이익을 증가시켜 결국 이익잉여금을 증가시키기 때문에 주주지분(자본)에 영향을 미치는 거래이며, 구체적으로는 이자수익이 발생했으므로 수익거래에 해당한다.

예시 2 팔라마 회사는 종업원에게 인건비로 급여 2,000원을 지급하였다.

재무상태표			손익계산서		
자산 =	부채 +	자본	비용	수익	순이익
현금 -2,000		이익잉여금 -2,000	인건비 2,000		-2,000

회사는 종업원에게 지급한 돈을 인건비로 처리하며, 동시에 현금자산이 감소하였다. 이러한 거래는 당기순이익을 줄여 결국 이익잉여금을 감소시키므로 주주지분에 영향을 미치는 거래다. 구체적으로는 인건비라는 비용이 발생했으므로 수익거래에 해당한다.

2. 이번에는 자본거래에 대해서 살펴보자. 이는 회사와 회사의 주주 간에 발생하는 거래이며, 주주가 회사에 부를 제공한 것은 수익이 아니라 납입자본의 증가이며, 주주가 회사로부터 부를 받아간 것은 비용이 아니라 부의 배분이다. 따라서 주주가 회사의 주식을 인수하기 위해서 현금을 지불했다면, 회사입장에서는 자본금의 증가를 인식한다(매출이나 기타 수익 계정의 증가가 아님). 좀 더 구체적으로는 주식의 액면금액까지는 자본금으로 인식하며, 이를 초과하거나 미달하는 납입금에 대해서는 자본잉여금(음의 값일 경우에는 자본조정이라고 부른다)으로 인식한다. 반면에 회사가 현금을 배당으로 지급했다면, 이익잉여금의 감소를 인식한다(매출원가나 기타 비용계정의 증가가 아님).

예시 3 팔라마 회사는 주주들로부터 현금 2,000원을 받고 주식을 지급하였다.

재무상태표			손익계산서		
자산 =	부채 +	자본	비용	수익	순이익
현금 2,000		자본금 2,000			

회사는 현금을 수령하여 자산이 증가하였으며, 주주로부터 받은 현금은 주주지분(자본금)에 영향을 미치는 거래이지만, 수익이나 비용이 발생하지 않았으므로 자본거래에 해당한다.

예시 4 팔라마 회사는 주주들에게 배당으로 현금 3,000원을 지급하였다.

재무상태표			손익계산서		
자산 =	부채 +	자본	비용	수익	순이익
현금 -3,000		이익잉여금 -3,000			

회사는 현금 자산의 감소를 나타내며, 또한 배당금은 주주지분(이익잉여금)을 감소시킨다. 그러나 관련 수익이나 비용은 발생하지 않았으므로 자본거래에 해당한다.

자본(주주지분)에 영향을 미치지 않는 거래

자본(주주지분)에 영향을 미치지 않는 거래는 자산(또는 부채)에 미치는 영향이 상쇄되는지, 아니면 자산과 부채에 동일한 영향을 주는지에 따라서 구분할 수 있다. 전자의 경우에는 어떤 자산(부채)이 증가함에 따라 다른 자산(부채)이(가) 감소하는 경우를 의미한다. 예를 들어 재고자산을 구입하기 위해 현금을 지급한 경우를 생각해 보면 재고자산은 늘어나고 현금은 줄어들었지만 둘 다 자산항목이므로 전체 자산에 미치는 순 변화량은 '0'이다. 반면 자산과 부채에 동일한 영향을 주는 거래는 하나의 자산이 증가(감소)함에 따라 다른 부채가 증가(감소)하는 경우이다. 예를 들면 재고자산을 구입하기 위해서 매입채무를 발행한 경우를 생각해 볼 수 있다.

3. 자본에 영향을 미치지 않는 거래 중 자산 간 서로 상쇄되거나 부채 간 서로 상쇄되는 거래에 대해 좀 더 자세히 살펴보자.

예시 5 팔라마 회사는 재고자산 4,000원을 구입하고 현금을 지급하였다.

재무상태표			손익계산서		
자산 =	부채 +	자본	비용	수익	순이익
현금 -4,000 재고자산 4,000					

회사는 현금 자산의 감소와 함께 같은 금액만큼 재고자산 금액이 증가하였다. 위의 표에서 보듯

이, 주주지분에 미치는 영향이 없는 거래이며, 구체적으로는 특정 자산이 증가하면서 같은 금액만큼 다른 자산이 감소한 거래이다. 결국 총자산에 미치는 순 변화량은 '0'임을 알 수 있다.

예시 6 팔라마 회사는 보유하고 있는 장기차입금 중 3,000원에 해당하는 금액의 만기가 1년 이내가 되어 단기차입금으로 계정을 바꾸었다.

재무상태표			손익계산서		
자산 =	부채 +	자본	비용	수익	순이익
	단기차입금 3,000 장기차입금 −3,000				

회사는 단기차입금의 증가와 같은 금액만큼 장기차입금의 감소가 발생했으므로, 주주지분에 미치는 영향이 없는 거래이다. 구체적으로는 특정 부채가 증가하면서 같은 금액만큼 다른 부채가 감소하는 거래이다. 결국 총부채에 미치는 순 변화량은 '0'임을 알 수 있다.

4. 마지막으로 자본에 영향을 미치지 않는 거래 중에서 자산과 부채에 동일한 영향을 주는 거래에 대해서 알아보자. 이 경우에 해당하기 위해서는 자산이 증가하면서 부채가 동시에 증가하거나, 자산이 감소하면서 부채가 동시에 감소해야 한다. 전자의 사례로는 특허권을 구입하면서 현금으로 지급하지 않고 앞으로 지급하겠다고 약속한 경우이다. 이때에는 특허권이라는 자산(무형자산)이 증가하면서 동시에 미지급금이라는 부채의 증가가 발생한다. 후자의 경우로는 회사가 공급자에게 지급해야 하는 매입채무를 현금으로 지급한 경우가 있다. 이 때 매입채무라는 부채가 감소하면서 동시에 현금이라는 자산의 감소가 이루어진다.

예시 7 팔라마 회사는 재고자산을 구입하기 위해 매입채무 2,000원을 발행하였다.

재무상태표			손익계산서		
자산 =	부채 +	자본	비용	수익	순이익
재고자산 2,000	매입채무 2,000				

위 거래는 재고자산 2,000원의 증가와 함께 매입채무 2,000원의 증가 효과가 재무상태표에 반영된다. 또한 자본에 미치는 영향이 없음을 확인할 수 있으며, 구체적으로는 자산과 부채에 동일한 영향(증가방향)을 주는 거래에 해당한다.

예시 8 팔라마 회사는 매입채무 중 3,000원을 현금으로 지급하여 결제하였다.

재무상태표			손익계산서		
자산 =	부채 +	자본	비용	수익	순이익
현금 -3,000	매입채무 -3,000				

위 거래는 현금자산의 감소와 함께 같은 금액만큼 매입채무의 감소 효과가 재무상태표에 반영된다. 또한 자본에 미치는 영향이 없음을 확인할 수 있으며, 구체적으로는 자산과 부채에 동일한 영향(감소방향)을 주는 거래에 해당한다.

2 분개

분개(Journal entry)는 가장 기본적인 장부 기록에 해당한다. 회계상 거래를 요약하여 거래의 이중성(duality of transaction)을 고려하여 차변과 대변에 계정과목과 금액을 기록하는 것이다. 회계처리는 구체적으로 분개를 통해서 나타난다. 분개는 영향을 받는 계정의 이름과 금액을 차변(Debit)과 대변(Credit)으로 나누어서 기록하는 과정이다. 차변은 장부의 좌측에 쓰는 내용이라는 뜻이며, 대변은 장부의 오른쪽에 쓰는 내용이라는 뜻에 불과하다. 라틴어 Debitor와 Creditor에서 나왔다. 차변과 대변에 대해서 왼쪽과 오른쪽 이상의 의미를 부여하지 않아야 한다.

차변	왼쪽
대변	오른쪽

회계등식에서 보듯이 자산은 일반적으로 차변에 위치하며, 부채나 자본은 반대로 대변에 위치한다. 따라서 어떤 거래가 자산을 증가시키는 경우 이를 기록하려면 장부의 오른쪽, 즉 차변에 기록하며, 부채나 자본을 증가시키는 경우는, 장부의 왼쪽, 즉 대변에 기록한다. 감소를 반대 방향에 표시한다. 만약 자산이 대변에 위치한다면 이는 자산의 감소를 의미하며, 부채나 자본이 차변에 위치할 경우 이는 해당 부채나 자본의 감소를 의미한다. 왼쪽과

오른쪽의 위치를 바꾸면 경제적 의미가 완전히 다르다. Dog bites man과 Man bites dog 차이만큼이나 차변과 대변의 위치를 바꾸는 것은 경제적으로 다른 의미를 가져온다.

수익의 경우 일반적으로 대변에 위치하며, 비용은 차변에 위치한다. 수익과 비용은 이익잉여금을 통해서 자본에 영향을 주는 항목이어서 자본의 위치와 동일하다. 수익의 증가는 당기순이익을 증가시키고 이익잉여금을 증가시켜 결국 자본을 증가시킨다. 비용은 그 반대이다. 만약 수익이 차변에 위치하거나 비용이 대변에 위치한다면, 이는 해당 수익/비용의 감소를 의미한다. 이상의 원칙들을 차변, 대변의 원칙(rules of debits and credits)이라 부르고 아래와 같은 그림으로 정리할 수 있다.

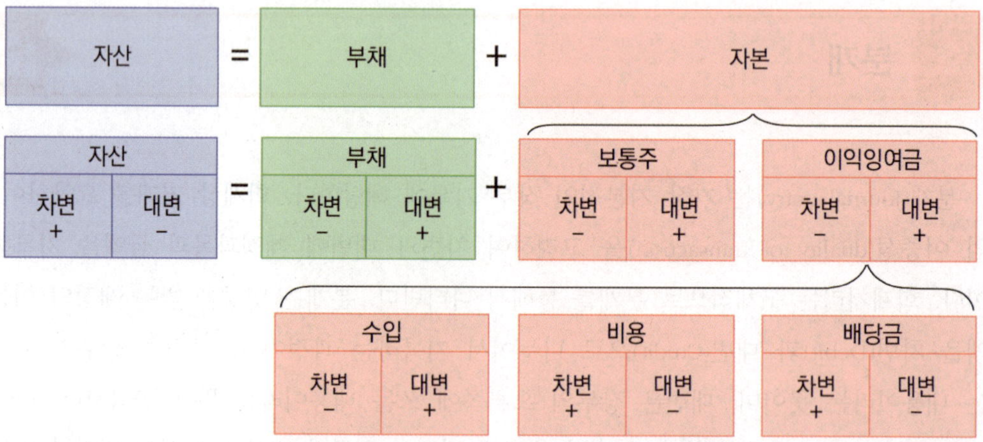

거래의 이중성

거래(去來)는 단어의 뜻에서 알 수 있듯이 기업이 무엇을 얻기 위해서는 다른 무엇인가를 제공해야 한다. 오늘날 회계처리는 복식부기를 도입하여 이루어지는데, 단식부기에 비해서 거래의 경제적 효과를 복합적으로 잘 나타낼 수 있다는 장점이 있다(거래의 이중성, duality of transactions). 복식부기 하에서 회계처리를 이해하고 정확하게 수행하기 위해서는 대차원리를 알아야 한다. 대차원리란 차변(왼쪽, debit)과 대변(오른쪽, credit)으로 나누어 거래를 기록하는 복식부기 하에서 차변에 적는 계정의 금액과 대변에 적는 계정의 금액의 합이 항상 같아야 한다는 의미이다. 손익계정은 결국 자본계정(이익잉여금)을 통해서 재무상태표에 반영되기 때문에, 대차원리는 자산이 부채와 자본의 합과 같다(1장에서 보았듯이 이를 회계등식이라 함)는 뜻으로 귀결된다. 재무상태표는 과거 대차대조표라고 불렸다는 점을 알면 좀 더 이해하기 쉬울 것이다.

위의 그림은 유명한 판화가인 요스트 아만(Jost Amman)이 1585년에 만든 상업의 알레

고리다. 그림 상단에 상업의 수호신 에르메스가 오른손에 저울을 들고 있다. 이 저울에는 각각의 책이 올려져 있는데 이 저울판은 차변(debit)과 대변(credit)이라고 표시된 두 선에 연결되어 있다. 차변과 대변은 같아야 한다는 의미다.

회계등식(Accounting equation): 자산 = 부채 + 자본

그렇다면 실제로 거래를 분개하고자 할 때, 어떤 절차를 거쳐야 하는가? 먼저 어떤 계정이 영향을 받는지 생각해 보자. 자산, 부채, 자본 중에 영향을 받는 계정을 살펴본 뒤, 어떤 명칭(계정과목)을 쓸 것인지 결정해야 한다. 만약 자산 중에서 재고자산이 영향 받는다면, 다음으로 생각할 것은 해당 자산이 증가하는지 감소하는지다. 만약 해당 자산이 증가한다면, 앞서 배운 바와 같이 차변에 위치시켜서 자산의 증가를 나타낸다. 반대로 해당 자산이 감소한다면, 대변에 위치시켜서 자산의 감소를 나타낸다. 부채나 자본 계정에 대해서는 반대로 생각하면 된다. 즉, 부채나 자본이 증가한다면 대변에 위치시켜서 부채와 자본의 증가를 나타낸다. 만약 부채나 자본이 감소한다면 차변에 위치시켜서 부채나 자본 계정의 감소를 나타낸다. 마지막으로 결정할 사항은 금액이다. 해당 계정과목에 대해 금액적으로 얼마의 영향이 있었는지 판단함으로써, 분개를 마무리할 수 있다.

또한 손익계산서 항목에 해당하는 수익과 비용의 경우에는, 이들 계정이 궁극적으로 이익잉여금(자본 계정)으로 분류된다는 상기한다면 어디에 위치해야 하는지 생각하기 편리하다. 즉, 수익은 궁극적으로 이익잉여금을 증가시키기 때문에, 수익이 발생했다면 대변에 위치시킨다. 비용의 경우 이익잉여금 감소와 연결되기 위해서는 비용 발생시 차변에 위치시켜야 한다.

요약하면, 분개를 수행하는 과정에서는 다음과 같은 사항들을 잘 고려하여야 한다.

- 어떤 계정이 영향을 받는가
- 계정과목의 성격이 어떠한가
- 거래를 통하여 해당 계정의 금액이 증가하는가 감소하는가
- 대차원리를 적용하여 생각한다(자산 = 부채 + 자본)
- 분개를 기록한다(분개를 기록할 때에는 차변 계정을 먼저 기록한 후에 대변 계정을 기록한다.)
- 전체 차변 금액 합계가 대변 금액 합계와 일치하는지 확인한다

▪ 거래가 발생한 시점의 날짜나 관련 기준점을 포함시킨다

위에서 제시한 예시 1-8에 대해서 분개를 해보자.

예시 1 팔라마 회사는 다른 회사에 돈을 대여하여 발생한 이자수익 1,500원을 현금으로 받았다.

차변		대변	
계정과목	금액	계정과목	금액
현금	1,500	이자수익	1,500

회사는 현금을 받았으며, 현금은 자산 계정의 일종이다. 현금이 증가하였기 때문에 차변에 현금 계정과목을 적어야 한다. 이자수익은 수익계정이므로, 수익의 발생에 대해서는 대변에 기록해야 한다.

예시 2 팔라마 회사는 종업원에게 인건비로 급여 2,000원을 지급하였다.

차변		대변	
계정과목	금액	계정과목	금액
인건비	2,000	현금	2,000

인건비라는 비용이 발생했으므로, 차변에 적는다. 현금이라는 자산 계정의 감소를 나타내기 위해서는 대변에 현금 계정과목을 적어야 한다.

예시 3 팔라마 회사는 주주들로부터 현금 2,000원을 받고 주식을 지급하였다.

차변		대변	
계정과목	금액	계정과목	금액
현금	2,000	자본금	2,000

현금이라는 자산 계정이 증가했으므로, 차변 계정과목이 현금이 되어야 한다. 자본금은 자본의 일종이며, 자본의 증가를 나타내기 위해서는 대변에 적어야 한다.

예시 4 팔라마 회사는 주주들에게 배당으로 현금 3,000원을 지급하였다.

차변		대변	
계정과목	금액	계정과목	금액
배당금(이익잉여금)	3,000	현금	3,000

현금 지급에 따른 자산 계정의 감소를 나타내기 위해서는 대변에 현금을 위치시켜야 한다. 배당금(이익잉여금)은 자본계정의 일종이며 배당금은 자본을 감소시키는 거래이기 때문에 차변에 적어야 한다.

예시 5 팔라마 회사는 재고자산 4,000원을 구입하고 현금을 지급하였다.

차변		대변	
계정과목	금액	계정과목	금액
재고자산	4,000	현금	4,000

재고자산이라는 자산 계정이 증가하였으므로 차변 계정과목에 재고자산을 적는다. 현금이라는 자산의 감소를 나타내기 위해서는 대변에 위치시킨다.

예시 6 팔라마 회사는 보유하고 있는 장기차입금 중 3,000원에 해당하는 금액의 만기가 1년 이내가 되어 단기차입금으로 계정을 바꾸었다.

차변		대변	
계정과목	금액	계정과목	금액
장기차입금	3,000	단기차입금	3,000

장기차입금은 부채 계정이며, 장기차입금이라는 부채의 감소를 나타내기 위해서는 차변에 적어야 한다. 단기차입금도 부채 계정의 일종이며, 단기차입금이라는 부채의 증가를 표현하기 위해서는 대변에 적어야 한다.

예시 7 팔라마 회사는 재고자산을 구입하기 위해 매입채무 2,000원을 발행하였다.

차변		대변	
계정과목	금액	계정과목	금액
재고자산	2,000	매입채무	2,000

재고자산은 자산 계정이며, 해당 거래를 통해 재고자산이 증가하였다. 따라서 차변 계정에 재고자산을 위치시킨다. 매입채무는 부채 계정이며, 해당 거래를 통해 매입채무가 증가하였으므로, 대변에 매입채무를 위치시킨다.

예시 8 팔라마 회사는 매입채무 중 3,000원을 현금을 지급하여 결제하였다.

차변		대변	
계정과목	금액	계정과목	금액
매입채무	3,000	현금	3,000

해당 거래를 통해 매입채무라는 부채가 감소하였으며, 현금이라는 자산이 감소하였다. 부채의 감소는 차변에, 현금의 감소는 대변에 위치시킨다.

3 전기(Posting)

회계기간 동안 발생한 거래를 시간의 흐름을 따라서 분개하다 보면, 계정과목별 기초, 기말 금액과 기중 변화에 대해서 종합적인 정보를 제공하는 데 한계가 있다. 따라서 회사가 사용하는 계정별로 기초금액과 기중에 발생한 변동액, 기말금액을 정리하여 나타낼 필요가 있다. 전기는 분개를 통해서 나타난 경제적 거래의 영향을 각 계정별로 옮겨 적는 것을 의미한다. 가령 현금을 지불하고 기계장치를 구입했다면, 차변에 기계장치를 기록하고 대변에 현금을 기록하여 분개한다. 전기는 이 과정에서 나타난 기계장치와 현금의 변화를 기계장치와 현금 계정원장(ledger) 각각에 해당 증감을 기록하는 것을 의미한다. 실제 회사에서는 분개를 하면 자동적으로 전기가 이루어지는 시스템을 사용한다. 여러 계정별 원장을 모아 놓은 장부를 총계정원장(general ledger)이라고 한다.

전기(Posting)

전기(Posting)과 관련하여 T계정을 이용하면 내용을 시각화해서 나타낼 수 있어서 편리하다. T계정이란 일종의 단순화된 원장(ledger)이라고 할 수 있는데, 이러한 도구는 분개가 계정 과목에 미치는 영향을 표시하는데 유용하다. 다음의 예를 통해서 T계정이 어떤 정보를 나타내는지 판단해 보자.

위키위키 회사가 은행에 현금계정을 보유하고 있다고 하자. 5/1일에 5,000원의 현금이 있었으며, 5월 중에 4,000원의 현금을 추가로 입금하였고, 인출하여 쓴 금액이 7,000원이라고 하자. 이러한 내용은 다음과 같이 정리할 수 있다.

기초금액(5/1)	5,000
예금	4,000
출금	7,000
기말금액(5/31)	2,000

예금은 현금계정이 증가하는 경우의 대표적 사례이며, 출금은 현금계정이 감소하는 대표적 사례이다. 따라서 위의 표는 현금계정이 5/1에 얼마의 잔액이 있었으며, 5/1부터 5/31일까지 어떠한 변화를 겪었으며, 그로 인해 최종적인 잔액이 얼마인지를 나타내는 표이다. 이는 위의 경우처럼 표를 통해서 나타낼 수도 있지만, T계정을 이용해서 좀 더 시각화하여 나타낼 수도 있다. 해당 모양이 T 문자와 닮았다고 하여 T계정이라고 부른다.

현금	
기초 5,000	인출 7,000
입금 4,000	
기말 2,000	

만약 해당 계정이 현금이 아니라 부채나 자본 계정이라면 T계정이 어떻게 변하는가? 이는 회계등식을 생각해 보면 쉽게 도출할 수 있다. 위에서 현금이라는 자산의 경우 기초금액이 좌측에 표시되었으며, 기말잔액이 양(+)의 금액이므로 좌측에 표시되었다. 만약 매입채무라는 부채 계정을 생각해 보면, 이는 기초금액이 우측에 위치해야 함을 회계등식을 통해 어렵지 않게 생각할 수 있다. 나아가 기중에 발생한 부채의 증가 역시 우측에 위치해야 하며, 부채의 감소는 좌측에 표시되어야 한다. 마지막으로 기말금액이 양(+)의 금액일 경우 우측에 위치하며 음(−)의 금액일 경우 좌측에 위치한다. 자본의 경우에도 마찬가지이다. 일반적으로 재무상태표 계정의 T계정은 자산, 부채, 자본에 따라 다음과 같은 형태를 지닌다.

자산

기초금액	당기감소
당기증가	
기말금액	

부채

	기초금액
당기감소	당기증가
	기말금액

자본

	기초금액
당기감소	당기증가
	기말금액

손익계산서 계정의 T계정은 어떠한 모양을 갖는가?

이를 이해하기 위해서는 1장에서 배웠던 손익계산서의 특징을 상기할 필요가 있다. 재무상태표가 특정 시점에서의 사진과 같은 내용을 보여준다면, 손익계산서는 일정기간 동안의 변화를 보여주는 재무제표이다. 따라서 손익계산서 계정들은 기초금액이 존재하지 않아야 한다. 즉 손익계산서 계정들은 매 회계기간을 시작할 때 0의 잔액을 갖는다. 그렇다면 어떻게 기말잔액이 매 회계기간마다 '0'으로 조정되는 것인가? 예를 들어 기중에 매출 10,000원이 발생하였으며 소비자의 불만으로 일부가 반품되었다 하자. 반품된 금액이 6,000원이 있었다면, 기초금액은 존재하지 않으므로 매출액(매출수익)은 4,000원이라는 잔액이 남게 된다. 이 4,000원이 그 기간의 수익이 되어 손익계산서의 수익항목이 된다. 손익계산서를 작성한 후에는 다음 회계기간을 위해서 결산조정을 하게 되는데 이 과정을 거치게 되면 매출액 계정은 다음 회계기간에 다시 0으로 시작하게 된다. 결산조정(closing process)은 수익이나 비용은 궁극적으로 재무상태표의 자본에 반영된다는 원리를 반영한 회계처리이며 다음 장에서 자세히 설명할 것이다.

매출액

6,000(매출환입)	10,000(매출액)
4,000(결산분개를 통해 이익잉여금으로 대체됨)	

일반적인 수익이나 비용계정에 대한 T계정은 다음과 같은 모습을 갖는다.

수익

당기감소	당기증가

비용

당기증가	당기감소

위에서 학습한 예시 1-8에 대해서 T계정으로 전기하는 과정을 적용해 보도록 하자. 설명의 편의를 위하여 재무상태표 계정의 기초 잔액은 10,000원으로 한다. 팔라마 회사는 당기에 예시 1-8의 거래들 외의 다른 거래는 발생하지 않은 것으로 가정한다.

예시 1 팔라마 회사는 다른 회사에 돈을 대여하여 발생한 이자수익 1,500원을 현금으로 받았다.

이자수익

		당기증가	1,500
		기말	1,500

현금

기초	10,000		
당기증가	1,500 (예시1)		
기말	11,500		

예시 2 팔라마 회사는 종업원에게 인건비로 급여 2,000원을 지급하였다.

인건비

당기증가	2,000		
기말	2,000		

현금

기초	10,000		
당기증가	1,500 (예시1)	당기감소	2,000 (예시2)
기말	9,500		

예시 3 팔라마 회사는 주주들로부터 현금 2,000원을 받고 주식을 지급하였다.

자본금

		기초	10,000
		당기증가	2,000
		기말	12,000

현금

기초	10,000		
당기증가	1,500 (예시1)	당기감소	2,000 (예시2)
당기증가	2,000 (예시3)		
기말	11,500		

예시 4 팔라마 회사는 주주들에게 배당으로 현금 3,000원을 지급하였다.

배당금(이익잉여금)

		기초	10,000
당기감소	3,000		
		기말	7,000

현금

기초	10,000		
당기증가	1,500 (예시1)	당기감소	2,000 (예시2)
당기증가	2,000 (예시3)	당기감소	3,000 (예시4)
기말	8,500		

예시 5 팔라마 회사는 재고자산 4,000원을 구입하고 현금을 지급하였다.

재고자산

기초	10,000		
당기증가	4,000 (예시5)		
기말	14,000		

현금

기초	10,000		
당기증가	1,500 (예시1)	당기감소	2,000 (예시2)
당기증가	2,000 (예시3)	당기감소	3,000 (예시4)
		당기감소	4,000 (예시5)
기말	4,500		

예시 6 팔라마 회사는 보유하고 있는 장기차입금 중 3,000원에 해당하는 금액의 만기가 1년 이내가 되어 단기차입금으로 계정을 바꾸었다.

장기차입금

		기초	10,000
당기감소	3,000		
		기말	7,000

단기차입금

		기초	10,000
		당기증가	3,000
		기말	13,000

예시 7 팔라마 회사는 재고자산을 구입하기 위해 매입채무 2,000원을 발행하였다.

매입채무

		기초	10,000
		당기증가	2,000 (예시7)
		기말	12,000

재고자산

기초	10,000		
당기증가	4,000 (예시5)		
당기증가	2,000 (예시7)		
기말	16,000		

예시 8 팔라마 회사는 매입채무 중 3,000원을 현금으로 지급하여 결제하였다.

매입채무

		기초	10,000
당기감소	3,000 (예시8)	당기증가	2,000 (예시7)

현금

기초	10,000		
당기증가	1,500 (예시1)	당기감소	2,000 (예시2)
당기증가	2,000 (예시3)	당기감소	3,000 (예시4)
		당기감소	4,000 (예시5)
		당기감소	3,000 (예시8)
기말	16,000		

셀프스터디 문제 ❶

마카나 회사에 대해 다음과 같은 거래가 발생하였다.

1. 주주들은 현금 ₩2,000을 납입하고 마카나 회사의 주식을 받았다.
2. 마카나 회사는 재고자산 ₩2,000을 외상으로 매입하였다.
3. 마카나 회사는 원가 ₩1,300의 재고자산을 ₩1,500에 판매하였다.
4. 마카나 회사는 고객들로부터 ₩1,300의 현금을 회수하였다.
5. 마카나 회사는 공급자들에게 매입채무와 관련하여 현금 ₩600을 지급하였다.
6. 마카나 회사는 주주들에게 배당금을 ₩50 현금 지급하였다.

해당 거래가 재무제표에 미치는 영향을 다음의 양식을 활용해서 나타내시오. 이는 분개를 하기에 앞서 어떤 계정이 영향을 받으며, 금액은 얼마인지, 또한 대차원리를 상기시켜 주는 양식이다.

번호	현금자산	비현금자산	부채	자본금	이익잉여금	수익	비용	순이익
1								
2								
3								
3								
4								
5								
6								

재무제표에 미치는 영향은 다음과 같다.

번호	현금자산	비현금자산	부채	자본금	이익잉여금	수익	비용	순이익
1	2,000 (현금)			2,000 (자본금)				
2		2,000 (재고자산)	2,000 (매입채무)					
3		1,500 (매출채권)			1,500 (이익잉여금)	1,500 (매출액)		1,500
3		-1,300 (재고자산)			-1,300 (이익잉여금)		1,300 (매출원가)	-1,300
4	1,300 (현금)	-1,300 (매출채권)						
5	-600 (현금)		-600 (매입채무)					
6	-50 (현금)				-50 (배당)			

이어서 분개를 수행하시오.

분개는 다음과 같이 이루어진다.

1	현금	2,000	보통주	2,000
2	재고자산	2,000	매입채무	2,000
3	매출채권	1,500	매출액	1,500
3	매출원가	1,300	재고자산	1,300
4	현금	1,300	매출채권	1,300
5	매입채무	600	현금	600

셀프스터디 문제 ❷

2022년 기말시점 하우올리 회사의 재무상태표는 다음과 같다. 2023년에 발생한 다음의 사건을 참고하여 물음에 답하시오.

(단위: 원)

하우올리 기업 재무상태표 2022년 기말			
현금자산	80,000	부채	200,000
비현금자산	270,000	자본금	50,000
		이익잉여금	100,000
총자산	350,000	부채 및 자본 합	350,000

1. 외상으로 재고를 80,000원에 매입하였다
2. 종업원들에게 인건비로 10,000원을 현금 지급하였다
3. 원가가 40,000원인 재고자산을 70,000원에 외상 매출하였다
4. 3번 거래에서 발생한 매출채권 중 15,000원을 회수하였다
5. 1번 거래에서 발생한 매입채무 중 35,000원을 지급하였다
6. 다음 연도에 방송될 광고서비스를 25,000원에 구입하였다
7. 다음 연도까지 지급되지 않을 인건비 5,000원을 종업원들이 가득하였다
8. 기계장치에 대한 감가상각비 3,000원을 기록하였다

1. 위의 8개의 거래를 다음의 형식에 맞추어 작성하시오.

번호	현금자산	비현금자산	부채	자본금	이익잉여금	수익	비용	순이익
기초								
1								
2								
3								
4								
5								
6								
7								
8								
기말								

번호	현금자산	비현금자산	부채	자본금	이익잉여금	수익	비용	순이익
기초	80,000	270,000	200,000	50,000	100,000			
1		80,000 (재고자산)	80,000 (매입채무)					

2	-10,000 (현금)				-10,000 (이익잉여금)		10,000 (인건비)	-10,000
3		70,000 (매출채권) -40,000 (재고자산)			70,000 (이익잉여금) -40,000 (이익잉여금)	70,000 (매출액)	40,000 (매출원가)	70,000 -40,000
4	15,000 (현금)	-15,000 (매출채권)						
5	-35,000 (현금)		-35,000 (매입채무)					
6	-25,000 (현금)	25,000 (선급광고료)						
7			5,000 (미지급인건비)		-5,000 (이익잉여금)		5,000 (인건비)	-5,000
8		-3,000 (유형자산)			-3,000 (이익잉여금)		3,000 (감가상각비)	-3,000
기말	25,000	387,000	250,000	50,000	112,000	70,000	58,000	12,000

2. 손익계산서와 재무상태표를 작성하시오.

하우올리 기업 손익계산서 2023년 기말에 종료되는 회계기간	
수익	70,000
비용	58,000
순이익	12,000

하우올리 기업 재무상태표 2023년 기말			
현금	25,000	총부채	250,000
비현금자산	387,000	자본금	50,000
		이익잉여금	112,000
총자산	412,000	부채 및 자본	412,000

셀프스터디 문제 ❸

알라모 회사에 대해 다음과 같은 거래가 발생하였다. 분개를 해보아라.

1) 5월 1일, (주)알라모가 설립되었다. (주)알라모는 정원의 잔디를 관리해 주는 것을 주업으로 삼는 회사이다. (주)알라모는 자본금으로 800개의 주식이 $10의 가격으로 발행하였다. (주)알라모의 이름으로 은행 계좌를 만들어 주식 발행으로 받은 $8,000를 입금하였다.
2) 5월 2일, (주)알라모는 잔디 깎는 기계 하나를 현금 $2,500에 샀다.
3) 5월 8일 (주)알라모는 트럭 하나를 $15,000에 샀다. (주)알라모는 $2,000을 현금으로 내고 나머지 $13,000에 대한 지급 어음을 발행했다.
4) 5월 11일, (주)알라모는 $300의 수리 부품을 신용거래로 구매했다.
5) (주)알라모는 필요 이상으로 수리 부품을 구매했다는 것을 알게 되었다. 5월 18일, (주)알라모는 수리 부품의 절반을 (주)관악에게 자기가 산 금액과 같은 $150에 팔 수 있었다. (주)알라모는 30일 안에 현금으로 이를 수령할 것이다.
6) 5월 25일, (주)관악은 (주)알라모에게 매출채권의 일부에 해당하는 현금 $75를 지급했다.
7) 5월 28일, (주)알라모는 외상매입금 $150를 지불했다.
8) 5월 29일, (주)알라모는 5월에 잔디 관리 서비스를 제공하여 번 수익 $750을 기록했다. 모든 고객이 현금으로 지불했다.
9) 5월 한 달 동안, (주)알라모는 현금 구매한 휘발유 $50을 잔디 깎는 기계와 트럭에 사용했다.

분개장

날짜	거래 내역 설명	차변	대변
5.1	현금	$8,000	
	자본금		$8,000
	현금으로 주식 발행		
5.2	공구와 설비	2,500	
	현금		2,500
	잔디 깎는 기계 1개 구매		
5.8	트럭	15,000	
	현금		2,000
	지급어음		13,000
	트럭 1대를 현금과 지급어음으로 구매		
5.11	공구와 설비	300	

	매입채무		300
	수리부품 구매		
5.18	매출채권	150	
	공구와 설비		150
	수리부품 절반 판매		
5.25	현금	75	
	매출채권		75
	㈜관악으로부터		
5.28	매입채무	150	
	현금		150
	매입채무 지급		
5.29	현금	750	
	서비스매출		750
	고객에게 청구한 요금 수령		
5.31	유류비	50	
	현금		50
	5월 휘발유 비용		

02 연습문제

01 다음은 순서대로 일어난 사건들이다. 이를 분개장에 기록하고 원장(T계정)에 전기하시오.

1. 현금 $10,000으로 사업을 시작했다
2. 필요한 기계장치 $3,000를 현금으로 구매했다.
3. 소모품을 $500에 현금 구매했다.
4. 서비스 신용 매출 $4,000이 발생했다.
5. 사무실 임대료 $400을 지출했다.
6. 아르바이트생 급여 $200을 지출했다.
7. 신용 매출 중 $3000을 현금 회수했다.
8. 수도세 $40, 전기료 $40을 지출했다.

02 다음은 회사의 현금과 관련된 모든 사건들이다. 이 가운데 한 가지 거래가 회계 시스템에 반영되어 있지 않다. 현금 계정의 잔액이 $4,100일 때, 해당 거래를 고르시오.

1. A와 친구들은 현금 $5,000을 투자하여 웹 디자인 회사를 시작하였다.
2. 컴퓨터를 $2,500에 구입했다. 이와 관련된 지급 어음을 $1,500 발행했다.
3. 사무용 소모품을 현금 $700에 구매했다.
4. 첫 매출 $600이 발생했다. 이는 전액 신용 판매이다.
5. 두 번째 매출 $1,000이 발생했다. 이는 절반이 신용 판매이다.
6. 지급 어음 중 $400을 지출했다.
7. 첫 매출과 관련된 매출채권을 전액 회수하였다.
8. 친구들과 $300을 분배했다.

03 다음과 같은 거래가 마우이 회사에 발생했다.

1. 마우이 회사는 액면가 100원인 보통주 5,000주를 발행하였으며, 당시 주가는 120원이다.
2. 마우이 회사는 원금 1,000,000원의 채권을 액면발행하였다.
3. 마우이 회사는 현금 500,000원을 사용해서 원가 200,000원인 토지와 원가 300,000원인 건물을 매입하였다.
4. 마우이 회사는 외상으로 원가 100,000원인 기계장치와 원가 200,000원인 재고자산을 매입하였다.
5. 마우이 회사는 내년에 사용할 기계장치를 빌리고 6,000원의 대가를 지급하는 계약을 맺었다.
6. 마우이 회사는 공급자에게 50,000원을 지급하였으며 이는 위 4번 거래와 관련된 금액이다.

1 다음의 양식을 이용해서 위의 거래가 마우이 회사의 재무제표에 미치는 영향을 분석하시오.

	자산 =	부채 +	자본
1			
2			
3			
4			
5			
6			
합계			

2 위의 거래를 분개하시오.

3 위의 거래를 T계정을 이용해서 전기하시오.

04 몰라카이 회사는 9월 말 법인으로 매년 회계연도가 10월 1일에 시작해서 다음 해 9월 30일에 종료된다. 다음과 같은 거래가 9월에 발생하였다. 이외의 거래는 존재하지 않는다고 할 때 물음에 답하시오.

1	9/1	액면가 ₩100인 보통주 3,000주를 발행하였으며 주당 가격은 ₩110이다
2	9/2	액면가 ₩100인 보통주 600주를 제공하고 다른 회사로부터 특허권을 구입하였다. 해당 특허권의 가치는 ₩70,000으로 결정되었다
3	9/5	3달치 임차료로 ₩9,000를 미리 지급하였는데, 해당 임차료는 10/1부터 사용하는 공장 건물에 대한 것이다. 1달 임차료는 ₩3,000이다
4	9/12	원재료를 ₩6,000에 외상으로 구입하였다
5	9/15	고객으로부터 ₩1,000을 선수금으로 받고 ₩5,000의 가치를 갖는 제품을 생산하기로 계약하

		였다
6	9/20	기계장치를 ₩500에 구입하였으나 ₩20을 즉시 할인받았다
7	9/28	₩200에 달하는 현금을 10/1부터 일하게 될 인력에게 미리 제공하였다
8	9/30	공장 기계장치를 구입하였으며, 전체 ₩30,000 중에 ₩10,000을 미리 지급하고 나머지는 장기에 걸쳐 제공하기로 했다
9	9/30	8번 거래에서 기계장치를 설치하는 인력에 대해서 인건비 ₩500을 지급했다

1 위 거래를 분개하시오.

2 T계정에 전기하시오.

3 9월 30일 시점의 재무상태표를 작성하시오.

05 아카아카 회사가 영업활동에 사용하기 위해서 유형자산을 구입하기 위해 현금을 지불한 경우, 유형자산의 증가와 함께 현금자산의 감소가 같은 금액만큼 발생하므로, 이는 자산의 순변화량이 0이 되므로, 자산이 서로 상쇄되는 거래에 해당한다. 이후 해당 유형자산을 사용함에 따라 감가상각을 하게 되는 경우, 감가상각비라는 비용이 발생하며 이는 주주의 부를 감소시킨다. 또한 유형자산은 영업목적으로 사용되는 자산이므로, 이 경우는 자본에 영향을 미치는 거래이며, 좀 더 구체적으로는 수익거래에 해당한다. 나중에 해당자산을 사용하다가 매각하게 되었다고 하자. 이 경우는 자본에 영향을 미치는 거래인가?

1. 회계순환과정(Accounting cycle)
2. 수정분개(adjusting entries)
3. 발생주의 회계(Accrual basis accounting)
4. 분식회계

Lectures on Financial Accounting

03

수정분개 및 재무제표 작성

CHAPTER 03

수정분개 및 재무제표 작성

1 회계순환과정(Accounting cycle)

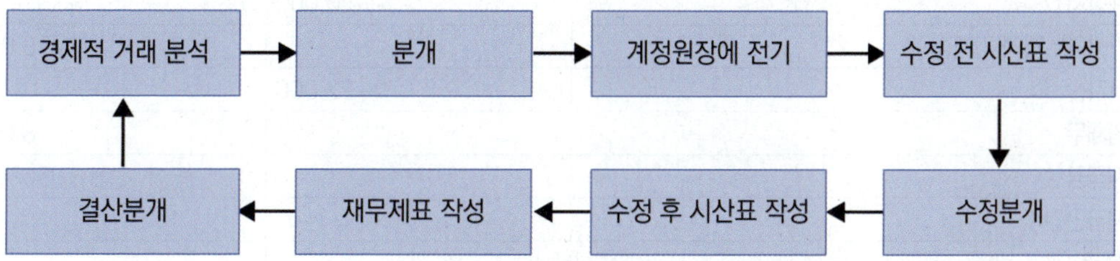

앞서 설명한 분개, T계정으로의 전기를 포함하여 회사에 발생한 경제적 사건이 회계시스템에서 처리되는 전 과정(Accounting cycle)을 이해해 보자. 회계순환 과정은 기업에 발생한 경제적 거래의 내용과 성격을 분석하는 것에서 시작한다. 경제적 거래는 기업이 보유한 자산, 부채 등에 잠재적으로 영향을 미치는 거래로서, 회계시스템에서 분개를 통하여 재무제표에 영향을 주는 사건을 의미한다. 하지만 앞에서 설명한 바와 같이 모든 거래가 경제적 거래가 되는 것은 아니다. 경제적 거래를 분석(Analyzing)하고 나면 분개장에 분개를 하게 되는데(Journalizing), 차변과 대변을 나누어서 기록하게 되며, 대차원리에 의하여 차변과 대변의 합은 항상 같아야 한다. 가령 자산의 증가는 부채의 증가, 다른 자산의 감소, 자본의 증가, 수익의 발생 등을 의미할 수 있다. 이후 분개된 내용은 분개에 포함된 각 계정의 원장에 기록되며, 실용적으로는 T계정을 활용하는 것이 편리하다. 이를 전기(Posting)라고 한다. 여기까지 해당하는 내용은 앞서 2장에서 자세히 살펴본 바 있다. 이번 장에서는 다음의 사례를 통해서 회계순환(Accounting cycle)의 전 과정을 학습할 것이다. 우선 2장에서 이미 배운 바 있는 내용을 다시 연습해 본다. 편의상 T계정으로의 전기는 수정분개를 마친 뒤에 한 번에 수행하는 것으로 한다.

하카카씨는 아카마이씨와 함께 후이후이 회사를 운영하고자 한다. 2022년 1월 1일에 사업을 시작하였으며, 매 회계기간은 12월 31일에 종료된다. 2023년 1월 1일 시점의 시산표는 다음과 같다.

(단위: 원)

계정명	차변	대변
현금	32,000	
매출채권	8,000	
저장품	5,000	
토지	0	
기계장치	20,000	
감가상각누계액(기계장치)		6,000
기타자산	22,000	
매입채무		8,000
미지급금		0
미지급인건비		0
미지급이자		0
미지급법인세		0
자본금(65,000주)		65,000
이익잉여금		8,000

2023년에 발생한 거래는 다음과 같다.

(a) 2023년 3월 1일에 12%의 이자로 10,000원의 돈을 5년간 빌리는 계약을 체결하였다.
(b) 향후 건물을 짓기 위해서 4,000원의 현금을 지불하여 토지를 구입하였다.
(c) 2023년에 발생한 매출이 100,000원인데, 이 중 40,000원은 신용매출이었다.
(d) 주당 1원에 추가적으로 주식을 10,000주 발행하였다.
(e) 2023년에 80,000원의 저장품을 매입하였는데, 이 중 10,000원은 추후에 지급하기로 하였다.
(f) 매출채권 중 회수된 금액은 30,000원이다.
(g) 추가적으로 기타자산을 구입하는 데 10,000원의 현금을 지출하였다.
(h) 매입채무 중 13,000원을 현금으로 결제하였다.
(i) 2014년 2월 1일부터 시작하는 25,000원 상당의 용역 제공 계약을 맺었다.

(j) 현금배당 5,000원을 결의하고 집행하였다.

분개를 하기 전에 다음의 양식을 채움으로써 분개에 필요한 계정이나 금액, 대차원리를 검토할 수 있으며 나아가 분개를 보다 수월하게 할 수 있다.

	자산	부채	주주자본	수익	비용	순이익
기초금액						
(a)						
(b)						
(c)						
(d)						
(e)						
(f)						
(g)						
(h)						
(i)						
(j)						

해답

	자산	부채	주주자본	수익	비용	순이익
기초 금액	81,000	8,000	자본금: 65,000 이익잉여금: 8,000	0	0	0
(a)	현금 10,000	장기차입금 10,000				
(b)	토지 4,000 현금 (4,000)					
(c)	현금 60,000 매출채권 40,000		이익잉여금 100,000	용역매출 100,000		
(d)	현금 10,000		자본금 10,000			
(e)	현금 (70,000) 저장품 80,000	매입채무 10,000				
(f)	현금 30,000 매출채권 (30,000)					
(g)	기타자산 10,000 현금 (10,000)					
(h)	현금 (13,000)	매입채무 (13,000)				
(i)	분개가 필요한 경제적 거래가 아님					
(j)	현금 (5,000)		이익잉여금 (5,000)			

(a)	현금	10,000	미지급금	10,000
(b)	토지	4,000	현금	4,000
(c)	현금	60,000	용역매출	100,000
	매출채권	40,000		
(d)	현금	10,000	자본금	10,000
(e)	저장품	80,000	매입채무	10,000
			현금	70,000
(f)	현금	30,000	매출채권	30,000
(g)	기타자산	10,000	현금	10,000
(h)	매입채무	13,000	현금	13,000
(i)	N/A			
(j)	이익잉여금	5,000	현금	5,000

수정 전 시산표 작성

이후 T계정의 계정별 잔액을 계산하여, 시산표를 작성하는 단계에 들어간다. 기본적으로 자산은 기초금액이 차변에 기록되며, 이후 기중 증감 내역을 반영해서 기말잔액이 결정된다. 부채와 자본은 반대편에 기록된다. 한편 자산, 부채, 자본은 재무상태표의 항목으로서 매년 누적되어 계산되는 특징이 있다. 그러나 수익이나 비용 항목을 매년 결산과정을 거치면서 기초금액이 0으로 조정되기 때문에, 기초 잔액이 별도로 존재하지 않는다. 시산표를 작성하는 이유는 차변과 대변의 금액이 합계가 맞는지, 계정별 잔액이 맞는지 등을 검증하여 실제 재무제표를 작성하기 전에 잠재적으로 존재할 수 있는 오류를 사전에 발견하기 위해서이다. 실무적으로는 회계기간 보다 더 빈번한 기간마다 시산표를 작성하는 경우도 있다.

그러나 시산표를 작성하였다고 해서 재무제표에 나타날 수 있는 모든 오류를 확인할 수 있는 것은 아니다. 가령 차변과 대변을 반대로 전기한 경우, 차변과 대변의 합은 유지되기 때문에 시산표를 통해 검증하기 어렵다. 또한 차변과 대변 모두에서 잘못된 금액을 기록한 경우나, 거래 전체가 누락된 경우, 하나의 거래를 중복으로 분개하여 전기한 경우도 시산표 검증을 통해 오류를 밝히기 어렵다.

2 수정분개(Adjusting entries)

수정분개를 하는 이유는 2장에서 배운 바 있는 발생주의 원칙(accrual basis)을 회계기준으로 채택하고 있기 때문이다. 발생주의 원칙이란 수익이나 비용의 인식이 현금의 유입과 유출과 관계없이 이루어질 수 있다는 의미이다. 그러므로 수정분개는 수익이나 비용을 인식하는 시점이 현금의 유입과 유출 시점이 다르기 때문에 필요하다.

만약 한국채택국제회계기준이 현금주의(cash basis)를 채택하고 있다면 매출이나 비용을 인식할 때 현금의 유입과 유출을 기준으로 하게 되며 다음과 같이 항상 현금이 차변(수익의 경우) 혹은 대변(비용의 경우)에 나타나게 될 것이다. 이 경우에는 수익이나 비용의 인식시점이 현금 유출입 시점과 같기 때문에 수정분개가 필요하지 않다.

차변		대변	
현금	XX	수익	XX

차변		대변	
비용	YY	현금	YY

그러나 한국채택국제회계기준은 발생주의를 채택하고 있기 때문에, 수정분개라는 복잡한 과정을 결산마다 거쳐야 한다.

수정분개는 4가지 유형으로 구분할 수 있다. 수정분개는 크게 발생항목과 이연항목으로 나눌 수 있으며, 각 항목은 다시 비용측면과 수익측면으로 나눌 수 있다. 이연항목은 기본적으로 현금이 수취되거나 지급되는 시기가 실제 수익이나 비용을 기록하는 시기보다 빠른 거래를 의미한다. 비용의 이연항목은 현금의 지출이 있었는데, 아직 비용으로 기록되지 않은 경우를 말한다. 이 경우에는 현금지출이 비용으로 인식될 때까지 미래의 경제적 효용을 가지고 있기 때문에 자산으로 기록하며 선급비용(예: 선급보험료, 선급임대료 등)이 대표적인 예이다. 수익의 이연항목은 현금의 수취가 있었지만, 아직 수익 활동(예를 들어, 제품 판매나 용역제공 등)을 하기 전이어서 수익으로 기록하지 못하는 경우를 말한다. 현금을 미리 수취한 회사는 미래에 수익 활동을 제공해야 하는 의무가 있기 때문에 부채의 증가로 인식하는 하며 선수수익이 대표적인 예이다. 발생항목은 수익이나 비용을 기록하는 시점이 현금을 주고받는 시점보다 빠른 거래로, 비용이 발생할 때는 비용에 대응하여 부채를 기록하며 미지급비용이 있다. 수익이 발생할 때는 수익에 대응하여 자산을 기록하며 미수수익이 있다. 이를 분개를 통해서 보다 자세히 살펴보면 다음과 같다.

(1) 선수수익(수익을 인식하기 전 현금을 미리 받음)

① 현금을 수취한 시점

차변	대변
현금 XX	부채 XX

② 수익 인식 시점

차변	대변
부채 YY	매출 YY

현금을 수취한 시점에 아직 수익인식기준(예를 들면, 제품 판매나 용역 제공)을 충족시키지 못했기 때문에 수익을 인식할 수 없다. 그럼에도 고객으로부터 이미 현금을 받았는데, 이로 인해서 미래에 제품이나 용역을 제공해야 할 의무가 생겼으므로 부채를 인식하는 것이 합리적이다. 여기서 부채는 물품 구매자에게서 받은 선수금이다. 만약 현금을 받은 시점이 2022년 6월 30일이고, 향후 1년간 용역(예를 들면, 보험 서비스나 경비 업무)을 제공해야 한다면, 2022년 12월 31일 시점에서는 전체 금액 중 절반에 해당하는 금액에 대해 용역을 제공한 상태일 것이다. 따라서 이미 제공한 제품이나 용역에 대해서는 수익인식기준을 충족시킨다고 보아서 매출을 인식할 수 있다. 같은 금액만큼 미래에 제공해야 할 의무가 줄어들어서 부채를 좌측에 기록하여 부채의 감소를 표시한다.

(2) 미수수익(현금을 받기 전 수익을 인식함)

① 수익 인식 시점

차변	대변
자산 XX	매출 XX

② 현금을 수취한 시점

차변	대변
현금 YY	자산 YY

고객으로부터 아직 현금을 받지 못했으나, 이미 제품이나 용역을 제공하고 수익인식기준을 충족시킨 상황이다. 따라서 매출을 대변에 기록하여 매출이 증가했음을 기록하고, 동시에 앞으로 고객으로부터 현금을 받은 권리를 자산으로 차변에 기록하여 자산의 증가를 나타낸다. 여기서 자산은 외상 매출금이다. 만약 첫 번째 분개(수익을 인식한 시점)를 2212년 9월 31일에 기록했다고 가정하고, 10월 1일~12월 31일에 이르는 기간에 고객으로부터 현금을 받았다면 해당 금액만큼 자산(외상매출금)을 감소시키고 현금의 증가를 기록한다. 외상매출을 하는 경우 흔히 볼 수 있는 유형이다.

(3) 미지급비용(현금을 지급하기 전에 비용을 인식)

① 비용 인식 시점

차변	대변
비용 XX	부채 XX

② 현금 지급 시점

차변	대변
부채 YY	현금 YY

이 경우는 공급자로부터 보험 등의 서비스를 제공받았으나, 다시 말해 비용이 발생했으나, 아직 현금을 지급하지 않은 경우이다. 따라서 향후 현금을 지급해야 할 의무가 있으므로 부채의 증가를 나타낸다. 여기서 부채는 외상 매입금 혹은 미지급금이다. 또한 해당 의무가 발생한 시점으로부터 기말시점 사이에 일부 혹은 전체의 현금을 지급한 바 있다면 해당 금액을 조정해 준다. 법인세비용을 인식하는 과정이 이 유형에 해당하는데, 그 이유는 법인세는 기말시점에서 계산하여 비용으로 계상하지만, 실제 현금으로 지급하는 것은 다음 해 3월

31일까지 이루어지면 되기 때문이다. 따라서 올해 12월 31일 시점(비용발생 시점)에는 법인세 비용을 차변에 기록하고 미지급법인세(부채)를 대변에 기록하고, 다음해에 실제로 법인세를 납부하는 시점에 미지급법인세를 차변에 기록하여 제거하고 현금 지출을 기록한다.

(4) 선급비용(비용을 인식하기 전에 현금을 미리 지급함)

① 현금 지급시점

차변	대변
자산 XX	현금 XX

② 비용 인식시점

차변	대변
비용 YY	자산 YY

이번에는 공급자에게 현금을 지급하였으나 아직 관련 용역을 제공받지 않은 상황이다. 현금을 지급한 사실은 대변에 현금을 기록하여 나타낼 수 있다. 그리고 현금을 지급하였으므로 향후 용역을 제공받을 권리가 생기므로 이를 자산으로 차변에 기록한다. 여기서 자산은 선급금이다. 그리고 해당 현금을 지급한 시점으로부터 기말시점 사이에 공급자가 일부 용역을 제공해 주었다면 해당 금액만큼 자산을 감소시키고 비용을 인식하는 분개를 해준다. 예를 들어, 회사가 공장에 대해서 2년 동안 보험계약을 체결하고 1,000원을 지불하였다고 가정해보자. 회사가 현금을 지급하는 시점에 이는 선급보험금(prepaid insurance)이라는 자산 항목으로 분류한다. 왜냐하면 회사는 현금을 지불함으로써 2년 동안 보험 혜택을 누릴 권리를 가지고 있기 때문이다. 보험체결 후 회계연도 말까지 기간 동안의 보험료는 보험비용으로 처리하고 그만큼의 선급보험금(자산)을 줄인다. 만약에 이 수정분개를 하지 않는다면 회계연도 말에 자산이 과대계상되고 비용이 과소계상되는 오류를 범하게 된다. 또 다른 중요한 예로 감가상각비를 들 수 있다. 회사가 감가상각자산(건물이나 기계 등)을 구입한 경우 이 자산은 큰 범주로 볼 때 선급비용으로 볼 수 있다. 왜냐하면 현금 지급을 통해서 감가상각자산을 사용함으로써 얻는 미래 경제적 효익을 구매하였기 때문이다. 이 감가상각자산이 사

용되면서 매 회계기간 말에 감가상각자산의 가치가 줄어들고 그 금액만큼 감가상각비라는 비용을 인식한다. 즉, 감가상각비를 인식하는 분개는 일종의 수정분개이다.

이러한 수정분개는 손익계산서의 수익/비용과 재무상태표의 자산/부채에 영향을 주며, 이러한 추가적인 분개사항을 반영하여 시산표를 한 번 더 작성하는 것이 바람직하다. 이를 수정 후 시산표라고 부른다. 아래 예시를 통하여 본문에서 설명한 내용을 적용해 보자.

수정분개가 필요한 거래는 다음과 같다.

(l) 2023년 12월 31일의 저장품은 15,000원으로 집계되었다(저장품의 상대계정은 기타비용으로 한다).
(m) 이번 회계기간의 감가상각금액은 6,000원이다.
(n) 미지급금에 대해서 이자가 발생하였다.
(o) 12월 24일 이후에 지급할 의무가 생겼으나 아직 지급하지 않은 인건비가 12,000원이다.
(p) 2024년에 지급해야 할 법인세비용은 8,000원이다.

	자산	부채	주주자본	수익	비용	순이익
(l)						
(m)						
(n)						
(o)						
(p)						
기말 잔액						

해답

	자산	부채	주주자본	수익	비용	순이익
(l)	저장품(70,000)		이익잉여금(70,000)		기타비용 70,000	
(m)	기계장치(6,000)		이익잉여금(6,000)		감가상각비 6,000	
(n)		미지급이자 1,000	이익잉여금(1,000)		이자비용 1,000	
(o)		미지급인건비 12,000	이익잉여금(12,000)		기타비용 12,000	
(p)		미지급법인세 8,000	이익잉여금(8,000)		법인세비용 8,000	
기말 잔액	117,000	36,000	자본금: 75,000 이익잉여금: 6,000	100,000	97,000	3,000

한편 분개는 다음과 같이 표시될 것이다.

유형4	L	기타비용	70,000	저장품	70,000
유형4	M	감가상각비	6,000	감가상각누계액	6,000
유형3	N	이자비용	1,000	미지급이자	1,000
유형3	O	기타비용	12,000	미지급인건비	12,000
유형3	P	법인세비용	8,000	미지급법인세	8,000

위의 수정분개 거래에서 (l)항목에 대해서 부연설명 하면, 기초잔액이 5,000원이었으나, 당기에 매입한 저장품이 80,000원이고, 기말잔액이 70,000원이므로, 기중에 사용한 저장품에 해당하는 금액이 15,000원임을 알 수 있다. 이자비용과 관련된 (n)항목의 경우 10,000원에 대해서 12%의 이자율로 당기에 10개월간 이자가 발생하였으므로 이자비용으로 인식할 금액은 1,000원이 된다. 수정분개까지 과정을 T계정에 반영하면 다음과 같다(Posting).

현금

기초잔액	32,000	(b)	4,000
(a)	10,000	(e)	70,000
(c)	60,000	(g)	10,000
(d)	10,000	(h)	13,000
(f)	30,000	(k)	5,000
기말잔액	40,000		

매출채권

기초잔액	8,000	(f)	30,000
(c)	40,000		
기말잔액	18,000		

저장품

기초잔액	5,000	(l)	70,000
(e)	80,000		
기말잔액	15,000		

토지

기초잔액	-		
(b)	4,000		
기말잔액	4,000		

기계장치

기초잔액	20,000		
기말잔액	20,000		

감가상각누계액

		기초잔액	6,000
		(m)	6,000
		기말잔액	12,000

기타자산

기초잔액	22,000		
(g)	10,000		
기말잔액	32,000		

매입채무

(h)	13,000	기초잔액	8,000
		(e)	10,000
		기말잔액	5,000

미지급금

		기초자산	-
		(a)	10,000
		기말잔액	10,000

미지급인건비

		기초자산	-
		(o)	12,000
		기말잔액	12,000

미지급이자

		기초자산	-
		(n)	1,000
		기말잔액	1,000

미지급법인세

		기초자산	-
		(p)	8,000
		기말잔액	8,000

자본금

		기초자산	65,000
		(d)	10,000
		기말잔액	75,000

이익잉여금

(k)	5,000	기초자산	8,000
		기말잔액	3,000

용역매출

		(c)	100,000
		기말잔액	100,000

감가상각비

(m)	6,000		
기말잔액	6,000		

법인세비용

(p)	8,000		
기말잔액	8,000		

이자비용

(n)	1,000		
기말잔액	1,000		

기타비용

(l)	70,000		
(o)	12,000		
기말잔액	82,000		

각 계정의 기말잔액까지 확인한 후에는 재무제표를 작성할 준비가 거의 되었다. 하지만 대차금액이 일치하는지, 빼먹은 거래는 없는지 확인하기 위해서 시산표를 작성한 뒤 재무제표를 작성하는 것이 일반적이다. 시산표에는 기중에 사용한 모든 계정을 적고, 기말잔액을 차변 혹은 대변에 적은 뒤 금액이 일치하는지 확인하는 과정이 필요하다.

이후 기말시점에 수정분개를 한 뒤 시산표를 다시 한 번 작성하게 되며, 수정 후 시산표에 추가적인 오류 등이 없다면 최종적으로 재무제표를 작성하게 된다. 재무상태표, 손익계산서, 현금흐름표의 재무제표를 작성한 뒤에는 결산분개를 통해 손익계정을 다시 되돌리고, 다음 회계연도로 넘어가게 된다. 이러한 회계순환과정은 매 회계연도에 반복되어 발생하게 된다.

(단위: 원)

후이후이 회사 시산표 2023년 12월 31일자		
계정이름	차변	대변
현금	40,000	
매출채권	18,000	
저장품	15,000	
토지	4,000	
기계장치	20,000	
감가상각누계액 (기계장치)		12,000

기타자산	32,000	
매입채무		5,000
미지급금		10,000
미지급인건비		12,000
미지급이자		1,000
미지급법인세		8,000
자본금(75,000주)		75,000
이익잉여금		6,000
용역매출		0
감가상각비	0	
법인세비용	0	
이자비용	0	
기타비용	0	
합계	129,000	129,000

본격적으로 재무제표를 작성하는 것과 관련하여 자산항목은 재무상태표의 차변에, 부채와 자본은 재무상태표의 대변에 위치시키고, 손익항목은 일반적인 손익계산서의 형식에 맞추어서 배열하면 된다. 자본조정표는 기초자본에서 기말자본의 변화내역을 나타내며, 자본의 세부항목별로 기초금액, 당기 변화량, 기말금액을 적어주면 된다.

(단위: 원)

후이후이 회사
손익계산서
2023년 12월 31일로 끝나는 회계기간에 대해서

매출			
	용역매출		100,000
비용			
	감가상각비	6,000	
	이자비용	1,000	
	기타비용	82,000	89,000
세전이익			11,000
	법인세비용		8,000
당기순이익			3,000

(단위: 원)

후이후이 회사
자본조정표
2023년 12월 31일로 끝나는 회계기간에 대해서

	자본금	이익잉여금	총자본
2023년 1월 1일 잔액	65,000	8,000	73,000
주식추가발행	10,000		10,000
당기순이익		3,000	3,000
배당금		−5,000	−5,000
2023년 12월 31일 잔액	75,000	6,000	81,000

(단위: 원)

후이후이 회사
재무상태표
2023년 12월 31일 말 기준

현금	40,000	매입채무	5,000
매출채권	18,000	미지급이자	1,000
저장품	15,000	미지급인건비	12,000
토지	4,000	미지급법인세	8,000
기계장치	20,000	미지급금	10,000
감가상각누계액	−12,000		
	85,000	자본금	75,000
기타자산	32,000	이익잉여금	6,000
총자산	117,000	부채 및 자본	117,000

재무제표를 작성한 뒤 결산분개(closing entries)를 하는데, 이는 기말시점에서 수행된다는 점에서 수정분개의 일종으로 생각해도 무방하다. 결산분개를 하는 이유는 앞에서 설명한 바와 같이 손익계산서 계정의 특징 때문이다. 재무상태표 계정과 달리 손익계산서 계정은 매 회계연도마다 초기화된다는 점에 유의해야 한다. 그렇다면 손익계정의 기말잔액은 어떻게 회계처리에 반영해야 하는가?

결산분개의 목적은 손익계정의 기말잔액을 0으로 만들어 줌으로써 해당 계정들이 회계연도마다 초기화될 수 있도록 한다. 또한 손익계정의 차이–즉, 순이익이나 순손실–를 이익잉여금으로 설정함으로써 자본계정에 반영되도록 한다. 이를 통해 대차를 맞출 수 있으며, 회사가 회계연도 동안 거둔 경영성과를 재무상태표에 반영할 수 있다.

후이후이 회사 사례에서 결산분개는 다음과 같다.

용역매출	100,000	감가상각비	6,000
		법인세비용	8,000
		이자비용	1,000
		기타비용	82,000
		이익잉여금	3,000

위 결산분개에서 보는 바와 같이 용역매출(수익항목)을 차변에 기록함으로써 용역매출의 잔액은 이제 0이 됨을 확인할 수 있다. 마찬가지로 모든 비용항목들을 대변에 기록함으로써 비용항목들의 잔액들도 모두 0이 됐음을 확인할 수 있다.

결산분개까지 T계정에 반영하면 다음과 같다(영향을 받는 계정만 표시함). 손익계정의 잔액이 0이 됨을 확인할 수 있으며, 동시에 이익잉여금의 금액이 바뀌었다.

이익잉여금

(k)	5,000	기초자산	8,000
		결산분개	3,000
		기말잔액	6,000

용역매출

결산분개	100,000	(c)	100,000
		기말잔액	0

감가상각비

(m)	6,000	결산분개	6,000
기말잔액	0		

법인세비용

(p)	8,000	결산분개	8,000
기말잔액	0		

기타비용

(l)	70,000	결산분개	82,000
(o)	12,000		
기말잔액	0		

이자비용

(n)	1,000	결산분개	1,000
기말잔액	0		

셀프스터디 문제 ❶

마노아 회사에 대해 다음과 같은 거래가 발생하였다.

1. 주주들은 현금 150,000원을 납입하고 마노아회사의 주식을 받았다.
2. 마노아 회사는 재고자산 50,000원을 외상으로 매입하였다.
3. 마노아 회사는 원가 15,000원의 재고자산을 25,000원에 판매하였다.
4. 마노아 회사는 고객들로부터 15,000원의 현금을 회수하였다.
5. 마노아 회사는 공급자들에게 매입채무와 관련하여 현금 20,000원을 지급하였다.
6. 마노아 회사는 주주들에게 배당금 1,000원을 현금 지급하였다.

재무제표에 미치는 영향을 아래의 표에 분석하면 다음과 같다.

번호	현금자산	비현금자산	부채	자본금	이익잉여금	수익	비용	순이익
1								
2								
3								
3								
4								
5								
6								

해답

번호	현금자산	비현금자산	부채	자본금	이익잉여금	수익	비용	순이익
1	150,000 (현금)			150,000 (자본금)				
2		50,000 (재고자산)	50,000 (매입채무)					
3		25,000 (매출채권)			25,000 (이익잉여금)	25,000 (매출액)		25,000
3		-15,000 (재고자산)			-15,000 (이익잉여금)		15,000 (매출원가)	-15,000
4	15,000 (현금)	-15,000 (매출채권)						
5	-20,000 (현금)		-20,000 (매입채무)					
6	-1,000 (현금)				-1,000 (배당)			

분개는 다음과 같이 이루어진다.

해답

1	현금	150,000	보통주	150,000
2	재고자산	50,000	매입채무	50,000
3	매출채권	25,000	매출액	25,000
3	매출원가	15,000	재고자산	15,000
4	현금	15,000	매출채권	15,000
5	매입채무	20,000	현금	20,000
6	배당금	1,000	현금	1,000

위의 문제에 이어서 다음과 같은 2건의 거래가 추가적으로 발생했으며, 기말시점에서 수행해야 할 수정분개가 4건 있다고 하자.

추가거래사항

a. 회사는 보안서비스 소프트웨어를 당기와 미래에 사용하기 위해서 5,000원을 지급하였다.

b. 회사는 고객에게 컨설팅 서비스를 제공하는 대가를 25,000원을 미리 받았다.

수정분개사항

1. 기말시점에서 회사는 보안서비스 소프트웨어 이용과 관련하여 1,500원의 비용이 발생하였으며, 나머지 3,500원은 미래에 사용될 부분이다.
2. 기말시점에서 회사는 컨설팅 대가 중 4,000원에 해당하는 용역을 제공하였다.
3. 회사는 다음 회계기간 중에 지급될 인건비 2,000원이 발생했다.
4. 회사는 7,500원의 서비스 매출을 기록하였으나 아직 고객에게 청구하지 않았다.

다음의 양식을 채우고 시산표를 작성하시오.

번호	현금자산	비현금자산	부채	자본금	이익잉여금	수익	비용	순이익
A								
B								
1								
2								
3								
4								

해답

번호	현금자산	비현금자산	부채	자본금	이익잉여금	수익	비용	순이익
A	-5,000 (현금)	5,000 (선급비용)						
B	25,000 (현금)		25,000 (선수수익)					
1		-1,500 (선급비용)			-1,500 (이익잉여금)		-1,500 (사용료)	-1,500
2			-4,000 (미수수익)		4,000 (이익잉여금)	4,000 (매출액)		4,000
3			2,000 (미지급인건비)		-2,000 (이익잉여금)		2,000 (인건비)	-2,000
4		7,500 (매출채권)			7,500 (이익잉여금)	7,500 (매출액)		7,500

계정 명	수정 전		수정분개		수정 후	
	차변	대변	차변	대변	차변	대변
현금	164,000				164,000	
매출채권	10,000		7,500		17,500	
재고자산	35,000				35,000	
선급비용	5,000			1,500	3,500	
매입채무		30,000				30,000
미지급인건비		0		2,000		2,000
선수금		25,000	4,000			21,000
자본금		150,000				150,000
배당금	1,000				1,000	
매출액		25,000		11,500		36,500
매출원가	15,000				15,000	
인건비	0		2,000		2,000	
사용료	0		1,500		1,500	
합계	230,000	230,000	15,000	15,000	239,500	239,500

위의 문제를 참고하여 마노아 기업의 재무제표를 작성하시오.

해답

(단위: 원)

마노아 기업 손익계산서 2009년 기말에 종료되는 회계기간	
순매출액	36,500
매출원가	15,000
매출총이익	21,500
인건비	2,000
사용료	1,500
당기순이익	18,000

(단위: 원)

마노아 기업 재무상태표 2009년 기말			
현금및현금등가물	164,000	매입채무	30,000
		미지급인건비	2,000
매출채권	17,500	미수수익	21,000
재고자산	35,000	자본금	150,000
선급비용	3,500	이익잉여금	17,000*
총자산	220,000	부채 및 자본 합	220,000

* 17,000=18,000(당기순이익)-1,000(배당금)

(단위: 원)

마노아 기업 현금흐름표 2009년 기말에 종료되는 회계기간	
영업활동으로부터의 현금흐름	15,000
당기순이익	18,000
감가상각비	0
매출채권 증가	-17,500
재고자산 증가	-35,000
선급비용 증가	-3,500
매입채무 증가	30,000
미지급인건비 증가	2,000

미수수익 증가	21,000
투자활동으로부터의 현금흐름	0
재무활동으로부터의 현금흐름	149,000
주주로부터의 투자	150,000
현금배당	-1,000
현금의 증감	164,000
기초현금	0
기말현금	164,000

(단위: 원)

마노아 기업
자본변동표
2009년 기말에 종료되는 회계기간

	자본금	이익잉여금	총주주자본
기초잔액	0	0	0
주식발행	150,000	0	150,000
당기순이익		18,000	18,000
배당금		-1,000	-1,000
기말잔액	150,000	17,000	167,000

3 발생주의 회계(Accrual basis accounting)

한편 분개나 회계처리의 전반에 적용되는 회계 기준으로서 발생주의를 이해하는 것이 중요하다. 한국채택국제회계기준(K-IFRS) 역시 발생주의 회계를 사용할 것을 요구한다. 현금주의 회계(cash basis accounting)에 비해 다소 복잡하고 경영자의 주관적 판단이 개입될 가능성이 있으나, 기업의 경제적 자원과 경영성과를 보다 적절하게 나타낼 수 있다는 장점이 있다.

발생주의 회계란 수익을 인식할 때 현금을 수취하였는지 여부와 관계없이 제품이나 서비스의 통제가 소비자에게 넘어갔을 때 인식하는 것이다. 그리고 비용은 관련된 수익을 인식할 때와 대응되도록 인식하며, 이는 실제로 현금을 지출하였는가는 무관하게 결정되는 것이다. 이를 통해서 발생주의 회계는 현금주의 회계에 비하여 특정 시점에 기업이 보유하고 있는 권리와 의무를 보다 적절하게 나타낼 수 있다는 장점이 있다.

한편, 발생주의 회계 하에서는 기말 시점의 수정분개(adjusting entries)가 반드시 필요하다. 기업이 기중에 발생액과 관련된 모든 회계처리를 실시간으로 처리하는 것은 사실상 불가능하므로, 장부를 마감하는 시점에 기중에 발생하였으나 재무제표에 반영하지 못한 발생 항목을 수정분개로 추가하는 것이다. 즉, 수정분개란 회계 기록에 수정을 가하는 것으로서, 주로 회계연도 말에 이루어지며, 이러한 과정을 통하여 발생액이 적절히 재무제표에 반영될 수 있도록 한다. 결국 수정분개를 적절하게 반영하지 못하면, 자산, 부채, 자본, 수익, 비용 항목 등의 금액에 오류가 발생한다.

발생주의 회계와 경영자의 주관적 판단

발생주의 회계는 수익과 비용을 인식하는 데 경영자의 주관성이 많이 개입될 수 있다. 경영자에 따라서 보수적으로 기록하기도 하고(비용을 과대계상 하고, 수익과 자산을 과소계상함) 그 반대로 공격적으로 기록하기도 한다(비용을 과소계상하고, 수익과 자산을 과대계상함). 이를 통해 재무제표에 보고되는 금액을 의도적으로 조정하여 경영자는 주주의 가치를 희생시켜서라도 경영자 자신의 보상을 극대화할 수도 있고, 혹은 채권자의 가치를 희생시켜서 주주의 이익을 극대화하고자 할 수도 있다. 전자의 경우는 경영자에게 스톡옵션 등의 주식기준보상을 부여하였으나 경영자와 주주의 이해를 일치시키는 데 실패한 경우에 나타날 수 있다. 후자의 경우는 사채 발행을 앞둔 기업이 재무적으로 실제보다 더 건전해 보이도록 할 경우에 나타날 수 있다. 채권자의 입장에서는 정확한 재무 정보를 제공받지 못하면 추후에 채권을 회수할 때의 위험을 과소평가할 수 있다.

거래를 분개하는 관점에서 경영자의 주관적 판단이 어떻게 나타날 수 있는지 살펴보자. 대변에 현금을 적는 현금의 지출과 관련하여 대변에 비용을 기록(보수적 회계처리)할 수도 있고 자산으로 기록할 수도 있다(공격적 회계처리). 예를 들어, 연구개발비(R&D)를 비용으로 인식하는 회계처리(보수적 회계처리)는 그 금액만큼 당기순이익을 바로 감소시키지만, R&D를 자본화(capitalization)하여 무형자산으로 인식하는 경우(공격적 회계처리)에는 당기에는 전체 금액의 일부(해당 기간의 상각비)만 비용으로 인식하여 당기순이익이 상대적으로 높게 보고된다. 이를 정리하면 아래의 분개와 같이 보여줄 수 있다.

보수적 회계처리			
차변) 비용	XX	대변) 현금	XX
공격적 회계처리			
차변) 자산	XX	대변) 현금	XX

마찬가지로 현금의 유입이 대변에 수익과 같이 기록되기도 하고(공격적 회계처리), 부채로 기록될 수도 있다(보수적 회계처리). 발생주의 매출을 재무제표에 기록할 경우, 수익을 인식하는 시점에 대해서 논란이 생길 수 있다. 단순히 고객으로부터 제품을 구입하겠다는 의사를 전달받는 경우 매출을 인식해야 하는지(공격적 회계처리), 아니면 실제로 현금을 받았을 때 인식해야 하는지 판단기준이 모호할 수 있다. 후자의 경우는 극단적으로 수익의 인식시기를 늦추는 방법으로, 현금주의 회계와 같아진다. 이와 관련하여 한국채택국제회계기준은 복잡한 수익인식 기준을 마련해 두고 있으며, 기업들이 지나치게 공격적으로 매출을 인식하지는 않는지, 금융 감독 당국이 가장 주의 깊게 살펴보는 항목이기도 하다.

보수적 회계처리			
차변) 현금	XX	대변) 수익	XX
공격적 회계처리			
차변) 현금	XX	대변) 부채	XX

회계추정을 할 때도 공격적으로 할 수도 있고(예를 들어, 감가상각기간을 길게 잡고, 대손처리 비율을 낮게 잡음), 보수적으로 할 수도 있다(예를 들어, 감가상각기간을 짧게 잡기도 하고, 대손처리 비율을 높게 잡음).

본문에서 이러한 회계처리의 많은 예를 보게 될 텐데, 회사의 이익을 분석할 때 경영자의 주관이 많이 개입함을 염두에 두어야 한다. 이와 관련하여 이익의 질(earnings quality)이라는 개념을 이해하면 편리하다. 이익의 질은 여러 측면에서 측정할 수 있는데, 일반적으로 보수적(공격적) 회계처리는 이익의 질을 증가(감소)시킨다.

이러한 보수적/공격적 회계처리는 수익이나 비용을 배분하는 시기를 선택하는 문제로 귀결되기도 한다. 즉, 보수적 회계처리는 당기나 가까운 미래에 수익을 많이 인식하려고 하지 않지만, 공격적 회계처리는 당기나 가까운 미래에 수익을 많이 인식하려고 한다. 전체 기간으로 볼 때는 인식해야 할 총수익이나 비용은 같지만, 각각의 시점에서는 회계처리방법에 따라 인식하여야 할 수익과 비용이 다를 수 있다. 위에서 언급한 바와 같이 연구개발비를 자본화하여 무형자산으로 인식하는 경우에는 당기에는 비용을 적게 인식하여 당기순이익이 상대적으로 높게 보고되지만 미래에 이 무형자산을 상각할 때에 점차적으로 당기순이익이 감소된다. 즉, 자산이 사용되는 전체 기간 동안의 당기순이익의 합은 공격적/보수적 회계처리와 무관하게 동일하지만 매 해에 보고되는 이익은 다르다. 일반적으로, 현금 지출을 자본화하여 자산으로 기록할 경우 초기에 이익이 많이 잡히고 나중에는 적게 잡힌다. 이러한 이유로 R&D에 지출이 많은 하이테크(High-tech) 회사가 급격하게 성장하는 경우 자산으로 처리할(자본화) 경우 비용으로 처리할 때보다 이익이 훨씬 많이 계상되게 된다.

4 분식회계

앞서 발생주의로 인하여 경영자의 주관적인 판단이 재무보고에 개입됨을 배웠다. 이를 좀 더 확장하여 경영자의 사적인 이익이 재무보고에 미치는 영향을 3가지 유형으로 나누어 살펴보고자 한다. 분식회계는 Schipper(1989)의 정의에 의하면 사적인 이익을 추구하기 위해 의도적으로 재무제표의 공시를 조정(management)하는 것을 말한다.

(1) 회계기간 간 이익을 옮기는 예

당기순이익은 수익에서 비용을 차감한 것이므로, 당기의 이익을 증가시키기 위해서는 미래의 수익을 조기에 인식하거나, 당기의 비용에 대한 인식을 늦게 하는 방법이 동원될 수 있다. 앞서 언급한 바와 같이 수익의 인식시기를 판단하는 데에는 경영자의 주관이 개입할 가능성이 높기 때문에, 많은 이익조정, 분식회계가 수익인식기준을 교묘히 위반하는 방식을 채택하고 있다(아래 표에서 1번). 한편 비용의 인식시기를 조정하는 방법도 사용된다. 비용의 인식 시점을 늦춤으로써 당기에 보고되는 이익의 규모를 키울 수 있는데, 분식회계 문제가 심했던 월드콤(WorldCom)이 이러한 방법을 사용했다(2번). 월드콤이라는 회사는 상당한 규모의 미국 장거리전화사업자로써 2001년도에는 14억불 정도의 순이익을 보고했는데, 조작된 부분을 제거하면 실제로는 손실을 보고했어야 했다. 이 회사는 통신장비 유지, 보수와 관련된 원가를 손익계산서에 비용으로 보고하지 않고 자산으로 보고하는 방식으로 이익을 부풀렸다. 앞에서 설명한 바와 같이 비용으로 보고하면 바로 그 해의 순이익을 곧바로 낮추지만 이를 자산으로 보고한 후에 감가상각비로 비용화하면 훨씬 천천히 당기순이익을 감소시키기 때문이다. 전문가들은 이렇게 조작된 금액이 약 39억불 정도 될 것으로 추정한다. 물론 이는 일반적인 회계원칙(Generally Accepted Accounting Principle)의 범주를 벗어나는 예이지만 경영자의 주관적 판단이 재무제표에 어떻게, 얼마만큼 영향을 미치는지 잘 보여주는 예이다.

한편 이익을 미래로 이연시키려는 유인이 존재할 수도 있다. 쉽게 이해되지는 않지만, 수익의 인식시기를 늦추거나(3번) 비용을 조기에 인식하는 방법(4번)으로 현재의 이익을 줄이고 미래의 이익을 늘릴 수 있다. 이러한 행동을 하는 이유는 여러 가지가 있을 수 있는데, 미래 세율의 하락이 예상되는 경우에 세금을 적게 내기 위해서 당기의 수익을 감소시키려는 유인이 생길 수 있으며, 경영자보상(CEO compensation)이나 이익유연화(Smoothing)를 위해서 이익을 미래로 이연하고자 할 수 있다. 또 한 가지 재미있는 예로는 일반적으로 새로 임명된 경영자는 임명 초기에 이익을 미래로 이연하고 비용이나 손실을 당기에 한꺼번에 인식하려는 유인이 높은 것으로 나타난다. 그 이유는 임기 초반의 손실을 기존 경영자의 책임으로 돌리면서 많은 손실과 이연된 수익을 통해 미래의 당기순이익을 향상시켜서 본인의 경영 성과로 포함하려는 유인 때문인 것으로 기존 연구들은 보고하고 있다.

(단위: 원)

		실제 분개				올바른 분개			
1. 미래의 수익을 조기에 인식하는 경우	당기	현금	100	수익	100	현금	100	수익 선수수익	50 50
	미래					선수수익	50	수익	50
2. 비용을 미래로 이연시키는 경우	당기	자산	100	현금	100	비용	100	현금	100
	미래	비용	100	자산	100				
3. 수익을 미래로 이연시키는 경우	당기	현금	100	선수수익 수익	50 50	현금	100	수익	100
	미래	선수수익	50	수익	50				
4. 미래의 비용을 조기에 인식하는 경우	당기	비용	100	현금	100	선급비용	100	현금	100
	미래					비용	100	선급비용	100

한편, 앞서 설명한 회계추정을 조정하는 방법도 많은 경우에 회계기간 간 이익을 옮기는 경우에 해당함을 알 수 있다. 또한 회계이익을 기간 간에 옮기는 분식회계는 전체 인식할 수익이나 비용의 금액은 정해진 가운데 단순히 인식하는 시점을 옮기는 경우가 많다. 따라서 당기에 수익을 앞당겨 인식했다면, 미래에 인식할 수익은 작아진다.

(2) 이익을 조정하는 두 번째 방법은 수익이나 비용의 분류를 바꾸는 것이다.

포괄손익계산서

K-IFRS 도입으로 손익계산서의 구성은 다음과 같은 항목들로 이루어진다.

① 영업이익

② 비영업이익

③ 기타포괄이익

아래는 손익계산서의 한 예이다.

매출액	1,000
매출원가	-400
매출총이익	600
판매관리비	-200
영업이익	400
영업외손익(이자비용)	-50
세전이익	350
법인세비용	-70
당기순이익	280
기타포괄손익(세후)	-120
포괄손익	160

미국기업의 경우 계속 영업이익의 일부로 보고하는 특별항목(special item)이 문제가 되고 있다. 보통 비경상적 또는 비반복적(unusual or infrequent) 조건을 만족시키는 비용항목을 의미하는데 최근에 비중이 커지고 있다. 본질적으로 일회성 지출이다. 하지만 회사마다 계속 보고하는 경우도 있고, 때로는 special item을 별개 항목으로 공시하기도 하고 기타 수익과

비용과 같이 합쳐 보고하기도 한다. 일시적, 일회성 지출이기에 애널리스트는 가능하면 특별항목(special item)을 다른 항목과 구분하려 노력한다. 자산상각이나 구조조정비용 등이 이러한 예인데 이런 비용항목은 다음과 같은 분개를 요구한다.

차변	대변
비용	자산(자산의 감소) 혹은 부채(부채의 증가)

보수주의에 따라 구조조정비용을 인식하면 당기의 수익이 준다. 문제는 이러한 특별항목(special item)을 과대 계상하여 이익을 기회주의적으로 줄이는 데 있다. 보통 Big Bath 회계라 불리는데 일회성이라는 이유로 주가에는 큰 영향을 주지 않는다. 하지만 당기에 비용을 과대 계상한 후 미래에는 최소화하여 미래의 이익을 올릴 수 있다. 이렇게 미래에서 비용을 빌려오는 회계처리로 인해 미래의 이익이 증가할 때는 영업이익이 증가하는 것으로 이해되어 주가를 올릴 수 있다.

(3) 연결되지 않는 자회사에게 부채를 넘기는 것

엔론(Enron)이 사용해서 널리 알려진 이 방법은 특수목적법인(SPE: special purpose entity)을 이용하여 부채나 부실채권 등을 자회사에게 떠넘김으로써, 모회사의 경영실적이 좋아 보이게 만드는 방법이다. 이 경우는 자회사가 모회사의 연결재무제표에 포함되지 않아야 가능한 방법이다. 이와 관련하여 7장에서 관계회사투자(지분법) 및 연결회계와 10장 부외금융에서 자세히 다루기로 한다.

(4) 분식회계, 발생액, 현금흐름

위에서 언급한 3가지 유형은 분식회계의 모든 가능한 유형을 나열한 것은 아니다. 아래의 그림에 나온 것처럼 이익조정, 분식회계는 회계정책을 바꾸어 이익에만 영향을 주는지 혹은 현금흐름에도 영향을 주는가를 놓고 구분할 수도 있다. 예를 들어 충당금을 과도하게 인식하는 방법은 발생액을 조정하여(accruals earnings management) 회계상 이익을 감소시키지만 현금흐름에 미치는 영향은 없다. 그러나 연구 개발비나 광고비를 조기에 집행하는 것은 회계상의 이익도 낮추지만 실제로 현금의 유출이 수반되는 경영의사결정(real transaction–based earnings management)이다.

회계기준이 얼마나 공격적인지 보수적인지는 상대적으로 결정되며, 뚜렷한 경계가 존재한다고 보기는 어렵다. 그러나 회계처리가 극도로 공격적이게 되면 회계기준을 위반하여 분식회계의 조건을 구성하게 된다. 이 경우 회계기준을 위반한 경영자와, 만약 외부감사인이 이를 적절히 발견하여 조치를 취하지 못했다면 외부감사인도 법적인 책임을 지게 된다.

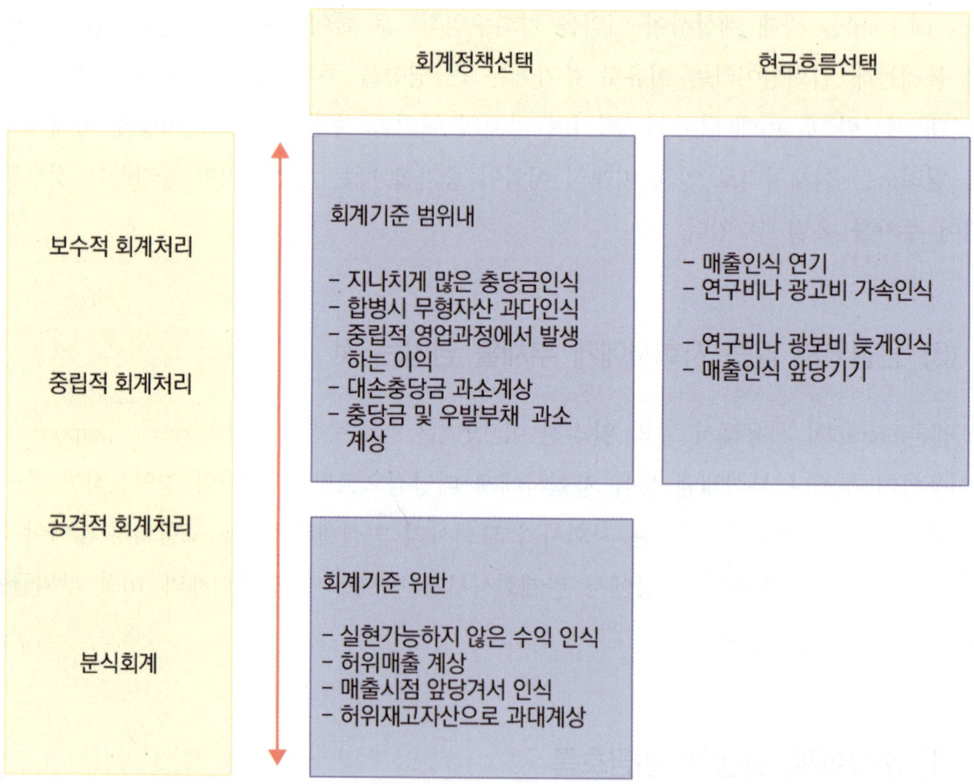

분식회계 유형

다음은 2014년부터 2021년까지의 금융감독원 감리지적사항을 정리한 표이다. 설명의 편의상 빈도수가 낮은 유형은 표에서 제외하였다. 우리나라의 경우 금융감독원 홈페이지를 통해서 회계법인의 외부감사에 대한 감리 결과를 조회할 수 있다.[1] 아래의 표에서 볼 수 있는 바와 같이 빈도수가 높은 지적사항은 매출 및 매출원가 관련, 특수관계자거래 등이다. 각 항목에 대한 분식 회계 유형은 후속 장에서 보다 상세히 설명할 것이다.

감리 지적 항목	빈도
매출/수익인식 및 매출원가 관련	
매출 및 매출원가 허위/과대/과소계상	143(23.4%)
매출채권 및 매입채무 허위/과대/과소계상	44(7.2%)
특수관계자거래	
특수관계자 거래내용 주석 미기재	78(12.7%)
자산 및 부채 관련	
자산 과대/허위계상	116(18.0%)
부채 과소계상/미계상	45(7.4%)
재고자산 과대계상	23(3.8%)
투자주식 관련	
투자주식 평가손실 과소계상	39(6.4%)
연결	
연결재무제표 미작성	27(4.4%)
금융상품 평가와 기타거래	
전환사채 평가	14(2.3%)
금융상품 평가	13(2.1%)
우발약정	13(2.1%)
기타	57(9.3%)

1) 금융감독원 홈페이지 – 회계감리(http://acct.fss.or.kr/fss/acc/supervision/work_process.jsp).

03 연습문제

01 다음은 샤이니 회사의 2013년 12월 31일 시산표 중 일부이다.

(단위: 원)

1.	매입채무	160,000
2.	매출채권	150,000
3.	감가상각누계액 – 기계장치	200,000
4.	대손충당금	20,000
5.	사채	500,000
6.	현금	150,000
7.	보통주 자본금	60,000
8.	기계장치	840,000
9.	보험료	30,000
10.	이자 비용	10,000
11.	재고자산	300,000
12.	미지급금 (만기 2014년 6월 1일)	200,000
13.	선급임차료	150,000
14.	이익잉여금	818,000
15.	인건비	328,000

위 모든 계정은 정상잔액(normal debit or credit balance)을 가지고 있다.

아래의 추가 사항을 가정했을 때 2013년 12월 31일의 수정분개를 작성하라.

1. 기계장치는 15년의 내용연수를 가지고 있고 잔존가액은 없는 것으로 가정한다. 이 회사는 기계장치를 감가상각할 때 정액법을 사용한다.
2. 2013년 12월 31일 기준으로 사채에 대한 이자비용은 15,000원이다.
3. 2013년 12월 31일 기준으로 소멸된 보험료는 20,000원이다.
4. 선급임차료의 기간은 2013년 11월 30일부터 2014년 5월 31일까지이다.
5. 2013년 12월 31일 기준으로 지급되지 않은 인건비는 22,000원이 존재한다.

02 다음은 호놀룰루 회사가 2014년 12월 31일에 작성한 수정 전 시산표의 일부이다.

(단위: 원)

미수금	10,000 차변
보험료	3,000 차변
건물	60,000 차변
선수임대료	4,320 대변
미지급금	7,200 대변

2014년 말에 2014년 동안 발생한 거래와 관련하여 다음과 같은 추가 정보를 획득하였다:

1. 미수금은 2014년 7월 2일에 발생한 것으로 9개월 후 만기가 도래하며 연이자율은 10%이다. 이자는 고객으로부터 미수금을 받을 때 같이 받는다.
2. 2014년 8월 2일, 회사는 2년분의 보험료, 3,000원을 지불하였다.
3. 건물은 1998년에 구입하였으며 내용연수는 25년이다. 이 건물의 잔존가액은 8,000원이며, 이 회사는 정액법을 사용한다.
4. 2014년 9월 1일, 회사는 2년치의 임대료, 4,320원을 미리 받았다.
5. 공급자에 대한 미지급금, 7,200원은 2014년 12월 1일에 발생하였으며 연이자율은 12%이다. 회사는 3개월 후에 이자와 함께, 미지급금을 지불할 예정이다.

[요구사항] 2014년 12월 31일에 호놀룰루 회사가 작성하여야 할 수정분개를 보이시오.

03 다음 항목들에 대해 결산분개를 수행하라.

(단위: 원)

	차변	대변		차변	대변
배당	250		인건비	300	
매출액		2,400	수도광열비	130	
매출원가	1,350		잡비	120	
유형자산처분이익		300	법인세비용	180	

04 칼라니카이 회사는 지금 현금주의를 채택하고 있다. 2013년 동안 칼라니카이 회사는 고객으로부터 현금 ₩500,000을 받았고 재고자산을 위해 공급자에게 지불한 현금은 ₩200,000이다. 또한 기타영업비용으로 현금 ₩140,000을 지불했다. 칼라니카이 회사의 경영자는 재무제표 작성을 위해 더 이상 현금주의를 사용하지 않고 발생주의를 채택하고 싶어 한다. 다음은 경영자가 추가

로 발견한 사항들이다.

- 매출채권의 2013년 기초잔액은 ₩35,000이며 기말잔액은 ₩50,000이다.
- 매입채무의 2013년 기초잔액은 ₩20,000이며 기말잔액은 ₩27,000이다.
- 재고자산의 2013년 기초잔액은 ₩42,000이며 기말잔액은 ₩44,000이다.
- 선급비용의 2013년 기초잔액은 ₩5,000이며 기말잔액은 ₩7,400이다.
- 2013년 동안 발생한 기타영업비용은 ₩7,000이다.
- 2013년 말 기준으로 감가상각비는 ₩51,000이다.

[요구사항] (발생주의) 손익계산서를 작성하라.

05 다음은 마노아 회사의 회계자료이다. 아래는 몇몇 계정들에 대한 잔액과 회계연도 동안의 변화에 대한 정보이다. 아래 각각의 계정에 대해 분실된 정보를 기록하는 분개를 하라. 각각의 경우는 독립적인 것으로 가정한다.

1. 매출채권: 기초잔액: 41,000원; 기말잔액: 55,000원; 이번 회계기간 동안 회수되지 않아 상각한 매출채권: 6,000원; 이번 회계기간 동안 회수된 매출채권: 134,000원. 매출액을 기록하는 분개를 하라.

2. 대손충당금: 기초잔액: 4,000원; 기말잔액: 7,500원; 이번 회계연도에 매출채권이 회사되지 않아 상각된 금액: 25,000원. 대손상각비를 기록하는 분개를 하라.

3. 매입채무: 기초잔액: 25,000원; 기말잔액: 44,000원; 이번 회계연도 동안 매입한 금액: 110,000원. 매입채무에 대해 지불한 현금을 기록하는 분개를 하라.

4. 미수이자: 기초잔액: 3,000원; 기말잔액: 2,100원; 이번 회계연도 동안 증가한 이자수익: 30,000원. 현금으로 받은 이자를 기록하는 분개를 하라.

06 다음은 카이무키 회사의 2013년 자료이다. 각각의 항목에 대해 수정분개가 필요한지 확인하고 필요하면 적절한 수정분개를 작성하시오.

1. 2013년 9월 1일, 2년 동안의 보험계약을 체결하고 ₩3,600을 지급하였다. 이때 ₩3,600은

선급보험료로 기록되었다.

2. 2013년 12월 1일, 고객이 미리 현금 ₩950을 지불하였고 회사는 선수금으로 기록하였다. 이 고객에 대한 용역은 2014년 1월에 제공된다.
3. 2013년 1월 1일에 비품의 기초잔액은 ₩250이다. 2013년 동안 ₩2,500만큼 비품을 추가적으로 구입하였으며, 2013년 말 비품의 기말잔액은 100이다.
4. 2013년 12월 31일, ₩3,200만큼의 인건비가 지급되지 않았다. 지금까지 이 사안에 대해 기록되지 않았다.
5. 5년 전에 ₩2,5000에 구입한 건물에 대한 감가상각비를 아직 인식하지 않았다. 이 건물의 예상 내용연수는 30년이며 잔존가액은 ₩2,500이다. 이 회사는 정액법을 사용한다.
6. 법인세가 30%이고 위의 모든 수정분개를 하기 전 세전이익이 ₩38,700이다.

07 다음의 사항에 대해서 수정분개를 하시오.

1. 선수임대료의 2013년 기초잔액은 5,300원이고 기말잔액은 8,000원이다. 2013년 동안 임대료로 받은 현금 총액은 40,000원이며 이는 모두 선수임대료로 기록되었었다.
2. 감가상각누계액의 2013년 기초잔액은 230,000원이며 기말잔액은 270,000원이다. 2013년 회계기간 동안, 오직 하나의 기계장치만 팔렸다. 기계장치의 원가는 40,000원이며 판매시점에 원가의 3/4이 감가상되어 있었다.
3. 대손충당금의 2013년 기초잔액은 50,000원이다. 2013년 기말잔액은 수정분개 후에 65,000원이며 2013년 동안 상각된 대손금액은 30,000원이다.
4. 선급임차료의 2013년 기초잔액은 9,000원이다. 2013년 회계기간 동안 현금으로 지불한 임대료는 120,000원이며 모두 임차료로 기록하였다. 2013년 손익계산서에는 임차료가 125,000원로 기록되었다.

사례문제 **칼라카우아 맨션의 사례**[2]

2013년 2월, 하오씨는 D지역에 위치한 10년 전통의 칼라카우아 맨션을 전격 매입하기로 결정하였다. D지역은 빼어난 경치를 자랑하는 곳으로, 매년 여름 관광객의 피서 행렬은 물론, 지역 내에 위치한 스키 리조트 덕분에 겨울 휴양지로서 큰 인기를 끌고 있다.

칼라카우아 맨션의 2층과 3층에는 각각 총 9개의 객실이 있으며, 각 객실에는 세련된 개인 욕조공간과 소형 벽난로가 구비되어 있다. 1층에는 벽난로, 식사 공간, 부엌, 응접실이 있는 대형 객실 2개가 있다. 칼라카우아 맨션의 투숙료는 아침 식사(가정식 백반) 가격을 포함한 가격

2) 이 사례는 라마스와미 교수의 Shenzhen Inn을 바탕으로 만들어졌다.

이다. 점심이나 저녁은 제공하지 않으며, 아침 식사는 1박을 투숙한 고객만 이용 가능하다. 조식 포함 객실 1박 이용 상품은 이 지역을 관광하는 고객들에게 꽤나 유명한 상품이며, 하오씨는 해당 고객들이 주기적으로 맨션에 투숙한다는 사실을 사전에 확인하였다.

하오씨는 공식적인 비즈니스 경험이 없지만, 그녀는 공대 출신의 엔지니어로서 기계나 설비의 고장을 스스로 수리할 만큼, 해당 분야에는 출중한 능력을 가지고 있다. 따라서 인건비 절약을 위해 그녀는 칼라카우아 맨션의 시설 수리 및 유지 업무를 전업으로 담당하기로 하였다. 그녀는 추가로 맨션 내의 청소와 기타 잡일을 담당할 시간제 아르바이트를 고용했다. 2013년 한 해 동안 열심히 맨션을 운영한 결과, 하오씨는 2013년 한 해 동안 만족할 만한 사업성과를 얻게 되었고, 앞으로의 맨션 운영에 대한 노하우도 얻게 되었다.

그러던 어느 날, 하오씨는 지역 일간지 비즈니스 면에서 한 기사를 읽게 되었다. 경기 불황과 비교적 선선했던 지난 여름 날씨 탓에 P지역의 여행 관광객 수가 급감했다는 내용이었다. 기사에 따르면, 몇몇 맨션은 파산을 선언했으며, 대부분의 맨션은 그들의 대출 조건을 재협상하거나 2014년을 대비하여 특별한 조치를 취했다는 것이다. 이 뉴스를 읽고 크게 우려한 하오씨는 회계사 파카누씨를 찾아가기로 결심하였다.

파카누씨는 칼라카우아 맨션에서 지난해 세금신고서 작성을 위해 고용했던 공인회계사이다. 하오씨는 파카누씨의 사무실을 직접 방문하여 이야기했다. "제가 일간지에서 한 뉴스를 보고 마음이 편치 않아서 이렇게 찾아왔습니다. 사실 올 4월에 2주간 휴가 계획이 있었는데, 이 뉴스를 보니 제가 현 상황에서 마음 놓고 여행을 다녀도 되는 건지 모르겠네요." 그러자 회계사 파카누씨는 말했다. "말씀하시는 것이 마치 재무제표를 분석하셨던 것처럼 들리는군요. 그 있잖아요. 손익계산서와 재무상태표 말이에요. 그것들을 보시면 대표님께서 지난 해 사업을 얼마나 잘 하셨고, 또 연말에 어느 위치에 서계신지 알 수 있습니다."

이에 하오씨가 끼어들었다. "손익계산서랑 세금신고서랑 같은 거 아닌가요?"

파카누씨가 대답했다. "정확히 같은 것은 아니죠. 세금신고서의 목적과 손익계산서의 목적이 조금 다르답니다. 제 생각에는 대표님의 칼라카우아 맨션 재무제표를 직접 작성하고 나서 설명해드리는 것이 나을 것 같네요. 제가 내일 칼라카우아 맨션에 들러서 재무제표 작성에 필요한 정보를 요청하겠습니다."

사업을 하는 동안 하오씨가 기록했던 것이라고는 발행한 수표의 세부 사항과 수취한 물품 대금 청구서뿐이었다. 하오씨는 회계사 파카누씨에게 말했다. "제가 알기로 2013년에 저희가 이익을 냈어요. 왜냐하면 저희 현금 잔고가 2천만원이 증가했거든요." 회계사 파카누씨는 필요한 정보를 수집 후, 재무제표 작성을 위해 사무소로 다시 돌아왔다.

사무실에 돌아오자마자, 파카누씨는 가장 먼저 사업 개시 시점인 2013년 2월의 재무상태표를 작성했다(자료 1). 그 결과, 전체 자본금 중에 36,400,000원은 하오씨가 직접 투자한 것이고, 나머지 자금은 은행에서 조달했던 것으로 나타났다. 그 다음으로 파카누씨는 하오씨가 제공한 장부 기록을 이용하여 현금출납기록표를 작성하였다(자료 2). 두 재무제표를 완성한 뒤, 파카누씨는 2013년 손익계산서 작성을 위해 필요한 정보들을 모으기 시작했다.

〈필요한 정보〉

1. 지난 사업 기간 동안 하오씨는 숙박비의 카드 결제는 일체 거부하였으며, 예약 고객에 대해서는 50,000원의 예약금을 선금으로 받아왔다. 2013년 12월 말까지, 차년도 2개월 예약 분에 해당하는 총 390만원의 예약금을 우선 수령하였다. 이 금액은 하오씨가 제공한 장부 기록에 포함되어 있으며, 고객으로부터 받은 총 현금인 5,940만원에 포함되어 있다.
2. 하오씨가 은행에 지급한 1,008만원 중에서, 978만원은 이자비용이고, 30만원은 원금인 것으로 나타났다.
3. 칼라카우아 맨션은 화재손실보험에 가입하였으며, 연 보험료 60만원을 보험사에 지급하였다. 보험 기간은 2013년 3월 1일부터 2014년 2월 28일까지이다.
4. 칼라카우아 맨션은 음식과 비품을 외상으로 구입하였다. 그 결과, 2013년 연말 기준 총 175만원을 빚진 것으로 확인되었다. 또한, 2013년 연말에 소진되지 않고 남아있는 음식과 비품은 55만원으로 추정되었다.
5. 종업원 급여, 공과금, 광고비는 연말 기준으로 완납한 상태이다.
6. 2013년 연말 기준, 벽난로에 사용될 장작은 49만원 정도 남아 있었다.
7. 지난 10개월 간의 건물, 가구, 설비의 감가상각비는 768만원으로 추정되었다.

파카누씨가 재무제표 작성을 거의 완성할 때쯤, 하오씨에게서 전화가 걸려왔다. 하오씨는 2014년 2월 28일까지 총 12개월 간의 납부 재산세는 총 114만원인 것으로 확인해 주었다.

〈문제〉

01 위에서 주어진 정보를 이용하여 다음의 재무제표를 작성하라.

A. 2013년 12월 31일 기준의 재무상태표

B. 2013년 3월 1일부터 12월 31일까지의 손익계산서

C. 2013년 3월 1일부터 12월 31일까지의 현금흐름표(힌트: 먼저 자료 2의 각 현금출납 기록을 각각 영업, 투자, 재무활동으로부터의 현금흐름으로 분류하라.)

02 하오씨가 예상한 대로, 칼라카우아 맨션은 2013년 한 해를 성공적으로 보냈는가?

03 세금신고서와 손익계산서가 왜 차이가 나는지 설명하라.

〈자료 1〉

칼라카우아 맨션
재무상태표
2013년 2월 28일

(단위: 천원)

자산	
유동자산	
현금	1,600
음식과 비품	800
유동자산 합계	2,400
토지	22,000
건물	86,000
가구와 설비	24,600
자산 총계	135,000
부채와 자본	
유동부채	
매입채무	600
유동부채 합계	600
장기차입금	98,000
부채 총계	98,600
자본금	36,400
자본 총계	135,000

〈자료 2〉

칼라카우아 맨션
현금출납기록
2013년 2월 28일

(단위: 천원)

현금수취	
고객으로부터 수취	59,400
합계	59,400
현금지출	

은행에 지불	10,080
보험료 납부	600
음식 및 비품 구입	8,100
종업원 급여	8,400
공과금	1,650
광고비	1,200
장작 구입	780
오너에 의한 지출	8,590
합계	39,400

인식한 금액을 회계상 수익으로 인식하지 않을 수 있으며, 반대의 경우도 가능하다. 따라서 수익－비용＝이익으로 계산되는 과정에서 세금신고서와 손익계산서 상 차이가 발생하는 것이 일반적이다.

1. 포괄손익계산서 예시
2. 영업이익과 영업외이익
3. 추정이익(pro forma income)
4. 매출인식
5. 연구개발비용
6. 재무제표 재작성(restatement)
7. 주당순이익(EPS: Earnings per share)

Lectures on Financial Accounting

04

영업 이익의 보고 및 분석

CHAPTER 04

영업 이익의 보고 및 분석

1 포괄손익계산서 예시

현금이 왕이라는 말이 있다. 현금으로 들어올 때 수익으로 인식하고 나갈 때 비용으로 처리하여 포괄손익계산서를 작성한다면 쉽게 이해할 수 있고 객관적일 것이다. 현금이 들어올 때 수익으로 잡고 현금이 나갈 때 비용으로 잡으면 이해하기 쉬울 수도 있다. 하지만 앞 장에서 보았듯이 한국채택국제회계기준(K－IFRS)은 현금의 흐름과 관계없는 발생주의 회계를 원칙으로 하고 있다. 현금이 들어오고 나가는 것과 관계없이 기업이 재화나 용역을 이전한 대가로 받을 것을 예상하는 금액을 재화나 용역의 통제가 고객에 이전된 시점에(earned) 되었을 때 수익을 인식하고 이러한 수익을 위해 소비된 자원을 비용으로 처리한다. 예를 들면 소비자가 외상으로 물건을 구입했을 때도 기업은 수익으로 잡는다. 왜 발생주의를 원칙으로 할까? 이유는 간단하다. 회계기준의 가장 큰 목적이 정보이용자에게 미래의 현금흐름을 예측하기 쉽게 하기 위함이기 때문이다. 현금의 유출입으로 손익계산서를 작성하면 현금을 받을 때까지 효익을 인식하는 것을 미루게 되고 효익의 발생을 위해 사용한 자원을 바로 대응(matching)시키기 어렵다. 마치 우리가 놀이공원에서 진동이 거의 없는 놀이기구(발생주의 회계)와 그렇지 않은 롤러코스터(현금주의회계)를 타는 것과 비교할 수 있다. 현금주의를 이용하면 많은 경우 롤러코스터를 타게 되는 경험을 하게 되며 정보이용자는 미래를 예측하기 힘들게 된다. 발생주의는 이러한 단점을 줄이고 경제적 이익에 가깝게 이익을 계산할 수 있다. 결국 미래의 수익을 쉽게 예측할 수 있다. 하지만 발생주의 회계 또한 단점이 있다. 앞 장에서 설명한 바와 같이 발생주의 회계는 많은 부분에서 경영자의 주관적 판단과 예측이 필요하기 때문에 이익조정을 쉽게 할 수 있는 단점이 있다. 예로 기업이 기계를 샀을 때 감가상각비를 10년 동안 계산할 지 20년 동안 계산할 지는 기업의 판단에 맡긴다. 물론 회사가 영속적으로 존재한다고 가정하면 발생주의 회계이익과 현금주의 회계이익은 같게 된다.

손익계산서는 위에 설명한 발생주의 기준으로 수익과 비용의 차이를 나타낸다. 찰스 디킨스의 소설 데이비드 카퍼필드에 다음과 같은 구절이 나온다.

> "일 년에 20파운드를 벌고 비용으로 19파운드를 쓴다면 결과는 행복이다. 하지만 일 년에 20파운드를 벌고 21파운드를 쓴다면 결과는 불행이다."

찰스 디킨스는 행복 또는 불행이라는 표현을 썼지만 손익계산서에서는 당기순이익 또는 당기순손실이라 일컫는다. 당기순손실이 지속되면 결국 회사도 불행하게 될 것이다. 포괄손익계산서는 당기순이익 뿐만 아니라 당기순이익에 반영되지 않고 바로 자본에 영향을 미치는 기타포괄손익까지 포함한 재무제표이다(포괄손익=당기순이익+기타포괄손익). 기타포괄손익에는 당기순이익에 들어가지는 않지만 주주의 부에 영향을 주는 항목들을 포함한다. 이론적으로는 당기순이익에 들어가야 되지만 적용시 기업의 애로와 문제점 등의 이유로 예외규정을 둔 항목들이다. 한국채택국제회계기준(K-IFRS) 하에서 포괄손익계산서를 제시하는 방식은 두 가지가 있다. 기업은 당기순이익과 기타포괄손익에 대해서 개별적으로 손익계산서를 작성하여 보고할 수도 있으며, 포괄손익을 통합한 손익계산서를 작성할 수도 있다.

기타포괄손익 항목은 경영성과에 반영하는 것이 바람직하지 않다고 생각하여 당기순이익에 영향을 주지 않도록 분류해 놓은 항목이다. 당기순이익은 손익계산서에 보고된 뒤 재무상태표 자본 항목(이익잉여금)에 반영되지만, 기타포괄손익 항목은 당기순이익 계산에 영향을 미치지 않고 기타포괄손익으로 분류되어 재무상태표의 자본항목에 반영된다(기타포괄손익누계액). 당기순이익에 포함되는 대표적인 항목으로 매출을 기타포괄손익의 대표적인 항목으로 매도가능증권 평가손익에 대한 분개를 통해서 살펴보면 다음과 같다.

당기순이익 항목				
현금	1,000	매출액	1,000(수익항목)	매출을 통해 수익 기록시
매출액	1,000	이익잉여금	1,000	결산분개를 통해 자본에 반영
기타포괄손익 항목				
매도가능증권	500	매도가능증권평가이익 (자본항목 - 기타포괄손익누계액)	500	매도가능증권 시세 변화 기록시
-		-		결산분개 필요 없음 (이미 자본에 반영되었음)

당기순이익과 기타포괄손익 항목을 구분하는 것은 경영자, 투자자 입장에서 매우 중요하다. 가령 제조업을 영위하는 회사가 여유자금을 활용해서 금융자산에 투자하고 해당 매도가능증권으로 분류하였다고 하자. 만약 해당 금융자산의 시장가치가 변동해서 평가손익이 발생했다면, 이는 기업의 정상적인 영업과정에서 발생하는 손익과 별도로 반영되는 것이 바람직하다. 왜냐하면 경영자 입장에서는 기업의 핵심 영업활동과 무관하고 통제가능성도 낮은 금융시장의 시세변화에 따라 경영성과가 영향 받는 것을 원하지 않기 때문이다. 투자자 입장에서도 기업의 핵심 영업활동에서 발생한 손익과 그렇지 않은 손익을 구분함으로써 기업의 미래 이익을 예측하는 데 도움이 되기 때문이다.

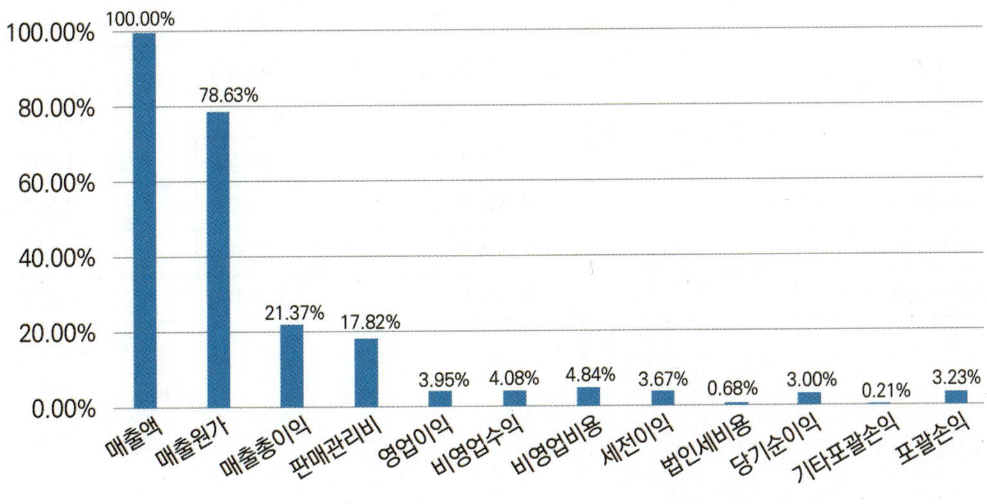

위의 표는 2022년 국내 상장사 평균 기업의 손익계산서를 도표로 나타냈다. 매출액을 100%로 봤을 때 각각의 손익계산서 항목이 얼마만큼의 비중을 차지하는지를 잘 보여주는 표와 그림이다. 예를 들어 매출원가는 매출액에 비해 78.63% 수준이고, 판매관리비는 17.82%이다. 평균기업의 당기순이익은 매출의 3.00%이다.

현대 자동차의 손익계산서를 통해서 실제(제조업) 회사들이 이익을 보고하는 형식을 살펴보자. 아래의 표는 2020－2022회계연도 현대 자동차의 손익계산서와 포괄손익계산서이다. 영업활동으로부터의 손익과 비영업활동으로부터의 손익을 구분하여 나타내고 있다.

연결 손익계산서

제55기 2022.01.01부터 2022.12.31까지
제54기 2021.01.01부터 2021.12.31까지
제53기 2020.01.01부터 2020.12.31까지

(단위: 백만원)

	제55기	제54기	제53기
매출액	142,527,535	117,610,626	103,997,601
매출원가	114,209,483	95,680,131	85,515,931
매출총이익	28,318,052	21,930,495	18,481,670
판매비와 관리비	18,498,283	15,251,546	16,086,999
영업이익	9,819,769	6,678,949	2,394,671
공동기업 및 관계기업 투자손익	1,556,583	1,303,365	162,162
금융수익	1,218,813	912,802	813,916
금융비용	1,054,228	548,410	955,991
기타수익	2,257,113	1,447,261	1,308,642
기타비용	2,850,107	1,834,405	1,630,144
법인세비용차감 전 순이익	10,947,943	7,959,562	2,093,256
법인세비용(수익)	2,964,329	2,266,485	168,703
연결당기순이익	7,983,614	5,693,077	1,924,553

연결 포괄손익계산서

제55기 2022.01.01부터 2022.12.31까지
제54기 2021.01.01부터 2021.12.31까지
제53기 2020.01.01부터 2020.12.31까지

(단위: 백만원)

	제55기	제54기	제53기
연결당기순이익	7,983,614	5,693,077	1,924,553
기타포괄손익	1,050,862	2,168,062	(1,022,025)
후속적으로 당기손익으로 재분류되지 않는 항목	157,304	376,814	123,151
기타포괄손익-공정가치측정금융자산관련손익	(223,420)	102,137	29,222
확정급여제도의 재측정요소	391,308	175,392	39,564
지분법이익잉여금	164,475	77,482	1,117
지분법자본변동	(175,059)	21,803	53,248
후속적으로 당기손익으로 재분류될 수 있는 항목	893,558	1,791,248	(1,145,176)
기타포괄손익-공정가치측정금융자산관련손익	(36,545)	(6,448)	4,959
현금흐름위험회피파생상품평가손익	218,377	5,015	100,077
지분법자본변동	10,008	546,504	(278,999)
해외사업환산손익	701,718	1,246,177	(971,213)
총포괄이익	9,034,476	7,861,139	902,528

다음은 제조활동을 하지 않는 서비스기업의 손익계산서를 살펴보자.

아래의 표는 2020－2022회계연도 네이버의 손익계산서이다. 서비스 기업은 직접 제조활동을 하지 않기 때문에 매출원가를 산정할 수 없다. 제조업의 손익계산서와 가장 큰 차이는 매출원가와 매출총이익 정보가 나타나지 않는다는 점이다. 영업활동과 비영업활동을 구분하고, 계속영업이익과 중단영업이익으로 구분한다.

연결 포괄손익계산서
제24기 2022.01.01부터 2022.12.31까지
제23기 2021.01.01부터 2021.12.31까지
제22기 2020.01.01부터 2020.12.31까지

(단위: 원)

	제24기	제23기	제22기
영업수익	8,220,078,708,810	6,817,599,707,250	5,304,145,900,386
영업비용	(6,915,414,298,267)	(5,492,121,536,133)	(4,088,803,443,113)
영업이익	1,304,664,410,543	1,325,478,171,117	1,215,342,457,273
기타수익	310,571,804,200	52,722,438,756	43,356,685,840
기타비용	375,658,237,080	232,866,247,091	118,822,813,655
이자수익	59,164,658,931	20,004,490,256	15,997,193,160
금융수익	619,735,977,200	765,693,953,525	508,563,848,219
금융비용	931,522,674,095	349,334,091,066	146,432,800,279
지분법손익	96,761,151,453	544,701,156,204	115,554,340,355
법인세비용차감 전 순이익	1,083,717,091,152	2,126,399,871,701	1,633,558,910,913
법인세비용	410,536,791,065	648,668,889,581	492,534,781,634
계속영업순이익	673,180,300,087	1,477,730,982,120	1,141,024,129,279
중단영업순이익		14,999,894,577,525	(296,027,152,130)
당기순이익	673,180,300,087	16,477,625,559,645	844,996,977,149
당기순이익(손실)의 귀속			
지배기업 소유주지분	760,260,876,247	16,489,849,771,129	1,002,086,766,379
계속영업이익	760,260,876,247	1,493,472,246,748	1,144,888,651,236
중단영업이익		14,996,377,524,381	(142,801,884,857)
비지배지분	(87,080,576,160)	(12,224,211,484)	(157,089,789,230)
계속영업이익	(87,080,576,160)	(15,741,264,628)	(3,864,521,957)
중단영업이익		3,517,053,144	(153,225,267,273)
기타포괄손익	(1,388,015,023,214)	(252,564,745,906)	221,200,846,911
후속적으로 당기손익으로 재분류되는 항목	(1,201,075,972,444)	(190,772,138,482)	17,441,573,739
기타포괄손익-공정가치 채무상품 평가손익		(483,039,456)	(730,019,603)
해외사업환산손익	122,569,353,269	71,043,967,706	76,248,398,266
지분법자본변동	(1,323,645,325,713)	(261,333,066,732)	(58,076,804,924)

후속적으로 당기손익으로 재분류되지 않는 항목	(186,939,050,770)	(61,792,607,424)	203,759,273,172
기타포괄손익-공정가치 측정 지분상품 평가손익	(484,843,494,849)	(90,787,478,622)	168,450,037,860
기타포괄손익-공정가치 측정 지분상품 처분손익	(45,127,813,925)	21,602,409,626	37,778,484,516
지분법자본변동	274,285,784,800	9,512,437,761	(1,084,708,978)
순확정급여부채의 재측정요소	68,746,473,204	(2,119,976,189)	(1,384,540,226)
총포괄손익	(714,834,723,127)	16,225,060,813,739	1,066,197,824,060

2 영업이익과 비영업이익

위에서 보았듯이 포괄손익계산서는 영업활동과 비영업활동으로부터 나오는 이익을 구별하여 보여준다. 영업활동이란 기업 본연의 활동에서 발생하는 거래를 총칭하여 이르는 말이고, 비영업활동은 기업의 투자 및 금융과 관련된 활동을 말한다. 따라서 영업이익은 기업의 핵심영업활동에서 창출된 이익을 의미하며, 모든 기업에서 중요하게 생각하는 경영성과 지표로 볼 수 있다. 영업이익 계산에 직접적으로 관련이 있는 항목은 매출활동의 결과인 '매출 수익(sales revenue)' 또는 '매출액', 매출수익 창출에 공헌한 원가인 '매출원가(COGS: cost of good solds)'이다. 매출액에서 매출원가를 차감하면 매출총이익(gross profit)이 구해지고, 여기에서 판매비와 일반 관리비(selling and administrative expenses)를 차감하면 영업이익이 구해진다. LG전자의 손익계산서에서 알 수 있듯이 연구개발비도 회사의 핵심 활동을 지속하는데 필수적인 비용으로서 영업이익 계산에 반영된다.

비영업이익은 위에서 설명한 영업활동에 속하지 않는 활동에서 발생한 이익으로, 제조기업의 경우 제품 판매와 관련 없는 금융 및 부동산 투자수익 등이 비영업수익에 해당할 수 있다. 또한 재무활동의 결과로 발생한 이자비용 등은 비영업비용으로 포함될 수 있다. 현대자동차의 경우에도 금융수익 및 금융비용이 비영업활동으로 보고되어 있음을 확인할 수 있는데, 금융자산에 투자하는 활동은 회사의 핵심 활동이 아니기 때문이다. 주의할 점은 채권 사용에 따른 이자비용은 비영업비용으로 손익계산서항목이지만, 주식에 대한 배당금 지출은 손익계산서 항목이 아니라는 점이다. 주주는 기업의 주인이기 때문에, 주주에게 지출하는 배당금은 비용으로 처리하지 않고, 자본거래로서 기업의 순자본에 직접 영향을 주게 된다.

언뜻 보기에 영업이익과 비영업이익 각각의 구성 항목은 명백해 보이지만 어떤 항목을 어디에 넣어야 할지 경영자에게 많은 자의성이 주어진다. 경영자들은 투자자에게 보다 좋은 성과를 보여주기 위해 손실이 나는 항목은 가능하면 비영업이익 항목에 넣으려는 유인이 있다. 반대로 이익이 나는 항목은 영업이익에 넣으려는 유인이 있을 것이다. 예를 들어 자산판매에 따른 차익 등 반복적이지 않은 수익항목을 영업활동에서의 수익에 포함시키는 경우, 투자자들은 회사의 수익이 앞으로 지속성이 높을 것이라는 기대를 가질 수 있다. 비용 측면에서는 이익을 늘리기 위해서 반복적으로 발생하는 비용항목을 비영업손익 항목에 포함시키는 방식으로 비용의 지속성이 낮다는 인식을 줄 수 있다. 이를 반영한 듯 기존 연구에 따르면 영업이익의 주가배수(i.e., P/E ratio)가 비영업이익보다 크다.

한국채택국제회계기준 하에서는 각 기업은 영업이익의 작성방식과 구성항목을 자율적으로 선택할 수 있다. 과거에는 매출총이익과 판매비와 관리비의 차이를 영업이익으로 계산하여 왔으나 한국채택국제회계기준 이후 많은 기업이 기타영업수익과 비용을 추가하여 영업이익을 산출하고 있다(김문철과 전영순, 2012).

다음은 국내기업들이 영업/비영업이익 분류에 일관되게 적용하지 않은 항목들이다.

항목	설명
재고자산감모손실	재고자산감모손실이 정상적인 경우 매출원가에 포함되며 비정상적인 경우 비영업손익에 포함되어야 하는데, 경영자가 정상성에 대한 판단 기준을 조정하여 분류를 바꿀 수 있다.
외주가공비, 전문용역수수료	지급수수료 계정으로 처리하여 판매관리비에 포함되면 영업이익을 감소시키지만, 기타수수료비용 계정으로 처리하여 비영업활동에서 발생한 비용으로 처리할 수 있다.
대손상각비	회사의 영업과정에서 발생한 매출과 관련된 매출채권의 대손은 영업이익 계산에 포함하지만, 영업과 관련이 낮은 수익에서 발생한 미수금의 대손은 영업외이익에 포함한다. 이를 악용하여 매출에서 발생한 대손까지 영업외이익 항목으로 분류할 수 있다
임대수익	제조업을 영위하는 회사가 유휴부지를 임대하여 수익을 얻었다면 이는 회사의 영업과정에서 발생한 수익이 아니므로 영업외이익에 해당하지만, 회사의 정관에 부동산임대업을 사업영역에 추가한 뒤 영업이익으로 분류할 수 있다
이자수익, 배당금수익	비금융업에 해당하는 회사가 유휴 현금으로 금융자산에 투자하여 수익을 얻었다면 이는 회사의 영업외이익에 해당하지만, 회사의 정관에 금융업 혹은 유사산업을 추가한 뒤 영업이익으로 분류할 수 있다

(1) 핵심 항목과 일시적 항목

한편, 포괄손익계산서는 핵심 항목(core components)과 일시적 항목(transitory components)으로 분해할 수 있다. 핵심 항목은 미래에도 지속될 것이라고 예상되어 미래 기업 성과를 예측하는 데 관련이 높은 정보를 제공하는 항목을 의미한다. 반면 일시적 항목은 미래에는 반복되지 않을 것으로 예상되며, 관련 항목의 지속성(persistence)이 낮아 투자자들의 미래 이익 예측에 유용하지 않은 특징이 있다. 투자자 입장에서는 개별 손익 항목의 지속성을 적절히 고려하여 미래이익을 예측하는 데 반영해야 한다. 핵심 항목의 예로는 영업이익 항목을 포함하며, 추가로 이자수익, 배당금수익 등의 수익과 이자비용, 외환차손 등의 비용이 포함된다.

일시적 항목의 대표적인 예로는 중단영업(discontinued operation)과 관련된 항목을 들 수 있다. 기업이 변화하는 경제상황에 따라 특정 영업이 수익성을 상실하면 해당 영업을 중단하는 것이 바람직할 수 있는데, 이 경우 기업은 해당 영업의 영업손익을 따로 계산하여 계속영업으로부터의 이익과 별도로 구분하여 표시하게 된다. 이는 투자자에게 더 유용한 정보를 제공하기 위함이다. 예를 들어, 계속영업과는 다르게 중단영업으로부터의 이익은 지속성이 낮아 앞으로 반복되어 발생할 것이라고 기대되지 않는다. 이러한 핵심 및 일시적 항목의 구분은 기업 및 산업마다 다르게 적용될 수 있는 개념이다.

(2) 중단영업

한국채택국제회계기준(K-IFRS)는 일시적 항목 중에 중단 영업과 관련된 항목의 경우 재무제표의 다른 항목과 별도로 보고하도록 요구하고 있다. LG전자의 경우 중단영업으로 분류된 활동이 없으므로 관련 손익도 보고하지 않았으나, 다음커뮤니케이션의 경우 중단영업으로 분류된 활동이 존재하며 중단영업으로 인한 이익이 보고되었다(라이코스 매각과 관련된 활동).

중단영업은 1) 영업 활동과 그로부터 창출되는 현금흐름이 진행 중인 영업 활동에서 제거되었거나 제거될 것으로 예상되고, 2) 관련 자산을 매각 후 해당 항목에 대해 더 이상 지속적 관여를 하지 않는 경우 발생하게 된다. 중단영업을 구성하는 항목은 크게 3가지가 있다.

- 세후 중단영업손익: 중단된 영업으로부터 발생한 영업손익에서 법인세 효과를 제거한 금액
- 세후 자산처분손익: 중단영업에 포함된 자산을 처분함으로써 발생한 세후 처분 손익
- 세후 자산평가손익: 중단영업에 포함된 자산을 순공정가치로 측정함에 따라 발생하는 세후 손익

그러나 회계기준상 중단영업활동에 포함되지 않더라도 실질적으로 반복적이지 않고 지속성이 낮지만, 계속영업활동에 포함되는 항목이 존재한다. 대표적인 예는 자산처분손익, 구조조정원가, 영업권손상, 인수합병관련비용, 비현금 교환거래, 자산손상 등이 있다.

(3) 자산판매손익

자산은 취득원가로 기록되며, 자산 매각 시 기업은 자산의 장부가치(book value or carrying value)와 판매가격 간의 차이만큼의 손익을 인식하게 된다. 이때 인식한 자산처분손익은 손익계산서에 보고되며, 이 경우 관련 항목은 계속영업활동에 의한 항목으로 분류하게 된다. 그러나 대부분의 재무분석가들은 이러한 항목을 일시적인 것으로 보고한다. 왜냐하면 이러한 자산 판매가 미래에 반복되지 않을 것으로 간주하기 때문이다. 따라서 재무분석가들은 해당 항목을 핵심이익 계산에서 제외한다.

예시: 유형자산: 10,000
감가상각누계액: 4,000
처분액: 7,000

유형자산의 장부금액은 감가상각누계액을 차감하면 6,000원이다. 판매액은 이보다 높은 7,000원이므로 처분이익이 1,000원 발생한다. 미래의 현금흐름을 추정하는 재무분석가라면, 이 처분손익을 어떻게 해석해야 할까? 기업입장에서는 자산판매이익 1,000원(=7,000−6,000)은 계속영업이익을 증가시키기 때문에, 해당 항목을 미래에도 발생할 경상항목으로 분류하려 한다. 그러나 재무분석가의 관점에서 해당 항목은 미래에 다시 발생하지 않을 가능성이 높은 항목(transitory item)이므로, 이를 경상항목에서 빼는 것이 바람직하다.

(4) 구조조정 관련 비용

구조조정원가는 일반적으로 종업원 해고원가와 자산 상각이 중요한 내역을 차지한다. 이외에 구조조정과 관련하여 고용한 전문가에게 지급하는 수수료도 구조조정원가에 포함한다. 또한 구조조정 과정에서 기존 계약 등을 위배하게 되어 벌금을 내야 할 수 있는데, 이러한 벌금도 구조조정원가에 포함한다. 그러나 인력 혹은 자산 등을 다른 부서로 재배치해서 사용하는 경우, 재배치에 따른 비용은 구조조정원가에 포함하지 않는다.

① 종업원 해고원가

종업원 해고원가는 종업원을 해고하거나 재배치하는 데 드는 추정 비용을 말하는 것으로서, 해당 추정 비용만큼 차변에 구조조정 비용, 대변에 구조조정충당부채를 계상한다. 구조조정 계획이 발표되었을 때, 전체 비용이 추정되며, 이후 지불되는 금액은 미리 인식한 부채를 상계함으로써 인식하게 된다. 매출채권에 대한 대손충당금 설정 및 실제 대손이 발생했을 때의 회계처리와 같은 방식이다.

구조조정 계획 발표시		
차변	구조조정원가 XX	
	대변	구조조정충당부채 XX
구조조정 비용이 지불될 때		
차변	구조조정충당부채 XX	
	대변	현금 XX

② 자산 상각

구조조정과 관련된 자산 상각은 설비자산, 재고자산, 영업권 상각 등이 있다. 자산 상각 시 차변에 비용을, 대변에 자산 계정을 계상한다. 이 경우, 현금흐름과는 아무 관련이 없음을 주지해야 한다.

위에서 다룬 두 가지 항목은 재무제표에 큰 영향을 미친다. 따라서 구조조정과 관련된 금액을 얼마를 인식하고, 언제 인식할지를 결정하는 것은 경영진에게 매우 중요하다. 특히, 구조조정 원가는 일반적으로 시장에서 비경상항목으로 인식하기 때문에 이러한 특성을 악용하는 경우도 있다. 예를 들어, 의도적으로 영업 손실이 발생했을 때 구조조정 원가를 인식함으로써 핵심 항목인 영업 손실마저 비경상항목으로 인식하도록 유도하는 경우가 있는데, 이러한 행동을 'big bath'라고 부른다. 또한 의도적으로 구조조정원가를 과다하게 인식한 후에 나중에 이를 취소하는 분개를 함으로써 이익을 조작할 가능성이 있으므로 유의해야 한다.

감독당국은 이처럼 구조조정원가 인식과 관련한 이익조정을 방지하고자 여러 가지 장치를 마련해 두고 있다. 구조조정활동이 모두 마무리되었을 때 최종적으로 소요된 원가가 얼마인지 밝히도록 하고, 구조조정과 관련된 활동이나 비용을 미리 종업원들에게 알리도록 하고, 구조조정과 관련된 원가를 인식하기 위해서는 이사회의 의결이 명시적으로 필요하도록 요구하는 것 등이 있다. 그러나 이러한 노력에도 불구하고 구조조정원가와 관련된 이익조정은 여전히 존재한다.

셀프스터디 문제 ❶

2022년 4분기에 회사는 구조조정원가를 8억원을 보고하였으며, 이는 90명의 인력을 해고하는데 소요되는 비용이다. 대부분의 인력은 회사가 화장품 마케팅 업무를 수행하였으며, 일부 인력은 화장품 제조 및 해외영업 업무를 수행하였다. 2013년 기말시점에 회사는 구조조정과 관련된 인력감축을 대부분 완료하였으며, 남아 있는 구조조정 원가는 대부분 이미 해고되었거나 곧 해고될 인력에 대해서 지급해야 할 비용을 나타낸다. 2023년 4분기에 회사는 구조조정원가로 12억원을 보고하였으며 이는 대부분 인력감축(110명의 정규직)과 관련된 해고비용이었다. 해당 인력은 대부분 회사의 화장품 부서에서 일했지만, 본사에도 해고된 인력이 존재한다.

다음은 구조조정원가와 관련하여 각 기말시점에 영업비용으로 포함해야 할 항목이다.

(단위: 억원)

	2022	2023
본사	0.5	2
화장품 - 마케팅	4	5
화장품 - 제조 및 해외영업	1.5	5
합계	6	12

다음은 재무제표에 나타날 구조조정원가와 관련된 금액이다(2022년 이전에 설정한 구조조정과 관련된 원가는 없다).

(단위: 억원)

	2022기말 구조조정충당부채	2023비용	2023실제지출	2023기말 구조조정충당부채
2013해고원가	-	12	6	6
2012해고원가	6	-	5	1
합계	6	12	11	7

1. 구조조정과 관련된 원가를 기록함으로써 회사의 영업이익에 어떠한 영향이 있었는가?

   해당 금액만큼 영업이익 감소하며 재무상태표에는 해당 금액만큼 구조조정 관련 부채가 증가한다. 당기순이익에 미치는 영향은 영업이익에 미치는 영향에 (1－법인세비용)을 곱한 것과 거의 유사할 것이다.

2. 회사가 이후 추가적인 협상을 통해서 관련 원가를 절감하는 조치를 취했는데, 이는 회사의 영업손익에 어떠한 영향을 미치는가?

   절감 금액만큼 영업손익 증가하며 재무상태표에는 해당 금액만큼 구조조정 관련 부채가 감소한다. 당기순이익에 미치는 영향은 영업이익에 미치는 영향에 (1－법인세비용)을 곱한 것과 거의 유사할 것이다.

3. 2023년에 구조조정 활동이 재무제표에 미치는 영향을 분석하고 분개를 수행하시오.

자산 =	부채 +	자본	비용	수익	순이익
2023년 구조조정 관련 원가 인식					
	12억 (구조조정부채)		12억 (구조조정비용)		-12억 (영업이익에 영향)
2023년 구조조정원가 관련 현금지출시					
-11억 (현금)	-11억 (구조조정부채)				

차변 계정과목	금액	대변 계정과목	금액
2023년 구조조정 관련 원가 인식			
구조조정원가	12억	구조조정부채	12억
2023년 구조조정원가 관련 현금지출시			
구조조정부채	11억	현금	11억

③ 영업권 손상(write-off)

영업권(Goodwill)은 무형자산의 일종으로 기업의 인수/합병 시 취득가액과 피인수 기업의 순자산의 공정가치의 차이를 의미한다. 즉, 취득자의 입장에서 회사의 순자산의 장부가치보다 추가적으로 지불할 용의가 있는 프리미엄 금액이 영업권으로 기록된다. 동종산업의 다른 기업에 비해 좋은 평가를 받는 무형의 가치를 자산으로 나타낸 것이며, 우수한 경영진의 능력, 영업망, 노사관계, 기업이미지 등이 복합적으로 영향을 미친다. 개념적으로 영업권은 회사 내부적으로 형성될 수 있으나, 회계적으로는 기업인수과정에서 측정된 영업권만 인정한다. 이러한 영업권은 한국채택국제회계기준(K-IFRS) 하에서 상각(amortization)되지 않는다. 영업권은 취득원가로 재무상태표에 기록되며, 매년 영업권 손상 테스트를 통하여 손상이 되었는지 확인하고 손상이 되었을 경우 그만큼 손실을 인식하고 영업권을 줄인다.

다음은 2022년 회계연도에 국내 상장사 중 영업권 손상(write-off) 금액이 가장 많은 순서이다.

순위	회사명	회계기간 말	금액(단위: 천원)
1	롯데하이마트	2022/12	433,125,025
2	롯데케미칼	2022/12	333,708,000
3	더블유게임즈	2022/12	301,874,453
4	제일파마홀딩스	2022/12	78,335,332
5	LG헬로비전	2022/12	59,956,618

그렇다면 포괄손익계산서의 항목을 핵심항목과 일시적 항목으로 분류하는 것이 중요한 이유는 무엇일까? 자본 시장과 재무분석가들은 일시적 항목을 비경상(non-recurring) 항목으로 분류하여 기업의 가치평가에 중요하지 않은 요소로 본다. 그러나 이러한 항목들을 경상항목으로 분류하는 기준은 자본 시장의 구성원마다 다르며, 특히 경영진은 특정한 항목들(주로 비용이나 손실과 같은 부정적인 내용)을 미래에는 다시 발생하지 않을 일시적 항목으로 분류하고자 하는 강한 유인을 갖게 된다. 기본적으로 회계감사 과정에서 회계기준에 비추어 계정 분류가 적정한지에 대해서 검토하는 절차는 거치게 되나, 회계기준 상의 분류와 투자목적상의 분류는 다를 수 있으므로 애널리스트나 투자자 입장에서도 스스로 해당 손익 항목의 분류가 적절한지를 검토하는 과정을 거치는 것이 바람직하다. 특히 회계기준상 중단영업

활동에 포함되지 않더라도 실질적으로 반복적이지 않고 지속성이 낮은 계속영업활동에 포함되는 항목에 대해서는 기업의 미래이익을 예측하거나 가치평가를 수행할 때 반복가능성이 낮은 항목으로 생각하는 것이 바람직하다.

셀프스터디 문제 ❷

팔리 기업은 다음과 같은 경영성과를 손익계산서에 보고하였다. 회사가 기록한 이자비용은 2018년 초에 발행한 만기 10년 사채와 2010년에 발행한 만기 5년 사채에서 발생한다.(단위: 억원)

	2018	2019	2020	2021	2022	2023
영업이익	600	500	700	700	800	850
이자비용	(100)	(100)	(140)	(140)	(140)	(140)
구조조정비용	0	(200)	(100)	0	0	0
자산처분손익	0	500	200	(100)	(200)	0
당기순이익	500	700	660	460	460	710

1. 팔리 기업을 커버하는 애널리스트는 회사의 가치를 추정하기 위한 작업을 수행하고 있다. 회사가 보고한 이익 중에 반복적이지 않은 항목은 무엇인가? 반복적이지 않은 항목의 금액은 얼마인가?

   영업이익은 반복적으로 발생하는 금액으로 볼 수 있으며, 비영업항목 중에 구조조정과 자산처분이익은 비반복적인 항목이다. 회사가 지속하기 위해서는 구조조정이나 자산처분활동을 지속할 수 없다. 이자비용은 비영업활동이지만 지속성이 높다고 볼 수 있다. 현재 발행한 사채의 만기가 많이 남았으며, 만기가 지난 이후에도 회사가 자금을 조달하기 위해서는 새로운 사채를 발행하거나 차입금을 조달할 것이다.

   $(-200-100+500+200-100-200)/6=16.67$억원

2. 비영업활동에 속하는 항목은 모두 반복적이지 않은 항목인가? 비영업활동 중 연평균 반복적 항목의 금액은?

   비영업활동에 속하는 항목 중에도 반복성을 지닌 항목이 존재할 수 있다. 팔리 기업의 경우 이자비용은 반복성이 낮다고 하기 어렵다.

   $-(100+100+140+140+140+140)/6=-126.67$억원

3. 지속성이 높은 연평균 이익은 얼마인가?

연평균 영업이익+(비영업항목 중) 연평균 반복적 손익-(비영업항목 중) 연평균 비반복적 손익
=691.67−126.67+16.67=581.67억원

이렇게 계산된 581.67억원을 이용해서 미래 이익을 예측하는 데 사용하는 것이 바람직하다. 이는 투자자나 애널리스트들이 회사가 보고한 이익을 조정하여 이용하려고 할 때 사용될 만한 접근법이다.

3 추정이익(Pro forma income)

추정이익(pro forma income)이란 기업에 의해 자발적으로 공식적인 이익 발표일 전에 발표하는 이익을 말한다. 나쁜 것을 뺀 이익(earnings before bad stuff)이라 불리는 추정이익은 IFRS에서 구한 계속영업이익으로부터 시작하여, 경영진에 의해 추정된 일시적 비용항목(구조조정 관련 비용, 영업권 손상, 주식 보상 비용, 연구 개발비 등)을 차감한 값으로 구한다. 추정이익 공시의 목적은 일시적 항목들을 제거함으로써, 재무제표의 연간 비교가능성을 높이기 위한 것이다. 이러한 목적은 투자자나 애널리스트들이 보다 지속성이 높은 이익 정보에 대한 수요가 높다면 정당화될 수 있다. 또한 한국채택국제회계기준(K-IFRS)에서는 허용하지 않으나 경영자가 판단하기에 주주들의 의사결정에 더욱 유용한 정보를 담을 가능성도 있다.

하지만, 추정이익은 보편적 법칙에 의해 작성되는 것이 아니라 경영진의 주관적인 판단과 재량에 따른 것임을 주지해야 한다. 경영자는 주식보상이나 내부거래 등과 관련된 사적인 이익을 위해서 추정이익을 의도적으로 부풀리거나 줄이려는 유인을 가지고 있다. 실제로 추정이익은 닷컴 버블(dot-com bubble-IT 버블 또는 인터넷 버블이라고도 함) 당시 널리 작성되었다. 미국의 증권거래위원회(SEC)는 이러한 추정이익을 회사가 보고하는 것에 대해서 우려를 표한 바 있다. Doyle, Jennings, and Soliman(2013)의 논문에 따르면 경영자는 실제로 지속성이 높은 손실을 추정 이익 작성시 제외하고, 지속성이 낮은 이익을 추정 이익 작성시

포함하는 방식으로 이익조정을 하는 것으로 나타났다.

4 매출인식

매출인식은 투자자 입장에서 주의해서 살펴보아야 할 항목이다. 앞 장에서 살펴본 바와 같이 감독당국의 회계감리의 70% 이상이 매출인식과 관련된 항목이라고 한다. 매출과 관련된 회계부정이 자주 발생하는 이유는, 매출인식과 관련된 회계규정에 상당한 자의성이 개입될 여지가 있으며, 매출을 조작할 경우 회사의 수익성과 성장성을 쉽게 부풀릴 수 있기 때문이다.

매출인식과 관련되어 허위로 계약서를 작성하거나 특수관계법인과의 거래를 통해서 가공 매출을 발생시키는 경우가 많다. 그러나 언뜻 보기에는 매출로 구분될 수 있으나 실제로는 그렇지 않은 경우들이 있어서 주의해야 한다. 이처럼 매출인식과 관련된 복잡한 분식회계를 잘 파악하기 위해서는 회계기준이 어떤 수익 인식 기준을 제시하는지 이해할 필요가 있다.

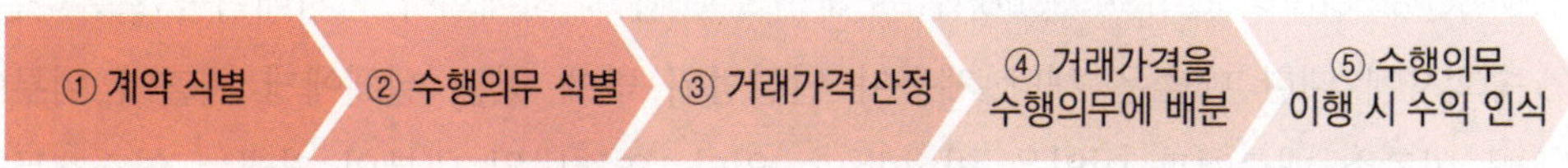

새로 개정된 IFRS 15에서는 모든 거래에 적용할 수 있는 다섯 단계의 수익 인식 모형을 제시하고 있다. 위의 도표에서 보듯이, 수익의 인식은 (1) 계약 식별, (2) 수행의무 식별, (3) 거래가격 산정, (4) 거래가격의 배분, (5) 수행의무 이행 시 수익 인식의 단계를 거쳐 이루어진다.

우선, 기업에서는 고객과의 거래가 회계상 계약에 해당하는지를 판별한다. 이른 해당 거래가 상업적 실질이 있는지, 재화와 용역의 권리이전을 수반하는지 등을 검사하는 것이다(계약 식별). 만약 해당 거래가 계약에 해당한다면, 기업에서는 고객에게 계약상 제공하여야 할 의무를 식별하고(수행의무 식별), 해당 계약의 대가로 고객으로부터 수령할 대가를 산정(거래가격 산정)한다. 그 이후 고객으로부터 수취할 금액을 여러 가지 의무에 배분하는 과정(거래가격을 수행의무에 배분)을 거친다. 기업이 각각의 의무를 수행한 시점에 앞서 배분된 만큼의 수익을 인식하게 된다.

예로 어떤 기업이 고객에게 기계장치 판매 및 설치 용역을 제공하기로 한 경우를 생각해 보자. 기업은 고객으로부터 일괄로 $4,000을 받기로 하였다. 또한 해당 기업은 기계장치를 설치 서비스 없이 개별적으로 판매하는 경우 $3,000을 수령하며, 설치 용역만을 개별적으로 수행하는 경우 $2,000을 수령한다. 이 경우 고객으로부터 수령한 $4,000 중 기계장치 판매에 배분되는 금액은 $2,400(=$4,000×3/5)이며, 설치 용역 수행에 배분되는 금액은 $1,600(=$4,000×2/5)이다. 기업이 고객에게 기계장치를 판매한 시점에 $2,400을 수익으로 인식하며, 고객에게 설치 용역을 제공한 시점에서 $1,600을 수익으로 인식한다.

아래는 매출인식과 관련해 흔히 일어나는 이익조정의 예이다. 다음의 거래들은 한국채택국제회계기준(K-IFRS)에서 수익의 기준을 충족시키지 못하며, 회사가 다음과 같은 경우에 매출을 인식했다면 이는 회계기준을 위반한 것이 된다.

- Channel stuffing: 제품을 판매하는 회사가 거래처에 대해서 큰 영향력을 발휘할 수 있는 경우 필요한 양 이상의 제품을 구입하도록 해서 기말에 보고되는 매출과 당기순이익의 금액을 높일 수 있다.
- Barter transaction: 회사 간에 서로 동시에 매출을 높이는 거래를 체결함으로써 이익을 늘릴 수는 없으나 매출을 과대 보고할 수 있다.
- Mischaracterizing transactions as arm's length: 지배회사가 지배력을 보유하는 종속회사에 대한 매출은 해당 제품이 연결범위 밖에 있는 실체에게 매출이 이루어질 때 비로소 매출액과 이익을 인식할 수 있다. 연결범위 내부의 거래는 연결재무제표 작성 시 내부거래로서 상계처리 되기 때문이다. 회사는 실질적으로 종속회사의 기준을 만족시키지만, 연결재무제표 작성 시 포함되지 않는 것처럼 거래를 꾸며서 매출을 인식하려 한다.
- Pending execution of sales agreements: 거래처가 아직 상품 매입을 승인하지 않았지만, 제품을 발송한 뒤 곧바로 매출로 인식하는 경우이다.
- Gross versus net revenues: 상대회사에 제품가격을 높여서 매출한 뒤 매출에누리를 제공하지만, 순액이 아닌 총액으로 거래를 기록함으로써 매출을 과대 보고하는 방식이다.
- Sales on consignment: 위탁매매의 경우 위탁을 받은 자가 상품을 판매해야 매출을

기록할 수 있지만, 위탁자에게 물건을 넘긴 뒤 곧바로 매출을 인식함으로써 매출의 인식시기를 앞당기는 방식이다.

- Failure to take delivery: 고객이 기말시점까지 해당 물품을 수령하지 못하였으나, 매출로 인식하는 경우이다.
- Nonrefundable fees: 환불 가능하지 않은 계약금을 받은 경우에도 관련 상품이나 용역의 제공이 제공되기 전에는 매출로 인식할 수 없음에도 불구하고 조기에 인식하는 경우이다.

용역의 제공으로 인한 수익은 용역제공거래의 결과를 신뢰성 있게 추정할 수 있을 때 보고기간 말에 그 거래의 진행률에 따라 인식한다. 즉, 관련 용역의 제공에 따른 원가의 발생액을 바탕으로 진행률을 산정하여, 해당 비율에 따라 매출을 기간에 배분하여 인식한다. 이는 건설계약에서 자주 나타난다. 대규모 건설의 경우, 건설 용역 제공이 여러 회계기간에 걸쳐서 이루어지기 때문에, 매출액을 용역의 진행률에 따라 회계기간 간에 안분하지 않으면 용역을 제공하는 회사의 수익성이 지나치게 한 회계기간으로 치우칠 수가 있다. 예를 들어 용역제공기간이 5년 걸리는 건설계약의 경우, 매출을 용역의 진행률에 따라 배분하지 않으면 첫 4년 동안에는 전혀 매출이 발생하지 않다가 마지막 회계기간(5년째)에 전체 매출을 인식하는 경우가 발생할 수 있다. 이는 수익과 비용 대응 원칙에도 맞지 않고 경영자성과평가 측면에서도 부당하다.

장기공사 진행법(percentage of completion method)

건설업같이 건물이나 플랜트를 완성하는 데 오랜 시간이 걸리는 경우 또는 서비스 제공에 오랜 시간이 걸리는 경우 완성된 후에 수익을 인식하는 것이 아니라(Completed contract method), 공사나 서비스의 진행 정도에 따라 수익을 인식한다. 진행률을 산정하는 기준은 여러 가지가 있지만 원가를 기준으로 산정할 경우 다음과 같이 진행한다. 먼저 계약을 완성하는 데까지 필요한 총 추정원가를 예측하여 특정 시점에서 누적계약진행률을 계산한다. 누적계약진행률은 당기 말까지 실제로 발생한 누적원가에서 계약 완성을 위한 총 원가로 나눈 값이다. 다음으로 누적계약진행률을 총 계약금액(총수익)에 곱하여 계약착수시점부터 당기 말까지 인식할 수익의 누적금액(누적수익)을 계산한다. 마지막으로 계약착수시점부터 당기 말까지 인식해야 할 누적수익에서 전기 말까지 인식한 누적수익을 차감하여 당기수익을 계산한다. 비용은 실제 발생한 금액만큼 인식하고, 차액을 이익으로 인식하면 된다. 장기공사 진행법은 공사진행률이 쉽게 예측되지 않은 경우에 경영자가 의도적으로 진행률을 높게 예측하여 수익을 단기적으로 많게 보이게 하려는 유인이 있을 수 있다.

예시 2021년 초에 마노아 기업은 서울대학교에 건물을 건설하는 계약을 체결하였다. 총 계약금액은 40,000이며 계약이 완성되는 2023년 말까지 건설활동과 관련된 자료는 다음과 같다.

	2021	2022	2023
당기발생원가	5,000	13,000	12,000
기말까지 실제로 발생한 누적계약원가	5,000	18,000	30,000
추가로 소요될 원가의 추정액	15,000	12,000	0
총 계약원가 추정액	20,000	30,000	30,000

진행기준에 따라 매년 인식해야 할 계약수익, 계약비용, 계약이익을 계산하면 다음과 같다.

	2021	2022	2023
누적진행률	5,000/20,000 = 25%	18,000/30,000 = 60%	100%
계약수익	40,000×25% = 10,000	40,000×60% − 10,000 = 14,000	40,000×100% − 24,000 = 16,000
계약비용	5,000	13,000	12,000
계약이익	5,000	1,000	4,000

셀프스터디 문제 ❸

카이 회사는 마노아와 2020년 9월에 계약을 맺고 수질정화시설을 설치하기로 하였다. 계약금액은 1,000억원이며, 회사는 2021년 1월 1일에 건설을 시작해서 2023년 11월에 끝마칠 예정이다. 회사는 건설비용을 계약당 800억원으로 추정하였으며, 실제로 2021년도에 300억원 2022년에 200억원 2023년에 300억원을 발생시켰다. 회사는 예정대로 2023년 11월에 건설을 완료하였다. 다음의 세 가지 독립적인 가정을 했을 때 회사의 이익을 매년 계산하시오.

1. 회사가 진행기준(percentage of completion)을 적용할 때
2. 회사가 완성기준(completed contract)을 적용할 때
3. 회사는 IFRS를 따르며 계약의 결과를 신뢰성 있게 추정할 수 없을 때(회사가 이미 지출한 비용은 회수 불가능하다)

해답

1. 회사가 진행기준(percentage of completion method)을 적용할 때

연도	진행률	수익	비용	순이익
2021	300/800 = 37.5%	375	300	75
2022	500/800 = 62.5%	625 - 375 = 250	200	50
2023	100%	375	300	75
합계		1,000	800	200

2. 회사가 완성기준(completed contract method)을 적용할 때

연도	수익	비용	순이익
2021	0	0	0
2022	0	0	0
2023	1,000	800	200
합계	1,000	800	200

완성기준이 적용될 때에는 계약이 완료될 때까지 수익과 비용을 인식하지 않는다. 보는 바와 같이 수익과 비용을 처음 두 회계기간 동안에는 인식하지 않고 계약이 완료된 회계기간에 인식한다.

3. 회사는 IFRS를 따르며 계약의 결과를 신뢰성 있게 추정할 수 없을 때(회사가 이미 지출한 비용은 회수 불가능하다)

연도	수익	비용	순이익
2021	300	300	0
2022	200	200	0
2023	500	300	200
합계	1,000	800	200

계약의 결과를 신뢰성 있게 추정할 수 없을 때에는 계약이 완료되기 전 회계기간에는 그 기간에 발생한 비용만큼만 수익으로 인식한다. 즉, 2021년과 2022년에는 수익은 비용만큼만 인식되어 순이익은 0이 된다. 나머지 수익은 계약이 완료된 회계기간에 모두 인식한다.

재화의 판매 및 용역의 제공 이외의 수익인식 형태로서 라이선스와 관련된 수익 인식에 대해 살펴보자. 라이선스 계약을 맺는 경우 일반적으로 계약금액은 라이선스의 대상이 되는 소프트웨어/서비스 등에 해당하는 금액과 추후에 제공되는 서비스에 대한 금액으로 구성된다. 추후에 제공되는 서비스로는 소프트웨어 업데이트, 교육훈련비 등이 있을 것이다. 라이선스 기간이 수년에 걸쳐 있는 경우 수익을 언제 얼마나 인식할 것인지는 중요한 문제이다.

회계기준 상에서는 라이선스 대상이 되는 소프트웨어/서비스에 해당하는 금액은 계약과 함께 수익으로 인식하고, 추후에 제공되는 서비스는 라이선스 기간에 걸쳐서 수익으로 인식하도록 한다. 추후에 제공되는 서비스의 가치가 얼마인지에 대해서 계약서에 명시된 금액이 있다면 해당 금액을 라이선스 기간 동안 안분하여 인식하면 된다. 만약 계약서상 명시된 금액이 없다면 보수적인 관점에서, 관련 서비스가 모두 제공된 이후에 수익을 인식해야 한다.

5 연구개발비용

다음은 2022년 회계연도를 기준으로 한국 상장기업들 중 연구개발비가 가장 많은 회사들이다.

순위	회사명	회계기간 말	금액(단위: 천원)
1	삼성전자	2022/12	24,919,198,000
2	SK 하이닉스	2022/12	4,474,553,000
3	LG 전자	2022/12	2,397,333,000
4	현대차	2022/12	1,762,749,000
5	LG 디스플레이	2022/12	1,382,406,000

연구개발비용을 자산으로 처리하느냐 비용처리를 하느냐는 경영자들이 가장 많이 마주치는 문제이다. 연구개발비(R&D)는 미래의 효익을 객관적으로 측정하기 어렵기 때문에 보수주의 원칙으로 비용처리를 한다. 하지만 한국채택국제회계기준은 예외를 두어 실제로 제품의 개발이 가능한 단계(development stage)인 경우는 자산으로 처리하게 한다. 다시 말해 연구개발비용은 한국채택국제회계기준(K-IFRS) 하에서는 연구비와 개발비를 나누어서 연구비는 당기에 비용으로 처리하며, 일정 조건을 만족시키는 항목은 개발비로 분류되어 자산화된다. 연구단계는 제품 개발과 큰 관련이 없이 진행되는 단계로 미래 수익을 발생시킬 가능성이 불확실한 단계이지만, 개발 단계는 제품 개발과 보다 밀접한 관련을 갖고 진행되는 단계로 미래에 수익을 발생시킬 가능성이 높으므로 자산으로 인식한다. 하지만 실제로는 연구

비인지 개발비인지 명확하지 않은 경우가 있고, 회사는 보다 많은 연구개발비 지출을 개발비로 분류하여 자산화하려는 유인이 있을 수 있다. 특히 단기적인 성과에 집착하는 경영자는 자산화를 통해서 비용 인식을 이연할 수 있다.

다음은 개발비로 분류되기 위한 조건들이다.

- 해당 무형자산을 사용, 판매하기 위해 자산을 완성시킬 수 있는 능력
- 해당 무형자산을 사용, 판매하려는 의도
- 해당 무형자산으로부터 미래의 경제적 효익이 창출
- 개발비 관련 지출을 신뢰성 있게 측정

연구비로 분류되는 비용항목이 많을수록 당기순이익이 감소하고, 재무제표에서 자산화되지 않으므로 자산규모가 작아지고 레버리지 비율이 높게 나타난다. 연구비는 영업활동 현금흐름 계산 시 추가적으로 반영할 필요가 없으나, 개발비는 영업활동 현금흐름 계산 시 당기순이익에 가산한다.

	회계처리	당기순이익		현금흐름	재무레버리지
		당기	미래		
연구비로 분류되는 금액이 많을수록	당기비용	낮음	높음	-	높음
개발비로 분류되는 금액이 많을수록	자산화 (이후 감가상각)	높음	낮음	영업활동 현금흐름에 포함 (당기순이익에 더해준다)	낮음

6 재무제표 재작성(Restatement)

회사는 자발적으로 재무제표를 재작성하는 경우도 있으며, 외부감사인이나 회계감독 당국의 권고에 의해서 재작성하는 경우도 있다. 재작성이 발생하는 경우를 분류하면 다음과 같다. 재무제표가 재작성되는 경우 DART에서 정정 공시를 확인할 수 있다. 일반적으로 재무제표를 재작성하는 유형을 열거하면 다음과 같다.

구분	설명
인수합병	인수합병 거래를 아예 회계에 반영하지 않거나 잘못된 방식으로 반영하는 경우가 있다. 인수합병 방식에 따라서 세금이 크게 달라질 수 있기 때문에, 회사는 절세효과를 극대화하는 거래방식으로 회계처리하기를 원하지만, 경우에 따라서는 국세당국에 의해서 부인될 수 있다.
비용	자산 취득 시 자산화 할 것인지 비용으로 할 것인지에 대한 판단이 다를 수 있으며, 감가상각 방법이나 재고자산 흐름에 대한 가정이 다를 수 있다.
연구개발비	연구비와 개발비에 대한 회계처리가 다른데, 이 두 가지 활동을 구분하는데 모호한 면이 있기 때문이다.
대손처리	대손처리를 하게 되면 해당 채권에 대해서 받을 가능성이 낮다고 판단했다는 뜻인데, 이에 대한 판단이 경영진과 감사인 간에 다를 수 있으며, 적절한 대손충당금 설정비율에 대한 판단도 다를 수 있다.
재분류	부채 상환을 투자로 기록할 것인지 여부와 같이 계정 분류의 적정성에 대해서 의견이 다를 수 있다.
특수관계자투자	특수관계자 관련 공시 여부, 거래 분류의 적정성, 세금 문제 등으로 인해 의견이 다를 수 있다.
구조조정원가	구조조정에 따른 원가를 추산하는 데 많은 가정과 추정이 필요하므로 판단이 다를 수 있다.
수익인식	수익인식 기준이 모호한 경우 회사는 수익을 조기에 인식하거나, 가공의 매출을 인식하여 과대계상하려는 유인이 있을 수 있다.
금융자산	금융자산의 분류(단기매매증권, 매도가능증권, 만기보유증권, 지분법주식/지분증권, 채권증권), 파생상품 회계처리(현금흐름위험회피, 공정가치변동위험회피)에 대한 의견이 다를 수 있다.

7 주당순이익(EPS: Earnings per share)

일반적으로 EPS는 손익계산서의 하단에 표시되며, 기본주당순이익과 희석주당순이익을 나누어 제시한다. 기본주당순이익은 당기순이익을 발행주식수로 나눈 값이다. 보통주주에 대해서 기본주당순이익을 구할 경우, 당기순이익에서 우선주주 배당금을 빼고, 발행주식수도 보통주만 포함시켜야 한다. 희석주당순이익은 보수적인 관점에서, 회사가 보유한 전환사채, 주식선택권, 파생상품 등이 기본주당순이익을 낮추는 방향으로 실행될 경우의 값을 말한다. 예를 들어 회사의 경영진에게 부여된 스톡옵션이 있다면, 옵션 행사에 따라 발행주식수가 증가하게 되어 주당순이익이 감소하게 된다. 희석주당순이익을 보고하게 하는 것은 회계보수주의의 일례로서 주주입장에서 최악의 경우를 상정해서 계산한 값이다. 이를 요약하면 아래의 그림과 같다.

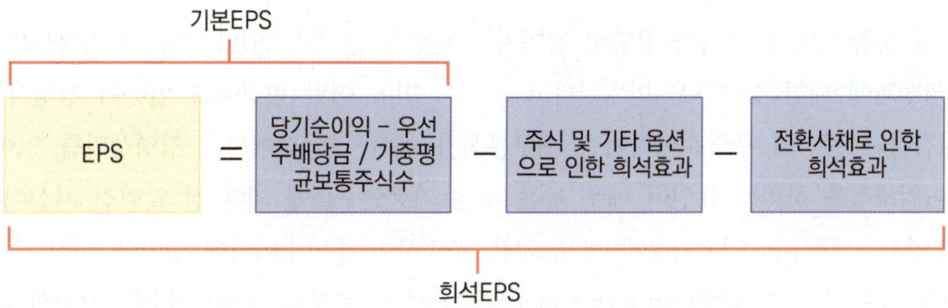

	분자	분모
(보통주)기본주당순이익	당기순이익 - 우선주배당금	보통주 발행주식수
(보통주)희석주당순이익	당기순이익 - 우선주배당금 +/- 조정	보통주 발행주식수 +/- 조정

만약 해당 전환사채나 주식선택권, 파생상품 등이 오히려 기본주당순이익을 높이는 방향으로 작용한다면 조정하지 않는다. 예를 들어 전환사채의 경우 전환권을 행사함에 따라서 발행보통주식수가 증가하고 동시에 이자비용과 관련된 지출이 감소함으로써 당기순이익이 증가한다. 즉, 분모와 분자가 동시에 증가하므로 경우에 따라서는 주당순이익을 높이는 방향으로 작용하는 경우도 나타난다.

주당순이익은 보통주뿐만 아니라 우선주에 대해서도 적용할 수 있는 개념이다. 이 경우 분자에는 우선주주가 가져가는 금액을 분모에는 우선주 발행주식수를 놓고 계산한다. 우선주가 누적적인지 참여적인지 여부에 따라 분자의 금액이 달라질 것이다. 실제로 LG전자의 손익계산서에는 주당순이익이 보통주와 우선주 각각에 대해서 제시되어 있다. LG전자의 경우 희석주당순이익이 나타나지 않는데 이는 희석주당순이익이 기본주당순이익과 같기 때문이다. 다음커뮤니케이션의 경우 주당이익은 보통주에 대해서만 제시되었으며, 계속영업에 대한 주당순이익과 중단영업에 대한 주당순이익을 구분하여 제시하고 있다. 또한 주식선택권으로 인해 희석효과가 발생하여 희석주당순이익은 기본주당순이익보다 낮은 값을 보고하였다.

주당순이익은 자본시장에서 투자자들의 투자의사결정에 가장 중요한 정보 중에 하나이다. 기존의 많은 연구들은 이번 회계기간의 주당순이익이 지난 회계기간의 것보다 증가하거나 재무분석가의 주당순이익 기대치를 넘으면 주가가 올라가는 현상을 많이 보여주었다. 반면에 이번 회계기간의 주당순이익이 지난기간의 것보다 떨어지거나 재무분석가의 예측치를 만족하지 못한 경우에 주가가 상당히 떨어지는 현상을 볼 수도 있다. 이는 투자자들의 회사의 경영성과에 대한 실망감을 반영한다고 볼 수 있다. 이런 현상들로 인하여 경영자는 매 회계기간마다 전기의 주당순이익이나 재무분석가 예측치를 넘어서는 경영성과를 보여주기 위해 이익조정을 하려는 유인이 매우 높은 것은 기존연구들에 의해 잘 알려진 사실이다.

경영자는 주식수(즉, 주당순이익의 분모)를 조정하여 주당순이익에 영향을 미칠 수도 있다. 예를 들어 주식을 재매입함(stock repurchase)으로써, 분모의 발행주식수를 감소시켜 주당순이익을 즉각적으로 증가시킬 수 있다. 경영자는 이익잉여금을 투자자들에게 분배할 때 배당을 할 것인가 아니면 자사주 매입을 할 것인가 결정을 해야 하는데, 주당순이익을 증가시키기 위해서 배당보다는 자사주 매입을 선호하는 경우가 늘어나고 있다(Hribar, Jenkins, and Johnson, 2006). 따라서 주당순이익을 사용해서 분석을 수행할 경우 유의할 필요가 있다. 한편 주당순이익은 PER(Price−earnings ratio, 즉, 주가/주당순이익) 계산시에 분모로 사용되는 금액이기도 하다. 아래는 현대 자동차와 네이버의 주당 순이익 공시 예이다.

현대자동차

연결 손익계산서
제55기 2022.01.01부터 2022.12.31까지
제54기 2021.01.01부터 2021.12.31까지
제53기 2020.01.01부터 2020.12.31까지

(단위: 원)

	제55기	제54기	제53기
주당이익			
기본주당이익			
보통주 기본주당이익	28,521	18,979	5,454
우선주 기본주당이익	28,207	19,002	5,502
희석주당이익			
보통주 희석주당이익	28,521	18,979	5,454
우선주 희석주당이익	28,207	19,002	5,500

네이버

연결 포괄손익계산서

제24기 2022.01.01부터 2022.12.31까지
제23기 2021.01.01부터 2021.12.31까지
제22기 2020.01.01부터 2020.12.31까지

(단위: 원)

	제24기	제23기	제22기
주당이익			
기본주당순이익			
계속영업순이익	5,007	9,977	7,857
중단영업순이익	0	100,877	(980)
희석주당순이익			
계속영업순이익	4,985	9,887	7,813
중단영업순이익	0	99,973	(980)

04 연습문제

01 팔리 회사는 다음과 같은 손익계산서를 2021년부터 2023년까지에 대해서 보고하였다. 회사의 발행주식수는 설립 이후 계속 1,000주를 유지하였다.

단위: 억원	2021	2022	2023
매출액	15,000	15,000	10,000
재료비	-1,000	-2,000	-3,000
광고비	-5,000	-3,000	-2,000
연구비	-2,000	-3,000	-2,000
구조조정원가	-1,000	-2,000	0
관계회사로부터의 이익	500	200	800
벌과금	-200	-500	-200
기타비용	-400	-300	-200
세전이익	5,900	4,400	3,400
법인세비용	-2,000	-1,400	-1,300
당기순이익	3,900	3,000	2,100
기본EPS	3.9	3.0	2.1
희석EPS	3.7	2.7	1.8

1. 회사가 주석에 명시한 수익인식기준에 따르면, 제품을 판매하여 기록한 매출액은 판매된 제품과 관련된 효익과 위험이 고객에게 이전되었을 때 인식한다고 되어 있다. 이러한 정책의 타당성에 대해서 평가하시오.

2. 회사는 연구개발 과정에서 특수한 기계장치와 설비를 필요로 하며, 해당 기계장치나 설비는 다른 목적을 위해서 이용되지 않는다. 회사는 이러한 유형자산과 관련하여 발생하는 비용을 어떻게 보고하고 있는가? 만약 회사가 해당 자산을 다른 목적을 위해서 활용한다면, 비용처리 상에 차이가 발생하는가?

3. 회사는 구조조정과 관련된 비용을 2021-2022기간에 매년 인식하고 있는데, 일반적으로 구조조정비용은 어떻게 인식되는가? 발생주의 회계기준 하에서 회사가 첫 해에 구조조정비용을

과다하게 인식해서 이익을 조정하려는 big bath을 막기 위한 장치가 존재하는가?

4 기본주당이익과 희석주당이익의 개념적 차이는 무엇인가? 차이를 발생시킬 수 있는 항목의 예로는 무엇이 있는가?

02 마노아 전자는 60인치 곡면 LCD TV 5,000대를 전자제품 판매자인 마키키 마트에 발송하였다. 다음의 독립적인 거래에 대해서 수익인식기준을 적용하여 인식시기에 대해 설명하시오.

1. 두 회사 간의 계약에 의해서 마키키 마트는 TV 한대에 당 200만원의 금액을 지불하기로 하였으며, 이는 제품을 수령한 날로부터 30일 이내에 이루어져야 한다. 마키키 마트는 운송과정에서 제품에 하자가 생겼을 경우에 환불할 권리를 갖고 있으며, 이때 마노아 전자는 해당 제품에 대해 전액 보상해 줄 의무가 있다.

2. 두 회사 간의 계약에 의해서 마키키 마트는 TV 한 대당 200만원의 금액을 지불하기로 하였으며, 이는 제품을 수령한 날로부터 30일 이내에 이루어져야 한다. 마키키 마트는 제품을 수령한 이후 6개월 이내에는 언제든지 어떠한 이유로든 제품을 환불할 수 있는 권리를 갖고 있다.

3. 두 회사 간의 거래에 의해서 마키키 마트는 마노아 전자를 대리하여 제품을 판매한다. 마키키 마트는 제품을 보관하고 손상되지 않도록 책임을 다할 의무를 갖고 있으며, 제품 판촉 활동을 하며, 허용된 범위 내에서 판매가격을 결정해야 한다. 예상판매가격은 대당 400만원이다. 이러한 제품 판매 활동을 하는 대가로 마키키 마트는 대당 50만원을 받는다. 언제든지 마키키 마트는 제품을 환불할 수 있다.

03 솔트레이크 기업의 재무정보는 2023년 말 홍수로 파손되었으나, 별도로 보관되어 있던 기록을 토대로 재무정보를 다음과 같이 정리하였다. 다음 항목을 손익계산서 형식에 따라서 배열하시오.

1. 총 매출액은 1,125,000원이며 매출할인을 차감하진 전 금액이다.
2. 매출할인은 18,000원이다.
3. 매출원가는 600,000원에 달한다.
4. 관리비는 총 매출액 대비 8%이다.
5. 영업비용의 4/5는 매출활동 관련하여 발생하는 판매비이다.

6. 이자비용은 10,000원이다.
7. 이익에 대한 세율은 24%이다.
8. 보통주 주식수는 10,000주이다. 주식수는 연중 변화가 없었다.

04 다음은 코코헤드 기업의 2023년도 활동에 대한 자료이다. 해당 기업은 2023년에 최초 영업을 개시하였다. 다음 항목을 바탕으로 (a) 영업이익 (b) 당기순이익 (c) 지배주주에게 귀속되는 이익 (d) 포괄손익 (e) 2023년 말 이익잉여금을 계산하시오.

매출	300,000원
매출원가	180,000원
판매관리비	20,000원
자산판매손실	10,000원
매도가능증권 판매 미실현이익	10,000원
이자비용	9,000원
중단영업손익	12,000원
비지배지분	40,000원
배당금 지급결정 및 실제 지출	15,000원

05 오하우 기업은 에너지사업부서와 관련하여 구조조정에 돌입하였으며, 회사의 재무 및 회계담당자는 다음과 같은 원가를 구조조정과 관련하여 계상하는 것을 고려하고 있다. 해당 금액이 구조조정원가에 포함되는지 여부를 명시하시오. 구조조정원가에 포함할 총 금액은 얼마인가?

1. 회사는 에너지부서의 설비자산과 관련하여 장기 리스 계약을 맺고 있다. 해당 리스는 중도파기시 500,000원의 벌금을 내는 것으로 약정되어 있다.
2. 회사의 간접비를 다른 부서에 배분할 때, 구조조정의 영향으로 1,500,000원이 증가할 것으로 예상된다.
3. 구조조정으로 인하여, 일부 종업원들은 다른 부서로 재배치되어야 하며, 이와 관련된 비용은 5,000,000원이다.
4. 회사는 구조조정과 관련하여 발생하는 여러 문제를 해결하기 위해서 구조조정 전문가를 고용하였으며, 이와 관련하여 800,000원을 지불해야 한다.
5. 종업원 해고 관련 원가는 1,000,000원에 달한다.
6. 회사는 에너지 부서의 사용 가능한 자산을 다른 부서로 옮기는 데 520,000원이 소요될 것으

로 예상한다.

06 라라 기업이 지출한 다음 내역을 참고하여 물음에 답하시오.

2023년 1월, 라라 기업은 새로운 항공 모형 제작을 위해 내부 R&D 활동을 개시하였다. 2023년 1월 15일, 라라 기업은 연구단계에서 사용할 소프트웨어를 구입하였다. 이 소프트웨어는 다른 목적으로도 사용될 수 있었으나, 라라 기업은 이 소프트웨어를 해당 R&D 활동에만 사용하고자 하였다. 2023년 6월 30일, 라라 기업은 제품 계획, 디자인, 시험 활동을 완료하였다. 이러한 활동은 항공 모형을 만족할 만한 수준으로 생산하기 위해 꼭 필요한 것이었다. 이로써 라라 기업은 제품 개발과 관련하여 높은 위험을 수반하던 사건들의 불확실성을 해소하게 되었다.

(단위: 억원)

관련 비용	금액
내부 R&D 비용 - 2023년 1월 초 ~ 2023년 6월 말	200
내부 R&D 비용 - 2023년 7월 초 ~ 2023년 8월 말	50
소프트웨어 구입 비용	8
제품 특허 등록을 위한 제반 비용	4

1 일반적인 무형자산의 인식기준은 무엇인가?

2 내부적으로 연구개발 활동을 통해 발생한 소프트웨어 개발 원가를 자본화하기 위한 규정에 대해 설명하시오.

3 라라 기업이 인식해야 할 연구비와 개발비 금액을 구하시오.

사례문제 다음은 2013년 12월 31일에 종료되는 회계기간(제70기)에 대한 기아자동차의 재무제표이다.

단위: 백만원	제70기	제69기	제68기
자산			
유동자산	13,472,386	11,139,430	11,075,187
비유동자산	22,709,654	21,258,884	19,179,992
장기금융상품	294,377	58,990	21,033
장기매도가능금융자산	1,237,107	1,606,358	1,229,673
장기성매출채권	1,662	2,675	2,322
관계회사투자	9,197,720	7,876,179	6,809,391

유형자산	9,777,005	9,721,198	9,184,385
투자부동산	50,254	51,434	56,100
무형자산	1,715,739	1,524,001	1,517,277
보증금	162,190	166,463	173,156
이연법인세자산	171,023	123,622	61,905
기타비유동자산	102,577	127,964	124,750
자산총계	36,182,040	32,398,314	30,255,179
부채			
유동부채	10,806,238	10,000,239	11,421,924
비유동부채	5,121,007	5,550,013	5,323,545
부채총계	15,927,245	15,550,252	16,745,469
자본			
자본총계	20,254,795	16,848,062	13,509,710
부채와 자본총계	36,182,040	32,398,314	30,255,179
매출액	47,597,897	47,242,933	43,190,942
매출원가	37,511,941	36,536,005	33,138,961
매출총이익	10,085,956	10,706,928	10,051,981
판매비와 관리비	6,908,856	7,184,677	6,552,893
영업이익	3,177,100	3,522,251	3,499,088
관계회사투자손익	1,319,585	1,414,080	1,336,618
금융손익	315,833	191,650	(140,114)
기타손익	16,058	36,075	26,058
법인세비용차감 전 순이익	4,828,576	5,164,056	4,721,650
법인세비용	1,011,517	1,299,352	1,202,414
당기 순이익	3,817,059	3,864,704	3,519,236

추가자료 1 연구 및 개발

연구 또는 내부프로젝트의 연구단계에 대한 지출은 발생시점에 비용으로 인식하고 있습니다. 개발단계의 지출은 자산을 완성할 수 있는 기술적 실현가능성, 자산을 완성하여 사용하거나 판매하려는 기업의 의도와 능력 및 필요한 자원의 입수가능성, 무형자산의 미래 경제적 효익을 모두 제시할 수 있고, 관련 지출을 신뢰성 있게 측정할 수 있는 경우에 무형자산으로 인식하고 있으며, 기타 개발관련 지출은 발생시점에 비용으로 인식하고 있습니다.

추가자료 2 무형자산

(1) 당기 말과 전기 말 현재 무형자산의 내역은 다음과 같습니다.

구분	제70(당)기		
	취득원가	상각 및 손상차손누계액	장부금액
개발비	2,985,799	(1,468,697)	1,517,102
산업재산권	26,110	(17,064)	9,046
소프트웨어	90,888	(52,052)	38,836
회원권(*)	70,245	(10,534)	59,711
합계	3,173,043	(1,548,348)	1,624,695

(*) 내용연수가 비한정인 무형자산으로 매년 회수가능액과 장부금액을 비교하여 손상검사를 수행하고 있습니다.

(2) 당기 중 무형자산 장부금액의 증감내역은 다음과 같습니다.

(단위: 백만원)

구분	기초장부금액	취득	처분	상각	손상차손	기말장부금액
개발비	1,334,672	507,108	-	(324,678)	-	1,517,102
산업재산권	7,610	3,112	-	(1,676)	-	9,046
소프트웨어	32,495	17,670	-	(11,329)	-	38,836
회원권	55,805	7,298	(720)	-	(2,672)	59,711
합계	1,430,582	535,188	(720)	(337,683)	(2,672)	1,624,695

(4) 당기 및 전기 중 연구개발활동과 관련하여 지출된 내역은 다음과 같습니다.

구분	제70(당)기
개발비	507,108
시험비(제조경비)	166,587
시험비(판관비)	589,445
합계	1,263,140

추가자료 3 수익

당사는 일반적인 영업과정에서의 재화의 판매에 대하여 받았거나 받을 대가의 공정가치로 수익을 측정하고 매출에누리와 할인 및 환입과 고객에게 현금으로 제공한 판매 인센티브를 수익에서 차감하고 있습니다. 당사는 제품의 판매 등으로 인한 수익을 제품 등 재화의 소유에 따른 유의적인 위험과 보상이 구매자에게 이전되었다는 설득력 있는 증거가 존재하고, 판매된 재화의 소유권과 결부된 통상적 수준의 지속적인 관리상 관여와 효과적인 통제를 하지 않으며, 거래와 관련한 경제적 효익의 유입가능성이 높고, 수익금액과 거래와 관련하여 발생했거나 발생할 원가 및 반품 가능성을 신뢰성 있게 측정할 수 있을 때 인식하고 있습니다.

금융수익은 매도가능금융자산을 포함한 투자로부터의 이자수익, 종속회사 및 관계회사를 제외한 배당수익, 매도가능금융자산처분손익, 당기손익으로 인식하는 위험회피수단의 평가차익을 포함하고 있습니다. 이자수익은 기간의 경과에 따라 유효이자율법을 적용하여 당기손익으로 인식하며, 배당수익은 주주로서 배당을 받을 권리가 확정되는 시점에 수익을 인식하고 있습니다.

추가자료 4 주식수

구분	주식의 종류		
	보통주	우선주	합계
Ⅰ. 발행할 주식의 총수	-	-	820,000,000
Ⅱ. 현재까지 발행한 주식의 총수	576,033,013	-	576,033,013
Ⅲ. 현재까지 감소한 주식의 총수	170,669,666	-	170,669,666
1. 감자	148,169,666	-	148,169,666
2. 이익소각	22,500,000	-	22,500,000
3. 상환주식의 상환	-	-	-
4. 기타	-	-	-
Ⅳ. 발행주식의 총수(Ⅱ-Ⅲ)	405,363,347	-	405,363,347
Ⅴ. 자기주식수	378,116	-	378,116
Ⅵ. 유통주식수(Ⅳ-Ⅴ)	404,985,231	-	404,985,231

01 추가자료 2에 나타난 개발비와 시험비에 대한 회계처리를 설명하시오.

02 회사의 재무상태표에서 개발비가 전체 자산에서 차지하는 비중은 얼마인가?

03 당기에 회사가 개발비로서 자산화시킨 금액이 당기순이익, 영업이익에서 차지하는 비중은 얼마인가? 자산화와 관련된 회계처리를 제시하시오.

04 만약 회사가 당기에 개발비로 분류한 금액이 감리 결과 비용으로 처리되었어야 하는 금액으로 드러났다고 가정했을 때, 레버리지 비율을 어떻게 변화시키는가?

05 추가자료 3에 나와 있는 회사의 수익인식 기준과 한국채택국제회계기준(K-IFRS)의 수익인식 기준을 모두 따랐다고 하자. 다음의 거래금액이 손익계산서 상 매출에 포함되어 있는

가? 그렇지 않다면 이유를 제시하시오.

(1) 기아자동차는 관계회사인 현대모비스에 대해서 530억원의 매출을 기록했다.
(2) 기아자동차는 종속회사인 Kia Motors America, Inc.에 대해서 5조 6,000억원의 매출을 기록했다.
(3) 기아자동차는 고객에 대해서 1,000억원의 자동차를 발송하였으나 12월 31일까지 고객에게 물품을 전달하지 못했다.
(4) 기아자동차는 고객에 대해서 500억원의 자동차를 발송하였으나 12월 31일까지 고객이 매입을 승인하지 않았다.
(5) 기아자동차는 고객에 대해서 2,000억원의 자동차를 발송하였으며 고객은 12월 31일까지 물품을 전달받고 매입을 승인하였으며, 제품 하자에 관계없이 14일 이내에 반품할 수 있는 권리를 보유하고 있다.

06 추가자료 4를 참고하여 2013년 기말 회사의 기본 주당순이익을 구하시오.

07 회사의 주당순이익 계산과 관련하여 회사 임원들에게 부여한 주식선택권 있으며, 주식수는 200만주에 달한다고 가정하면 희석 주당순이익은 어떻게 되는가?

1. 수익성 분석
2. 유동성 및 지불능력 분석
3. 비율분석

Lectures on Financial Accounting

05

수익성 분석 및 해석

CHAPTER

05 수익성 분석 및 해석

이번 장에서는 재무제표를 분석하여 회사의 현재와 과거 경영성과를 평가하는 것을 목적으로 한다. 투자자 입장에서 재무제표 분석의 목표는 기업의 가치를 도출하는 일이다. 애널리스트(재무분석가)나 투자자들은 재무제표 분석에 앞서 회계 분석을 수행해야 한다. 회계 분석의 목적은 회사의 회계처리가 경제적 실체와 얼마나 부합하는지를 평가하는 것이다. 즉, 회계정책과 추정치를 분석하여 회사가 보고한 회계 수치 중에 왜곡된 정보가 있는지 밝혀내는 일이다. 만약에 왜곡된 회계정보가 있다면 다음으로는 회사가 왜곡한 회계정보를 역으로 취소하고, 왜곡되지 않은 회계 수치를 밝혀내야 한다. 회계 분석을 충실하게 함으로써 보다 정확한 정보에 기초로 재무제표 분석을 수행하여 신뢰성 있는 결론을 도출할 수 있다. 이러한 회계분석을 잘 수행하기 위해서는 기업에 대한 전반적인 정보를 지속적으로 수집할 필요가 있으며, 동종 산업에 속하는 다른 기업과 비교하여 예외적인 회계항목이 있는지를 자세히 살펴보아야 한다.

투자자들은 회계 분석 후에 재무제표 분석을 통해서 수익성과 성장성을 분석할 수 있어야 하며, 나아가 회사의 위험을 분석하는 일이 필요하다. 재무제표를 분석하는 방법으로서 비율분석과 현금흐름분석을 사용할 수 있다. 본 장에서는 비율분석을 통해서 회사의 수익성을 평가하는 데 초점을 맞추고자 한다.

회사의 수익성과 위험을 평가하고 비교하기 위해서는 재무제표 정보를 비율로 전환하는 것이 바람직하다. 비율 분석은 회사의 재무제표상의 다양한 수치를 다양한 항목들 간의 관계로 나타냄으로써 투자자들에게 보다 유용한 정보를 제공할 수 있다.

나아가 비율 그 자체로는 큰 시사점을 얻지 못할 수 있기 때문에, 애널리스트들은 계산한 비율을 어떠한 기준과 비교해야 한다. 구체적으로는 전 분기, 전 년도의 재무비율을 사용하는 방법(시계열적 분석)과 같은 업종의 비슷한 회사의 재무비율을 사용하는 방법(횡단면적 방법)이 있다. 비교 대상으로는 산업 평균이나 재무분석가의 이익 예측치를 사용할 수 있다. 예를 들어 전 세계적인 유가상승으로 인하여 정유업계의 수익성이 전반적으로 좋아지는 상황이라면, 특정 정유회사의 수익성을 다른 정유회사의 수익성과 비교하는 것이 바람직하다. 이를 통해서 산업 전반에 미치는 영향을 반영하여 수익성에 대한 올바른 판단을 내릴 수 있다.

재무비율을 정의할 때 교과서별, 회사별, 애널리스트들별로 약간씩 다른 정의를 사용하는 경우가 있다. 기본적으로 한국채택국제회계기준을 포함한 회계기준은 재무비율에 대해 특별한 규정을 두고 있지 않는다. 따라서 정보이용자는 분석 목적에 합치하는 정의를 일관되게 적용하는 것이 중요하며, 특정 자료가 사용하고 있는 정의가 무엇인지 의사결정 전에 반드시 확인하여야 한다.

1 수익성 분석

수익성 분석은 회사가 보통주주와 채권자 전체를 위해 얼마나 부를 창출하였는가와 보통주주를 위해 얼마나 부를 창출하였는가를 나누어 볼 수 있다. 전자와 관련하여 회사의 영업활동이(회사의 재무조달능력과 상관없이) 얼마나 수익성이 있는가를 보기 위해 흔히 사용하는 비율은 자산이익률(ROA)이다. 반면 회사가 보통주주를 위해서 얼마나 이익을 창출하고 있는가를 보기 위해 사용하는 비율은 자기자본이익률(ROE)이다.

(1) 자산이익률(ROA: Return on Assets)

자산이익률은 주주와 채권자가 1달러를 투자했을 때 몇 센트를 벌었는가를 측정한다. 자산을 얼마나 효율적으로 운용하여 이익을 냈는지를 나타내는 지표이다. 자산이익률은 다음과 같이 계산한다.

$$\text{자산이익률(ROA)} = (\text{당기순이익} + \text{이자비용}(1 - \text{세율}))/\text{평균 총자산}$$

쉽게 생각했을 때 자산이익률은 단순히 당기순이익을 (기말)총자산으로 나누어 계산할 것 같지만 위의 식을 보면 그렇지 않다. 다음의 질문에 답하면서 자산이익률을 계산하는 공식을 더 살펴보자.

① 분모에 평균 총자산을 사용하는 이유는 무엇인가?

분자에 해당하는 항목이 1년에 걸쳐서 발생하는 유량 개념이기 때문에, 1년간 총자산의 변화가 일정하게 이루어졌다는 가정 하에, 분모도 기초금액과 기말금액의 평균을 사용한다. 또한 평균 총자산을 사용함으로써 특정 사건으로 인해 총자산이 일시적으로 크게 변화하는 부분을 상쇄시켜서 수익성을 좀 더 안정적으로 측정할 수 있다. 또한 다른 기업, 특히 다른 연도와 비교할 때 비교가능성을 높일 수 있다.

② 분자에 세후이자비용을 더하는 이유는 무엇인가?

재무활동과 독립적인 영업활동의 수익성을 나타내도록 하기 위함이다. 이자비용은 회사가 채권자로부터 자금을 빌려 사용하는 데 따라 지급해야 하는 대가이다. 그러나 이자비용은 세금 보고목적상 손금으로 인정되기 때문에 절세효과를 누릴 수 있다. 따라서 채권자로부터 자금을 조달함에 따라 회사가 부담하는 비용은 단순한 이자비용이 아니고 이자비용×(1－법인세율), 즉 세후이자비용이다. 회사가 구입한 자산은 주주가 출자한 자본과 채권자로부터의 부채로 구성되어 있다. 따라서 분자에는 당기순이익과 이자비용×(1－법인세)의 합을 사용하고 분모에서 (평균)총자산을 사용하는 것이 올바른 계산구조이다.

다른 관점에서 설명하면 다음과 같다. 손익계산서에서는 당기순이익을 계산할 때 이미 기업이 채권자에게 지불한 이자비용(채권자의 이익)이 차감되어 있다. 기업이 창출한 이익 중에서 주주가 획득한 부분은 당기순이익이고 채권자가 획득한 부분은 이자가 된다. 자산이익률(ROA)은 주주와 채권자가 기업이 창출한 부(wealth) 중에서 총 얼마를 획득하는지를 측정하는 것이다. 그러므로 자산이익률(ROA)의 분자를 계산할 때는 당기순이익과 이자를 합해야만 한다. 하지만 이자비용은 과세소득을 계산하기 전에 공제된 것으로 세금효과가 고려되지 않았다. 자산이익률(ROA)을 계산할 때 주주와 채권자는 하나의 동일체로 여겨지므로, 이 동일체는 모든 이익에 대하여 법인세를 납부하여야 한다. 채권자가 납부하는 세금은 이자비용×법인세율이다. 따라서 채권자가 벌어들이는 총이익은 이자비용×(1－법인세율)이 된다. 그러므로 자산수익률의 분자를 구할 때 이자비용에 (1－법인세율)을 곱한 값을 당기순이익에 더해 주어야 한다.

③ 배당을 다시 더해주지 않는 이유는 무엇인가?(채권자의 이자는 다시 더해 줌에도 불구하고)

배당은 당기순이익에서 차감되지 않기 때문이다. 배당지급은 회사와 회사의 주인인 주주 간의 자본거래에 해당한다. 주주는 잔여지분에 대한 권리를 보유하고 있으며, 주주에 대해서 회사가 지급한 배당은 회사입장에서는 비용이 아니다. 회계시스템 상에서도 배당은 이익잉여금의 감소를 수반하는 거래로 처리함으로써 당기순이익에 영향을 주지 않도록 하고 있다. 따라서 배당을 다시 분자에 더해준다면 이는 배당금액만큼 회사의 수익을 과대평가한다.

회사가 자금을 조달하여 투자할 경우, 이자비용이 손금으로 인정되므로 회사의 과세소득에서 차감되어 절세효과를 얻을 수 있다(interest tax shield effect). 회사가 내야 할 법인세를 계산할 때 익금에서 손금을 차감하여 과세소득을 구한 뒤, 과세소득에 세율을 곱한다. 익금과 손금은 세법에서 쓰는 용어로서 회계에서의 수익과 비용에 대응하는 표현이다.

자산이익률(ROA)은 다음과 같이 분해할 수 있다. 매출액이익률과 자산회전율을 나누어 봄으로써 회사의 수익성의 원천에 대해서 추가적인 해석이 가능하다. 또한 향후 회사의 수익성에 대해서 예측하거나 개선방안을 제시하는 데 도움이 된다.

자산이익률(ROA)

= (당기순이익 + 이자비용 × (1 − 법인세율))/평균 총자산

= [(당기순이익 + 이자비용 × (1 − 법인세율))/매출액] × [매출액/평균 총자산]

= 매출액이익률(Profit Margin) × 자산회전율(Asset Turnover)

매출액이익률은 매출 1달러당 얼마나 비용을 잘 컨트롤해서 수익을 극대화시키는가를 나타내는 지표이다. 자산회전율은 매출수익을 발생시키기 위해서 자산을 얼마나 효율적으로 사용하는지를 나타내는 지표이다. 위의 그림에서 보듯이 AB는 자산이익률의 무차별곡선으로 매출이익률과 자산회전율이 다르지만 자산이익률은 같이 조합을 나타낸다. 어떤 회사의 자산수익률이 이 무차별곡선 위에 있으면 더 높은 수익성을 나타내고 그 아래에 있으면 더 낮은 수익성을 나타낸다. 예를 들어 A와 D회사를 비교해 보면 같이 자산회전율을 가지지만

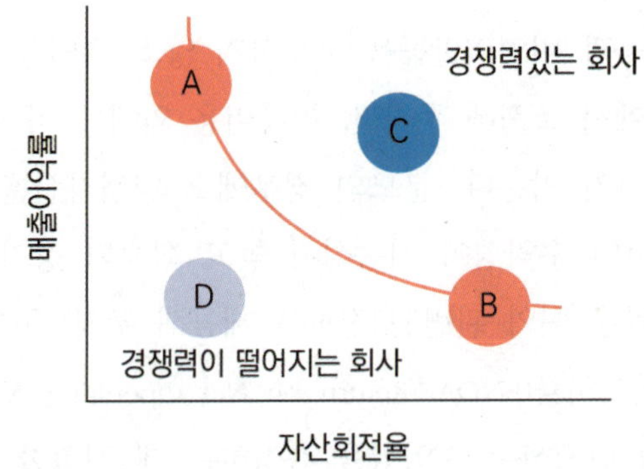

매출이익률에 있어서 A회사가 D회사보다 월등하게 높기 때문에 자산이익률이 높다고 할 수 있다. 이 그림은 동종업종의 여러 회사를 서로 비교할 때 유용하게 쓰일 수 있다.

ROA 구성요소 분석은 한 기업 내 각 사업부서별로도 할 수 있다. 아래는 펩시의 사업부서별 위치이다. 경쟁이 심할수록 매출액수익률이 낮아진다. 고정자산이 많을수록 자산회전율이 떨어진다.

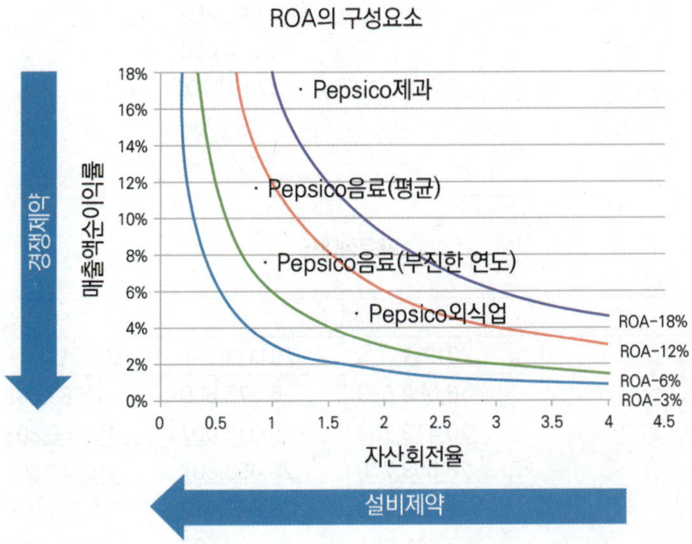

ROA의 단점

자산수익률은 영업활동과 비영업활동을 구분하지 않고 수익성을 측정한다는 한계가 있다. 비록 이자비용을 분자에서 조정해 주지만, 이자비용 외에도 비영업활동에 속하는 수익과 비용이 많은데 이를 조정하지 않는다. 분모의 경우에도 영업자산뿐 아니라 비영업자산까지도 포함한다. 영업활동에서의 수익성이 지속성이 높고 회사의 장기적인 경영성과를 전망하는 데 유용한데 자산수익률은 이와 관련된 정보를 제공해 주지 못한다. 이러한 단점을 극복하기 위해서는 순영업자산이익률(RNOA: Return on Net Operating Assets)을 이용할 수 있다. 이는 회사의 핵심활동에서 발생하는 수익성을 측정하는 데 적합한 지표이다.

셀프스터디 문제 ❶

다음은 KT와 SKT의 2012년 포괄손익계산서와 재무상태표의 일부를 나타낸 것이다.

포괄손익계산서

2012년 12월 31일 현재

(단위: 백만원)

	KT	SKT
영업수익(매출액)	18,863,237	12,332,719
영업비용	(17,788,581)	(10,657,331)
영업이익	1,074,656	1,675,388
이자비용	(743,570)	(533,197)
기타손익	388,266	100,576
당기순이익	719,352	1,242,767

재무상태표

(단위: 백만원)

	KT		SKT	
	2012년	2011년	2012년	2011년
유동자산	6,089,523	6,375,600	2,589,699	3,948,078
비유동자산	20,419,253	20,078,007	19,659,803	16,572,450
자산 총계	26,508,776	26,453,607	22,249,502	20,520,527
유동부채	7,338,080	6,035,682	4,343,086	4,467,006
비유동부채	7,299,501	8,683,992	5,529,367	4,087,220
부채 총계	14,637,581	14,719,674	9,872,454	8,554,226

자본 총계	11,871,195	11,733,933	12,377,048	11,966,302
부채와 자본 총계	26,508,776	26,453,607	22,249,502	20,520,527

1. 포괄손익계산서의 각 항목을 매출액의 비율로 표현하라

다음과 같이 각 항목을 매출액 대비 차지하는 비율로 나타냄으로써, 회사 규모에 따른 금액 차이를 제거하고 재무제표를 비교할 수 있다.

	KT	SKT
영업수익(매출액)	100.0%	100.0%
영업비용	-94.3%	-86.4%
영업이익	5.7%	13.6%
이자비용	-3.9%	-4.3%
기타손익	2.1%	0.8%
당기순이익	3.8%	10.1%

2. 2012년 재무상태표의 각 항목을 자산 총계의 비율로 표현하라.

	KT		SKT	
	2012년	2011년	2012년	2011년
유동자산	23.0%	24.1%	11.6%	19.2%
비유동자산	77.0%	75.9%	88.4%	80.8%
자산 총계	100.0%	100.0%	100.0%	100.0%
유동부채	27.7%	22.8%	19.5%	21.8%
비유동부채	27.5%	32.8%	24.9%	19.9%
부채 총계	55.2%	55.6%	44.4%	41.7%
자본 총계	44.8%	44.4%	55.6%	58.3%
부채와 자본 총계	100.0%	100.0%	100.0%	100.0%

3. 부채 비율이 높은 회사는 어느 회사인가? 이를 통해 알 수 있는 두 회사의 상대적 리스크에 대하여 논하라.

부채비율은 다양하게 정의할 수 있으나, 전반적으로 KT는 SKT에 비해 전체 부채가 전체 자산에서 차지하는 비중이 높은 편이다. 예를 들어 2012년 경우 KT는 55% 정도가 자산 대비 부채비율이고 이는 SKT의 44%에 비해 상당히 높은 편이다. 비유동부채가 총자산 대비 차지하는 비율도 KT가 SKT보다 더 높음을 알 수 있다.

4. KT와 SKT의 2012년 자산이익률(ROA)을 구하고, 각 ROA를 매출순이익률(profit margin)과 총자산회전율(total assets turnover)로 분해하여라.(단, 법인세율은 24%로 가정한다.)

자산이익률(ROA) = (당기순이익 + 이자비용(1 − 법인세율))/총자산 = (당기순이익 + 이자비용(1 − 법인세율))/매출액 × 매출액/총자산 = 매출순이익률 × 총자산회전율

	KT	SKT
자산이익률(ROA)	4.85%	8.03%
매출총이익률	3.81%	10.08%
자산회전율	127.19%	79.70%

5. 2012년 KT와 SKT의 수익성을 비교 분석하여라.

ROA를 사용해서 분석하면 SKT가 KT보다 수익성이 높은 것으로 나타나며, 구체적으로는 SKT가 KT보다 매출 1원당 보다 많은 이익을 창출하기 때문으로 분석할 수 있다. 즉, 매출총이익률을 보면 KT는 3.8% 정도인 데 반해 SKT는 이보다 두 배 이상 높은 10.08%임을 알 수 있다. 또한 문제 1에서 본 바와 같이 기업의 영업활동으로 인한 수익성을 비교해 보면 KT의 경우는 5.7% 정도이지만 SKT의 경우는 13.6%로 두 배 이상의 수익성을 보여주고 있다.

(2) 자기자본이익률(ROE: Return on Equity)

자기자본이익률(ROE)은 주주가 1달러를 투자했을 때 몇 센트를 벌었는가를 측정한다. 자기자본이익률은 다음과 같이 정의한다.

자기자본이익률(ROE) = (당기순이익 − 우선주 배당금)/평균 보통주주 자기자본

자기자본이익률(ROE)은 보통주주의 입장에서 계산한 수익률로서, 우선주 배당금을 분자, 즉 당기순이익에서 차감한다. 우선주주에게 지급되는 배당금은 보통주주에게 분배할 수 있는 수익이 아니기 때문이다. 자산이익률 계산 시와 마찬가지로 기초와 기말시점에서 보통주주의 자기자본의 평균을 분모 금액으로 사용함으로써, 보통주주가 투하한 자본 대비 얼마나 수익을 얻었는가를 측정한다.

자기자본이익률은 영업활동과 비영업활동에서의 수익률로 나눌 수 있다. 영업활동에서의 수익은 회사의 장기적인 경영성과를 예측하는 데 중요하므로 추가적으로 분석이 필요하다. 이에 대해서는 추후에 더 자세히 설명할 예정이다.

① 재무레버리지(Financial Leverage)와 자기자본이익률(ROE)

재무레버리지는 재무 구조상의 부채를 이용한 "승수 효과"를 의미한다. 부채는 일반적으로 고정이자율에 기초하여 이자비용이 발생한다. 즉, 회사가 영업이 잘 되어서 영업이익이 많아지더라도 채권자에게 지급하는 이자비용이 커지지 않는다. 회사가 영업이 잘 안 되어서 영업이익이 작아지더라도 채권자에게 지급하는 이자비용이 작아지지 않는다. 이자비용이 실질적으로 고정비용의 성격을 갖기 때문에, 기업이 이자비용 이상으로 수익을 내고 있다면, 주주들에게 돌아가는 수익률이 올라간다. 반면에, 만약 이자비용보다 영업이익이 적다면, 이자비용 승수 효과는 오히려 손실을 증폭시키는 방향으로 작용한다. 이는 채권자는 사업의 성과와 관계없이 사전에 약정된 이자만큼을 가져갈 뿐이지만, 주주는 잔여 지분에 대한 권리를 갖고 있어서 사업의 성과에 따른 이익/손실을 공유하기 때문에 나타난다.

부채는 로버트 스티븐스 소설 속 지킬박사와 하이드를 닮았다. 재무레버리지 효과가 어떻게 나타나는지 아래 그림으로 나타낼 수 있다. 부채의 양면성을 잘 보여주는데 부채를 쓰지 않을 경우보다 부채를 쓸 경우 ROE의 기울기가 더 가파르게 된다. 경제가 좋아 사업이

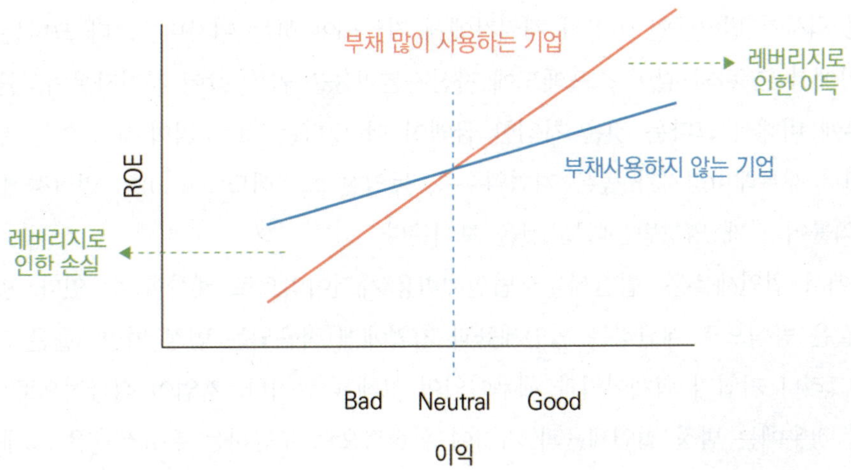

잘 될 경우는 싼 부채로 이익을 내 재무레버리지 효과를 누릴 수 있다. 하지만 경제가 안 좋아 이자비용도 내지 못할 경우 수익률이 급속히 낮아진다. 건설업, 중공업, 항공, 조선업같이 부채를 많이 사용하는 산업의 경우 이런 재무 레버리지 효과로 수익의 변동성이 크고 수익이 경기에 더 민감하게 된다. 이러한 현상은 설비 자산이나 기타 고정자산에 많이 투자하는 기업이 장사가 잘 될 경우 영업 이익이 큰 폭으로 증가하지만 장사가 잘 안 될 경우에는 영업 손실이 증폭되는 현상(operational leverage)과 유사하다.

이는 다음의 식을 통해서도 확인할 수 있다. 자기자본이익률은 아래에서 보여준 것처럼 스프레드(spread)와 자산자본비율의 곱으로 나타낼 수 있다.

자기자본이익률(ROE)

= [당기순이익 + (당기순이익 + 이자비용 × (1 − 법인세율)) − (당기순이익 + 이자비용 × (1 − 법인세율))]/평균자기자본

= (((당기순이익 + 이자비용 × (1 − 법인세율)) − 이자비용 × (1 − 법인세율))/평균자산) × (평균자산/평균자기자본)

= (자산이익률(ROA) − 이자자산율) × 자산자본비율

= 스프레드(spread) × 자산자본비율

스프레드는 자산이익률에서 이자자산율을 차감한 값을 말하는데 이는 회사가 자산을 이용해서 얻은 이익과 채권자에게 지급해야 하는 이자비용의 차이를 나타낸다. 이 값이 0보다 크다면 회사가 벌어들인 이익이 채권자에게 지급해야 하는 이자비용보다 크다는 것을 의미한다. 앞에서 본 바와 같이 스프레드에 자산자본비율을 곱한 값이 자기자본이익률인데, 자산이 자본에 비해서 크다는 것은 차입한 금액이 더 많다는 것을 의미한다. 이는 부채를 많이 사용해서 재무레버리지가 높은 기업일수록, 동일한 스프레드(spread)의 변화량에 대해 자기자본이익률이 크게 영향받는다는 것을 보여준다.

여기에서 법인세율은, 법인세율 = 법인세비용/세전이익으로 계산할 수 있다. 많은 경우에 이와 같은 방식으로 계산하는 법인세율과 기업에게 적용되는 법정 법인세율은 크게 다르지 않다. 그러나 기업의 회계이익과 세무이익이 크게 다르거나, 기업이 적극적으로 세무전략을 수행할 경우에는 법정 법인세율과 기업이 실질적으로 부담하는 유효세율은 크게 다를 수도 있다. 성공적으로 세무전략을 수행한 회사의 경우 법정 법인세율보다 크게 낮은 유효세

율을 보이게 된다. 자세한 내용은 10장에서 다루기로 한다.

다음은 2022년 회계연도 우리나라 상장기업들의 레버리지(부채/자산)비율을 산업별로 구한 값이다. 우리나라 상장기업의 평균 부채는 총자산의 42% 정도이다.

산업분류(중분류)	평균값	중간값
종합건설업	58.8%	62.7%
자동차 및 트레일러 제조업	54.0%	60.4%
소매업(자동차 제외)	47.8%	50.1%
컴퓨터 프로그래밍, 시스템 통합 및 관리업	47.2%	47.4%
식료품 제조업	47.1%	48.2%
금융업	46.4%	37.6%
의료, 정밀, 광학 기기 및 시계 제조업	44.6%	31.5%
전체	41.6%	30.1%

* 중분류에 속한 기업이 30개 이상인 산업 중 평균값 상위 7개 산업.

② 자기자본이익률(ROE)의 분해

ROE가 높다고 다 좋은 기업은 아니다. 극단적으로 영업활동에서 모든 이익이 나올 수도 있고 비영업활동에서 모든 이익이 나올 수도 있다. 따라서 자기자본이익률을 분석할 때 영업활동과 비영업활동으로 구분하여 옥석을 가리는 것이 중요하다. 같은 값의 ROE라도 영업활동에서 나오는 부분이 클수록 지속적가능한 수익을 창출할 가능성이 높다. 영업활동은 고객들에게 회사가 생산하는 상품과 용역을 제공하기 위해 필요한 활동이고 회사의 핵심적인 활동이다. 같은 자기자본이익률을 갖더라도 수익이 주로 영업활동에서 창출되는 기업이 알짜배기 기업이다. 영업활동은 미래 수익성과 현금흐름에 지속적인 영향을 끼치고 기업의 가치를 분석할 때에도, 기업이 영업활동에서 충분한 현금흐름과 수익을 창출하는지를 판단하는 것이 중요하다. 기업의 총현금흐름이 우수하더라도, 영업활동에서의 현금흐름이 원활하지 않다면 기업의 장래성은 긍정적으로 평가하기 어렵다.

자기자본이익률을 분해하기 위해서는 재무상태표와 손익계산서에 나타나는 항목들을 아래와 같이 영업활동과 비영업활동으로 재분류한다.

③ 재무상태표 항목의 재분류(영업과 비영업활동)

재무상태표의 항목은 다음과 같이 재분류하여 영업과 비영업활동에 속하는 자산, 부채로 나눌 수 있다.

	자산	부채
순영업자산(NOA) = 영업자산 - 영업부채	**단기영업자산** (현금, 매출채권, 재고자산, 선급비용, 이연법인세자산) **장기영업자산** (유형자산, 금융리스, 지분법투자증권, 영업권, 무형자산, 이연법인세자산)	**단기영업부채** (매입채무, 이연법인세부채, 유동성장기부채) **장기영업부채** (연금부채, 이연법인세부채)
순비영업부채(NNO) = 비영업부채 - 비영업자산	**비영업자산** (단기매매증권(FVPL), 매도가능증권 (FVOCI), 상각후원가측정금융자산)	**비영업부채** (단기어음, 미지급비용, 사채, 장기어음, 금융리스부채, 비지배지분)
자기자본 (NOA - NNO)		자기자본
합계	총자산	총부채 및 자본

④ 손익계산서 항목의 재분류(영업과 비영업활동)

매출부터 영업이익까지는 영업활동으로 분류할 수 있으며, 기업이 부담하는 법인세비용을 영업이익과 비영업이익으로 안분하여 영업이익에 해당되는 세금만을 영업활동으로 분류한다.

매출 매출원가 **매출총이익** 영업수익/영업비용(판매관리비, 자산손상, 자산처분손익) **영업이익**	**영업활동**
이자비용 이자 및 배당소득 투자 손익 **세전이익**	**비영업활동**
법인세비용	영업활동에 해당되는 세금: **영업활동** 나머지: **비영업활동**
세후이익(당기순손익)	

재무제표에서 영업활동과 비영업활동에 속하는 항목을 구분한 이후에는 자기자본이익률을 구분하는 작업을 다음과 같이 수행할 수 있다.

자기자본이익률(ROE)

= 영업활동 이익률 + 비영업활동 이익률

= 순영업자산이익률(RNOA) + 재무레버리지(FLEV) × 스프레드(Spread)

= [세후순영업이익(NOPAT)/평균순영업자산(Average NOA)] + [평균 순비영업부채(Average NNO)/평균자기자본(Average equity)] × [순영업자산이익률(RNOA) − 순비영업비용비율(NNEP)]

재무레비리지(FLEV)는 회사의 자본구조에서 순비영업부채(NNO)나 부채가 차지하는 상대적인 비중을 나타낸다(즉, FLEV = 평균 순비영업부채 / 평균 총자기자본). 재무레버리지(FLEV)가 1보다 작다면 해당 회사는 총자기자본이 부채보다 크다.

자기자본이익률(ROE)를 순영업자산이익률(RNOA) + 재무레버리지(FLEV) × 스프레드(Spread)로 분해하는 과정을 수식으로 자세히 살펴보면 다음과 같다.

아래 셀프스터디 문제로 이를 확인해 보기 바란다.

ROE = NI/SE

= (NOPAT − NNE)/SE

= (NOPAT/SE) − (NNE/SE)

= (NOA/SE × RNOA) − (NNO/SE × NNEP)

= [(SE + NNO)/SE × RNOA] − (NNO/SE × NNEP)

= [RNOA × (1 + NNO/SE)] − (NNO/SE × NNEP)

= RNOA + (NNO/SE × RNOA) − (NNO/SE × NNEP)

= RNOA + (NNO/SE) × (RNOA − NNEP)

= RNOA + (FLEV × Spread)

(RNOA: 영업활동으로 나온 이익, FLEV × Spread: 재무활동으로 나온 이익)

		Formula
ROE	Return on equity (자기자본이익률)	당기순이익/평균주주지분
NOPAT	Net operating profit after tax (세후순영업이익)	세전순영업이익×(1 – 법인세율)
NOA	Net operating assets (순영업자산)	영업자산 – 영업부채
RNOA	Return on net operating assets (순영업자산이익률)	세후순영업이익/평균순영업자산
NNE	Net nonoperating expense (순비영업비용)	세후순영업수익(NOPAT) – 당기순이익; 세후 비영업손익항목으로 구성
NNO	Net nonoperating obligations (순비영업부채)	비영업부채 – 비영업자산
FLEV	Financial leverage(재무레버리지)	평균순비영업부채(NNO)/평균주주지분
NNE	Net nonoperating expense (순비영업비용)	세후순영업이익(NOPAT) – 당기순이익; 세후 비영업손익항목으로 구성
NNEP	Net nonoperating expense percent (순비영업비용비율)	순비영업비용(NNE)/평균순비영업부채(Average NNO)
Spread		RNOA – NNEP

영업활동에서 벌어들인 것이 이자 비용보다 많을 때 스프레드는 양의 값을 갖게 된다. 스프레드가 양의 값일 때 레버리지는 ROE를 증대시킨다. 반면 스프레드가 음수일 경우 레버리지가 높아짐에 따라 ROE는 낮아진다. 워런버핏은 감정, 군중, 레버리지 세 가지를 주의하라 했는데 아마 스프레드가 음수일 경우를 크게 보고한 말일 것이다.

셀프스터디 문제 ❷

	2023	2022	2021	2020
현금	5,912	3,427	2,306	1,415
단기투자자산	300	196	212	185
매출채권	3,038	3,090	2,931	2,910
재고자산	3,640	3,456	3,384	3,490
기타유동영업자산	2,330	1,997	2,056	2,146
유형자산	23,542	23,070	22,821	23,221

감가상각누계액	10,438	9,721	9,726	9,529
유형자산(순액)	13,104	13,349	13,095	13,692
무형자산	13,507	13,430	8,300	8,786
기타비유동영업자산	1,875	1,831	2,103	1,742
총자산	**43,708**	**40,766**	**34,387**	**34,666**
매입채무	2,795	2,205	2,075	2,209
단기차입금	2,172	3,731	2,233	3,241
기타유동부채	7,391	6,768	5,538	4,691
이연법인세	1,396	1,077	894	625
장기차입금	11,475	11,201	9,792	9,012
기타비유동부채	2,291	2,088	1,845	2,301
총부채	**27,520**	**27,070**	**22,377**	**22,079**
우선주자본금	1,580	1,634	1,701	1,737
보통주자본금	1,297	1,301	1,296	1,306
자본잉여금	2,931	2,490	2,057	1,794
이익잉여금	13,692	11,980	10,451	10,710
자기주식	−3,314	−3,699	−3,495	−3,260
총자본	16,186	13,706	12,010	12,287

	2023	2022	2021
순매출	43,377	40,238	39,244
매출원가	22,141	20,989	22,102
매출총이익	**21,236**	**19,249**	**17,142**
판매관리비	13,383	12,571	12,406
영업이익	**7,853**	**6,678**	**4,736**
비영업수익	238	308	674
기타비용	561	603	794
세전이익	**7,530**	**6,383**	**4,616**
법인세비용	2,344	2,031	1,694
당기순이익	**5,186**	**4,532**	**2,922**

위의 재무제표를 이용하여 수익성 분석을 수행하시오.

	2023	2022	2021
법인세율	2344/7530 = 0.311	2031/6383 = 0.318	1694/4616 = 0.267
세후순영업이익 (NOPAT)	7852×(1 − 0.311) = 5411	6678×(1−0.318) = 4554	4726×(1−0.267) = 2998
순영업자산 (NOA)	43706 − 300 − (27520 − 2172 − 11475) = 29533	40776 − 196 − (12704 − 3731) − 1077 − 2088 = 28442	34387 − 212 − (9846 − 2233) − 894 − 1845 = 23823
순재무채무 (NFO)	2172 + 11475 − 300 = 13347	3731 + 11201 − 196 = 14736	2233 + 9792 − 212 = 11813
총주주자본	16186	13706	12010
RNOA	5186/[(16186 + 13706)/2] = 18.667%	4554/[(28442 + 23823)/2] = 17.427%	2998/[(23823 + 24355)/2] = 12.466%
FLEV	[(13347+14736)/2]/[(16186 +13706)/2] = 93.948%	[(14736+11813)/2]/[(13706+ 12010)/2] = 103.239%	[(11813+12058)/2]/[(12010 +12287)/2] = 98.288%
NNEP	[(561−238)×0.689]/[(13347 +14736)/2] = 1.585%	(603−308)×0.682/ [(14736+11813)/2] = 1.516%	(794−674)×0.633/[(11813+ 12068)/2] = 0.636%
Spread	18.667% − 1.585% = 17.082%	(17.427% − 1.516%) = 15.911%	(12.446% − 0.636%) = 11.81%
ROE	5186/[(16186+13706)/2] = 34.698%	4,352/([13,706 + 12,010]/2) = 33.847%	2,922/([12,010 + 12,287] /2) = 24.052%
ROE 공식 계산	18.667% + (93.948% ×17.082%) = 34.715%	17.427% + (103.239% ×15.911%) = 33.853%	12.446% + (98.288% ×11.810%) = 24.054%

재무상태표(2023년 기말 기준)

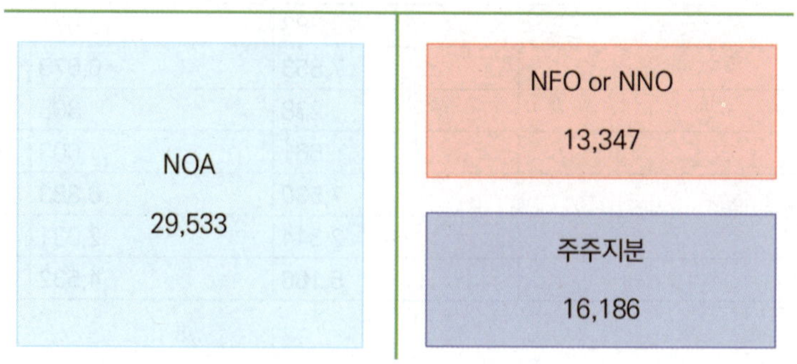

회사의 RNOA는 18.667%으로 계산되며, 스프레드는 17,082%으로 계산된다. 과연 이 차이로부터 이득을 얻는 주체는 누구일까? 답은 주주이다. 회사의 잔여이익에 대한 권리를 보유한 주주는 채권자에게 지급하는 이자를 제외하고 남은 이득을 가져간다. 그렇다면 주주에게 돌아가는 이익률(ROE)을 극대화하기 위해서 회사의 재무레버리지를 높이는 방안에 대해서 어떻게 생각하는가?

먼저 FLEV를 높이는 경우를 생각해 보자. 이 경우 회사의 위험과 파산에 따른 위험이 증가한다. 따라서 부채조달비용이 높아져서 Spread가 감소하며, 경우에 따라서는 0보다 작아질 수 있다. 이 경우에는 재무레버리지를 높임으로써 얻는 이득이 없으며, 오히려 회사의 위험만 높이는 결과를 초래한다.

따라서 재무레버리지를 높이는 의사결정은 영업활동으로부터의 수익성이 우수한 기업들에게 합리적인 선택이 될 수 있다. 이러한 기업들은 채권자가 요구하는 이자비용 이상의 수익을 충분히 영업활동을 통해서 거둘 수 있으며, 이를 재무레버리지를 통해서 증폭시키는 것이 바람직하다.

그러나 하이테크 회사들의 재무제표를 통해 수익성을 분석해 보면 영업활동으로부터 충분한 수익을 거두는 기업도 높은 재무레버리지를 택하지 않는 경우를 많이 볼 수 있다. 일반적인 하이테크 회사들의 재무상태표를 분석해 보면 NNO가 차지하는 비중이 낮고, 대부분이 자기자본으로 구성되어 있음을 할 수 있다. 수익성 분석을 통해 자기자본수익률(ROE)을 분석하면 영업활동으로부터의 수익성인 RNOA가 차지하는 비중이 비영업활동으로부터의 수익성인 FLEV×스프레드가 차지하는 비중보다 훨씬 크다. 그러나 이들 중 상당수는 재무레버리지를 높이는 선택을 하지 않는다.

이러한 현상은 왜 나타나는 것인가? 그 이유는 FLEV가 높아지면 경영진의 의사결정을 제약하는 부채계약조항(debt covenants)이 늘어나기 때문이다. 하이테크 회사의 특성상, 특히 이러한 회사들은 주로 신속하고 규모가 큰 투자를 많이 하기 때문에, 경영자들은 부채계약에 따른 제약–주로 투자에 대한 제약(investment restriction covenants)–이 많아지는 것을 선호하지 않는다. 또한 재무레버리지의 결과로 이익의 변동성이 커지기 때문이기도 한데, 그 이유는 재무레버리지가 높아지면 이자비용 항목으로 고정적으로 지출되는 비용의 비중이 커짐에 따라서 매출액 변동에 따른 이익의 변화가 커지기 때문이다. 한편 최고경영자들의 특성에서도 부분적인 이유를 찾을 수 있는데, 하이테크 회사들의 경영진들은 주로 엔지니어들로서 위험회피성향이 높으며, 부채는 나쁘다는 인식을 갖고 있는 경우가 많다. 이에 따라 하이테크 회사들은 재무레버리지를 낮게 유지하는 경향이 나타난다. 재무레버리지를 높이는 것은 회사가 영업이 잘 이루어질 경우 이익을 극대화할 수 있는 선택이 될 수도 있지만, 여러 단점을 갖고 있는 재무전략임을 주의해야 한다.

ROE를 분석하는 두 번째 단계로서, 영업활동에서의 수익성을 추가적으로 분석할 것이다(그림에서 파란색 박스). 이 과정을 통해서 영업활동에서의 수익성의 원천을 보다 명확히 밝힐 수 있으며, 회사의 수익성이 낮을 경우 해결책을 찾기가 용의해진다.

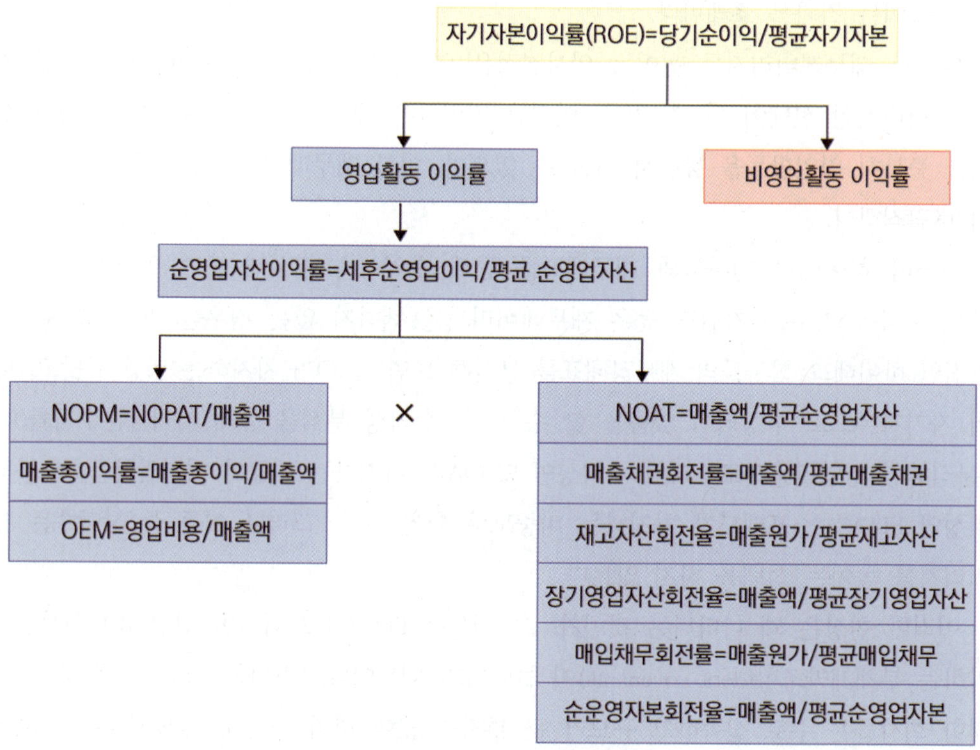

순영업자산이익률(RNOA)은 순영업이익률(NOPM)과 순영업자산회전율(NOAT)의 곱으로 나눌 수 있다. 전자는 매출액 대비 세후순영업이익이 차지하는 비중을 의미하며, 후자는 주어진 평균순영업자산 대비 매출액이 몇 배인지를 나타내는 것으로 일종의 회전율(Turnover)에 대한 정보를 나타낸다. 순영업자산이익률이 동일할 때 (1) 순영업이익률(NOPM)이 높고 순영입자산회전율(NOAT)이 낮은 경우와 (2) 순영업이익률(NOPM)이 낮고 순영입자산회전율

(NOAT)이 높은 경우를 생각할 수 있다. (1)에 해당하는 회사는 주어진 영업자산을 활용해서 판매하는 제품이나 제공하는 서비스의 금액이 비교적 낮지만 이익이 많이 남는 매출을 기록하는 기업이다. (2)에 해당하는 회사는 주어진 영업자산으로 많은 매출을 기록하지만 이익이 적은 경우로 일종의 박리다매 전략을 펼치는 기업이라고 할 수 있다. 이처럼 영업활동과 관련된 수익성을 깊게 분석함으로써 회사가 현재 수행하는 전략에 대한 정보를 얻을 수 있으며, 수익성을 개선시키기 위해서 어떻게 행동해야 하는지 제시할 수 있다. NOPM과 NOAT 외에도 비율의 분자나 분모를 바꾸면서 다양한 형태로 분석을 수행할 수 있다.

위 그림에 나타난 분석 틀을 바탕으로 위의 회사의 재무제표를 활동한 분석을 수행하면 다음과 같다.

	2023	2022	2021	2020
매출총이익률	21236/43377 = 49%	19249/40238 = 47.8%	17142/39244 = 43.7%	18437/39951 = 46.1%
OEM(Operating Expense Margin)	13383/43377 = 30.9%	12571/40238 = 31.2%	12406/39244 = 31.6%	12483/39951 = 31.2%
순영업이익률 (NOPM)	7853×0.689/43377 = 12.5%	6678×0.682/40238 = 11.3%	4736×0.633/39244 = 7.6%	5954×0.64/39951 = 9.5%

	2023	2022	2021
매출채권회전율	43377/[(3038+3090)/2] = 14.16	40238/[(3090+2931)/2] = 13.37	39244/[(2931 + 2910)/2] = 13.44
평균회수기간	365/14.16 = 25.77	365/13.37 = 28.03	365/13.44 = 27.26
재고자산회전율	22141/[(3640+3456)/2] = 6.24	20989/[(3456 + 3384/2)] = 6.14	22102/[(3384 + 3490)/2] = 6.43
평균재고기간	365/6.24 = 58.49	365/6.14 = 60.10	365/6.43 = 55.88
장기운영 자산회전율	43377/[(24799 + 25455)/2] = 1.73 * 43707 − 15220 − 1396 − 2291=24799	40238/[(25455 + 20759)/2] = 1.74 * 40766−12166−1077−2088 = 25455	39244/[(20759 + 21294)/2] = 1.87 * 34387 − 10899 − 894 − 1845 = 20759

자기자본이익률(ROE)을 분해하는 방법으로 아래와 같이 분해할 수도 있다.

자기자본이익률(ROE)

= 당기순이익/평균 보통주주 자기자본

= (당기순이익/매출액)×(매출액/평균 총자산)×(평균 총자산/평균 보통주주 자기자본)

= 매출이익률(Profit margin)×자산회전율(Asset turnover)×자산자본비율(Equity multiplier)

매출총이익률은 회사의 영업과정이 얼마나 효율적인지 알려준다. 효율적으로 제품이나 서비스를 제공하는 기업은 비교적 적은 매출로도 높은 당기순이익을 달성할 것이다. 자산회전율은 자산을 얼마나 효율적으로 사용하는지 알려준다. 효율적인 기업은 적은 자산만으로도 많은 매출을 창출할 수 있다는 관점이다. 마지막으로 자산자본비율은 재무레버리지와 같이 회사가 얼마나 많은 부채를 조달하여 운영되는지 나타내는 지표이다.

2 유동성 및 지불능력 분석

유동성(liquidity)과 기업의 지불능력은 기업의 파산과 높은 상관관계를 가지며, 회사의 채권자 입장에서 특히 중요할 수 있다. 유동성이란 현금 가용성을 의미하는 것이다. 유동성 비율은 가까운 미래에 발생할 현금 지출을 감당할 능력과 연결된다. 지불능력은 회사가 부채를 갚을 수 있는 능력을 의미하며, 부채에는 정기적인 이자 지급뿐 아니라 차입한 원금까지 포함한다. 지불능력을 측정하는 방법 중 하나는 재무상태표를 이용하여 채무자로부터 차입한 금액을 분석하는 것이며, 다른 방법은 손익계산서를 이용하여 기업이 사용하는 부채 대비 이자비용을 계산하는 것이다. 대표적으로 이자보상비율이 있는데, 이는 영업이익을 이자비용으로 나눈 값이다. 만약 이자보상배율이 1보다 크다면 회사가 벌어들이는 영업이익이 이자비용을 갚고 남는 부분이 있다는 의미이다.

유동비율(current ratio) = 유동자산(= current assets)/유동부채(current liabilities)

당좌비율 = (현금 + 외상매출금 + 단기투자 또는 시장성 유가증권)/유동부채

현금비율 = (현금 + 단기투자 또는 시장성 유가증권)/유동부채

부채비율 = 총부채/총자본

장기부채비율 = 장기부채/장기로 분류되는 총자본

이자보상배율 = 영업이익/이자비용

앞에 살펴본 재무제표를 활용하여 유동성 및 지불능력 분석을 해보자.

	2023	2022	2021	2020
유동비율	1.23	0.96	1.11	1.00
당좌비율	0.75	0.53	0.55	0.44
부채/자본비율	1.7	2.0	1.9	1.8
이자보상배율	14.42	11.59	6.81	8.67

3 비율분석

비율분석은 수직분석, 횡단분석, 시계열분석 세 가지로 나눌 수 있다.

(1) 수직분석(vertical analysis)

재무제표를 비율의 형태로 나타내어 의미있는 변화를 찾을 수 있다. 손익계산서를 순매출액의 비중으로 나타내고 재무상태표를 총자산의 비중으로 나타낼 수 있다. 한샘의 손익계산서를 매출액의 비율로 표시한 예를 보자.

	2015 (단위: 억)	%
수익	17,105	100%
매출원가	11,850	69.3%
매출총이익	5,254	30.7%
판매관리비	3,787	22.1%
영업이익	1,467	8.6%
기타비용	320	1.8%
당기수익	1,147	6.8%

(2) 횡단분석(cross-sectional analysis)

관심있는 회사의 재무비율을 경쟁회사의 비율과 비교하는 것을 횡단분석이라 한다. 비교분석이라고도 불리는데 경쟁회사 비율과 비교하여 수익이 높은지, 마진이 높은지, 효율성이 높은지, 전략이 비슷한지를 알아낼 수 있다. 횡단분석을 통해 산업의 특성을 이해할 수도 있고 소비자와 서플라이 체인에서 협상력의 정도도 파악할 수 있다. 한샘과 현대리바트의 2015년 재무비율을 비교해 보자.

	한샘	현대리바트
ROA	18%	8.8%
ROE	30%	20%
유동비율	141%	196%
재고자산회전율	15일	42일
매출채권회전율	20일	56일

(3) 시계열분석(time-series analysis)

분석대상 회사의 재무비율을 과거의 비율과 비교하는 것을 시계열분석이라 한다. 시계열분석은 회사의 성과 변화추세를 파악할 수 있고 문제를 발견하는 데 도움이 된다. 아래는 한샘의 주요 재무비율이 시간에 따라 어떻게 변하는지를 보여준다.

	2013년	2014년	2015년
ROA	20.38	28.78	29.67
RNOA	13.48	18.16	19.96
FLEV × Spread	6.9	10.62	9.71
Profit Margin	0.0609	0.0654	0.0671
Asset Turnover	1.917	2.523	2.605
Equity Multiplier	1.744	1.743	1.697

위 세 가지 비율분석 방법은 유용하게 쓰일 수 있지만 한계점도 있다. 분석대상 회사의 경영자는 투자자들이 이를 이용할 것이라는 것을 알고 있다. 따라서 경영자는 가능한 한 해당비율을 보기좋게 만들 유인이 있다. 또한 비율을 계산하는 데 이용할 항목이 다양할 수 있다. 예로 ROA를 계산할 때 법인세전 이익을 이용할 수도 있고 법인세후 이익을 이용할 수도 있다. 정보이용자는 이들 비율분석이 문제의 답을 주는 게 아니라 어디서 답을 찾아야 하는지 도움을 주는 정도라는 것을 잊지 말아야 한다.

05 연습문제

01 다음은 카할라 회사의 손익계산서와 법인세 관련 추가정보이다.

(단위: 억원)

카할라 기업 손익계산서 2023년 기말에 종료되는 회계기간	
순매출액	12,500
매출원가	(7,800)
매출총이익	4,700
판매관리비	(2,300)
이자비용	(200)
세전이익	2,200
법인세비용	(400)
당기순이익	1,800

법정법인세율과 실질법인세율의 조정표 (2023년, 단위: %)	
법정세율	30
해외법인세율조정	−4
지방세	2
해외소득과세조정	2.3
충당금조정	−0.5
이연법인세효과	−0.6
국제세무조정	−2.6
기타	−2.0
실질법인세율	24.6

1 세후순영업이익(NOPAT)을 구하시오.

2 회사의 순영업자산을 구하시오

3 자기자본이익률(ROE), 순영업자산이익률(RNOA), NOPM, NOA를 구하시오.

4 자기자본이익률(ROE)을 영업부분과 비영업부분으로 구분하시오.

5 부채/자본비율을 구하시오.

02 카폴레이 회사의 2021-2023년도 재무정보는 다음과 같다. 다음 정보를 활용하여 수익성 분석과 관련된 다음의 물음에 답하시오.

자산이익률(ROA)분석					
2021		2022		2023	
9.6%		12.2%		14.6%	
매출액이익률			자산회전율		
2021	2022	2023	2021	2022	2023
6.1%	7.2%	8.3%	1.57	1.69	1.76

%	2021	2022	2023
매출액	100	100	100
기타매출	2.8	2.9	3.6
매출원가	63.6	63.2	62.4
판매관리비	28.5	27.1	26.5
법인세비용	4.1	4.5	5.1
순이익	6.6	8.1	9.7

	2021	2022	2023
매출채권회전율	7.0	6.6	7.2
재고자산회전율	5.1	5.3	5.8
유형자산회전율	3.9	4.2	4.7

1 회사의 자산이익률(ROA)이 증가하는 이유를 제시하시오.

2 매출원가/매출액 비율이 감소하는 이유는 무엇일지, 재고자산회전율이 증가하는 것과 관련하여 답하시오.

03 다음의 자기자본익익률(ROE) 분석을 참고하여 물음에 답하시오.

회계연도	2021	2022	2023
매출이익률	6.1%	7.2%	8.3%
자산회전율	1.57	1.69	1.76
재무레버리지 비율	2.7	2.5	2.4
자기자본이익률	25.9%	30.24%	31.8%

1 자기자본이익률(ROE)이 증가하는 가장 합리적인 이유를 제시하시오.

2 재무레버리지는 자기자본이익률에 어떤 영향을 주는지 연도별로 답하시오.

04 앞의 두 문제에 이어서, 다음의 추가적인 정보를 고려하여 물음에 답하시오.

회계연도	2021	2022	2023
유동비율	1.8	1.6	1.8
당좌비율	1.2	1.2	1.2
영업활동으로부터의 현금흐름/유동부채	45.7%	53.6%	71.4%
매출채권회수기간	50	54	48
재고자산보유기간	71	68	65
매입채무지급기간	37	37	37

1 영업활동으로부터의 현금흐름/유동부채 비율이 증가하는 이유를 제시하시오.

2 2023회계연도에 대해서 회사의 단기적인 유동성 위험에 대해서 평가하시오.

05 앞의 문제에 이어서, 다음의 추가적인 정보를 고려하여 물음에 답하시오.

회계연도	2021	2022	2023
부채/자산	61.2%	57.5%	55%
장기부채비율	20.2%	12.8%	12.9%
부채/자본	51.9%	30.0%	28.8%
영업현금흐름/총부채	21.1%	27.5%	41.7%
이자보상비율	8.6	16.1	20.3

1 영업활동으로부터의 현금흐름이 총부채 대비 증가하는 이유를 제시하시오.

2 이자보상비율이 증가하는 이유를 제시하시오.

3 2023회계연도에 대해서 회사의 장기적인 유동성 위험에 대해서 평가하시오.

06 다음 회사의 재무제표를 참고하여 여러 가지 재무비율을 계산하시오. 회사의 법인세율은 35%이며, 영업활동으로부터의 현금흐름은 500이다.

2023년도 손익계산서 및 이익잉여금 처분과 관련된 재무제표

매출		5,100
매출원가	3,060	
판매비	770	
관리비	430	
이자비용	120	
법인세비용	230	(4,610)
순이익		490
우선주배당금	20	
보통주배당금	120	(140)
이익잉여금의 증가		350
기초이익잉여금		800
기말이익잉여금		1,150

2022, 2023년도 재무상태표

	2023	2022
현금	130	110
매출채권	740	620
재고자산	1,350	960
선급비용	70	60
토지	110	90
건물 및 기계장치(순액)	1,720	1,600
총자산	4,120	3,440
단기차입금	680	340
매입채무	570	600
기타유동부채	330	260
장기사채	480	680
우선주자본금	170	170
보통주자본금	430	340

자본잉여금	310	250
이익잉여금	1,150	800
부채 및 자본 합	4,120	3,440

사례문제 1 다음은 2013년 12월 31일에 종료되는 회계기간(제27기)에 대한 KT&G의 재무제표이다.

(단위: 원)

	제27기	제26기	제25기
자산			
비유동자산	2,886,358,514,326	2,838,157,662,446	2,760,978,343,322
유형자산	1,622,288,808,109	1,631,436,451,211	1,584,345,569,463
무형자산	232,630,158,247	246,793,018,814	258,617,507,975
투자부동산	173,974,810,177	181,985,758,920	188,351,126,498
지분법적용 투자지분	58,075,607,665	55,777,327,771	35,330,260,653
기타비유동금융자산	518,101,276,031	432,825,398,037	396,074,853,939
장기매출채권 및 기타비유동채권	255,556,844,955	271,848,406,567	282,771,949,416
이연법인세자산	25,731,009,142	17,491,301,126	15,487,075,378
유동자산	4,188,599,855,426	3,957,803,641,844	3,515,437,497,541
재고자산	1,893,852,842,122	1,706,796,223,497	1,572,299,036,254
기타유동금융자산	684,132,013,056	650,186,711,826	12,133,239,649
선급담배소비세 등	262,769,796,648	257,182,866,087	201,909,813,435
매출채권 및 기타유동채권	999,759,317,540	970,616,193,278	918,168,348,004
현금 및 현금성자산	347,932,800,582	372,259,672,844	807,731,488,843
매각예정자산	153,085,478	761,974,312	3,195,571,356
자산총계	7,074,958,369,752	6,795,961,304,290	6,276,415,840,863
자본			
납입자본	954,959,485,000	954,959,485,000	954,959,485,000
자본금	954,959,485,000	954,959,485,000	954,959,485,000
기타자본구성요소	3,517,235,446,960	3,159,510,475,687	2,811,044,714,993
이익잉여금	802,755,234,548	976,424,546,068	1,022,125,719,404
지배기업의 소유주에게 귀속되는 자본	5,274,950,166,508	5,090,894,506,755	4,788,129,919,397
비지배지분	90,530,782,076	103,524,097,865	96,947,461,450
자본총계	5,365,480,948,584	5,194,418,604,620	4,885,077,380,847
부채			
비유동부채	527,233,692,608	503,821,979,481	392,130,544,953

장기차입금	117,639,444,389	109,599,004,933	37,846,803,224
장기매입채무 및 기타비유동채무	48,432,967,857	45,645,962,549	40,103,452,085
퇴직급여채무	111,137,256,797	107,643,771,547	83,082,304,334
비유동충당부채	2,980,598,799	3,328,650,819	3,509,165,412
이연법인세부채	247,043,424,766	237,604,589,633	227,588,819,898
유동부채	1,182,243,728,560	1,097,720,720,189	999,207,915,063
단기차입금	96,239,577,498	91,868,232,179	82,836,362,155
유동성장기차입금	4,424,216,674	2,911,700,000	3,125,861,866
매입채무 및 기타유동채무	570,986,224,894	441,091,277,666	435,361,686,686
미지급법인세	156,276,728,048	148,925,071,584	164,579,008,718
미지급담배소비세등	354,316,981,446	412,924,438,760	313,304,995,638
부채총계	1,709,477,421,168	1,601,542,699,670	1,391,338,460,016
자본과 부채총계	7,074,958,369,752	6,795,961,304,290	6,276,415,840,863
매출액	3,821,695,792,912	3,984,662,139,498	3,722,965,820,099
매출원가	1,688,643,714,209	1,740,809,252,664	1,607,590,558,153
매출총이익	2,133,052,078,703	2,243,852,886,834	2,115,375,261,946
판매비와관리비	1,119,702,592,270	1,207,922,192,859	1,025,034,032,801
영업이익(손실)	1,013,349,486,433	1,035,930,693,975	1,090,341,229,145
기타이익	71,238,409,886	75,100,821,725	118,898,569,225
기타손실	219,905,877,640	123,103,395,826	88,611,106,393
금융수익	42,468,278,099	43,000,191,678	47,339,247,757
금융원가	26,792,080,883	10,503,393,366	8,221,050,763
지분법 적용대상인 관계기업과 조인트벤처의 당기순손익에 대한 지분	1,561,762,573	1,983,679,144	1,316,919,906
법인세비용차감 전 순이익(손실)	881,919,978,468	1,022,408,597,330	1,161,063,808,877
법인세비용	322,615,992,867	297,290,932,708	344,135,206,284
당기순이익(손실)	559,303,985,601	725,117,664,622	816,928,602,593
기타포괄손익	12,775,789,881	(29,782,285,716)	(79,363,128,795)
총포괄손익	572,079,775,482	695,335,378,906	737,565,473,798

1 자산이익률을 계산하고 매출액이익률과 자산회전율로 분해하시오. 법인세는 법인세차감 전 순이익과 법인세비용에 대한 정보를 활용하여 추산하시오.

2 회사의 재무상태표에서 영업자산과 영업부채를 구분하시오.

3 회사의 손익계산서에서 영업활동과 비영업활동에 해당하는 항목으로 구분하시오.

4 자기자본이익률(ROE)을 RNOA + FLEV × Spread로 분해하시오. 법인세는 회사의 세전이익과 법인세비용에 대한 정보에서 추론된 값을 사용하며, 계산 편의를 위해 법인세를 영업과 비영업활동으로 구분하지는 않기로 한다(값이 정확하게 일치하지 않을 수 있다).

5 순자산영업이익률(RNOA)을 NOPM과 NOAT로 분해하시오. NOPM은 세후순영업이익을 매출액으로 나눈 값이며, NOAT는 매출액을 평균순영업자산으로 나눈 값이다.

6 자기자본이익률(ROE)를 매출이익률, 자산회전율, 자산자본비율로 분해하시오(듀퐁분석법).

7 1번에서 5번에 이르는 수익성 분석 결과를 토대로 KT&G의 수익성에 대해 종합적으로 평가하시오.

8 유동성과 지불능력과 관련된 분석을 하기 위해 유동비율, 당좌비율, 현금비율, 부채비율, 장기부채비율, 이자보상비율을 계산하시오.

9 7번에서 수행한 유동성 및 지불능력에 대한 분석을 토대로 종합적인 평가를 수행하시오.

10 여러 가지 재무비율을 계산할 때 재무상태표 금액은 평균을 사용하는 경우가 많다. 그 이유는 무엇인가?

사례문제 2

팔로로 회사와 와이파후 회사 사례

다음은 팔로로 회사와 와이파후 회사의 재무제표이다. 아래의 문제를 풀고 두 회사 중 어느 회사에 투자할 지를 설명하라.

팔로로 회사의 재무제표(단위: 억원)

	2023년 말	
매출액	13800	
매출원가	8900	
판매관리비	3700	
이자비용	500	
영업이익	700	
기타수익	100	
세전이익	600	

법인세	200	
당기순이익	400	
	2023년 말	2022년 말
현금	100	200
매출채권	7000	6700
기타유동자산	3100	2600
유형자산	3800	3400
감가상각누계액	1600	1500
이연법인세	200	300
기타비유동자산	300	300
총자산	12,900	12,000

	2023년 말	2022년 말
단기차입금	1700	1200
유동성장기부채	900	900
매입채무	2200	2400
미수금	300	300
기타단기부채	200	200
장기차입금	4400	4100
퇴직급여충당금	900	900
기타장기부채	500	500
총부채	11,100	10,500
자본금	1100	1200
이익잉여금	1400	1100
자기주식	-700	-800
총자본	1,800	1,500

와이파후 회사의 재무제표(단위: 억원)

	2023년 말	
매출액	39800	
매출원가	31100	
판매관리비	6500	
이자비용	300	
영업이익	**1,900**	
기타수익	100	
세전이익	**2,000**	
법인세	700	
당기순이익	**1,300**	
	2023년 말	2022년 말
현금	500	300
매출채권	300	300
기타유동자산	5600	5400
유형자산	10100	8700
감가상각누계액	2300	1900

	2023년 말	2022년 말
단기차입금	0	0
유동성장기부채	300	200
매입채무	3000	2500
미수금	1200	800
기타단기부채	200	100

이연법인세	0	0	장기차입금	2400	2600
기타비유동자산	800	400	퇴직급여충당금	300	200
			기타장기부채	800	800
			총부채	8,200	7,200
			자본금	300	200
			이익잉여금	6100	5600
			자기주식	-200	-100
			비지배지분	600	300
총자산	15,000	13,200	**총자본**	6,800	6,000

1 자산이익률(ROA)을 구하고 분해하시오.(세후이자비용 계산에 한하여 법인세율을 35%로 가정하시오)

2 자기자본이익률(ROE)을 구하고 듀퐁분석방법에 따라 분해하시오.

3 순영업자산이익률(RNOA)을 구하시오.

4 재무레버리지(FLEV)를 구하시오.

5 스프레드(SPREAD)를 구하시오.

6 위의 분석 결과를 토대로 두 기업 간의 수익성이 다른 원인을 설명하시오. 기업이 채택한 전략과 수익성의 원천 간에 어떠한 관계를 찾을 수 있는지 설명하시오. 두 기업의 미래 수익성에 대한 전망도 포함시키시오.

사례문제 3

아카마이의 사례

(사례 1) 투자에 필요한 현금이 충분한 경우

아카마이씨는 중고 요트가 서부 연안에서 6,000만원에 판매되는 것을 보고, 이를 구입하여 1년 내에 되팔기로 결정하였다. 아카마이씨는 중고 요트의 가격이 변동성이 매우 높다는 것을 알고 있다. 만약 그가 구입한 요트가 좋은 요트였다면, 그는 이 요트를 9,000만원에 되팔 수 있다고 예상하였다. 그러나 이 요트에 비용이 발생하는 경우, 그는 7,000만원에 요트를 팔게 된다. 최악의 경우는 요트에 문제가 발생하는 경우인데, 이때 그는 5,000만원에 요트를 팔아야 한다. 현재 아카마이씨는 세 가지 가능성이 동등하게 발생할 것이라고 예상하고 있다. 요트가 무척이나 마음에 들었던 아카마이씨는 결국 휴가 계획도 포기하고 요트를 구입하게 되었다.

1 각 3가지 상황(9,000만원, 7,000만원, 5,000만원)에 대해 아카마이씨의 ROA와 ROE를 계산하라. 세금과 기타 비용은 제외한다.

(사례 2) 투자에 필요한 현금이 충분하지 않은 경우

아카마이씨가 세금 납부를 미처 하지 못한 경우를 고려해 보자. 그 결과, 그가 보유한 현금은 4,000만원밖에 없다. 아카마이씨는 그의 여동생 칼레나에게 2,000만원을 빌리고, 1년 후에 이자 200만원을 더하여 되갚는 계약을 체결하였다. 그는 그가 보유한 4,000만원과 칼레나에게 빌린 2,000만원을 더하여, 6,000만원으로 중고 요트를 구입하였다.

2 각 3가지 상황(9,000만원, 7,000만원, 5,000만원)에 대해 아카마이씨의 ROA와 ROE를 계산하라. 세금과 기타 비용은 제외한다.

3 만약 당신이 두 가지 상황(부채 없는 거래, 부채를 포함한 거래)을 선택할 수 있다면, 어떤 거래를 선택하겠는가? 이유는 무엇인가?

1. 매출채권
2. 재고자산
3. 운전자본 관리(Working capital management)
4. 유형자산

06

영업자산 보고 및 분석

CHAPTER

06 영업자산 보고 및 분석

앞서 재무상태표와 손익계산서의 항목을 영업활동과 비영업활동으로 나누었다. 영업활동에 속하는 자산은 높은 성과를 달성하고 주주가치를 높이는 데 필수적이다. 영업자산에 포함되는 중요 항목으로는 매출채권, 재고자산, 장기영업자산(유형자산) 등이 있다. 이들 자산으로부터 많은 이익을 창출하는 기업이 향후 우수한 성과를 거둘 가능성이 높다.

1 매출채권

기업들이 매출로 인해 구매자에 대해 보유하고 있는 채권을 매출채권이라고 한다. 이후 매출채권은 정상적인 영업과정에서 대부분 현금으로 회수된다. 따라서 기업의 기말 매출채권은 기초금액에서 기중에 발생한 금액을 더하고, 현금으로 회수된 금액을 차감한 금액과 같다.

기초 매출채권 + 당기 증가(신용 매출) − 당기 감소(현금 회수) = 기말 매출채권

한편, 매출채권 중에는 구매자가 현금을 지급하지 못하는 상태가 되어, 현금으로 회수되지 않을 가능성이 높은 채권이 있다. 매출채권은 재무상태표 상에 회수가능액(NRV: net realizable value)으로 표시되며, 회사는 손상에 대한 객관적 증거가 있는지 판단하여 회수가 불가능할 것으로 예상되는 금액에 대해서는 대손충당금(Allowance for doubtful accounts)을 설

정해야 한다. 재무제표에는 매출채권(총액)에서 대손충당금을 차감하는 방식으로 나타난다. 즉, 총매출채권에서 대손충당금을 차감한 금액이 순매출총액, 즉 회수가능한 매출채권(NRV)을 말한다. 그래서 대손(bad debt) 가능성이 높아지면 대손충당금의 금액이 커지고 결국 매출채권의 장부가치는 하락한다.

대손충당금이란 향후 발생할 회수 불능 금액에 대하여 미리 설정하는 계정으로서, 자산의 반대 계정(contra－asset account)이다. 유통업이나 은행같이 외상거래가 많거나 대출이 많은 업종은 대손충당회계가 중요하다. 대손충당금을 1%만 더 설정하더라도 당기순손실이 발생할 수도 있다.

대손충당금을 설정하는 방법(allowance method)을 사용할 경우 매출채권과 대손충당금 계정은 다음 표에 나타난 거래에 의해 영향을 받는다. 중요한 점은 발생주의 회계원칙에 따라 대손충당금을 설정하는 시점(일반적으로 매 회계기간 말)에 손익계산서상 비용(대손상각비: bad debt expense)을 인식한다는 점이다. 실제 대손(bad debt)이 발생할 시점에서는 비용을 인식하지 않는다. 물론 대손충당금으로 설정한 금액보다 많은 대손이 발생할 경우에는 대손 시점에 추가적인 비용을 인식할 수 있다. 이와 다르게 대손충당금을 설정하지 않고 대손(bad debts)이 발생했을 때 직접 매출채권을 줄이는 방법을 직접법(direct write－off method)이라고 한다. 직접법은 발생주의 원칙에 어긋나기 때문에 기업회계기준에서 사용되는 방법은 아니다.

거래종류	차변	대변	당기순이익 영향
매출발생시	매출채권 XX	신용매출 XX	증가
매출채권 회수시	현금 XX	매출채권 XX	–
대손충당금 설정시	대손상각비 XX	대손충당금 XX	감소
실제 매출채권 대손 발생시	대손충당금 XX	매출채권 XX	–

매출채권	
기초잔액	대손처리
신용매출	매출채권회수
기말잔액	

대손충당금	
대손처리	기초잔액
	대손충당금설정
	기말잔액

대손충당금을 설정하는 방법으로는 여러 가지가 있는데, 실제 과거 기간 동안의 대손실적률을 반영하여 구하는 방법도 있고, 매출액(손익계산서 방식)이나 채권 잔액(재무상태표 방식)에 일정 대손율을 일괄적으로 적용해서 구하는 방법도 있다. 이들 방법은 각각 대손실적률법, 채권잔액법으로 불린다. 한편, 매출채권의 기간이 경과한 일수에 따라서 다른 대손율을 고려하여 대손충당금 금액을 결정하는 방법도 있다. 이 방법은 연령분석법이라고 불리며, 이 방법에 내재된 가정은 매출채권 회수기일이 지난 지 오래된 채권일수록 회수될 가능성이 낮다는 것이다.

대손충당금 설정관련 문제

하나우마 기업은 다음과 같은 재무정보를 보고하였다. 당기 대손충당금을 설정하기 전 금액이다. 해당 자료를 참고하여 대손충당금 관련 분개를 보여라.

매출액　500,000원(전액 신용매출에 해당함)
매출채권　100,000원
대손충당금　1,000원(대변잔액)

아래 두 가지의 경우는 각각 독립적이다.

(a) 하나우마 기업은 대손충당금을 (신용)매출액의 2%로 한다.
(b) 하나우마 기업은 대손충당금을 매출채권의 5%로 한다.

해답

(a)

차변 계정과목	금액	대변 계정과목	금액
대손상각비	10,000	대손충당금	10,000

대손충당금을 매출액을 기준으로 설정할 때는 기존의 대손충당금 잔액을 고려할 필요가 없다.

(b)

차변 계정과목	금액	대변 계정과목	금액
대손상각비	4,000	대손충당금	4,000

당기에 설정할 금액을 구하기 위해서는 문제에 제시된 바에 따라서 목표 금액(설정 후 대손충당금으로 계상되어야 할 최종금액; desired amount)을 구한 뒤, 기존에 이미 설정된 대손충당금 잔액(문제에서는 1,000원)을 차감한 금액을 추가로 대손상각비로 계상한다.

셀프스터디 문제 ❶

대손충당금 설정관련 문제, 연령분석법(대손충당금 금액을 결정하는 대표적인 방법)

와이키키 기업은 제조업을 영위하고 있으며, 최근 불황으로 인해 대손율이 증가하고 있다. 기말 수정분개를 하기 전에 와이키키 기업의 매출채권 잔액은 1,400,000원이었으며 대손충당금은 100,000원이었다. 기말에 재무상태표에 표시된 매출채권의 연령별 분포와 회수율은 다음과 같다.

기한 초과 일자	금액(단위: 원)	회수율
15일 이하	500,000	99%
16 - 30일	400,000	95%
31 - 45일	300,000	85%
46 - 60일	100,000	60%
61 - 90일	50,000	20%
90일 초과	50,000	0%

(a) 기말 대손충당금 잔액을 얼마가 되어야 하는가?

(b) 재무상태표에 표시될 매출채권을 나타내시오

(c) 기말 수정분개가 세전이익에 미치는 영향을 구하시오

해답

(a) 기말 매출채권 관련 충당금은 200,000원(목표설정금액)이 되어야 한다. 이 금액은 다음과 같이 각 초과 일수에 해당하는 매출채권 금액에 (1－회수율＝대손율)을 곱하여 더함으로써 구할 수 있다.

(단위: 원)

기한 초과 일자	금액	회수율	대손율	예상대손금액
15일 이하	500,000	99%	1%	5,000
16 - 30일	400,000	95%	5%	20,000
31 - 45일	300,000	85%	15%	45,000
46 - 60일	100,000	60%	40%	40,000
61 - 90일	50,000	20%	80%	40,000
90일 초과	50,000	0%	100%	50,000
	1,400,000			200,000

위의 계산에 따라서 기말에 대손충당금 잔액으로 재무상태표에 표시될 금액은 200,000원이다.

(b)

매출채권	₩1,400,000
차감: 대손충당금	200,000
매출채권(순액)	₩1,200,000

따라서 매출채권 총액에서 대손충당금을 차감한 1,200,000원이 기말 매출채권(순액)으로 표시될 것이다.

(c) 회사는 이미 대손충당금을 100,000원 설정하고 있었으므로, 최종적으로 200,000원의 대손충당금 잔액을 갖기 위해서는 100,000원을 추가로 설정해야 한다. 세전이익은 100,000원만큼 감소할 것이다.

대손충당금 설정은 미래의 불확실한 상황에 대한 판단을 요구하기 때문에 경영진의 주관적인 판단이 개입될 여지가 많다. 가장 객관적이라고 할 수 있는 대손실적률법을 따르더라도 과거의 고객과 현재의 고객이 다르고, 경제상황에 따라서도 설정해야 할 대손충당금이 다르다. 또한 이러한 과정에는 상당한 추정과 가정이 개입된다. 따라서 경영자는 특정 목적을 위해서 대손충당금 설정 정책을 변경한 뒤 합리화할 가능성이 존재한다. 당기 이익을 높게 보고하려는 경영자는 대손충당금을 적게 설정하려고 할 수 있으며, 당기 이익을 낮게 보고하려는 경영자는 대손충당금을 많이 설정하려고 할 수 있다(big bath accounting). 특히 경영자가 교체되는 시기(management turnover)에는 새로 임명된 경영자가 첫 해에 대손충당금을 의도적으로 많이 쌓으려고 하는 유인이 있다. 왜냐하면 대손충당금을 과도하게 설정하면 그 해에는 대손상각비를 증가시켜 당기순이익을 낮추지만 이는 미래에 반대의 효과−미래순이익을 높임−를 가져오기 때문이다. 첫 해의 나쁜 성과는 전 경영자의 잘못된 경영방식을 고치는 과정에서 발생했다고 여겨지며 새로운 경영자는 이를 바탕으로 추후에 보다 개선된 경영성과를 보고할 수 있다.

매출채권 관련 재무비율

- 대손충당금/매출채권(총액)
- 매출채권회전율 = 매출액/연평균 매출채권(총액)

공격적으로 수익을 인식하는지를 나타내는 재무비율로 매출채권/매출이 있다. 이 비율이 증가하면 매출에 비해 매출채권이 상대적으로 많이 늘어나는 것으로 공격적 수익인식(trade loading, channel stuffing)을 의심할 수 있다. 구매자의 신용이나 매출채권 회수 가능성을 염두에 두지 않고 당장의 판매실적을 올리기 위해 영업을 한 경우나, 매출채권 대금회수 과정이 원활하지 않은 경우이다. 이러한 공격적인 회계정책(aggressive accounting)은 비용 인식을 늦추고, 매출을 조기에 인식하게 되어 가까운 미래의 당기순이익이 늘어나고 먼 미래의 당기순이익이 감소하는 결과를 낳는다. 공격적인 매출인식이 미래 매출채권에 미치는 영향에 대해서 아래 예를 통해서 알아보자.

[보수적인 수익인식]

피코이 회사는 매출이 매년 10%로 성장하며, 모든 매출은 신용매출이다. 당기 매출액의 50%와 직전연도 매출액의 50%에 해당하는 금액이 매년 회수된다. 당기 말까지 회수되지 않은 모든 매출채권에 대해서는 대손처리 한다. 즉, 10%의 매출채권이 대손처리 된다.

	Year1	Year2	Year3	Year4
매출채권 기초잔액	0	500	550	605
매출액	1,000	1,100	1,210	1,331
회수금액	500	550 + 400 = 950	440 + 605 = 1,045	484 + 665 = 1,149
대손금액	–	100	110	121
매출채권 기말잔액	500	550	605	666
매출채권 성장률	–	10%	10%	10%
매출채권/매출액	50%	50%	50%	50%

[공격적인 수익인식]

모든 매출은 신용매출이며 공격적인 매출인식을 통해 매년 20%씩 성장한다. 그러나 매출채권 회수는 실제 매출(공격적 인식으로 이미 인식한 금액이 아니라)에 따라 결정된다. 회수금액은 보수적 수익인식의 경우와 동일하다. 매년 회수되지 않은 모든 매출채권은 대손처리 된다.

보수적인 회계정책(conservative accounting)은 비용을 조기에 인식하고 매출인식을 늦추어서 가까운 미래의 당기순이익이 감소하고 먼 미래의 당기순이익이 증가하는 결과를 낳는다. 대손충당금을 실제로 발생할 것으로 예상되는 금액보다 의도적으로 많이 설정하는 경우도 포함한다. 경영자는 이후 영업실적을 크게 개선해야 할 필요가 있을 때 인식하지 않았던 매출을 인식하기로 결정하거나 대손충당금을 환입함으로써 이익을 부풀릴 수 있다(cookie jar reserve). 이러한 현상은 경영진에게 스톡옵션이나 기타 성과보상이 크게 걸려 있거나 회사가 주식발행(예를 들면, IPO(initial public offering)와 SEO(seasoned equity offering)), 사채 발행 등을 하기 직전에 두드러진다. 이러한 보수적인 회계처리는 매출채권을 당기에 적게 인식하고 대손상각비를 조기에 많이 인식해서 재무상태표 상 자산의 금액이 줄어들고 레버리지 비율이 높아지는 결과를 낳는다.

	Year1	Year2	Year3	Year4
매출채권 기초잔액	0	500	650	835
매출액	1,000	1,200	1,440	1,728
회수금액	500	550 + 400 = 950	440 + 605 = 1,045	484 + 665 = 1,149
대손금액	–	100	210	351
매출채권 기말잔액	500	650	835	1063
매출채권 성장률	–	30%	28%	27%
매출채권/매출액	50%	55%	58%	62%

기존연구에 의하면 IPO나 SEO 하기 전에 경영자가 이익을 증가시키는 방향으로 이익조정을 하는 경향이 있다. 경영자 입장에서는 주식발행을 통해서 많은 여유자금을 마련하는 것이 바람직하기 때문에 주식발행 전에 최대한 주가를 끌어올리려는 유인이 존재한다. 결국 경영자입장에서는 이익을 최대한 증가시키는 이익조정을 하게 된다. 최근의 Cohen and Zarowin(2010, Journal of Accounting and Economics)의 연구에 의하면 경영자들은 SEO 하기 전에 높은 이익을 보여주기 위해 발생액을 통한 이익조정(accruals management)뿐만 아니라 실제영업활동을 통한 이익조정(real activities management)도 하는 것을 보여주었다. 재미있는 것은 실제영업활동을 통한 이익조정(real activities management)으로 이익을 상승시킨 회사들은 SEO 후에 주가가 많이 떨어지는 것을 보여주었다.

매출채권 팩토링(factoring)

매출채권은 미래에 현금으로 회수되어야 할 자산인데, 많은 기업들은 매출채권을 조기에 재무상태표에서 없애기 위해 매출채권 팩토링을 많이 한다. 물론 팩토링을 통해서 회수할 수 있는 금액은 미래에 정상적으로 회수되었을 때 받게 될 금액보다 작은 것이 일반적이다. 현금의 시간가치와 함께 매출채권과 관련된 부도위험이 반영되기 때문이다. 그럼에도 기업들은 팩토링을 통해 매출채권을 좀 더 빠르게 현금화하여 비현금자산에 묶여 있는 현금흐름을 줄이고자 한다. 매출채권이나 현금이나 둘 다 유동자산에 속하지만, 현금이 유동성이 더욱 높은 자산이기 때문이다. 특히 당좌비율을 계산할 경우 분자에 현금은 포함되지만 매출채권은 포함되지 않기 때문에, 팩토링을 통해 유동성 지표를 개선하는 효과도 있다.

매출채권 팩토링은 보유 중인 매출채권을 매각하는 거래일 수도 있지만, 실질적으로는 현금을 차입하기 위해서 담보로 제공하는 거래일 수도 있다. 따라서 매출채권 팩토링에 이의제기권(recourse)이 있는지 여부를 확인할 필요가 있다. 이의제기권이 있으면 매출채권을 판 회사가 매출채권과 관련된 대손 위험을 보유하는 것으로, 대손시 매출채권을 매입한 주체에게 대금을 지급해야 할 의무가 남는다. 반대로 팩토링에 이의제기권이 없으면 매출채권을 매입한 주체가 대손과 관련된 위험을 부담한다. 따라서 이의제기권이 없으면 매출채권 매각거래(outright sale)이고 이의제기권이 있으면 매출채권을 담보로 한 차입거래(borrowing)라 할 수 있다.

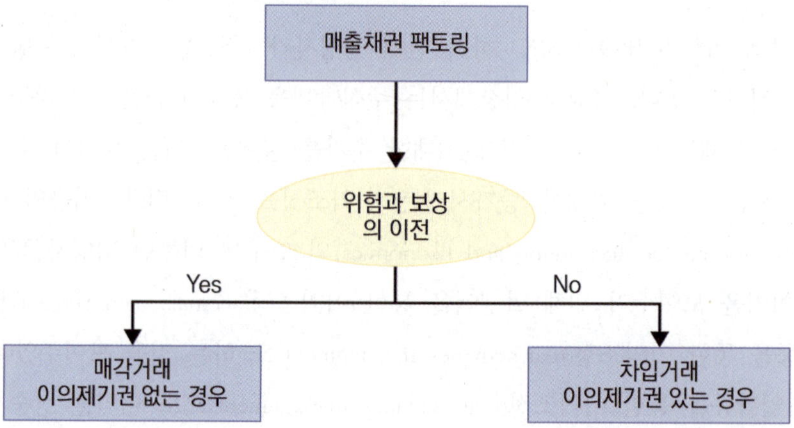

이의제기권 여부에 따른 차이에 대해서 확인해 보자. 라우리마 회사가 대손충당금 ₩5이 설정되어 있는 ₩100의 매출채권을 팩토링하는 경우. 해당 거래는 매각거래(sale)로 취급될 수도 있으며 차입거래(borrowing)으로 취급될 수도 있다.

경우 1 이의제기권 없는 매각

라우리마 회사의 분개				팩토링회사의 분개			
차변		대변		차변		대변	
현금	90	매출채권	100	매출채권	95	현금	90
대손충당금	5					대손충당금	5
손실	5						

Sale without recourse이므로 라우리마 회사의 차변에 대손충당금을 기록함으로써 해당 매출채권과 관련된 대손 위험이 사라졌음을 나타낸다. 매출채권 감소는 재무상태표에 반영되며, ₩90 현금수령액은 영업활동으로부터의 현금흐름으로 분류되어 현금흐름표에 영향을 준다.

경우 2 이의제기권 있는 매각

라우리마 회사는 ₩95를 받는데, 그 이유는 앞의 경우와 달리 라우리마 회사가 여전히 위험을 부담하기 때문이다. 즉 ₩5 금액이 해당 매출채권에 결부된 대손위험에 대한 시장에서 평가하는 가치라고 할 수 있다. 이의제기권 여부에 따라서 수령하는 현금이 달라지는데, 이는 해당 매출채권과 관련된 부도위험이 높을수록 차이가 커질 것이다.

라우리마 회사의 분개		팩토링회사의 분개	
차변	대변	차변	대변
현금 95 손실 5	단기차입금 100	단기대여금 95	현금 95

Sale with recourse이므로 라우리마 회사는 여전히 매출채권과 관련된 대손위험을 부담하여, 따라서 대손충당금 설정을 취소할 수 없다. 매출채권 감소는 재무상태표에 반영되며, $95 현금수령액은 영업활동으로부터의 현금흐름으로 분류된다. 첫 번째 경우와 비교했을 때, 영업활동으로부터의 현금흐름이 $5만큼 더 높아짐을 확인할 수 있다.

실제 팩토링을 회계처리 할 때 매각거래(sale)인지 차입거래(borrowing)인지 구분하는 기준과 관련하여 논란이 많이 존재한다. 현재 회계기준상에 명확한 가이드라인이 없는 상황이다. 회사 입장에서는 가능하면 팩토링을 매각거래로 처리해서 자산이익률(ROA)을 높이고 부채/자산 비율도 낮추고자 하는 유인이 있다.

투자자 입장에서 보면 매출채권 팩토링은 재무비율(예를 들어, 매출채권/매출)을 통해 회사의 회계정책의 공격성과 유동성과 관련된 위험을 감지하려는 노력을 어렵게 만든다. 매출규모가 비슷한 두 회사 중에 특정 회사는 팩토링을 많이 수행하고, 다른 회사는 그렇지 않는다면 전자가 후자보다 보수적으로 매출을 인식한다고 잘못 결론 내릴 수 있다. 따라서 투자자 입장에서는 회사가 팩토링에 얼마나 관여하는지에 대한 정보를 자세히 알고자 하는 수요가 있다. 그렇지만 이와 관련된 공시가 상당히 부족한 상황이다. 이를 타개하기 위한 한 방편으로 매출채권을 이의제기권 있는 조건으로 팩토링 하는 경우에는 우발부채로서 공시하는 것이 바람직할 수 있다. 이러한 공시제도를 도입하게 되면 회사가 매출채권 팩토링을 통해 분식회계를 하려는 시도를 줄일 수 있을 것으로 기대한다.

2 재고자산

재고자산은 기업이 정상적인 영업과정에서 판매할 목적으로 보유하는 자산을 의미하며, 상품을 판매하는 기업의 경우(아래 그림에서 좌측)에는 공급자로부터 구입한 상품이 이에 해당하며, 제조업의 경우(아래 그림에서 우측)에는 원재료, 재공품, 제품 등 생산과정에서 발생하는 대부분의 결과물이 재고자산에 해당한다. 또한 동일한 재화도 기업에 따라서 재고자산으로 분류될 수도 있고 그렇지 않을 수도 있다는 점을 유의해야 한다. 가령 자동차 제조회사 입장에서 자동차는 판매를 목적으로 하는 재고자산이지만, 택시 영업을 하는 회사 입장에서 자동차는 영업을 위한 유형자산이다.

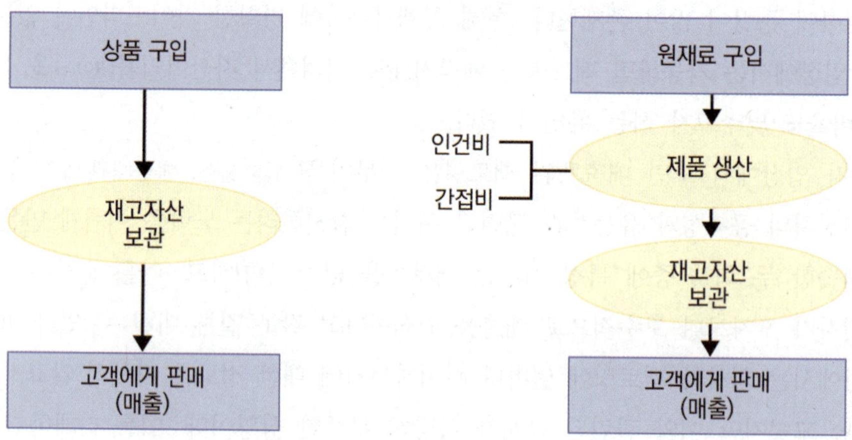

(1) 재고자산 등식

기초 재고자산 + 당기 재고자산 구입량/생산량 − 매출원가 = 기말 재고자산

재고자산

기초재고 당기구입/생산	판매한 재고(매출원가) 기말재고자산

재고자산 결정방법은 다음과 같이 두 가지로 나눌 수 있다. 실지재고조사법(periodic approach)과 계속기록법(perpetual approach). 실지재고조사법은 기말에 재고의 잔량을 확인하여 기말금액과 판매원가를 결정하는 방식이다. 실지재고조사법은 기말에 존재하지 않는 재고자산은 모두 판매된 것으로 간주하여 매출원가에 포함한다. 매출원가는 판매가능재고자산(기초재고+당기구입)에서 기말재고자산을 차감한 금액으로 결정된다. 감모손실(inventory shortage)이 발생하는 만큼 매출원가가 과대계상 될 가능성이 있기 때문에, 재고의 감모손실이 클 경우에는 바람직하지 않을 수 있다. 정리하면, 실지재고조사법은 기말시점에 재고를 조사하며, 이에 따라 매출원가를 계산하고 기말재고와 매출원가를 인식하기 위한 추가적인 분개를 한다.

계속기록법은 구입 혹은 판매가 있을 때마다 재고의 잔액과 원가를 결정하는 방식이다. 매매하는 품목이 다양하고 매매가 빈번하게 발생하는 경우에는 적용하기에 불편함이 있을 수 있으나, 최근에는 재고를 전산으로 관리하여 계속기록법의 단점인 관리비용이 크지 않으므로, 계속기록법을 일반적으로 적용하는 경향이 있다. 계속기록법을 사용하게 되면 기말시점에 추가적인 분개가 필요하지 않다.

	실지재고조사법	계속기록법
기말재고	기말에 실사(physical count)를 통해서 파악	기초재고와 당기매입재고의 합에서 매출원가를 차감하여 계산됨.
매출원가	당기판매가능재고에서 기말재고를 차감하여 계산됨(기말에 결정함)	매출이 발생할 때마다 계산됨

일반적으로 상호 교환될 수 없는 재고자산의 원가와 특정 프로젝트별로 생산되는 재화 또는 용역의 원가는 개별법(specific identification method)을 사용하여 결정한다. 개별법은 재고자산의 원가를 결정할 때 가장 이상적인 방법이지만 제품의 종류가 많아지거나 판매하는 물품의 가격이 싸면 실용적이지 않은 방법이다. 예를 들면 자동차, 가구, 보석 등과 같은 고가품의 경우에 개별법을 많이 사용한다. 선입선출법(FIFO: First-in first-out)은 먼저 매입 또는 생산된 재고자산이 먼저 판매되고 결과적으로 기말에 재고로 남아 있는 항목은 가장 최근에 매입 또는 생산된 항목이라고 가정하는 방법이다. 여기서 가정이라는 말을 사용한 이유는 실질적인 재고자산의 물량 흐름이 선입선출법과 정확하게 일치하지 않아도 되기 때문이다. 선입선출법은 재고자산 흐름에 대한 가정이 실지재고조사법인지 계속기록법인지에 의

해 영향을 받지 않는 특성이 있다. 선입선출법(FIFO)과는 반대로 후입선출법(LIFO)은 가장 최근에 매입한 재고자산이 먼저 판매되고 기말재고는 가장 오래전에 매입한 항목이라고 가정하는 방법이다. 끝으로, 가중평균법(average cost method)은 기초재고자산과 회계기간 중에 매입 또는 생산된 재고자산의 원가를 가중 평균하여 재고항목의 단위원가를 결정하는 방법이다. 한국채택국제회계기준 하에서 후입선출법은 금지되어 있다. 하지만 미국기업의 40% 이상은 후입선출법을 사용하고 있다.

이러한 재고자산 원가결정 방식 중 무엇을 적용하는지는 재고자산의 금액에 영향을 주며, 매출원가를 통하여 순이익에도 영향을 주기 때문에 중요하다. 따라서 경영자는 회사의 목표이익을 달성하는 데 도움이 되는 방식을 따르고자 하는 유인이 있을 수 있으나, 중요한 회계처리 방식의 변경은 주석으로 공시되어야 하므로, 일관된 회계처리 방식을 적용해야 할 필요도 있다.

구분	원가배분방법	설명
실제 원가흐름	개별법	판매된 개별 재고자산의 취득단가를 추적하여 매출원가와 기말재고를 결정하는 방법. 가장 이상적인 방법이지만 고가품을 판매하는 기업 등 소수의 기업만이 사용할 수 있다.
원가흐름의 가정	선입선출법 (FIFO)	먼저 매입한 재고자산이 먼저 판매되고 기말재고는 가장 최근에 매입한 항목이라고 가정하는 방법
	후입선출법 (LIFO)	가장 최근에 매입한 재고자산이 먼저 판매되고 기말재고는 가장 오래전에 매입한 항목이라고 가정하는 방법
	가중평균법 (Average cost method)	기초재고와 당기에 매입한 재고자산이 구분되지 않고 평균적으로 판매된다는 가정하에 기초재고와 당기매입 원가를 평균하여 단위원가를 결정하는 방법

물가상승시(인플레이션시) 원가흐름의 가정이 재무제표에 미치는 영향을 살펴볼 필요가 있다. 물가가 상승하면 먼저 매입한 재고자산보다 최근에 매입한 재고자산이 더 비싸지게 된다. 기말재고의 경우 선입선출법에서 후입선출법보다 크게 보고된다. 왜냐하면 선입선출법은 최근에 매입한 재고자산으로 기말재고가 구성되어 있다고 가정하지만 후입선출법은 오래전에 매입한 항목으로 재고자산이 구성되어 있다고 가정한다. 가중평균법은 항상 선입선출법과 후입선출법 사이에 놓이게 된다. 매출원가의 경우에도 같은 방법으로 생각해 보면 다음의 관계를 쉽게 알아낼 수 있다.

재무제표 항목	원가흐름의 가정에 따른 크기
기말재고	선입선출법 > 가중평균법 > 후입선출법
매출원가	선입선출법 < 가중평균법 < 후입선출법
당기순이익	선입선출법 > 가중평균법 > 후입선출법

물가가 하락하는 경우에는 정반대의 결과가 나타난다. 즉, 물가하락 시에는 기말재고항목에서는 후입선출법이 가장 크고 그 다음 가중평균법 그 다음에 선입선출법이 놓이게 된다.

셀프스터디 문제 ❷

당기 회계기간 초에 푸나후 회사가 특정재고자산을 500개 가지고 있으며, 한 개당 원가는 1,000원이라고 하자. 다음과 같이 구입거래가 당기에 발생하였다. 푸나후 회사는 실지재고조사법을 사용하고 실사 후에 기말재고자산의 수량은 2,500개이다.

(단위: 원)

	개수	원가	총원가
기초재고	500	1,000	500,000
구입	1,500	1,200	1,800,000
	1,500	1,400	2,100,000
	1,000	1,500	1,500,000
판매가능재고자산	4,500		5,900,000

1. 푸나후 회사는 선입선출법을 사용한다고 가정하고 당기의 매출원가와 기말재고자산을 구하시오.

   판매가능재고자산이 4,500개인데 기말에 재고가 2,500개로 나타났으므로, 기중에 판매된 재고자산의 수량은 2,000개임을 알 수 있다. 판매가능재고자산의 원가는 5,900,000원이며, 이 값에서 매출원가를 차감한 값이 기말재고자산이 된다. 선입선출법에 의해서 판매된 재고자산의 원가는 $500 \times 1{,}000 + 1{,}500 \times 1{,}200 = 2{,}300{,}000$원이며, 기말재고자산은 $5{,}900{,}000 - 2{,}300{,}000 = 3{,}600{,}000$원이다.

2. 푸나후 회사는 후입선출법을 사용하고 있으며, 당기의 매출원가와 기말재고자산을 구하시오.

매출원가는 1,000×1,500+1,000×1,400=2,900,000원이므로 기말재고자산은 5,900,000−2,900,000=3,000,000원이다.

3. 푸나후 회사는 평균법을 사용하고 있다고 가정하고, 당기의 매출원가와 기말재고자산을 구하시오.

단위당 원가는 5,900,000/4,500=1,311.11원이다. 따라서 매출원가는 1,311.11원에 2,000개의 수량을 곱해서 2,622,222원으로 계산되며, 기말재고자산은 1,311.11원에 2,500개의 기말 재고 수량을 곱해서 3,277,777원로 계산된다.

4. 회사의 경영자 입장에서 재고자산의 물리적 흐름을 잘 추적하기 위해서 선택할 만한 방법은 무엇인가? 또한 당기의 법인세를 최소화하기 위해서 선택할 방법은 무엇인가?

물리적 흐름을 가장 잘 추적하는 것은 선입선출법이다. 많은 경우에 재고자산은 오래된 것부터 판매되어야 재고자산의 진부화 등을 방지할 수 있기 때문이다. 하지만 앞에서 말한 것처럼 이러한 물리적 흐름이 반드시 원가 흐름의 가정을 결정하지는 않는다.
당기의 법인세를 최소화하기 위해서는 매출원가를 극대화해야 한다. 위의 계산으로부터 후입선출법이 이러한 목적을 가장 잘 달성할 수 있는 방법임을 알 수 있다.

5. 회사가 후입선출법을 사용한다고 할 경우, 3번째 구입(1,000개를 구입한 거래) 의사결정을 다음 기로 미루었다고 하자. 이때 매출원가를 구하고, 후입선출법 청산이 이익에 미치는 효과에 대해서 논하시오.

이 경우 매출원가는 1,400×1,500+1,200×500=2,700,000원으로 계산되며, 판매가능재고자산의 가치 4,400,000에서 2,700,000을 뺀 1,700,000원이 기말재고자산이다. 이 경우 회사의 이익이 200,000원만큼 증가하였는데(2,900,000−2,700,000), 그 이유는 후입선출법 청산 때문이다. 현재 판매되는 가격에 비해서 더욱 낮은 원가의 재고자산을 매출한 것으로 처리함으로써 후입선출법 청산이 발생한다. 후입선출법 청산을 발생시키기 위한 간단한 방법은 재고자산의 추가 매입을 지연시키는 것이다.

셀프스터디 문제 ❸

재고자산 금액 결정시 실지재고조사법과 계속기록법의 차이 분석

카이저 기업의 2023년 거래는 다음과 같다.

	구입	판매	잔액
1/1	200 @ 4,000원		200개
5/15	600 @ 4,400원		800개
8/15		400개	400개
10/1	200 @ 4,800원		600개

(a) 실지재고조사법을 가정했을 때, 후입선출법, 선입선출법과 평균법에 따른 매출원가와 재고자산 금액을 결정하시오.

(b) 계속기록법을 가정했을 때, 후입선출법, 선입선출법과 평균법에 따른 매출원가와 재고자산 금액을 결정하시오.

해답

(a) 실지재고조사법

	기말재고	매출원가
후입선출법	200×4,000 + 400×4,400 = 2,560,000	4,400,000 – 2,560,000 = 1,840,000
선입선출법	200×4,800 + 400×4,400 = 2,720,000	4,400,000 – 2,720,000 = 1,680,000
평균법	600×4,400 = 2,640,000	4,400,000 – 2,640,000 = 1,760,000

원가평균 = 4,400,000/1,000 = 4,400

(b) 계속기록법

• 후입선출법

날짜	구입	판매	잔액
1/1	200×4,000 = 800,000원		800,000원
5/15	600×4,400 = 2,640,000원		3,240,000원
8/15		400×4,400 = 1,760,000원	1,680,000원
10/1	200×4,800 = 960,000원		2,640,000원

• 선입선출법

날짜	구입	판매	잔액
1/1	200×4,000 = 800,000원		800,000원
5/15	600×4,400 = 2,640,000원		3,240,000원
8/15		200×4,000 + 200×4,400 = 1,680,000원	1,560,000원
10/1	200*4,800 = 960,000원		2,520,000원

• 평균법

날짜	구입	판매	잔액
1/1	200×4,000 = 800,000원		800,000원
5/15	600×4,400 = 2,640,000원		3,240,000원 * 평균원가: 3,240,000/800 = 4,050원
8/15		400×4,050 = 1,620,000원	1,620,000원
10/1	200×4,800 = 960,000원		2,580,000원

(2) 후입선출법에 따른 재고청산

후입선출법을 사용하면 구입한지 오래된 재고자산이 기말재고금액으로 나타나므로, 재고자산의 최근 원가 수준과 거의 관련이 없는 금액으로 대차대조표에 재고자산을 인식하는 결과를 초래한다. 또한 후입선출법은 손익을 왜곡할 수 있는데, 특히 재고자산이 대폭 줄어 '오래 유지되어 온' 재고자산 '층'이 사용된 것으로 회계처리 될 때 그러하다. 이러한 현상을 후입선출법에 따른 재고청산이라고 한다. 재고자산을 매출한 것보다 많이 사들일 경우 후입선출법 층(layer)이 생기는데 보통 오래된 회사일수록 많은 층(layer)을 가지고 있고, 후입선출법 청산을 통해 손익을 왜곡할 여지가 크다. 이는 한국채택국제회계기준(K-IFRS)에서는 후입선출법을 재무회계 목적으로 인정하지 않는 이유이기도 하다. 이 문제에 대해서 좀 더 자세히 살펴보자.

(3) 후입선출법과 이익조정

우선 후입선출법은 대개 재고자산의 물리적 흐름(physical flow)와 맞지 않는다. 일반적으로 재고자산은 오래된 재고자산부터 판매하는 것이 일반적이므로 선입선출법이 보다 자연스러운 재고자산의 흐름에 대한 가정이 된다. 물론 정유회사의 오일탱크나 광산의 석탄야적장의 경우에는 후입선출법이 정당화될 만하다. 실제로 미국회계기준은 후입선출법을 허용하며 미국기업의 40%정도가 후입선출법을 사용한다. 이는 후입선출법을 사용할 경우 얻는 이익이 상당하기 때문이다. 후입선출법을 통해 당기 매출액에 대해서 비교적 높은 단위당 원가를 갖는 매출원가가 기록되면 이익이 낮아지고, 이는 법인세를 절감하는 데 도움이 된다. 법인세 절감은 (영업)현금흐름을 개선하는 효과를 갖는다. 또한 후입선출법 층(layer) 청산을 기회주의적으로 사용할 수 있다. 당기에 재고자산을 일부러 적게 구입(생산)하여 매출되는 수량보다 적게 하여 오래된 재고자산의 원가로 매출원가를 기록할 수 있다. 이를 후입선출법 청산이라 하는데 재고자산 가격이 증가하는 경우 오래된 재고자산과 매출을 매칭시킴으로써 이익을 늘릴 수 있다. 오래된 재고자산은 일반적으로 최근 재고자산보다 단가가 낮기 마련이다. 따라서 오래된 재고자산이 판매되는 것으로 간주될 경우, 회사는 매출 단위당 인식하는 이익을 크게 증가시킬 수 있다. 물론 후입선출법 청산이 발생하면 법인세로 지급해야 할 금액도 커지지만, 단기적인 목표를 극대화하려는 경영자에게는 큰 고려사항이 아닐 수 있다. 실제로 GM의 경우 후입선출법 청산을 통해 3억불의 이익을 증가시키기도 하였다. 지금까지의 논의는 물가가 지속적으로 상승하는 상황에 대해 적용된다. 만약 반대로 재고자산 가격이 감소하는 경우에는 기말시점에 새로운 재고자산을 추가 구입하여 바로 구입한 싼 재고자산을 원가로 인식하여 이익을 부풀릴 수 있다. 즉, 후입선출법은 당기에 매입(생산)하는 재고자산의 원가가 매출원가에 포함되므로 이익을 조작하기 쉽다.

(4) 재고자산의 평가

재고자산은 저가법(LCM: lower of market or cost)을 사용하여 기말에 평가하는데, 저가법이란 시가가 원가보다 높을 때는 그대로 원가로 쓰고, 시가가 원가보다 낮을 경우 시가로 기말 잔액을 표시하는 방법이다. 즉, 시가와 원가를 비교하여 항상 낮은 금액으로 재고자산을 평가해야 한다는 원칙이다. 이는 여러 가지 회계적 선택들이 있을 때 자산을 가장 적게 평가하고 이익을 가장 적게 산출하는 회계방법을 선택해야 한다는 보수주의(conservatism) 회계의 한 예이다. 시가는 순실현가능가치(Net realizable value)를 의미하며, 원재료 등의 경우에는 현행대체원가(Current replacement cost)를 의미한다. 순실현가능가치란 제품 등을 판매하여 얻을 수 있는 수익에서 관련 부대비용을 차감한 금액을 의미한다. 현행대체원가란 현재 시점에서 해당 물품을 시장에서 구입할 경우 지불해야 하는 금액이다.

재고자산 평가에서 저가법의 적용 및 활용에 따른 결과

다음은 와이켈레 기업의 2023년 말 재고자산의 구성품목과 수량 및 원가를 나타내는 표이다. 가장 오른쪽에 있는 열에서 저가법에 따른 원가 금액을 표시하고 있다. 페인트의 경우 진부화로 인하여 개당 순실현가능가치가 100원에 불과하다. 저가법은 개별 항목별로 적용할 수도 있으며, 부품 전체에 대해서도 적용될 수 있다.

		개당				
부품	수량	원가	순실현가능가치	총원가	총순실현가능가치	저가법에 따른 원가
시멘트	100	₩500	₩100	₩50,000	₩100,000	₩50,000
공구	500	600	500	300,000	250,000	250,000
윤활유	300	500	700	150,000	210,000	150,000
스프링	400	200	180	80,000	72,000	72,000
배터리	200	200	250	40,000	50,000	40,000
페인트	700	800	50	560,000	35,000	35,000
덮개	400	240	240	480,000	480,000	480,000
합계				₩1,660,000	₩1,197,000	₩1,077,000

항목별 적용시 저가법 원가: ₩1,077,000
부품 전체에 적용시 저가법 원가: ₩1,197,000

여기서 보는 바와 같이 저가법을 적용할 때 항상 부품 전체로 적용하는 것이 항목별로 적용하는 것보다 높은 금액을 나타낸다. 즉, 항목별로 저가법을 적용하는 것이 더 보수적인 회계처리라고 할 수 있다.

다음은 한국의 대표적인 정유업계 재고자산의 현황과 평가충당금 설정액을 나타낸 것이다. 정유업체는 해외에서 원유를 수입해서 가공과정을 거쳐서 다시 판매하는 영업활동을 수행한다. 따라서 미리 구입해 둔 원유는 원재료로 분류되며, 회계기간 말에 여전히 가공중인 재고자산은 재공품(work-in-process), 판매가능한 상태로 가공이 완료된 부분은 제품으로 분류된다. 최근에 유가가 많이 내려가고 있는데 유가와 제품 가격의 변동으로 재고자산의 가치가 감소할 경우 평가충당금을 설정한다. 정유업체는 원유 구입물량을 조정하여 원유가치 변동에 따른 손실을 최소화하기 위해서 노력하며, 경우에 따라서는 파생상품을 통한 헤지를 이용할 수 있다.

(단위: 백만원)

		2013		2012	
		원가	평가충당금	원가	평가충당금
S-oil	제품	900,719	6,062	1,071,704	24,095
	재공품	475,649	15,978	400,387	13,833
	원재료	2,802,099	301	2,831,128	261
	저장품	81,789	-	120,848	-
	미착품	-	-	-	-
	합계	4,260,256	22,341	4,424,067	38,189
SK Energy	제품	769,783	7,947	1,057,034	44,292
	재공품	597,283	6,387	676,481	24,334
	원재료	810,406	-	456,162	1,774
	저장품	50,004	-	59,780	-
	미착품	2,420,213	-	2,847,663	-
	합계	4,647,689	14,334	5,097,120	70,400
Hyundai Oilbank	제품	497,879	821	543,311	888
	재공품	181,241	-	233,302	-
	원재료	452,427	-	517,994	-
	저장품	23,802	-	24,710	-
	미착품	1,094,469	-	770,548	-
	합계	2,249,818	821	2,089,865	888

아래는 애플의 재무상태표이다. 흥미로운 것은 매출에 비해 재고자산의 비중이 현저히 낮다. 2018년 기준 매출은 270조가 넘지만 재고자산은 4조 정도 밖에 안 된다. 어떻게 낮은 재고자산을 유지할 수 있을까? 아래는 애플의 재무상태표이다. 흥미로운 것은 매출에 비해 재고자산의 비중이 현저히 낮다는 점이다.

손익계산서

(단위: thousand dollars)

	9/29/2018	9/30/2017	9/24/2016
매출	265,595,000	229,234,000	215,639,000
매출원가	163,756,000	141,048,000	131,376,000
매출총이익	101,839,000	88,186,000	84,263,000
연구개발비	14,236,000	11,581,000	10,045,000
판매관리비	16,705,000	15,261,000	14,194,000
기타영업비	0	0	0
영업이익(손실)	70,898,000	61,344,000	60,024,000
총기타수익(비용)	2,005,000	2,745,000	1,348,000
이자비용	(3,240,000)	(2,323,000)	(1,456,000)
법인세비용	13,372,000	15,738,000	15,685,000
순수익	59,531,000	48,351,000	45,687,000

재무상태표

(단위: thousand dollars)

	9/29/2018	9/30/2017	9/24/2016
유동자산			
현금 및 현금성자산	25,913,000	20,289,000	20,484,000
단기금융자산	40,388,000	53,892,000	46,671,000
매출채권	48,995,000	35,673,000	29,299,000
재고자산	3,956,000	4,855,000	2,132,000
기타유동자산	12,087,000	13,936,000	8,283,000
총유동자산	1,313,390,000	128,645,000	106,869,000
비유동자산			
장기금융자산	1,707,990,000	194,714,000	170,430,000
유형자산	41,304,000	33,783,000	27,010,000
영업권	0	0	5,414,000
무형자산	0	0	3,206,000
기타비유동자산	22,283,000	18,177,000	8,757,000
자산총계	365,725,000	375,319,000	321,686,000

유동부채			
매입채무	55,888,000	44,242,000	37,294,000
단기차입금	8,784,000	6,496,000	3,500,000
기타비유동부채	52,194,000	50,076,000	38,212,000
총유동부채	116,866,000	100,814,000	79,006,000
비유동부채			
장기차입금	93,375,000	97,207,000	75,427,000
기타비유동부채	47,977,000	43,251,000	39,004,000
부채총계	285,578,000	241,272,000	193,437,000
자본			
보통주자본금	40,201,000	35,867,000	31,251,000
이익잉여금	70,400,000	98,330,000	96,364,000
자사주	(3,454,000)	(150,000)	634,000
기타자본	0	0	0
자본총계	107,147,000	134,047,000	128,249,000

이렇게 재고자산이 낮은 이유는 애플이 공급업체와 구매의무(purchase obligations/commitment)를 사용하기 때문이다. 이 구매의무란 애플이 공급업체와 일정 시점에 일정금액의 부품을 구매하겠다는 계약인데 애플의 2018년 사업보고서의 주석에 보면 규모가 45조가 넘는다. 애플은 재고자산을 창고에 저장하지 않고 재고를 서플라이 체인에 맡겨버린다. 재고자산의 부외금융화(book-off)다.

Lee(2008)의 연구에 의하면 미국기업은 평균 총자산의 9% 정도를 구매의무계약 형태로 가지고 있다. 우리나라, 일본기업도 미국기업 정도는 아니지만 재고자산이 book-off 되어 재무상태표에 나오진 않은 경우가 많다. 미국은 이러한 내용이 annual report의 주석에 공시되고 있으나 우리나라는 이러한 공시도 되고 있지 않아 정보이용자는 혼란에 빠지기 쉽다.

3 운전자본 관리(Working capital management)

회사 입장에서 현금을 잘 관리하는 일은 매우 중요하다. 현금은 너무 적으면 유동성(liquidity)에 문제가 생겨 시의적절한 투자를 못할 수 있고 문제가 심해지면 파산(bankruptcy) 위험이 커질 수 있다. 반면에 현금이 너무 많으면 수익이 없이 보유하고 있어 기회비용이 커지며 경영자가 자의적인 지출을 하는 등의 대리인 문제가 생길 수 있다. 보다 넓게는 운전자본을 잘 관리해야 한다. 운전자본은 현금을 비롯한 유동자산 및 유동부채를 의미하며, 주요 계정으로는 매출채권, 재고자산, 매입채무 등이 있다. 이들 자산과 부채를 효율적으로 관리하는 일은 회사의 수익성에 큰 영향을 준다. Dell, Walmart, Amazon 등은 운전자본을 효율적으로 잘 관리한 기업으로 유명하다. 앞서 자산이익률(ROA)을 분해하면 매출액이익률(profit margin)과 자산회전율(asset turnover)으로 나눌 수 있음을 배운 바 있다. 여기서 자산회전율은 운전자본관리와 밀접한 관련이 있으며, 회사의 수익성에 운전자본관리가 어떤 영향을 주는지 나타내는 부분이다. 즉, 자산화전율이 높아서 보다 적은 자산을 활용하여 많은 매출을 창출하는 회사가 운전자본을 보다 잘 관리했다고 볼 수 있으며 높은 수익성으로 이어진다. 운전자본관리를 효율적으로 한다는 의미는 매출채권과 재고자산 등을 적게 보유하고 매입채무를 증가시키는 일이라고 할 수 있다. 운전자본 관리는 불경기에 더욱 중요해지는데, 그 이유는 불황에는 매출채권을 회수하는 것이 어려워지고 매입채무를 빨리 현금 지급해 주기를 바라는 공급자가 많아지기 때문이다. 이로 인해 기업들은 많은 자산을 현금으로 전환하지 못한 채 매출채권이나 재고자산 등의 유동자산에 묶어 두는 경우가 많고, 이는 기업의 현금관리를 어렵게 하는 요인이 된다. 기업은 일차적으로는 보유하고 있는 현금이나 매출채권의 회수 등을 통해서 유동성을 활보하려 노력하지만, 이를 통해 충분한 유동성을 창출하지 못할 경우에는 은행으로부터 차입을 하거나, 자산매각, 구조조정, 파산신청과 같은 절차를 밟아야 할 수 있다.

다음은 2022년 한국 상장기업들의 평균적인 현금자산 보유량과 배당성향을 보여준다.

변수	평균	중위수
현금자산(천원)	248,196,848	36,043,012
배당금/총자산	0.012	0.008
배당금/이익잉여금	0.048	0.024
배당금/현금자산	0.253	0.096

외국인 투자자의 증가와 낮은 이자율로 많은 자본시장 참가자들이 배당에 관심이 많아지고 있다.

우리나라와 일본기업들이 배당을 적게 하고 현금을 너무 많이 보유한다는 비난을 받고 있다. 현금을 많이 보유하는 현상은 우리나라에만 국한된 것은 아니다. 미국의 경우에도 현금 보유량이 계속해서 증가하는 것을 볼 수 있다. 예를 들어 Bates, Kahle, and Stulz(2009, Journal of Finance)의 논문에 의하면 1980년 미국 상장기업들의 평균 현금 보유량(총자산으로 나눈 값)은 10%정도였는데 2006년에는 이 비율이 23%까지 올라간 것을 보여주었다. 이러한 현상에 대한 이유도 분석했는데, 가장 큰 이유는 시계열적으로 현금흐름이 불안정하기 때문이라 보고 있다. 현금흐름의 변동성이 커지는 상황에서 파산의 위험을 막기 위해선 그만큼 현금흐름이 많이 필요하게 된다.

유동성 관리의 핵심은 외상으로 산 것은 가능한 늦게 현금으로 주고 현금의 회수는 가능한 빨리 하는 것이다. 물론 외상으로 물품을 구입하는 상대는 중소기업 공급업자가 많고 상생이 중시되는 우리나라의 문화에서 힘든 일이기도 하다. 이러한 운전자본관리의 핵심을 나타내는 지표로서 다음과 같은 비율이 있다.

이러한 지표는 산업별 특성에 따라서 크게 영향을 받으므로, 동종 산업에 있는 다른 기업과 비교함으로써 특정 기업의 운전자본관리 정도를 적절히 평가할 수 있다. 영업주기와 현금전환주기(cash conversion cycle)는 그 값이 낮을수록 운전자본관리를 엄격하게 한다 할 수 있다. 아래 예에서 보겠지만 Amsazon 같은 경우 현금전환주기가 음수이다. 이는 남의 돈으로 장사하는 것이나 다름없다. 남의 물건을 외상으로 사와 팔고 현금을 회수해서 나중에 외상을 갚는 것이다.

보다 일반적으로 기업들이 운전자본 관리를 효율적으로 하기 위해서 어떠한 방식을 따라야 할까? Dell은 유동자산 관리를 성공적으로 수행한 기업으로 자주 언급된다. Dell은 고객이 주문을 한 뒤 생산을 시작하는 방식을 갖고 있었으며, 이로 인해 재고자산 보유량을 크게 줄일 수 있었다. 또한 제품 제조에 필요한 부품을 공급하는 업체들을 주변에서 구함으

명칭	공식	의미
재고자산회전율	매출원가/평균재고자산	재고자산이 얼마나 빠르게 판매되는지 나타내는 지표
재고자산회전일수	365/재고자산회전율	재고자산 구입 후 판매까지 걸리는 평균 시간
매출채권회전율	매출액/평균 매출채권	매출채권이 얼마나 빠르게 회수되고 있는지 나타내는 지표
매출채권회전일수	365/매출채권회전율	고객으로부터 매출 채권을 회수하는데 걸리는 평균 시간
매입채무회전율	매입액/평균 매입채무	매입채무가 얼마나 빠르게 공급자에게 현금으로 지급되는지 나타내는 지표
매입채무회전일수	365/매입채무회전율	생산자의 매입채무를 이행하는데 걸리는 평균 시간
영업주기	재고자산회전일수 + 매출채권회전일수	기업이 재고 구입 후 실제 거래에서 고객으로부터 현금을 수취할 때까지 걸리는 기간
현금전환주기 (순영업주기)	재고자산회전일수 + 매출채권회전일수 - 매입채무회전일수	기업이 재고 구입을 외상으로 한다는 점을 고려하여 기업이 원재료를 구입하면서 현금을 지출하는 시점부터 최종 제품 판매로 현금을 회수하는 시점까지의 기간

로써 운전자본 관리를 효율적으로 수행할 수 있었다. Dell이 1990년대 급속히 성장할 수 있었던 배경에는 이러한 운전자본관리 노하우가 중요하게 작용했다고 알려져 있다. 또한 기업들이 생산관리와 관련하여 적기공급생산(JIT)이나 생산자원계획법(MRP) 등을 도입하는 것도 운전자본관리를 개선하는 결과를 가져올 수 있다.

운전자본관리를 위해서 경영성과 평가시 손익계산서를 지나치게 강조하는 관행에서 탈피하고 현금흐름표를 좀 더 중요하게 고려해야 한다. 손익계산서는 발생주의로 작성되기 때문에, 현금흐름과는 무관한 항목이 많이 포함되어 있으며, 회사가 이익을 크게 내고 있다고 하더라도 영업현금흐름은 매우 나쁠 수 있다. 가령 매출을 많이 인식하는 기업이 재고자산이나 매출채권관리를 효율적으로 못하고 있다면, 매출액은 손익계산서에 크게 나타나겠지만 현금흐름표상의 현금흐름은 그렇지 않을 것이다. 이와 관련하여 영업인력에 대한 성과 평가시 성장률에만 근거하여 판단해서는 안 된다. 매출성장률에 집착하게 되면 영업사원들은 거래상대방의 신용을 등한시하여 이후 대손이 크게 증가할 수 있기 때문이다. 또한 생산활동과 관련해서는 제품의 품질과 운전자본관리 사이에서 균형을 잡는 것이 필요하다. 제품 품질을 높이기 위해서는 많은 운전자본을 쌓아두고 생산을 해야 하겠지만, 그 결과 운전자본이 비효율적으로 관리되는 결과를 초래한다. 이러한 제반 절차를 효과적으로 수행하기 위해서는 이사회나 경영진에 전문성을 갖춘 인력을 보유하는 것이 유리할 것이다.

다음은 2022년 우리나라 기업의 운전자본 관련 자료를 보여준다. 평균 기업의 재고자산 회전일수는 27.2일이고, 매출채권 회전일수는 9.7일이다. 반면 매입채무 회전일수는 22.1일이다.

	평균	표준편차	최소값	최대값	N
재고자산회전율	27.213	111.3744	0.745776	897.5128	2069
매출채권회전율	9.710348	8.759057	1.763733	63.11432	2069
매입채무회전율	22.16542	56.10107	1.223503	496.7725	2069
재고자산회전일수	92.89773	84.06769	0.406679	489.4234	2069
매출채권회전일수	55.69196	33.57266	5.783157	206.9474	2069
매입채무회전일수	39.69165	28.82214	0.467562	179.8079	2069
영업주기	149.7585	99.27524	16.62254	593.5062	2069
현금전환주기	109.6517	96.08585	-32.8979	553.6525	2069
현금(백만원)	107918.6	351287.1	480.05	2697223	2069
현금/총자산	22.0544	38.5771	1.871263	297.6645	2069
유동비율	2.667533	2.887103	0.383693	16.66167	2069
당좌비율	2.092982	2.587541	0.235518	14.94278	2069

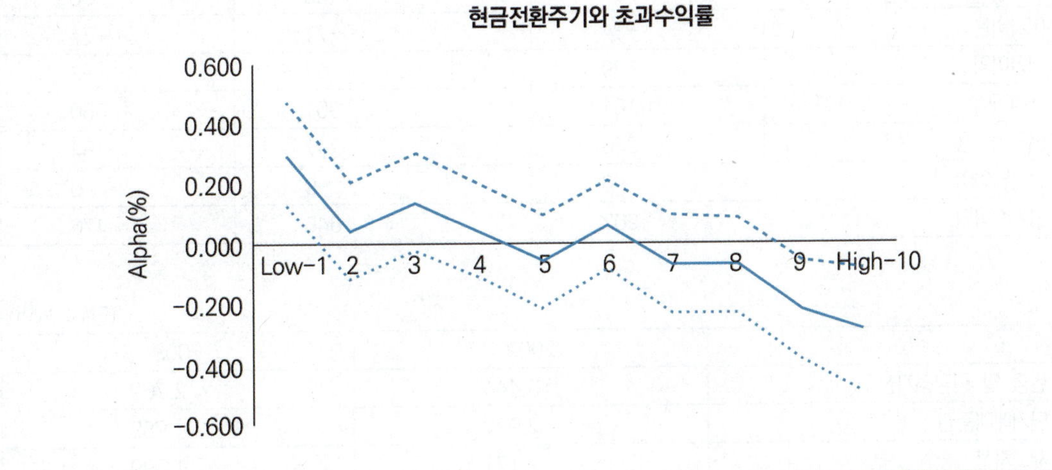

그러면 운전자본을 효율적으로 관리하는 기업의 주가는 어떨까? Wang(2019)는 순운전자본관리가 기업의 가치에 영향을 주는 것을 보였다. 위의 그림에서 보듯이 효율적 운전자

본관리를 하는 기업일수록 기업의 가치는 올라간다. 현금전환주기가 작은 기업일수록 초과 수익률을 나타내는 알파가 높다.

셀프스터디 문제 ❹

다음은 Amazon과 Best Buy의 손익계산서와 재무상태표이다.

Amazon

(단위: 백만)

	2009	2008	2007
순매출액	24,509	19,166	14,835
매출원가	18,978	14,896	11,482
매출총이익	5,531	4,270	3,353
영업비용			
업무추진비	2,052	1,658	1,292
마케팅비용	680	482	344
콘텐츠이용료	1,240	1,033	818
관리비	328	279	235
기타영업비용	102	−24	9
영업이익	1,129	842	655
이자수익	37	83	90
이자비용	−34	−71	−77
기타이익	29	47	−8
세전이익	1,161	901	660
법인세비용	−253	−247	−184
지분법이익	−6	−9	0
당기순이익	902	645	476

(단위: 백만)

	2009	2008
현금 및 현금성자산	3,444	2,769
단기매매증권	2,922	958
재고자산	2,171	1,399
매출채권	988	827
이연법인세자산	272	204
유형자산	1,290	854
이연법인세자산(비유동)	18	145

영업권	1,234	438
기타자산	1,474	720
자산합계	13,813	8,314
매입채무	5,605	3,594
미지급비용	1,759	1,152
장기사채	7,364	4,746
기타장기부채	1,083	487
보통주자본금	5	4
자기주식	−600	−600
주식발행초과금	5,736	4,121
기타포괄손익누계액	−56	−123
이익잉여금	162	−730
부채 및 자본 합계	13,813	8,314

Best Buy

(단위: 백만)

	2009	2008	2007
매출액	45,015	40,023	35,934
매출원가	34,017	30,477	27,165
매출총이익	10,998	9,546	8,769
판매관리비	8,984	7,385	6,770
구조조정원가	78	0	0
영업권손상	66	0	0
영업이익	1,870	2,161	1,999
투자이익	35	189	162
투자자산손상	−111	0	0
이자비용	−04	−62	−31
세전이익	1,700	2,228	2,130
법인세비용	674	815	752
비지배지분이익	−30	−3	−1
지분법이익	7	−3	0
당기순이익	1,003	1,407	1,377

(단위: 백만)

	2009	2008
현금 몇 현금성자산	498	1,438
단기매매증권	11	64
매출채권	1,868	549
재고자산	4,753	4,708
기타유동자산	1,062	583
토지 및 건물	755	732
	2,013	1,752
기계장치	4,060	3,057
금융리스자산	112	67
감가상각비누계액	(2,766)	(2,302)
영업권	2,203	1,088
상표권	173	97
고객자산	322	5
투자증권	395	605
기타자산	367	315
자산 합계	15,826	12,758
매입채무	4,997	4,297
상품권채무	479	531
미지급급여	459	373
기타미지급비용	1,382	975
미지급법인세	281	404
단기차입금	783	156
유동성단기차이금	54	33
장기부채	1,109	838
장기사채	1,126	627
비지배지분	513	40
보통주자본금	41	41
주식발행초과금	205	8
이익잉여금	4,714	3,933
기타포괄손익누계액	-317	502
부채 및 자본 합계	15,826	12,758

두 기업에 대해서 운전자본과 관련된 회전일수를 구하고 현금전환주기를 구하시오.

해답

	Amazon(09)		Best Buy(09)	
매출채권회전일수	365/(24509/907.5) =	13.5	365/(45015/1207) =	9.79
재고자산회전일수	365/(18978/1785) =	34.3	365/(34017/4730.5) =	50.76
매입채무회전일수	365/(18978/4599.5) =	88.5	365/(34017/4647) =	49.86
현금전환주기		-40.62		10.69

4 유형자산

유형자산(plant assets or fixed assets)이란 재화의 생산, 용역의 제공, 자체적 사용 등 영업활동에 사용하기 위한 목적으로 보유하는 물리적(tangible) 형태가 있는 자산으로 토지, 건물, 기계장치, 선박, 차량 운반구 등이 해당한다. 재무상태표 항목을 영업과 비영업항목으로 분류할 때 이들은 영업자산으로 분류된다. 유형자산을 직접 만드는 경우 시간이 오래 걸리는 점을 고려하여, 건설과정에서 지출한 원가를 자산으로 인식할 수 있도록 건설 중인 자산이라는 계정을 사용하기도 한다. 유형자산은 기업의 정상적인 영업과정에서 사용할 목적의 자산이라는 점에서, 판매를 목적으로 하는 재고자산과는 차이가 있다.

(1) 자본화(capitalization) 및 비용화

자본화 또는 자산화는 발생된 지출을 즉시 비용으로 인식하지 않고 자산으로 기록하는 것을 말한다. 분개하는 관점에서 보면 대변에 현금지출을 기록할 때, 차변에 자산의 증가를 기록할지 비용의 증가를 기록할지 선택하는 것과 같다. 자본화하게 되면 자산을 보유하는 기간 동안 재무상태표와 손익계산서상에 영향을 주게 된다. 유형자산의 취득 후 발생하는 여러 가지 지출(post-acquisition expenditure)을 유형자산의 원가에 포함시키면 자산이 증가하게 되고, 이후 감가상각을 통해서 남은 내용연수 동안 비용 처리하게 된다. 자본화 여부에는 경영자의 자의적 해석이 큰 영향을 주기도 한다. 유형자산의 취득 후 발생하는 지출은 다음과 같이 크게 자본적 지출과 수익적 지출로 구분할 수 있다.

- 자본적 지출(capital expenditure): 해당 지출에 의해 개선된 자산으로부터 발생하는 미래 경제적 효익이 회사에 유입될 가능성이 높고, 그 원가를 신뢰성 있게 측정할 수 있는 경우 자본화
- 수익적 지출(revenue expenditure): 자본적 지출의 조건이 충족되지 않는 경우 지출 시점에 당기비용 처리

자본적 지출은 지출과 관련된 자산의 내용연수가 늘어나거나 잔존가치가 커지거나 생산성이 늘어난 경우이다. 예로 들어 건물 취득 후에 엘리베이터를 설치하는 경우를 예로 들 수 있다. 엘리베이터를 설치함으로써 종업원의 생산성이 높아졌다고 판단되면 이러한 설치비용은 건물의 원가에 포함되어야 하고 다음과 같은 분개를 한다.

(차변) 건물 xxx
(대변) 현금 xxx

수익적 지출은 주로 관련 자산의 유지(maintenance)비용이나 수리비용 등이다. 이러한 수익적 지출은 본질적으로 자본적 지출에 비해 소액이다. 기계장치의 경우, 기계장치의 부품 등을 교체하는 것을 예로 들 수 있다. 이런 경우에 분개는 다음과 같다.

(차변) 건물(수리비용) xxx
(대변) 현금 xxx

유형자산 취득 후 지출	회계처리	당기순이익		현금흐름	(당기) 재무레버리지
		당기	미래		
비용으로 처리	당기비용	낮음	높음	-	높음
자산으로 처리	자산화 (이후 감가상각)	높음	낮음	영업활동현금흐름에 포함 (감가상각비를 당기순이익에 더해준다)	낮음

리우 회사는 중고 트럭을 두 대 구입하였다. 해당 트럭은 동일하지 않으며 개당 원가는 5,000원이다. 구입한 트럭을 면밀히 살펴본 결과 첫 번째 트럭에 대해서는 1,000원 상당의 수리비가 필요하다는 것을 알았다. 해당 수리를 할 경우 트럭의 내용연수를 2년 증가시킬 수 있는 것으로 나타났다. 두 번째 트럭의 경우 1,500원의 수리비가 필요하며 이는 단순히 소모품을 교환하는 데 소요된다. 해당 트럭을 얼마의 원가에 기록해야 하는가?

해답

첫 번째 트럭에 소요되는 수리비는 자본적 지출이므로 자산의 원가에 가산한다. 따라서 첫 번째 트럭의 원가는 6,000원(5000+1000)이 된다. 두 번째 트럭에 소요되는 수리비는 수익적 지출이므로 자산의 원가에 가산하지 않고 당기 비용 처리한다. 따라서 두 번째 트럭의 원가는 여전히 5,000원이다.

건설업을 영위하는 회사는 유형자산을 구입하지 않고 직접 건설하는 경우가 있다. 건물 등을 건설하는 데에는 오랜 시간과 많은 자금이 필요하며, 회사들은 차입금을 조달해서 건설비용을 충당하는 경우가 많다. 이때 회사가 이자비용을 자본화하는 것을 허용하지 않는다면, 건설기간 동안 매우 많은 비용을 기록하게 되지만 건물로부터 얻는 경제적 효익은 이후에 발생하게 된다(revenue−expense mismatching). 또한 재무상태표 측면에서도 회사의 자산이 건물이 완성되는 순간에 크게 급등하는 현상이 나타날 수 있는데, 이는 재무보고 목적으로 바람직하다고 할 수 없다. 따라서 회사는 건설에 소요된 이자비용을 건설 중인 자산이라는 계정과목으로 자산화할 수 있다. 물론 건설과 직접적으로 상관없는 이자비용까지 자산화하는 것을 막기 위해서 다음과 같은 절차와 규정을 따르도록 되어 있다.

1. 매 해 건설지출액에 그 해에 사용한 지출에 이자를 낼 비율을 곱해서 가중평균누적지출액(WAAE: weighted average accumulated expenditures)을 구한다. 지출이 기초에 이루어질수록 가중치는 커진다.
2. 먼저 건설을 위해 특정된 차입금을 사용했으면 해당 차입금의 이자율을 사용한다. 특정부채(specific construction debt)가 1번에서 계산한 비용보다 크면 해당 이자율을 사용하고 이자율에 WAAE를 곱한다.
3. 가중평균누적지출액이 부채보다 크면 다른 부채의 가중평균이자율을 구한다. 건설을 위해 조달한 부채를 초과한 지출금액만큼 다른 부채의 가중평균이자율을 곱한다.
4. 2번과 3번의 결과를 더한 값을 회피가능이자(avoidable interest)라 하며 실제 이자비용과 회피가능이자 중에 작은 것으로 자본화한다. 건설이 완료된 이후에 발생하는

이자는 모두 비용처리 한다.

2022년 12월 31일 이올라니 기업은 연 12%의 이자율로 3,000,000원을 건물을 짓는 용도로 빌렸다. 2023년 해당 기업은 건물과 관련하여 다음의 지출을 하였다.

3월 1일: 480,000원
6월 1일: 600,000원
7월 1일: 800,000원
12월 1일: 1,200,000원

이외에 회사는 매년 10% 이자를 지급하는 10년 만기로 2006년에 차입한 금액 4,000,000원과 매년 8%의 이자를 지급하는 6년 만기로 2010년에 차입한 금액 2,000,000원이 있다. 회사는 2023년 3월 1일에 토지 등을 구입하기 위해 150,000을 지출하였다. 특정목적 차입금과 관련하여 150,000원을 지출하였다.

(a) 자본화 할 이자비용을 계산하여라.

1단계: 가중평균지출금액을 계산한다.

지출					
날짜	금액	×	자본화기간	=	가중평균지출금액(WAAE)
3월 1일	480,000		10/12		400,000
6월 1일	600,000		7/12		350,000
7월 1일	800,000		6/12		400,000
12월 1일	1,200,000		1/12		100,000
	₩3,080,000				₩1,250,000

2단계: 특정부채(specific construction debt)가 이 문제의 경우에는 3,000,000원이며 이 금액은 1단계에서 계산한 지출액(1,250,000원)보다 크다. 그러므로 특정부채에 해당하는 이자율을 사용하고 이자율에 WAAE를 곱한다. 이 문제에서는 가중평균지출금액이 특정 부채보다 작기 때문에 3단계는 생략한다.

회피가능 이자 계산

가중평균지출금액(WAAE)	×	이자율	=	회피가능 이자
₩1,250,000		12% (건설 대출)		₩150,000

실제 이자

₩3,000,000×12%	$360,000
₩4,000,000×10%	400,000
₩2,000,000×8%	160,000
	₩920,000

회피가능 이자가 실제이자보다 낮기 때문에 회피가능 이자를 자본화 목적으로 사용해야 한다.

(b) 이자비용을 자본화하는 분개를 하라.

차변 계정과목	금액	대변 계정과목	금액
건설 중인 자산	150,000	현금	920,000(= 360,000 + 400,000 + 160,000)
이자비용	770,000		

이자비용의 자본화는 자산 건설기간 동안 이익을 증가시키고 자산을 증가시키고 자본을 증가시킨다. 따라서 재무레버리지는 낮아진다. 반면 건설이 완공되면 감가상각비로 인해 이익은 줄어들고 자산이익률(ROA)이나 자기자본이익률(ROE)을 감소시키는 효과가 있다.

(2) 감가상각

유형자산의 감가상각방법은 자산의 미래경제적 효익이 소비되는 형태를 반영한다. 유형자산의 원가에서 잔존가치를 차감한 감가상각대상 금액(depreciable base)을 자산의 내용연수 동안 체계적이고 합리적으로 배분하여 비용화시키는 과정이다. 즉, 감가상각대상 자산의 경우 취득 당시에는 현금의 유출이 있으나, 비용으로 기록되는 금액이 없으며, 이후 해당 자산을 사용하는 과정에서 감가상각비라는 비용을 인식하는 것이다. 이는 수익과 비용의 대응이라는 측면에서 보다 바람직한 회계처리이다. 또한 이러한 감가상각의 특성으로 인하여 현금흐름표에서 감가상각비는 현금흐름에는 영향을 주지 않지만 당기순이익을 감소시키는 대표적인 항목으로 간접법으로 현금흐름표를 작성할 경우 영업활동현금흐름을 증가시키는 방향으로 조정된다. 감가상각비를 계산하기 위해서는 다음과 같은 항목들을 반드시 필요하다.

– 감가상각방법(depreciation method): 정액법, 정률법, 생산량비례법 등

– 감가상각자산의 취득원가(cost)
– 내용연수(estimated useful life): 자산이 사용 가능할 것으로 기대되는 기간 또는 자산에서 얻을 것으로 기대되는 생산량이나 이와 유사한 단위 수량
– 잔존가치(residual value or salvage value): 내용연수가 끝났을 때 남아있는 감가상각자산의 가치

	감가상각대상금액	감가상각률
정액법(Straight Line method)	원가 - 잔존가치	1/사용가능연수
정률법(Double Declining Balance method)	장부가치	(1/사용가능연수)×2
연수합계법(Sum of Years Digits method)	원가 - 잔존가치	[n(n+1)]/2 n = 사용가능연수
생산량 비례법(Units of production method)	원가 - 잔존가치	(1/예상생산량)×당기생산량

내용연수, 잔존가치, 감가상각률은 경영자의 추정이 들어가게 되고 회사의 경영전략, 성과나 경영자의 인센티브에 의해 영향을 받는다. 이익을 늘리려는 기업은 내용연수를 동종산업의 경쟁사들 보다 길게 하고 감가상각률도 낮게 할 것이다. 정액법은 잔존가치가 변동하지 않는다고 가정할 때 자산의 내용연수 동안 매 기간 일정액의 감가상각액을 계상하는 방법이다. 정률법은 자산의 내용연수 동안 감가상각액이 매 기간 감소하는 방법이다. 감가상각액은 매년 감소하지만 감가상각률은 매 회계기간 동안 동일한 특징이 있다. 생산량비례법은 자산의 예상조업도 또는 예상생산량에 근거하여 감가상각액을 계상하는 방법이다. 예상총생산량을 기준으로 많이 생산하면 감가상각비를 많이 인식하고 적게 생산하면 적게 인식하는 방법이다.

대부분의 기업이 정액법을 채택하며, 이 경우 매기 인식하는 감가상각비는 (유형자산 장부금액－추정 잔존가치)/추정 내용연수로 동일하다. 한편 정률법이나 연수합계법은 내용연수 초기에 감가상각비를 많이 인식하는 방법이며, 자산의 내용연수가 끝날 즈음에는 정액법과 비교했을 때 적은 비용을 인식한다. 그렇지만, 정률법이나 정액법이나 자산 전체의 사용기간을 보면 감가상각비 총액에는 차이는 없고 회계이익 또한 차이가 없다. 그러나 법인세 비용이 미치는 영향을 고려하면 조금 다른 분석결과를 얻게 된다. 만약 세법에서 자산의 조기상각을 인정한다면, 조기에 감가상각을 많이 인식함으로써 세전이익을 감소시켜서 법인세를 적게 내는 이익을 얻을 수 있다. 물론 이후 기간에서 더 많은 법인세를 내게 되지만,

현금흐름의 현재가치를 고려하면 조기상각이 (영업)현금흐름상 유리할 수 있다.

생산량비례법은 생산단위, 운행거리, 작업시간 등에 비례하여 감가상각비를 계산하는 방식으로, 유형자산의 자산성이 생산량에 비례하여 일률적으로 감소할 경우 적합한 방법이다. 원가 배분이라는 측면에서도 자산을 사용함으로써 발생하는 자원과 대응이 되어 바람직하다고 할 수 있다.

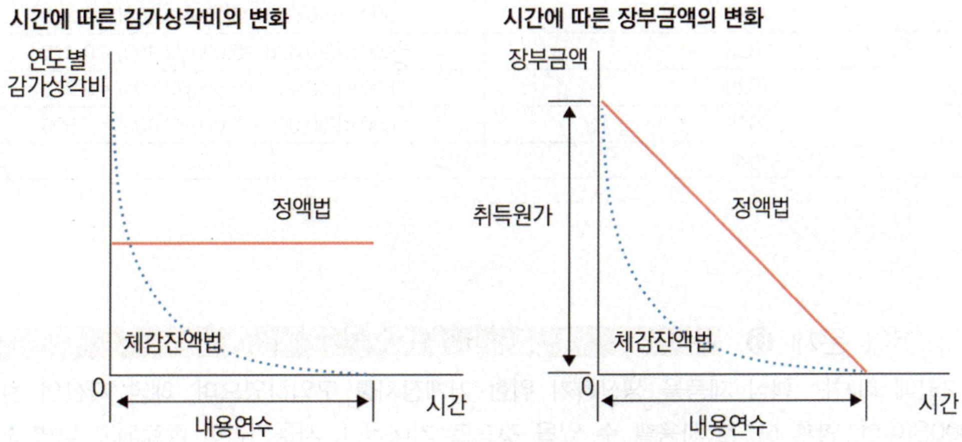

셀프스터디 문제 ❷

회사는 새로운 기계장치를 2023년 1월 1일에 구입하였으며, 원가는 50,000원이었다. 회사는 새로운 기계장치를 향후 5년간 사용할 예정이며 2,400시간 동안 작동할 수 있을 것으로 기대된다. 5년 후에는 잔존가치가 5,000 남을 것으로 예상된다. 정액법과 생산량(사용량) 비례법을 사용해서 5년 동안의 감가상각비를 계산하시오. 사용량 비례법을 사용할 경우 최초 4년간은 매년 500시간 동안 작동하고 마지막 연도에는 400시간 동안 작동할 것으로 예상된다.

해답

정액법(시간기준)

(단위: 원)

연도	감가상각비
2023	(50,000 − 5,000)/5 = 9,000
2024	(50,000 − 5,000)/5 = 9,000

2025	(50,000 - 5,000)/5 = 9,000
2026	(50,000 - 5,000)/5 = 9,000
2027	(50,000 - 5,000)/5 = 9,000
합계	45,000

생산량 비례법(사용기준)

(단위: 원)

연도	감가상각비
2023	500×[(50,000 - 5,000)/2,400] = 9,375
2024	500×[(50,000 - 5,000)/2,400] = 9,375
2025	500×[(50,000 - 5,000)/2,400] = 9,375
2026	500×[(50,000 - 5,000)/2,400] = 9,375
2027	400×[(50,000 - 5,000)/2,400] = 7,500
합계	45,000

셀프스터디 문제 ❻

1월 2일에 회사는 핵심 제품을 생산하기 위한 기계장치를 구입하였으며, 해당 자산의 원가는 10,000원이며, 향후 5년간 사용할 수 있을 것으로 기대된다. 사용기간이 종료되고 나면 1,000원에 판매할 수 있을 것으로 예상된다.

1. 정액법과 정률법을 각각 사용하였을 때, 해당 자산의 사용가능기간 동안 감가상각비를 매년 구하시오.(단, 정률법의 경우 상각률 40%를 적용하라.)

해답

정액법을 사용할 경우: (10,000−1,000)/5=1,800원의 감가상각비를 매년 기록하게 된다.

정률법을 사용할 경우: 매년 40%의 비율을 적용하여 감가상각하게 된다. 이에 따라 다음과 같은 금액의 감가상각비를 기록한다.

연도	순장부가치×감가상각률	감가상각비	누적감가상각액
1	10,000×0.4	4,000	4,000
2	(10,000 - 4,000)×0.4	2,400	6,400
3	(10,000 - 6,400)×0.4	1,440	7,840
4	(10,000 - 7,840)×0.4	864	8,704
5	(10,000 - 8,704)×0.4 = 518.4 → 296	296	9,000

이때 마지막 연도에는 잔존가치보다 낮은 자산가액을 갖지 않도록 감가상각비를 조정한다.

2. 회사가 정액법을 사용했을 때 해당 자산을 3년간 사용한 후 재무상태표에 어떻게 표시하는지 나타내시오.

해답

기계장치	10,000
차감: 감가상각누계액	5,400
기계장치 (순액)	4,600

3. 해당 기계장치가 회사가 보유하고 있는 유일한 감가상각자산이며, 정액법을 사용해서 감가상각한다고 할 경우, 3년이 지난 후에 잔여 사용 기간과 몇 퍼센트를 사용했는지 나타내시오.

해답

추정 잔존 내용연수 = 감가상각가능원가/감가상각비 − 경과연수 = (9,000/1,800) − 3 = 2년
일반적으로 회사는 잔존가치를 공개하지 않기 때문에, 실제 잔여사용가치보다 더 높은 값을 갖게 된다.
사용퍼센트 = 5,400/9,000 = 60%
일반적으로 회사는 잔존가치를 공개하지 않기 때문에, 실제로 사용한 퍼센트보다 더 낮은 값을 갖게 된다.

4. 해당 자산을 3년간 사용한 이후에 향후 4,000원의 현금흐름을 생성할 것으로 기대되며, 현재 공정가치가 3,800원으로 예상될 경우, 해당 자산은 손상되었는가? 만약 그렇다면 재무제표에 미치는 영향은 무엇인가?

해답

해당 자산은 손상되었다. 그 이유는 해당 자산의 기대현금흐름(=4,000) 및 공정가치(=3,800)가 순장부가치(=4,600)보다 작기 때문이다. 회사는 해당 자산을 4,000원으로 감소시켜야 하며, 순장부가치와의 차이인 600원(=4,600−4,000)을 손익계산서에 비용으로 인식해야 한다.

5. 만약 해당 자산을 3년간 사용한 뒤 회사가 해당 자산을 5,000원의 현금을 받고 팔았다면, 해당 판매로부터 기록하게 될 처분손익은 얼마인가?

해답

회사의 순장부가치(=4,600)보다 높은 5,000원에 판매하였으므로, 차이인 400원을 처분수익으로 인식한다.

감가상각비와 재무제표

회사의 이익을 다른 회사와 비교하거나 같은 회사의 다른 연도와 비교할 때 감가상각

방법(보수적인지, 공격적인지)과 추정치가 어떻게 다른지 잘 살펴볼 필요가 있다. 감가상각비를 낮추면 이익이 높아지고, 자산이 증가하고, 자본이 증가한다. 자산재평가를 하지 않는 한 장부에 기록된 자산과 감가상각비는 역사적 원가로 기록되게 되어 있고, 이에 따라 장부금액이 시가보다 낮게 기록된다. 또한 오래된 자산일수록 장부금액과 시가는 더 차이가 나게 마련이고 재무상태표와 손익계산서의 수치는 자산이 얼마나 오래되었느냐에 따라 달라질 수 있다. 이러한 차이가 기업의 수익과 부채비율에도 영향을 준다. 오래된 자산이 많고 재평가를 실시하지 않을 경우 자산이익률(ROA) 계산 시 분모가 작아지기 때문에 수익성이 개선되고 부채비율이 높은 것으로 보일 수 있다. 회사가 새로운 자산을 많이 가지고 있는지 오래된 자산을 많이 가지고 있는지에 따라 재무제표 비율이 달라질 수 있어 기업 간 비교가 어렵다. 또한 자산의 내용연수와 감가상각방법의 차이, 재평가실시 여부 또한 기업 간 비교(cross sectional comparison)를 어렵게 한다. 뿐만 아니라 특정 시점에 기업이 유형자산에 대한 재평가(asset revaluation)를 실시한다면 재평가시점 전후의 시계열 비교(time-series comparison)도 어려워진다.

탐사 및 시추 회계처리(Oil and Gas Accounting)

유형자산이나 무형자산의 감가상각과 비슷하게 오일, 가스와 같이 천연자원(natural resources)을 생산하는 산업에서는 자원을 사용함에 따라 감모상각비(depletion expense)을 계상한다. 감모상각비는 일반적으로 생산 수준에 따라 금액을 결정하는 데 총추정생산(recoverable reserves) 중에서 당기에 생산된 양이 차지하는 비중을 계산하여 감모율(depletion rate)로 삼는다. 감가상각방법 중에 생산량비례법과 유사한 접근법이다. 이렇게 계산된 감모율(depletion rate)을 Depletion base와 곱한 금액이 당기에 인식해야 할 감모상각비(depletion expense)가 된다. Depletion base는 획득비용(acquisition costs) + 탐사 비용(exploration costs) + 시추 비용(intangible development(drilling) costs) + 복구비용(restoration costs)으로 결정된다. 복구비용은 오일과 가스 같은 천연자원을 전부 추출한 후에 환경과 관련된 제반 법률에 의거 천연자원 매장 근처를 원상태로 복구해야 조건들을 이야기한다. 이런 복구비용들은 모두 depletion base에 포함되어야 한다.

2010년, 회사는 핵융합 발전소를 100,000원에 건설하였으며, 해당 발전소는 15년간 사용될 것이다. 해당 발전소를 사용 후 해체하는 데 20,000원의 금액이 들어간다. 정액법을 사용하여 회사는 감가상각비는 계산한다. 2015년에 새로운 법안이 통과되어서 발전소 해체와 관련된 비용이 24,000원으로 증가하였다. 2020년에는 해당 발전소는 총 20년 동안(즉, 향후 10년 동안) 사용될 수 있을 것으로 예상이 바뀌었다. 회사가 2010년, 2015년, 2020년 말에 각각 기록해야 하는 감가상각비는 얼마인가?

(단위: 원)

연도	감가상각비
2010년 말	(100,000 + 20,000)/15 = 8,000
2015년 말	(100,000 + 20,000 + 4,000 − 8,000×5)/10 = 8,400
2020년 말	(84,000 − 8,400×5)/10 = 4,200

탐사 및 시추 회계처리에서 어떤 비용을 즉시 비용화할 것인지, 자산화 할 것인지 하는 문제가 생긴다. 앞서 감가상각비 부분에서 살펴본 것처럼 자산화/비용화 결정은 재무제표에 큰 영향을 준다. 전부원가법(full cost method)의 경우 탐사시추활동의 성공 여부와 관계없이 유정을 탐사하여 시추하는 데 소요된 모든 비용을 자본화한 뒤 생산이 시작되는 시점부터 감모상각비(depletion expense)를 매년 계산하여 비용을 인식한다. 반면에 성공원가법(successful effort method)은 오일이나 가스를 채취하는 데 성공한 탐사활동에 대해서는 자본화하지만, 그렇지 않은 탐사활동에 대해서는 전액 당기 비용으로 처리한다. 전부원가법을 채택할 경우 미래보다 당기의 경영성과가 좋게 보이도록 만들 수 있으며, 성공원가법을 채택할 경우 그 반대이다. 한국채택국제회계기준(K−IFRS)에서는 두 가지 방법 중에 한 가지를 경영자가 선택할 수 있으며, 한번 선택한 방법을 일관되게 적용할 것을 요구한다.

(3) 유형자산의 평가

한국채택국제회계기준(K−IFRS)을 도입하면서 유형자산의 최초 인식 후에는 원가모형이나 재평가모형 중 하나를 회계정책으로 선택할 수 있다. 유형자산 분류별로 동일하게 원가모형이나 재평가모형을 적용하여야 한다. 자산재평가는 각종 자산에 대해 공정가치 평가를 확대하려는 노력의 일환으로 볼 수 있다. 재평가를 자산의 분류별로 동일하게 적용해야 하는 이유는 회사가 선택적으로 개별자산별로 원가법이나 재평가모형을 적용해서 자산을 부풀리고 부채비율을 낮추려는 시도를 막기 위함이다. 또한 재평가모형을 도입했다면 주기적으로 재평가를 실시해야 한다.

원가모형을 선택하는 경우, 유형자산은 원가에서 감가상각누계액과 손상차손누계액을 차감한 금액으로 평가한다. 원가모형은 객관적인 취득원가를 사용한다는 장점이 있으나, 유형자산의 장부금액이 자산의 실제 가치를 반영하지 못할 수 있다는 한계가 있다. 재평가모형을 선택하는 경우, 유형자산은 재평가금액, 즉 재평가일의 공정가치에서 재평가일 이후의 감가상각누계액과 손상차손누계액을 차감한 금액으로 평가한다. 재평가 모형은 자산을 공정가치로 평가하여 표시하므로 정보이용자에게 유용한 정보를 제공할 수 있다는 장점이 있으나, 공정가치를 추정할 때 경영자의 주관적 판단이 개입할 수 있으며 공정가치를 확인하기 어려운 항목에 대해서는 적용하기 어렵다는 문제가 있다.

자산의 장부금액이 재평가로 인하여 증가된 경우에 그 증가액은 기타포괄손익으로 인식하고 재평가잉여금의 과목으로 자본에 가산한다. 반면 재평가 손실은 바로 손익에 반영한다. 이는 보수주의 회계의 예라 볼 수 있다. 자산의 장부가치가 증가하는 경우 재평가를 통해 부채비율을 낮출 수 있다. 하지만, 감가상각 자산을 재평가하여 장부가를 올린 경우에는 미래에 감각상각비가 증가하는 부담이 있다. 따라서 감가상각의 부담이 없는 토지를 많이 재평가하는 경향이 있다.

아래는 원가모형과 재평가모형에 따라 어떻게 재무상태표에 표시되는가를 나타낸 표이다. 재평가모형은 재평가 후에 유형자산의 금액이 500억원만큼 증가한 경우를 가정한 것이다.

(단위: 억원)

원가모형		재평가모형	
원가	1,000	원가	1,000
		재평가잉여금	500
감가상각비	(200)	감가상각비	(200)
손상차손	0	손상차손	0
재무상태표에 표시될 금액	800	재무상태표에 표시될 금액	1,300

아래 표는 한국 유가증권시장 회사들이 2009년 자산재평가를 조기 허용했을 때 공시한 내용이다. 재평가차액이 가장 큰 10대 회사의 재평가금액, 장부금액, 재평가차액을 보여준

다. 유가증권시장의 상장회사들은 총자산의 5% 이상(대기업은 2.5% 이상)에 해당하는 자산재평가가 발생할 경우 관련 내용을 공시해야 할 의무가 있다. 표에 나타난 상위 10개 회사뿐만 아니라 유가증권 상장회사들의 재평가 대상 유형자산은 대부분 토지였다. 그 이유는 토지는 기계장치나 건물 등에 비해서 장기간 보유하는 경우가 많으며, 지난 수십 년간 토지가격이 큰 폭으로 상승했고, 미래에 감가상각비가 커지는 부담이 없기 때문이다. 토지에 대해서 재평가를 적용함으로써 재무레버리지 등을 개선하는 효과를 가장 크게 얻을 수 있었다. 재평가차액이 큰 상위 10개 회사의 금액은 약 28조억원으로 전체 유가증권상장 회사의 재평가차액의 약 72%를 차지했다.

(단위: 억원)

	회사	재평가금액	장부금액	재평가차액
1	한국전력공사	304,680	191,650	113,030
2	삼성전자	72,151	33,988	38,163
3	롯데쇼핑	67,964	32,243	35,721
4	SK에너지	85,233	60,489	24,744
5	포스코	19,310	594	18,716
6	현대중공업	28,705	16,349	12,356
7	한국가스공사	20,324	8,405	11,920
8	대우조선해양	16,215	5,985	10,230
9	케이씨씨	14,709	4,578	9,501
10	현대제철	16,633	7,786	8,847

아래 그림은 재평가로 자산가치가 증가했을 경우에 나타나는 재무제표의 변화를 보여준다. 재평가 이후 레버리지가 낮아지며 자산이익률(ROA)과 자기자본이익률(ROE)은 낮아진다. 따라서 레버리지를 중요시하는 기업은 재평가를 하는 경향이 있고, 자산이익률(ROA)과 자기자본이익률(ROE)을 더 중요시하는 기업은 재평가를 하지 않을 가능성이 높다.

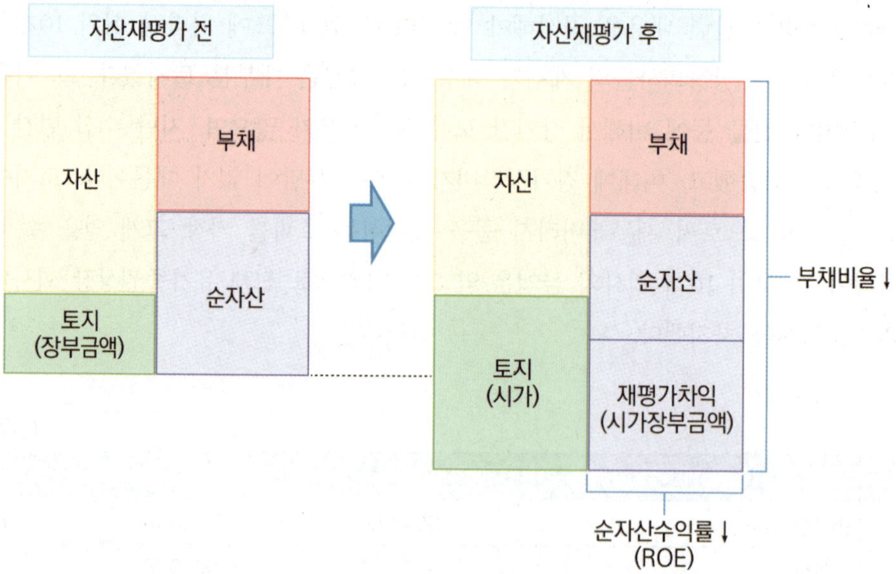

셀프스터디 문제 ❼

마일리 회사는 2021년 3월 31일에 토지를 50,000원에 구입하였다. 2021년 12월 31일에 해당 토지의 공정가치는 55,000원이었으며, 2022년 12월 31일에는 60,000원이 되었으나, 2023년 12월 31일에는 40,000원이 되었다. 회사는 토지에 대해서 재평가를 매년 실시하는 정책을 갖고 있다. 이와 관련된 분개를 하시오. 또한 매년 당기순이익과 기타포괄손익에 미치는 영향을 구하시오.

해답

매년 말 분개는 아래와 같다.

	차변 계정과목	금액	대변 계정과목	금액
2021.3.31	토지	50,000	현금	50,000
2021.12.31	토지	5,000	재평가잉여금	5,000
2022.12.31	토지	5,000	재평가잉여금	5,000
2023.12.31	재평가잉여금	10,000	토지	20,000
	재평가손실	10,000		

다음은 재평가가 당기순이익과 기타포괄손익에 미치는 영향을 요약한 표이다.

	당기순이익에 미치는 영향	기타포괄손익에 미치는 영향
2021. 3.31	0	0
2021.12.31	0	5,000
2022.12.31	0	5,000
2023.12.31	-10,000	-10,000

만약 2021년 12월 31일의 공정가치가 40,000원이었으며 2022년 12월 31일의 공정가치 55,000원이었으며, 2023년 12월 31일의 공정가치가 60,000원이었을 경우 분개를 수행하시오. 또한 매년 당기순이익과 기타포괄손익에 미치는 영향을 구하시오.

해답

	차변 계정과목	금액	대변 계정과목	금액
2021 .3.31	토지	50,000	현금	50,000
2021.12.31	재평가손실	10,000	토지	10,000
2022.12.31	토지	15,000	재평가이익	10,000
			재평가잉여금	5,000
2023.12.31	토지	5,000	재평가잉여금	5,000

	당기순이익에 미치는 영향	기타포괄손익에 미치는 영향
2021. 1.31	0	0
2021.12.31	-10,000	0
2022.12.31	10,000	5,000
2023.12.31	0	5,000

부록: 시어즈 파산과 헤지펀드

125년의 역사를 자랑하는 시어즈가 파산했다. 시카고에 우뚝 솟은 시어즈 타워도 이름이 바뀌었다. 아마존닷컴 등 온라인 쇼핑의 대두로 인한 소비패턴의 변화를 읽지 못하고 유효한 정책도 시도해 보지 못하고 주저앉았다. Raymond Chandler가 쓴 playback의 문장이 생각난다. “내가 강하지 않으면 살 수 없다. 친절하지 않으면 살 자격이 없다.”(If I wasn't hard, I wouldn't be alive. If I couldn't ever be gentle, I wouldn't deserve to be alive.). 시어즈는 미국 도시에서 쉽게 찾아볼 수 있었고, 동네 할아버지, 할머니의 로망이었다. 하지만 시어즈는 강하지 않았다.

먼저 시어즈의 역사를 보자.

1893년 일리노이주 시카고에서 창업
1906년 미 소매업 최초로 주식공개
1973년 시카고에 시어즈 타워건설
1990년 보험등 비핵심업무 매각
2004년 Kmart로 부터 매수제안
2005년 Kmart와 합병(헤지펀드운영자 Lampert가 운영)
2013년 시어즈 자사 브랜드 “Craftsman, Kenmore” 등(공구, 가전, 어패럴, DIY, 자동차 전용제품) 분리 매각
2018년 10월 15일 경영파산, Chapter 11신청

시어즈의 파산의 가장 큰 원인은 유통의 이해가 부족한 헤지펀드 출신 CEO 램퍼트(E. Lampert)라 생각한다. 유통에 대한 이해는 없고 수익을 주로 비용절감과 재무적 측면(financing activities)에서 찾아보려 하였다. 램퍼트는 월가에서는 제2의 “워런버핏”이라 불리는 유명한 인물이다. 올해 56세인 그는 25세부터 이미 스타였다. 25세의 나이에 헤지펀드를 운영하며 마이클 델(Dell computer), 데이비드 커펜(헐리우드 영화제작 대부) 등으로 부터 2억달러를 투자금으로 받기도 했다. 2004년 램퍼트가 운영한 헤지펀드는 연 29%의 수익을 내 업계에서 전설이 되기도 했다. 자기재산이 5조 정도인 적도 있고 현재도 자기 재산이 3조원을 넘게 소유한 자산가다.

램퍼트는 2004년 파산한 Kmart를 사서 2005년 시어즈와 합병을 한다. 램퍼트는 월가에서 다른 사람과 똑같이 해선 돈을 벌 수 없다는 것을 어려서부터 뼈에 사무치게 배웠고 다른 시도를 했다. 조직문화가 중요하다고 새로운 문화도입도 시도했다. 시어즈에서 돈이 될 만한 사업을 분리하여 매각했다. Craftsman도 팔았고 Kenmore도 팔았다. 하지만 시어즈가 가진 어페럴 브랜드, 공구브랜드(Craftsman), DIY 상표, 자동차전용 부품이 시어즈 경쟁력의 원천인 것을 몰랐다. 효율성을 추구했다. 원가를 줄이려 사업을 시작한 후 60%가 넘는 인원 축소도 했다. 램퍼트가 경영에 관여한 직후 2006년 3,500개 점포, 매출액 550억달러에서 2017년 점포 수 980개 250억달러로 줄었다. 시어즈를 변화시키려 개인 재산도 많이 쏟아 부었다. 최근에는 시어즈에 인터넷 라운지를 만들어 컴퓨터를 들여놓고 온라인 쇼핑을 도입하였다. 하지만 대세를 돌리기엔 규모 미비했고 시기도 너무 늦었다. Walmart는 이미 2013년에 M&A로 Amazon을 따라잡기 위해 대규모 온라인사업을 시작했고, 온라인의 강자인 Amazon은 2017년 홀푸드를 인수하여 오프라인으로도 사업을 확장하였다. Walmart와 Amazon에 끼어서 샌드위치가 된 셈이다.

시어즈 주가 추세

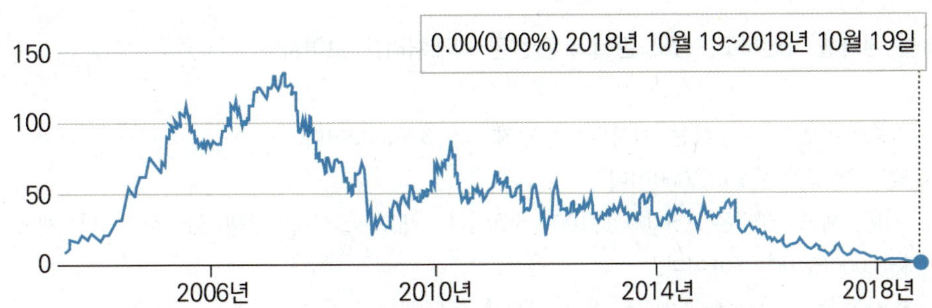

램퍼트는 유통업을 잘 모르는 CEO이다. 자신 스스로 솔직히 얘기한다.

> "I wanted to be an idea generator. I was trying to be a catalyst, not the operating person."

시어즈가 필요했던 사람은 유통과 재무를 둘 다 아는 양손잡이 CEO가 아니었을까?

06 연습문제

01 다음은 판매가능원가와 매출원가를 계산하는 독립적인 사례이다. 다음 빈 칸을 채우시오.

	Case 1	Case 2	Case 3
재고 (기초)	$(a)	$2,350	$1,890
매입 총액	6,230	5,720	(e)
매입 환출, 에누리	470	800	550
매입 할인	200	(c)	310
운송비	150	500	420
매출가능원가	7,110	(d)	8,790
재고 (기말)	(b)	1,750	1,200
매출원가	5,220	5,570	(f)

02 매출 원가를 계산하고, 감모 손실과 관련된 회계처리를 보이시오.

1. 계속기록법을 사용하는 회사의 기초 재고는 $20,000이다.
2. 당기 매입액은 $300,000이다.
3. 기말 재고 잔액은 $50,000($100×50)이다. 재고 실사를 통해 확인한 기말 재고 잔액은 $30,000($100×30)이다.
4. 회사는 감모 손실의 60%를 정상 감모로 판단한다.

03 알라모아나 기업은 2023년 1월 1일 다음의 내역을 새로 취득했다.

	취득원가	잔존가치	내용연수	방법
건물1	$1,000,000	0	20	정액
건물2	$500,000	50,000	20	정액
설비	500,000	50,000	5	정액
기계장치	300,000	30,000	5	정액

자동차	200,000	10,000	5	정률
영업권	100,000	0	-	-

12월 31일, 위와 관련된 정보는 다음과 같다.

1. 건물 1은 계속 사용 중이다.
2. 건물 2는 10월 31일 $470,000에 처분했다.
3. 설비에 7월 1일 현금으로 자본적 지출 $120,000이 발생했다.
4. 자동차는 정률법 중 이중체감법을 사용한다.
5. 영업권이 $20,000만큼 손상되었다.

각 자산을 구분하여 당기 회계처리를 하시오. 소수점 첫째자리에서 반올림하시오.

추가적으로, 2024년, 기계장치의 내용연수를 10년으로 추정했다. 2024년의 기계장치의 감가상각비를 구하시오.

04 다음은 모아나 회사의 재무제표의 일부이다. 물음에 답하시오.

(단위: 원)

	2023	2022
토지	10,000	15,000
건물 및 자본적 지출 합계	120,000	180,000
기계장치	570,000	535,000
자본화된 이자비용	30,000	35,000
건설중인 자산	20,000	25,000
합계	750,000	790,000
감가상각비누계액	495,000	485,000
유형자산 순액	255,000	305,000

유형자산의 감가상각 비율을 계산하기 위해서 건물에 대해서는 10−50년, 기계장치에 대해서는 5−20년, 차량 및 운반구에 대해서는 3−10, 비품에 대해서는 5−10, 자본화된 소프트웨어에 대해서는 5−7년의 내용연수를 적용하는 회계정책을 갖고 있다. 금융리스로 보유하고 있는 자산에 대해서 적용하는 내용연수는 리스 계약상에 명시된 연수와 실제 내용연수 중 작은 값으로 한다.

1 모아나 회사는 2023년에 감가상각비로 60,000원의 비용을 인식하였다. 회사가 정액법을 사용하고 있고 잔존가치가 0이라고 가정할 때 감가상각대상 자산에 대해서 적용되는 평균적인 내용연수를 추정하시오.

2 회사는 2023년 말 기준으로 감가상각대상 자산의 몇 퍼센트를 사용(used up)했는가? 이러한 비율을 계산하는 일이 미래 현금흐름을 추정하는 데 어떠한 의미를 지니는가?

05 다음은 3월 동안 회사의 생산활동에 대한 정보이다.

(단위: 원)

	3/1	3/31
원재료	1,900	2,100
재공품	3,400	2,800
완성품	2,000	2,100
3월에 공장에서 발생한 원가		
원재료구입		2,700
노동력투입		6,100
기타생산비용		100
기존 공장 구입 및 선급 비용		
공장 기계설비 대여료		100
공장 건물 대여료		200
선급보험료		100
추가 정보		
매출		17,600
판매관리비		5,500

1 3월 동안 원재료 비용을 계산하시오.

2 3월 동안 생산되어 완성품 계정으로 옮겨진 원가를 계산하시오.

3 3월에 판매된 제품의 매출원가와 당기순이익을 계산하시오.

06 다음의 자료를 참고하여 물음에 답하시오.

(단위: 원)

품목	단위	단위당 원가	총 원가
3/1 기초재고	-	-	-
3/1 구입	10	2,000	20,000
3/15 구입	40	2,400	96,000
3/21 구입	10	2,500	25,000
판매가능재고원가	60		141000
3월 판매	-45		?
3/31 기말재고 = 4/1 기초재고	15		?
4/5 구입	30	2,800	84,000
4/15 구입	20	3,000	60,000
4/23 구입	25	3,500	87,500
판매가능재고원가	90		?
4월 판매	-70		?
4월 기말재고	20		?

1 3월의 매출원가와 기말재고를 선입선출법, 후입선출법, 가중평균법의 가정을 적용하여 구하시오.

2 4월의 매출원가와 기말재고를 선입선출법, 후입선출법, 가중평균법의 가정을 적용하여 구하시오.

3 회사가 5월에 60개의 재고자산을 개당 4,000원에 추가로 구입하였으며 62개를 판매하였을 때, 선입선출법, 후입선출법, 가중평균법을 사용하여 매출원가와 기말재고를 구하시오.

07 앞의 문제에 이어서 다음의 추가자료를 고려하여 물음에 답하시오.

(단위: 억원)

	4월 말	5월 말
재고자산을 제외한 유동자산	70,000	83,000
유동부채	91,000	101,000

1 4월과 5월 말 기준으로 유동비율을 구하되, 선입선출법, 후입선출법, 가중평균법을 적용하시

오. 법인세 효과는 무시하시오.

2 5월 재고자산회전율을 위와 동일한 3가지 재고자산 흐름에 대한 가정을 적용하여 구하시오.

08 다음의 거래에 대해서 분개를 수행하고 재무제표에 어떠한 영향을 미치는지 설명하시오.

2월	회사는 개당 200,000원에 4개의 차량을 판매하였고, 고객은 60일 이내에 대금을 지급하기로 하였다.
3월	회사는 총액 250,000원에 달하는 저장용기 50개를 판매하기로 계약을 맺었으며, 3개월 이후에 배송할 예정인데, 배송비는 고객이 부담하기로 하였다.
4월	고객은 4개의 차량에 대한 대금을 전부 지급하였다.
5월	회사는 고객에게 800,000원을 받고 트럭을 즉시 배송하였다. 배송하자마자 고객은 20%의 금액을 회사에 지급하였고, 나머지는 120일 이후에 지급할 예정이다.
6월	회사는 저장용기를 예정대로 배송하였고 고객으로 부터 현금을 받았다(3월 계약).
7월	5월에 계약한 고객이 파산신청 하였으며, 회사는 대금을 전혀 지급받지 못할 것으로 예상된다(대손충당금을 충분히 설정되어 있다).

09 재고자산 금액 결정 방법에 따른 순이익의 차이

노엘라니 기업의 4월달 거래는 다음과 같다.

(단위: 원)

구입	수량	단가	판매	수량	단가
4월 1일	60	300	4월 3일	40	400
4월 4일	150	340	4월 9일	120	400
4월 8일	80	350	4월 11일	80	400
4월 13일	130	360	4월 23일	130	420
4월 21일	70	370	4월 27일	90	420
4월 29일	50	380			
	540			460	

(a) 실지재고조사법을 가정했을 때, 선입선출법과 평균법에 따른 4월 말 재고자산 금액을 결정하시오.

(b) 계속기록법을 가정했을 때, 선입선출법과 평균법에 따른 4월 말 재고자산 금액을 결정하시오.

(c) 물가가 상승하는 시기에 선입선출법과 평균법 중 무엇이 당기순이익을 높게 보고하는 데 도움이 되는가?

10 모할라 회사는 해외에서 전자제품을 구입하여 판매하는 사업을 수행하고 있다. 2024년 기간 동안 다음과 같은 거래가 재고자산과 관련하여 발생하였다.

(단위: 원)

	수량	단가	총비용
기초재고	30	1,200	36,000
구입	80	1,000	80,000
판매(가격 2,000에 90개)			

재고자산은 후입선출법(LIFO)에 따라서 기록되었으며, 2024년 12월 28일에 단가가 800으로 감소하였다. 재고자산의 가치는 다음해 1분기에는 더욱 하락할 것으로 예상된다.

1 재고자산의 후입선출법(LIFO)사용과 관련된 다음의 양식을 완성하시오.

매출	
매출원가	
매출총이익	
기타비용	48,000
세전이익	
기말재고	

2 2024년 12월 31일 이전에 경영진은 여러 이유로 인하여 20개의 재고자산을 추가로 구입할 예정이다. 위의 양식을 다시 작성하시오. 해당 구입은 2024년 12월 31일에 발생한 것으로 가정하시오.

3 위의 추가 구입 결정으로 얼마나 많은 세전 이익이 변화하는가? 이익조정의 증거를 찾을 수 있는지 설명하시오.

11 아시아나 항공은 상당수의 항공기를 자가 보유 혹은 금융리스로서 재무상태표 상에 계상하고 있으며, 한국채택국제회계기준의 도입과 함께 자산재평가를 수행하였다. 다음은 2009년 2분기 말 시점의 재무자표이다.

(단위: 백만원)

	원가모형	재평가모형	차이
	2009.6.30	2009.6.30	
	(a)	(b)	(b-a)
항공기(순액)	518,407	599,163	80,756
금융리스로 보유하는 항공기(순액)	1,631,892	1,968,585	336,693
	2,150,299	2,567,748	417,449

1 자산재평가는 아시아나 항공의 레버리지 비율에 어떤 영향을 미치는가? 만약 자산재평가 결과 자산의 공정가치가 기존 장부가치보다 낮아지는 경우에는 레버리지 비율에 어떤 영향을 미치는가?

2 재평가를 수행한 이후에 회사가 2009년 2분기의 재무상태표에 총자산이 5,645,556(백만)원이었으며 총부채는 4,845,961(백만)원이었을 때, 재평가를 수행하기 이전의 레버리지 비율을 구하시오. 감가상각비는 고려하지 않는다.

12 가가농장은 농산물을 생산하는 12월 말 결산법인이다. 지금까지 가가 농장은 여러 가지 작물과 농산물을 키우고 있으며 생산 주기는 모두 1년 이내이다. 아래는 모두 2023년 12월 말 시점의 정보이다.

(1) 가가 농장은 약 4,000평 정도의 규모의 파인애플 과수원을 보유하고 있다. 파인애플의 원가는 1,200만원이다. 판매 부대비용은 70만원이다.

(2) 가가농장은 약 2,000kg의 마카데미아 너츠를 수확해서 창고에 보관 중이다. 너츠의 원가는 3천만원 정도이다. 현재 시장에 거래되는 너츠 가격은 kg당 3만원이다. 농장에서 대형 곡물 창고까지 너츠를 운송하는 데 드는 비용은 kg당 1,000원이다.

(3) 가가 농장은 닭을 키우고 있다. 가가 농장은 모든 닭을 판매 목적으로 보유 중이다. 닭을 키우는 데 들어간 총 원가는 7천만원이고, 판매 부대원가는 2백만원으로 예상된다. 이 암탉과 수탉의 시장가격은 총 9천만원이다.

(4) 가가 농장은 망고 5만개를 보유하고 있다. 망고 1개당 원가는 200원이고, 가가 농장은 특별한 판매 부대비용은 발생하지 않을 것으로 예상하고 있다. 가가 농장 인근에서 망고는 매

우 드물기 때문에, 최근 시장가격이 형성되어 있지 않다. 가가 농장은 2달 전에 개당 500원에 팔았다. 가가 농장은 그때 이후로 가격이 크게 변하지 않았을 것이라고 판단한다.

가가 농장의 2023년 12월 30일의 재고자산을 평가하라.

13 다음은 KB금융지주와 우리금융지주의 재무제표이다. 두 은행은 모두 2010년부터 K-IFRS를 도입하였다.

(단위: 천원)

	(주)KB금융지주		우리금융지주(주)	
연도	총자산	대손충당금	총자산	대손충당금
2008	267,548,791,000	7,169,132,000	290,994,295,000	6,985,240,000
2009	262,168,450,000	7,151,278,000	284,904,067,000	7,486,086,000
2010	258,770,622,000	4,144,916,000	291,177,318,000	4,906,015,000
2011	277,600,817,000	3,810,149,000	312,791,649,000	4,030,823,000
2012	282,006,578,000	3,867,398,000	325,705,933,000	3,863,980,000
2013	291,838,155,000	3,458,237,000	340,690,382,000	6,837,712,000

1 연도별, 은행별로 대손충당금이 총 자산에서 차지하는 비율을 계산하시오.

2 대손충당금/총자산 비율에서 시계열적인 추세를 발견할 수 있는가? 추세를 설명하는 있는 요소는 무엇인가? 한국채택국제회계기준(K-IFRS)이 기존 회계기준(K-GAAP)보다 대손충당금을 덜 설정할 수 있도록 한다는 주장에 대해 검토하시오.

3 대손충당금과 관련하여 IFRS9의 도입이 어떠한 영향을 줄지 설명하시오. 대손충당금/총자산 비율이 어떻게 될 것으로 예상하는가?

14 회사는 2023년 1월 1일에 새로운 항공설비를 구입하면서 100,000원을 지급하였다. 해당 설비의 잔존가치는 10,000원으로 추산되며 향후 5년간 사용할 수 있을 것으로 예상된다. 회사는 정액법, 정률법, 사용량기준법 중 어떤 감가상각방법을 사용할지 고민하고 있다.

1 최초 3년간 회사가 항공설비와 관련해서 기록해야 할 감가상각비를 계산하시오. 사용량기준법과 관련하여 회사는 2023년에는 1,000시간 2024년에는 2,000시간, 2025년에는 3,000

시간을 사용할 것으로 예상하였으며 총 사용가능시간은 10,000시간이다.

2 1번의 계산결과를 바탕으로 했을 때 2023년의 당기순이익을 극대화하려는 경영자가 선택할 감가상각방법은 무엇인가? 2023년의 영업현금흐름을 극대화하려는 경영자가 선택할 감가상각방법은 무엇인가?

3 회사는 3년간 항공설비를 사용한 이후에 30,000원에 다른 회사에 매각할 수 있을 것으로 예상한다. 정액법, 정률법, 사용량기준법 하에서 인식할 처분손익을 계산하시오.

4 회사는 3년간 항공설비를 사용한 이후에 잔존연수를 다시 추산해 본 결과 5년간 추가로 사용할 수 있을 것으로 예상했다. 정액법의 경우 2026년에 회사가 기록할 감가상각비는 얼마인가?

15 다음의 유형자산과 관련된 재무제표의 일부를 참고하여 물음에 답하시오.

(단위: 억원)

	2023	2022
감가상각비	1,400	1,500
기계장치(총액)	35,000	37,000
토지	19,250	15,600
감가상각누계액	7,000	6,220

1 2023년 기말시점에 존재하는 감가상각대상 자산은 몇 퍼센트나 사용되었는가? 이는 회사의 미래 투자활동 현금흐름과 관련하여 어떤 의미를 지니는가?

2 회사의 감가상각대상 자산의 내용연수를 추정하시오.

사례문제 다음은 현대오일뱅크의 2013년 12월 31일에 종료되는 회계연도(제50기)에 대한 재무제표의 일부이다. 자료를 참고하여 물음에 답하시오.

과목	제50기		제49기		제48기	
자산						
Ⅰ. 유동자산		3,900,540,170		3,714,895,369		3,867,000,958
1. 현금 및 현금성자산	50,595,955		107,473,025		68,512,945	
2. 단기금융자산	20,490,473		38,817,689		28,965,304	
3. 당기손익인식금융자산	1,056,117		248,654		1,380,379	
4. 매출채권 및 기타채권	1,518,385,539		1,391,947,798		1,385,476,826	
5. 재고자산	2,253,431,645		2,088,992,735		2,304,309,869	
6. 파생상품자산(유동)	2,189,558					
7. 기타유동자산	54,390,883		87,415,468		78,355,635	
Ⅱ. 비유동자산		4,999,560,624		4,729,607,868		4,631,495,559
1. 관계기업투자	164,654,988		159,993,625		32,984,403	
2. 장기금융자산	2,523,500		1,523,500		2,023,500	
3. 매도가능금융자산	3,075,175		3,075,175		3,075,175	
4. 매출채권 및 기타채권	155,041,284		146,888,545		126,602,212	
5. 투자부동산	25,921,563		26,634,006		26,634,006	
6. 유형자산	4,554,839,601		4,308,825,673		4,357,650,003	
7. 무형자산	82,556,420		82,667,344		82,526,260	
8. 기타비유동자산	10,948,093		–		–	
자산 총계		8,900,100,794		8,444,503,237		8,498,496,517
부채						
Ⅰ. 유동부채		3,816,031,306		3,193,768,445		3,910,203,418
1. 단기금융부채	1,143,768,434		702,859,972		1,041,234,648	
2. 당기손익인식금융부채	1,523,909		2,142,101		2,122,711	
3. 매입채무 및 기타채무	2,578,674,197		2,370,321,714		2,761,175,093	
4. 미지급법인세	26,979,719		29,104,888		32,016,988	
5. 충당부채	4,745,800		6,808,000		13,580,000	
6. 파생상품부채(유동)	2,838,460					
7. 기타유동부채	57,500,787		82,531,770		60,073,978	
Ⅱ. 비유동부채		2,125,400,168		2,489,164,382		1,996,818,490
1. 장기금융부채	1,964,097,794		2,311,734,550		1,856,628,838	
2. 매입채무 및 기타채무	42,058,455		44,122,475		11,780,045	
3. 순확정급여부채	157,756		16,471,883		11,029,186	
4. 장기충당부채	5,207,907		7,911,889		10,814,644	
5. 이연수익	38,594,970		40,440,511		56,610,459	
6. 파생상품부채	4,027,701		5,940,814		4,953,277	
7. 이연법인세부채	71,255,585		62,542,260		45,002,041	
부채 총계		5,941,431,474		5,682,932,827		5,907,021,908
자본						

지배기업의 소유지분		2,908,322,438		2,727,320,293		2,591,474,609
Ⅰ. 자본금		1,225,412,110		1,225,412,110		1,225,412,110
1. 보통주자본금	1,225,412,110		1,225,412,110		1,225,412,110	
Ⅱ.자본잉여금		-22,619,670		-22,595,908		-
Ⅲ.기타포괄손익누계액		-7,113,114		-9,410,295		-7,520,668
Ⅳ.이익잉여금		1,704,059,013		1,533,914,386		1,373,583,167
비지배지분		58,930,981		34,250,117		-
자본 총계		2,958,669,320		2,761,570,410		2,591,474,609
부채와 자본총계		8,900,100,794		8,444,503,237		8,498,496,517

과목	제50기	제49기	제48기
Ⅰ. 매출액	22,403,665,530	21,700,424,898	19,016,892,240
Ⅱ. 매출원가	21,604,929,271	21,035,770,857	18,086,191,602
Ⅲ. 매출총이익	798,736,259	664,654,041	930,700,638
Ⅳ. 판매비와 관리비	395,567,638	357,442,069	335,745,589
Ⅴ. 영업이익	403,168,621	307,211,972	594,955,049
Ⅵ. 금융수익	88,325,854	105,972,682	76,119,931
Ⅶ. 금융비용	174,046,551	186,633,296	157,729,443
Ⅷ. 기타영업외수익	275,802,845	310,634,062	458,447,995
Ⅸ. 기타영업외비용	381,328,600	329,420,477	527,336,318
Ⅹ. 지분법손익	3,171,640	14,938,823	5,595,113
XI. 법인세비용 차감 전 순이익	215,093,809	222,703,766	450,052,327
XII. 법인세비용	56,705,670	51,316,661	83,709,984
XIII. 당기순이익	158,388,139	171,387,105	366,342,343
지배기업소유주지분	157,669,673	171,595,199	366,342,343
비지배지분	718,466	(208,094)	-
기본주당순손익(단위: 원)	643	700	1,495

추가자료 1

구분	토지	건물	구축물	기계장치	건설중인자산
기초취득가액	950,905,731	285,631,241	1,003,292,480	2,698,286,770	93,366,811
기초상각누계액	-	(52,781,803)	(334,111,148)	(449,263,398)	-
기초장부가액	950,905,731	232,849,438	669,181,332	2,249,023,372	93,366,811
취득	1,491,297	491,032	54,052,861	1,391,544	245,802,095
처분	(49,852,029)	(6,822,516)	(6,804,276)	(665,890)	-
대체 등	5,233,421	9,573,210	60,725,240	65,990,034	-187,712,699

감가상각비	-	(7,154,486)	(29,261,228)	(155,697,634)	-
기말취득가액	907,778,420	285,196,925	1,104,505,981	2,759,910,968	151,456,207
기말상각누계액	-	(56,260,247)	(356,612,052)	(599,869,542)	-
기말장부금액	907,778,420	228,936,678	747,893,929	2,160,041,426	151,456,207

추가자료 2

1. 일반 사항

이 재무제표는 기업회계기준서 제1027호 "연결재무제표와 별도재무제표"에 따른 별도 재무제표입니다.

현대오일뱅크주식회사(이하 "회사")는 1964년 11월 19일 설립되어, 석유류 제품 제조 및 판매를 주요 사업으로 영위하고 있으며 충남 대산에 본사 및 제조시설이 있습니다. 회사는 현재 원유처리능력 일 390,000배럴의 석유정제시설을 가동하고 있습니다.

2013년 12월 31일 현재 현대중공업주식회사가 전체지분의 91.13%를 보유하고 있습니다.

01 추가자료 1과 2를 이용해서 회사가 보유하고 있는 재고자산과 유형자산을 추정해 보시오.

02 회사의 감가상각 관련 자료를 참고하여, 물음에 답하시오. 회사는 기계장치에 대해서 잔존가치를 0으로 가정하며 정액법을 적용한다고 할 때, 기계장치를 2013년 기말시점에 누적으로 몇 퍼센트 사용하였는지 추산하시오.

03 위의 문제에서 회사가 기계장치에 대해서 적용하는 내용연수를 추정할 수 있는가?

04 추가자료 1에서 건물의 증가요인 중 대체라고 분류된 항목이 있는데 이는 무엇을 의미하는가?

05 다음은 현대오일뱅크의 주석에 나타난 감가상각과 관련된 회사의 정책을 보여준다.
토지를 제외한 자산은 취득원가에서 잔존가치를 제외하고, 다음의 추정 경제적 내용연수에 걸쳐 정액법으로 상각됩니다.

구분	추정내용연수	구분	추정내용연수
건물	25~50	공기구비품	5
구축물	25~50	차량운반구	5
기계장치	5~15	기타의 유형자산	2~6

유형자산의 감가상각방법과 잔존가치 및 경제적 내용연수는 매 회계연도 말에 재검토되고 필요한 경우 추정의 변경으로 회계처리 됩니다.

회사의 회계정책에 따르면 기계장치에 적용된 내용연수가 5-15년이다. 2번에서 추산한 내용연수와 차이가 있는가? 차이가 있다면, 차이를 발생시킨 이유는 무엇인가?

06 만약 현대오일뱅크의 동종산업 경쟁업체가 기계장치에 대해서 일괄적으로 20년의 내용연수를 적용해서 감가상각을 수행한다고 할 때, 현대오일뱅크와 경쟁업체 중 더 공격적인 회계정책을 채택한 회사는 어디인가? 그 이유는 무엇인가?

07 만약 회사가 건물과 구축물에 대해서 정액법이 아니라 정률법을 적용하는 정책을 자산 획득 시점부터 적용했다면, 2013년의 당기순이익은 현재보다 높아질 가능성이 높은가? 낮아질 가능성이 높은가?

08 회사의 2013년 매출채권 회전율과 매출채권회전일수를 구하고, 각 재무비율이 의미하는 바를 설명하시오.

09 회사의 전기와 당기 매입액이 다음과 같을 때, 당기와 전기의 현금전환주기를 구하시오.

구분	당기	전기
재고자산매입액	16,705,567,854	18,816,679,979

10 당기에 유가의 점진적인 상승으로 인해 회사가 매입하는 재고자산의 단가가 점차 높아졌다고 한다. 만약 회사가 후입선출법을 재고자산의 흐름에 대한 가정으로 사용한다면 현재보다 재고자산, 매출원가가 많아지는가 적어지는가? 해당 회계처리를 한국채택국제회계기준(K-IFRS) 하에서 사용 가능한가?

1. 소극적 투자(일반적으로 20% 이내의 의결권 소유하는 경우)
2. 지분법
3. 연결

Lectures on Financial Accounting

07

기업 간의 투자활동의 보고 및 분석

CHAPTER

07 기업 간의 투자활동의 보고 및 분석

이번 장에서는 다른 회사에 대한 투자로 발생하는 금융자산에 대해 살펴보고자 한다. 금융자산의 종류로는 주식을 비롯한 지분증권과 회사가 발행하는 사채에 투자하는 채무증권이 대표적이며, 이 외에도 파생상품의 성격을 포함하는 금융자산이 다양하게 존재한다. 지분증권에 대한 투자는 크게 소극적 투자와 적극적 투자로 나눌 수 있다. 특정 회사에 대한 지분을 20% 이상 소유할 경우 적극적 투자로 분류되는데, 이는 피투자회사에 대한 영향력을 행사하기 위한 투자로서의 성격을 반영하여 회계 처리하게 된다. 반면 지분을 20% 미만으로 소유할 경우에는 소극적 투자로서 해당 투자로부터 이익을 얻는 것 이상의 영향력을 행사하지 않는 경우이다. 지분을 갖지 않는 채무증권에 대한 투자는 모두 소극적 투자이다.

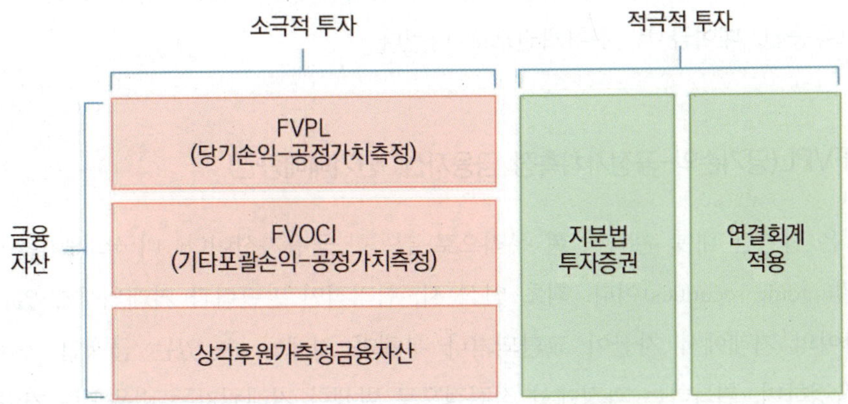

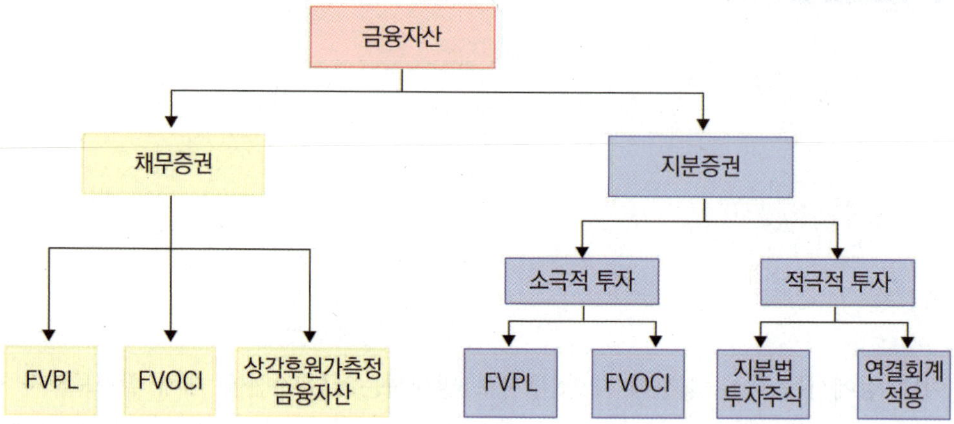

1 소극적 투자(일반적으로 20% 이내의 의결권 소유하는 경우)

소극적 투자는 투자목적이나 해당 금융자산의 성격에 따라서 단기매매증권, 매도가능증권, 만기보유증권, 대여금 및 수취채권으로 나뉜다.

(1) FVPL(당기손익-공정가치측정 금융자산, 단기매매증권)

FVPL은 단기간 내에 손익 실현 목적으로 취득한 금융자산이다. 미국회계기준에서는 단기매매증권(trading securities)이다. 최초 인식 시, 합리적인 판단력과 거래의사가 있는 독립된 당사자 사이의 거래에서 자산이 교환되거나 부채가 결제될 수 있는 금액인 공정가치(fair value)로 측정하며, 취득하는 과정에서 직접적으로 발생한 거래원가는 비용으로 처리한다. 후속 시점의 공정가치 평가에 따른 평가손익을 당기손익으로 인식하는 공정가치모형을 적용한다. 따라서 해당 자산과 관련된 평가손익은 당기순이익에 반영되어 경영자의 경영성과에 포함된다.

마우나 회사가 5월 31일 피코이 회사의 전체 주식 중 10%를 구입하였으며, 해당 투자로부터 단기적인 매매차익을 얻고자 한다 하자. 구입한 주식수는 500주이며, 구입 당시 주가가 10,000원이었을 때 분개는 다음과 같다.

5/31			
차변 계정과목	금액	대변 계정과목	금액
FVPL	5,000,000	현금	5,000,000

만일 해당 주식 가격이 12/31에 12,000원으로 증가했을 때는 다음과 같은 분개를 한다.

12/31			
차변 계정과목	금액	대변 계정과목	금액
FVPL	1,000,000	FVPL평가이익 (당기순이익에 반영)	1,000,000

(2) FVOCI(기타포괄손익-공정가치측정 금융자산, 매도가능증권)

FVOCI는 FVPL이나 상각후원가측정금융자산에 해당하지 않는 금융자산이다. 미국회계기준에서는 매도가능증권(available for sale securities)이다. 배당수익(loner case dividend revenues)이나 자본이익(loner case capital gain) 등을 목적으로 보유하는 금융자산을 말하며, 후속 시점의 공정가치 평가에 따른 평가 손익을 미실현(unrealized) 손익인 기타포괄손익으로 인식하는 공정가치모형을 적용한다. 따라서 매도가능금융자산의 공정가치 변동은 포괄손익에는 영향을 주지만, 당기손익에는 영향 주지 않는다. 해당 자산의 공정가치 변동으로 인해 경영자의 성과평가가 영향받는 것을 방지할 수 있다는 장점이 있다. 이는 매도가능금융자산을 통해 경영자가 시세차익을 얻고자 하는 것이 아니므로 합리적인 회계처리이다. 매도가능금융자산으로 분류되는 채무증권의 경우 회계처리가 좀 더 복잡할 수 있는데, 그 이유는 채무증권의 상각후원가를 매기 계산함과 동시에 공정가치 변동에 따른 영향을 기록해야 하기 때문이다. 채무증권이 매도가능증권으로 분류된 경우 공정가치 변동에 따른 평가손익은 당기손익에 영향을 미치지 않는다. 주가가 떨어질 경우 경영자는 투자자산을 FVPL 대신 FVOCI로 분류할 유인이 생긴다(cherry－picking).

아래 표는 Berkshire Hathaway의 투자자산 중 2012년 기준 10억달러 이상의 시장가치를 가지는 매도가능증권이다.

(단위: 백만 달러)

주식수	투자대상회사	소유지분율	원가*	시가
151,610,700	American Express Company	13.7	$1,287	$8,715
400,000,000	The Coca-Cola Company	8.9	1,299	14,500
24,123,911	ConocoPhillips	2.0	1,219	1,399
22,999,600	DIRECTV	3.8	1,057	1,154
68,115,484	International Business Machines Corp	6.0	11,680	13,048
28,415,250	Moody's Corporation	12.7	287	1,430
20,060,390	Munich Re	11.3	2,990	3,599
20,668,118	Phillips 66	3.3	660	1,097
3,947,555	POSCO	5.1	768	1,295
52,477,678	The Procter & Gamble Company	1.9	336	3,563
25,848,838	Sanofi	2.0	2,073	2,438
415,510,889	Tesco plc	5.2	2,350	2,268
78,060,769	U.S. Bancorp	4.2	2,401	2,493
54,823,433	Wal-Mart Stores, Inc	1.6	2,837	3,741
456,170,061	Wells Fargo & Company	8.7	10,906	15,592
	기타		7,646	11,330
	보통주 투자 총계		$49,796	$87,662

* 원가는 당사의 실제 구매가격이자 세금 계산의 기초가 되는 가격을 의미한다; GAAP에서 이야기하는 '원가'와는 평가증이나 평가감 규정의 적용으로 인해 차이가 날 수 있다.

아래는 워런버핏이 annual report에 쓴 글로 투자철학이 잘 담겨져 있다.

이 목록의 구성에 관해 이야기하고 넘어가야 하는 점이 하나 있다. 버크셔의 과거 연간 레포트에서는 이 부분에 구분되어 적히는 모든 주식이 내가 산 것이었고, 여기서 내가 샀다 함은 내가 버크셔의 이름으로 주식을 살지 결정을 내렸다는 의미다. 그러나 이 목록에서부터는 Todd Combs나 Ted Weschler 혹은 둘 모두에 의해 구매 결정이 내려진 주식들 중 달러 금액 기준(올해의 경우 10억달러)을 넘는 것들도 포함되어 있다. 위의 목록의 DIRECTTV가 그러한 첫 번째 주식인데, Todd와 Ted 모두 해당 주식을 그들의 포트폴리오에 보유하고 있으며, 2012년 말 현재 그들의 보유분의 합계는 11억5천만 달러로 평가되고 있다. Todd와 Ted는 또한 특정 버크셔 자회사의 연금펀드도 관리하고 있으며, 그들이 관리하지 않는 부분은 규제상의 이유로 외부 고문에 의해 관리되고 있다. 연금 펀드의 포트폴리오는 종종 버크셔의 포트폴리오와 겹치지만, 당사의 연간 레포트 목록에서는 연금 펀드 보유분은 포함하지 않았다.

우리는 우리의 파생상품 포트폴리오 부분을 계속해서 줄여나가고 있는데, 버크셔는 해당 포트폴리오가 보험과 같은 위험구조를 가지고 있다고 추측해왔다.(그러나 우리의 전기와 가스 사업 부문은 운영상의 목적으로 계속해서 파생상품을 이용할 것이다.) 새로운 계약조건들로 인해 우리는 담보자산을 제공할 것을 요구받고 있다. 그러나 몇몇 예외적인 경우를 제외하고는 우리는 담보를 제공할 의사가 없다. 시장은 종종 아주 이상한 행동을 보이기도 하며, 우리는 버크셔가 금융 세계의 갑작스러운 사건에 노출되어 한 순간에 엄청난 현금의 납입을 요구받는 상황이 오는 것을 원하지 않는다.

Charlie와 나는 많은 유동성의 층을 가지고 운영을 하는 것이 옳다고 생각하며, 우리의 현금을 중요하게 감소시킬 수 있는 종류의 의무는 어떤 것이든 피하고자 한다. 그로 인해 우리의 수익률은 100년 중 99년의 경우 감소하겠지만, 우리는 많은 다른 경쟁자들이 실패할 그 100번째 해에 살아남을 수 있을 것이다. 그리고 우리는 100년 동안 늘 편하게 잠을 잘 수 있을 것이다.

힐로 회사는 5월 31일 코나 회사의 전체 주식 중 10%를 구입하였으며, 해당 투자는 단기적인 시세차익이 아니라 장기간 보유하려는 의도를 가지고 있다 하자. 구입한 주식수는 500주이며, 구입 당시 주가가 10,000원이었을 때 분개는 다음과 같다.

5/31			
차변 계정과목	금액	대변 계정과목	금액
FVOCI	5,000,000	현금	5,000,000

해당 주식 가격이 12/31에 12,000으로 증가했을 때는 아래의 분개를 한다.

12/31			
차변 계정과목	금액	대변 계정과목	금액
FVOCI	1,000,000	FVOCI평가이익 (기타포괄손익에 반영)	1,000,000

카일루아 회사는 5월 31일 라나이 회사의 채권을 구입하였으며, 단기적인 시세차익을 얻고자 하지 않으며, 동시에 만기까지 보유할 의도나 능력을 갖고 있지 않다. 구입한 채권의 액면가격은 1,000,000원이었으며, 구입 당시 시장가격은 980,000원이다. 구입가격에는 1/1부터 5/31 기간에 대한 미수이자에 대한 가치가 5,000원 포함되어 있다. 카일루아 회사는 해당 채권으로부터 6,000원의 이자를 6/30에 수령한다 할 때 분개는 아래와 같다.

5/31			
차변 계정과목	금액	대변 계정과목	금액
FVOCI	975,000	현금	980,000
미수이자	5,000		

위의 분개와 관련하여 설명하면, 회사는 채권을 구입하기 위해 980,000원을 지급하였으나, 이 중 5,000원은 매도가능증권이 아니라 미수이자에 대한 대가이다. 따라서 지급한 현금 980,000원 중 5,000원만큼은 미수이자라는 자산과목으로 분류하고, 나머지 금액만을 매도가능증권으로 계상한다. 이를 통해 카일루아 회사는 채권을 구입하면서 해당 채권에서 지급될 이자에 대한 권리도 얻음을 나타낼 수 있다. 해당 미수이자는 다음 번 이자수령 시기(예시에서는 6/30)에 현금을 받으면서 소멸하게 된다.

6/30			
차변 계정과목	금액	대변 계정과목	금액
현금	6,000	미수이자	5,000
		이자수익	1,000

6월 30일, 이자를 받는 시점에 현금을 6,000원을 받았으며, 이는 미수이자를 상쇄시키고 나머지 금액만 이자수익으로 계상한다. 이자수익이 6,000원이 아닌 이유는 카일루아 회사는 6/1-6/30 기간만큼만 해당 채권을 보유하였기 때문에, 1/1-5/31에 이르는 기간에 발생한 이자에 대해서는 이자수익으로 인식할 수 없다. 즉, 보유기간에 해당하는 이자만을 이자수익으로 계상한다.

해당 채권 가격이 12/31에 990,000원으로 증가했을 때 기말평가와 관련된 분개는 아래와 같다. 채권 상각에 대한 분개는 생략한다.

12/31			
차변 계정과목	금액	대변 계정과목	금액
FVOCI	15,000	FVOCI평가이익 (기타포괄손익에 반영)	15,000

(3) 상각후원가측정 금융자산

만기가 정해져 있으며, 지급금액이 확정되었거나 결정 가능한 금융자산으로, 만기까지 보유할 적극적인 의도와 능력이 있는 경우의 금융자산을 의미한다. 따라서 회사는 만기보유금융자산으로 분류한 금융자산에 대해서는 만기까지 보유하고자 하는 노력을 해야 하며, 사후적으로 만기까지 보유하지 못할 경우에는 제재가 가해질 수 있다. 한 가지 제재는 이후 기간에 만기보유증권으로 금융자산을 분류하는데 제한을 가하는 것이 있다. 이러한 제재를 가하는 이유는 경영자가 금융자산을 자의적으로 분류하여 시장 상황에 따라서 경영성과를 왜곡하려는 시도가 나타날 수 있기 때문이다. 만약 금융자산의 가치가 증가하는 기간에 만기보유증권을 단기매매증권으로 분류한다면 당기손익을 증가시켜서 경영성과를 좋게 보이도록 할 수 있다.

채권과 달리 주식 등 지분증권에는 만기가 별도로 존재하지 않는 것이 일반적이므로, 만기보유증권은 지분증권의 경우에는 적용되기 어려우며, 채무증권에 해당하는 사채 등에 대해서 적용되는 것이 일반적이다. 채무증권의 경우 이자와 원금 등 미래현금흐름을 현재가치로 할인하여 현재가치를 계산하면 발행금액을 구할 수 있다. 이후 최초 현금흐름을 할인할 때 적용했던 유효이자율을 적용하여 만기까지 상각하는 과정을 거친다. 보유기간 동안 유효이자율로 채권의 장부금액을 조정해서 만기일에는 만기보유자산의 장부금액이 액면금액과 일치하도록 한다. 그리고 만기까지 보유하려는 경우, 보유기간의 공정가치 변동은 크게 중요하지 않으므로, 공정가치 변동으로 인한 손익을 인식하지 않는다. 다만 손상의 징후가 있는 경우 손상금액을 인식하는 회계처리가 필요하다.

파할라 회사는 5월 31일 말리 회사의 채권을 구입하였으며, 채권이 만기가 될 때까지 보유하려는 의도와 능력을 보유하고 있다 하자. 구입한 채권의 액면가격은 1,000,000원이었으며, 구입 당시 시장가격은 980,000원이다. 구입가격에는 1/1부터 5/31 기간에 대한 미수이자에 대한 가치가 5,000원 포함되어 있다. 파할라 회사는 해당 채권으로부터 6,000원의 이자를 6/30에 수령하게 될 것이다. 해당 거래의 분개는 아래와 같다.

5/31			
차변 계정과목	금액	대변 계정과목	금액
상각후원가측정금융자산	975,000	현금	980,000
미수이자	5,000		

채권 가격이 12/31에 990,000원으로 증가했을 때 분개를 어떻게 할까?

앞의 매도가능증권의 경우와는 다르게 어떠한 분개도 하지 않는다. 채권을 만기까지 보유하게 될 경우, 보유기간에 발생하는 공정가치의 변화를 매번 인식하는 것은 불필요하며 목적에 부합하지 않는다. 또한 만기시점에 해당 채권의 가격은 액면가격에 수렴하게 될 것이다. 따라서 만기보유증권의 경우 기말 공정가치 변화에 따른 평가를 수행하지 않는다.

최근 K-IFRS기준서 개정으로 소극적 투자자산은 아래 그림과 같이 분류가 미국회계기준보다 분류가 단순해졌다.

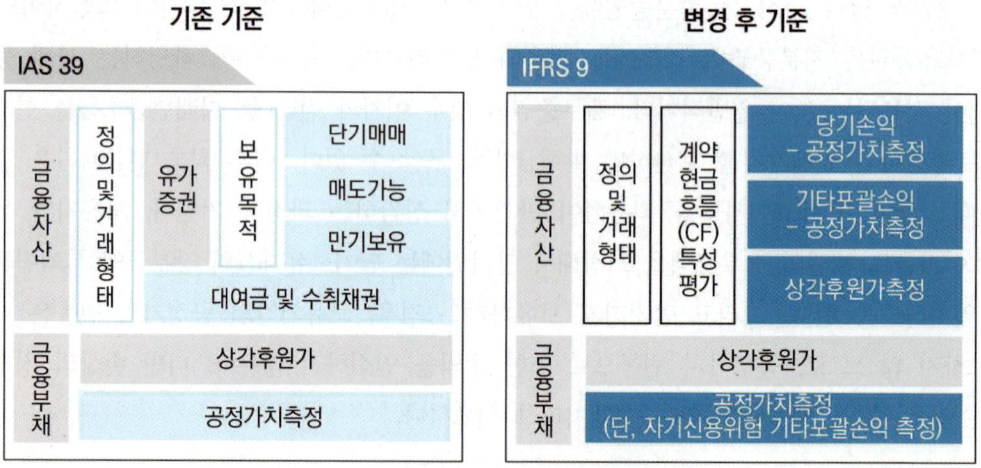

대여금 및 수취채권

대여금 및 수취채권은 지급금액이 확정되었거나 결정 가능하며 활성시장에서 가격이 공시되지 않는 금융자산을 의미한다. 구체적으로는 매출채권이나 종업원에 대한 대여금이 해당된다. 매출채권과 대여금에 대해서는 별도의 회계처리가 적용되므로 해당기준을 따르며, 종업원에 대한 대여금의 경우 세법상 문제가 생길 가능성이 커서 주의가 필요하다.

셀프스터디 문제 ❶

다음 정보를 활용하여 회사의 금융자산과 관련된 분개를 수행하시오. 만약 해당 금융자산이 매도가능증권이 아니라 단기매매증권이었다면 어떻게 분개해야 하는가?

(단위: 원)

증권	구입일	구입원가	매각일	매각가격	2022년 말 공정가치	2023년 말 공정가치
A	2022/2/3	40,000	-	-	38,000	33,000
B	2022/7/15	75,000	2023/9/6	78,000	79,000	-
C	2022/11/27	90,000	-	-	93,000	94,000
		205,000			210,000	127,000

해답

날짜	차변 계정과목	금액	대변 계정과목	금액
2022/2/3	FVOCI	40,000	현금	40,000
2022/7/15	FVOCI	75,000	현금	75,000
2022/11/27	FVOCI	90,000	현금	90,000
2022/12/31	FVOCI평가손실	2,000	FVOCI (A 증권)	2,000
	FVOCI (B 증권)	4,000	FVOCI평가이익	4,000
	FVOCI (C 증권)	3,000	FVOCI평가이익	3,000
2023/9/6	현금	78,000	FVOCI	79,000
	FVOCI평가이익	4,000	FVOCI처분이익	3,000
2023/12/31	FVOCI평가손실	5,000	FVOCI (A 증권)	5,000
	FVOCI (C 증권)	1,000	FVOCI평가이익	1,000

만약에 해당 금융자산이 FVPL이었다면, 구입과 관련된 분개는 동일하며, 기말 평가 시 FVPL평가손익이라는 계정과목을 사용하며, 이는 당기순이익에 영향을 주는 계정과목이다.

셀프스터디 문제 ❷

다음은 Berkshire Hathaway의 재무제표 중 기타포괄손익과 관련된 정보를 나타낸다.

(단위: 백만)

	기타포괄손익누계액				
	미실현손익	외화환산손익	과거근무원가 및 보험수리적 손익	기타	합계
2010/12/31	$ 21,638	$ (240)	$ (853)	$ 38	$ 20,583
기타포괄손익	(2,144)	(144)	(720)	3	(3,005)
비지배지분과 관련된 거래	131	1	(16)	(41)	76
	(2,012)	(143)	(736)	(38)	(2,929)
2011/12/31	19,626	(383)	(1,589)	—	17,654

기타포괄손익	9,647	267	(21)	(47)	9,846
비지배지분과 관련된 거래	(19)	(4)	9	14	—
	9,628	263	(12)	(33)	9,846
2012/12/31	29,254	(120)	(1,601)	(33)	27,500
재분류 이전 기타포괄손익	16,379	25	1,534	106	18,044
당기순이익 재분류금액	(1,591)	(31)	114	10	(1,498)
비지배지분과 관련된 거래	—	(20)	(1)	—	(21)
	14,788	(26)	1,647	116	16,525
2013/12/31	$ 44,042	$ (146)	$ 46	$ 83	$ 44,025
당기순이익 재분류 금액					
투자이익/손실					
보험상품	$ (2,382)	$ —	$ —	$ —	$ (2,382)
재무상품	(65)	—	—	—	(65)
기타	—	(31)	167	17	153
세전 재분류 금액	(2,447)	(31)	167	17	(2,294)
관련 세금	(856)	—	53	7	(796)
	$ (1,591)	$ (31)	$ 114	$ 10	$ (1,498)

다음은 공정가치로 평가하는 금융자산 및 부채와 관련하여 주석에 나타난 추가적인 자료이다.

(단위: 백만)

	장부금액	공정가치
2013/12/31		
채무증권 투자액		
미국 정부 채권	$ 2,658	$ 2,658
주정부 채권	2,345	2,345
외국 정부 채권	11,073	11,073
기업채권	11,237	11,254
모기지 증권	2,040	2,040
지분증권 투자액	117,505	117,505
Heinz Holding우선주투자액	7,710	7,971
기타투자	17,951	17,951
대여금 및 받을 어음	12,826	12,002
파생상품 자산	87	87
파생상품 부채		
철도, 에너지	208	208
재무상품		

인덱스 및 옵션	4,667	4,667
신용부도	648	648
지급어음 및 차입금		
보험 및 기타	12,902	13,147
철도, 에너지	46,655	49,879
재무상품	12,667	13,013
2012/12/31		
채무증권 투자액	$ 2,775	$ 2,775
미국 정부 채권	2,913	2,913
주정부 채권	11,355	11,355
외국 정부 채권	17,920	18,795
기업채권	2,587	2,587
모기지 증권	88,346	88,346
지분증권 투자액	15,066	15,066
Heinz Holding우선주투자액	12,809	11,991
기타투자	220	220
대여금 및 받을어음		
파생상품 자산	234	234
파생상품 부채		
철도, 에너지	7,502	7,502
재무상품	429	429
인덱스 및 옵션		
신용부도	13,535	14,284
지급어음 및 차입금	36,156	42,074
보험 및 기타	13,045	14,005
철도, 에너지	2,775	2,775
재무상품	2,913	2,913

(a) Berkshire Hathaway 증권회사는 금융자산 및 부채를 어떤 가격으로 보고하고 있는가? 그 가격은 미실현이익을 포함하는가?

해답

Berkshire Hathaway 회사는 대부분의 금융자산을 지분투자로 보고하고 있다. 매도가능증권과 파생상품 등으로부터 미실현 이익 44,042이 기록되었다.

(b) Berkshire Hathaway는 지분투자를 매도가능증권, 단기매매증권 중 무엇으로 분류하는가? 어떻게 알 수 있는가?

해답

매도가능증권으로 보고하고 있으며, 그 결과 미실현손익이 기타포괄손익으로 재무상태표에 나타난다.

(c) 기타포괄손익누계액의 −2,447은 주석에서 어떤 정보를 나타내는가? 이 금액은 세전금액인가 세후금액인가?

해답

−2,447은 당기에 증가한 금액을 의미하며 세전금액이다.

2 지분법

관계기업은 투자기업이 직간접으로 피투자회사의 의결권 있는 주식을 20% 이상 보유하고 있으며 피투자회사의 재무정책과 영업정책에 관한 의사결정에 참여할 수 있는 유의적인 영향력(significant influence)을 행사할 수 있는 회사를 의미한다. 투자자가 관계기업에 대해서 적용하는 회계처리를 지분법이라고 하며, 20%이상의 지분을 소유하여 중요한 영향력을 행사할 수 있어야 하며, 동시에 50% 이내의 의결권을 소유해야 한다. 만약 50%을 넘는 의결권을 갖게 되는 경우 연결대상이 된다.

아래 그림에서 보듯이 우리나라에서는 2003년 지분법과 관련된 회계기준이 처음으로 도입되었으며, 최근에는 비중은 약 4%, 금액으로는 약 800억 규모를 차지한다.

지분법은 이러한 피투자회사에 대한 영향력을 고려하여 고안된 회계처리 방식으로, 일반적인 투자의사결정과는 다른 회계처리를 요구하며, 또한 종속회사를 연결하는 회계처리와도 차이점이 있다. 간단하게 말해서 지분법이란 지분을 최초로 취득할 때에는 원가로 인식하고, 취득시점 이후에 발행한 피투자회사의 순자산 변동액 중 투자자의 지분만큼을 해당 투자자산에 가감하여 보고하는 방법을 의미한다. 피투자회사의 순자산 변동액이란, 피투자회사의 당기손이익 및 기타포괄손익의 변동을 포함하며, 자본거래에 따른 변화도 투자기업의 지분율에 비례하여 인식해야 한다. 지분율이란 피투자회사가 발행한 지분증권 가운데 투자

지분법 투자주식의 비중 및 규모

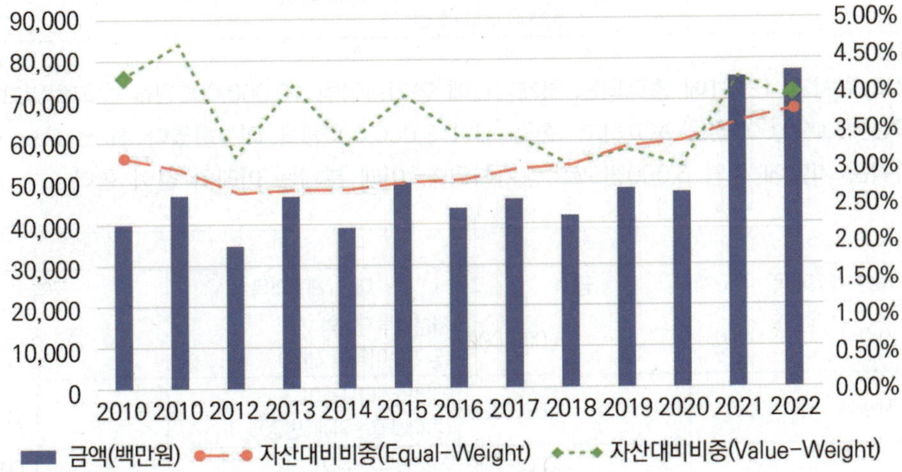

회사가 보유한 비율을 의미한다. 지분율이 높을수록 피투자회사의 순자산변동을 투자회사가 더욱 많이 인식하는 것은 경제적 실질과도 부합한다.

구체적인 지분법 투자 회계처리 절차는 다음과 같다. 취득시에는 관계기업투자주식이라는 계정명으로 지분의 매입금액에 관련 부대비용을 더한 금액을 기록한다. 이후 피투자회사가 당기순이익(손실)을 보고하면, 투자자는 지분율에 해당하는 금액만큼을 지분법이익(손실)으로 기록하고 투자주식의 가액을 그만큼 증가(감소)시킨다. 투자회사가 피투자회사로부터 배당금을 수령하게 되면 수령한 배당금만큼 투자주식의 장부금액을 감소시켜야 한다. 그 이유는 피투자회사로부터 받은 배당금은 경제적 실질상 투자원금을 회수한 것과 마찬가지이기 때문이다. 관계기업투자주식처분 시에는 장부금액과 처분금액의 차이를 투자자산처분이익(손실)로 인식하고, 피투자기업에 대한 유의한 영향력을 상실하게 되면 지분법적용을 중단하며, 일반적인 금융자산의 회계처리를 적용하게 된다. 즉, 투자목적에 따라서 단기매매증권, 매도가능금융자산 등으로 분류하게 된다.

로아 기업은 오노 회사의 보통주 1,000주를 구입하여 지분율이 30%가 되었다. 주당 구입가격은 5,000원으로 5/31에 구입하면 지분법 분개를 아래와 같이 한다.

5/31			
차변 계정과목	금액	대변 계정과목	금액
지분법투자주식	5,000,000	현금	5,000,000

만일 오노 회사가 12/31에 종료되는 회계기간에 당기순이익 10,000,000원을 보고하였고, 기타포괄손익은 5,000,000원을 보고하고, 현금 배당 3,000,000원을 의결하였다 하자. 오노 회사의 주식 가격은 기말에 주당 6,000원으로 증가하였다. 이때 분개는 아래와 같이 한다.

12/31			
차변 계정과목	금액	대변 계정과목	금액
지분법투자주식	3,000,000	자분법투자이익 (당기순이익에 반영)	3,000,000
지분법투자주식	1,500,000	지분법기타포괄이익 (기타포괄손익에 반영)	1,500,000
현금	1,000,000	지분법투자주식	1,000,000

지분법 적용시 피투자 회사의 기말 주가 변화에 따른 분개는 없음

당기순이익이나 기타포괄손익은 오노 회사가 보고한 금액 중 지분율만큼을 마치 로아 회사가 직접 발생시켰던 것처럼 처리한다. 오노 회사가 배당을 하게 되면 이는 경제적 실질상 로아 회사가 투자금액을 회수하는 효과가 나타난다. 따라서 현금을 받은 금액만큼 지분법투자주식을 감소시키는 분개를 하게 되는데, 이는 지분법투자주식을 구입하는 분개와 정확히 반대이다. 위의 회계처리는 오노 회사가 보고한 금액에 지분율을 곱한 금액만큼을 인식한다는 공통점이 있다. 한편 기말 주가의 변화는 지분법주식의 회계처리에 영향을 주지 않는데, 그 이유는 지분법이 적용되는 주식을 구입한 이유는 피투자회사의 경영성과에 따른 이득을 얻기 위함이지, 단순히 주식 가격 변동에 따른 시세차익을 얻기 위함이 아니기 때문이다.

피투자회사	투자회사
당기순이익 발생	당기순이익×지분율만큼 인식
배당 분배	투자회사가 배당받은 금액만큼 투자주식 감소

셀프스터디 문제 ❸

다음의 거래를 지분법을 적용하여 기록하시오.

1. 케이키 회사의 보통주를 주당 10원에 5,000주 구입하였으며, 이는 해당 회사에 대한 30%의 지분 규모이다.

2. 주당 2원의 현금배당을 받았다.
3. 케이키 회사가 100,000원의 당기순이익을 기록하였다.
4. 케이키 회사의 기말주식 가격은 12원이다.
5. 해당 주식 전체를 다음 기에 90,000원에 처분하였다.

번호	현금자산	비현금자산	부채	자본금	이익잉여금	수익	비용	순이익
1	-50,000	50,000 (지분법투자주식)						
2	10,000	-10,000 (지분법투자주식)						
3		30,000 (지분법투자주식)			30,000 (이익잉여금)	30,000 (지분법이익)		30,000
4								
5	90,000	-70,000 (지분법투자주식)			20,000 (이익잉여금)	20,000 (처분이익)		20,000

이번에는 케이키 회사가 마쿠아 회사의 주식 34%를 626억원에 취득하였으며, 마쿠아 회사와 관련하여 다음의 주석을 공시했다고 하자.(단위: 억원)

	2021	2022	2023
영업활동 자료			
매출액	1367	1671	1933
매출총이익	1252	1584	1836
영업이익	656	807	984
당기순이익	382	451	508

	2022	2023
재무상태표자료		
유동자산	732	1131
비유동자산	1692	1783
유동부채	535	692
비유동부채	509	348

1. 케이키 회사는 2023년에 지분투자와 관련하여 얼마의 수익/비용을 손익계산서에 인식하는가?

해답

회사는 508억원의 34%에 해당하는 172억원을 손익계산서에 인식한다.

2. 2023년에 케이키 회사의 지분투자금액 636억원을 도출하는 계산과정을 제시하시오.

해답

마쿠아 회사의 주주자본은 1,131+1,783−692−348=1,874억원으로 계산된다. 따라서 이 금액의 34%에 해당하는 금액이 636억원이다.

셀프스터디 문제 ❹

다음은 쿠무 회사가 관계회사 투자와 관한 정보를 나타내고 있다. 쿠무 회사는 코아 회사의 지분 50%을 보유하고 있으며, 해당 투자를 재무제표 상에 565억원으로 나타내고 있다. 다음은 쿠무 회사의 재무제표 주석에 나타난 정보이다.

우리 회사는 관계회사 코아에 대한 투자를 지분법으로 나타내고 있습니다. 지분법을 적용하여 나타낸 재무정보는 다음과 같습니다.

(단위: 억원)

	2023	2022	2021
코아회사의 경영성과			
매출액	4,140	3,628	2,946
매출원가	3,257	2,788	2,283
매출총이익	883	840	663
당기순이익	161	129	48
쿠무회사의 이익	73	59	20

(단위: 억원)

	2013	2012	2011
지분법투자증권	540	487	432
지분법을 적용하지 않는 지분투자합계	25	30	368
지분투자합계	565	517	800

(a) 코아 회사에 대해서 지분법을 적용한 결과 쿠무 회사의 재무제표에 직접적으로 나타나지 않

은 코아 회사의 직접자산과 부채 항목은 무엇인가?

해답

지분법을 적용하게 되면 코아 회사의 모든 자산과 부채는 나타나지 않으며, 코아 회사의 순자산 금액인 540억원(2023년)만 나타날 뿐이다.

(b) 코아 회사의 부채가 쿠무 회사의 재무제표 나타나지 않는 것은 타당한가?

해답

쿠무 회사는 코아 회사가 부도처리 되더라도 코아 회사가 가지고 있는 부채금액에 대해서 직접적인 책임이 없으며, 단지 지분투자 금액을 한도로 경제적 손실을 입을 뿐이다. 따라서 코아 회사의 부채가 쿠무 회사의 재무제표에 나타나지 않는 점은 타당하다.

(c) 코아 회사에 대해서 연결회계를 적용하는 경우와 비교해서, 지분법을 적용할 경우 RNOA에 어떤 영향을 주는가?

해답

쿠무 회사는 코아 회사에 대해서 50%의 지분을 지님으로써 코아 회사에 상당한 영향력을 행사함에도 불구하고, 지분율이 50%을 초과하지 않기 때문에 연결회계를 적용할 필요가 없다. 따라서 쿠무 회사의 자산과 부채가 직접적으로 나타나지 않는다. 그 결과 연결회계를 적용했을 때와 비교해서 재무제표에 보고되는 순자산의 크기는 줄어들지만, 코아 회사의 이익에 대해서 50%의 이익이 지분투자증권투자이익으로 쿠무 회사의 당기순이익에 더해지므로, RNOA는 증가한다(코아 회사가 이익을 냈다고 가정). 따라서 약간의 지분율 차이로 인하여 연결과 지분법을 적용함에 따른 재무제표에 보고되는 숫자가 크게 달라진다.

지분법 회계 처리와 FVOCI의 회계처리의 차이점

다음은 똑같은 거래가 지분법을 적용했을 경우와 FVOCI으로 회계처리 할 경우 각각 어떻게 재무제표에 영향을 미치는지 살펴보자.

투자회사가 피투자회사 지분 20%를 200,000원에 샀을 때 FVOCI으로 회계처리 하는 것과 지분법 회계처리 간의 차이는 다음과 같다. FVOCI으로 회계처리 했을 경우에는 피투자회사의 배당을 배당수익으로 바로 인식하여 당기순이익에 영향을 미친다. 이와는 다르게 지분법을 적용할 경우는 지분법투자주식의 장부금액을 낮춘다. 피투자회사이익은 FVOCI으로 회계처리 할 경우 매도가능증권의 장부 금액에는 영향을 주지 않고 FVOCI의 장부금액은 피투자회사의 주가에 영향을 받는다.

(단위: 원)

			FVOCI			지분법투자주식	
연도	피투자회사 이익	피투자회사 배당	배당 수익	장부금액	평가손익	지분법이익	장부금액
2022	200,000	50,000	10,000	235,000	35,000	40,000 (= 200,000×20%)	230,000 (= 200000 + 40000 − 10000)
2023	300,000	100,000	20,000	255,000	55,000	60,000 (= 300,000×20%)	270,000 (= 230000 + 60000 − 20000)
2024	400,000	200,000	40,000	320,000	120,000	80,000 (= 400,000×20%)	310,000 (= 270000 + 80000 − 40000)
총이익			70,000			180,000	

지분법에 대한 비판

지난 수십 년간, 많은 기업들이 지분법을 이용해서 지분투자에 대한 회계처리를 수행하였다. 그러나 최근에 지분법은 여러 이유로 비판의 대상이 되고 있다.

- 지분법과 연결을 구분하기 위해서 20~50%라는 지분율의 기술적 기준만을 강조한다.
- 부외부채를 가능하게 한다.
- 회사경영성과 지표를 왜곡할 수 있다.

지분법의 적용 지침에 따르면 20%에서 50%의 지분율을 갖는 피투자회사에 대해서 유의한 영향력을 갖지만 통제력을 갖지는 않는 것으로 본다. 그러나 회사가 다른 회사에 대해서 통제력을 갖기 위해서 반드시 50%가 넘는 지분을 가져야 하는지에 대해서는 의문이 생긴다. 지분율이 50%가 넘지 않더라도 만약 다른 회사를 통제할 수 있는 회사가 있다면, 지분법이 아니라 연결회계기준을 사용해야 한다. 기업이 지분율이 50%가 넘지 않더라도 다른 기업에 대해서 통제력을 확보할 수 있는 방법은 많다. 예를 들어, 여러 기업 간의 계약을 통해 피투자회사의 의사결정에 큰 영향력을 끼칠 가능성이 있다. 이러한 계약은 겉보기에는 부채계약, 장기매출, 이사회구성에 대한 합의서로 나타나지만, 실제로는 피투자회사의 통제력을 확보하는 다양한 방법이 될 수 있다. 그러나 현행 재무보고 기준 상으로는 지분율이 50% 이하인 경우에는 통제력이 없다고 간주한다.

지분법을 통한 부외회계처리(Keeping Debt off of the Balance Sheet)

경영자는 장부상의 부채 금액을 줄여서 회사가 덜 위험해 보이게 하고 covenant도 맞추려는 인센티브가 있다. 10장에 설명할 운용리스도 이러한 목적을 달성하기 위해 사용할 수 있는 방법이지만, 이번 장에서 배울 지분법 회계처리를 통해서도 달성할 수 있다.

지분법은 일반적으로 투자자가 투자지분을 20% 이상에서 50% 미만 소유할 때 사용한다. 이 정도의 지분이면 투자자가 피투자회사에 중요한 영향력을 행사할 수 있다. 한편 지분이 50%가 넘으면 두 회사의 재무제표를 연결하는 회계처리를 하게 된다. 지분법과 연결의 가장 큰 차이는 지분법 하에서는 피투자회사의 순자산(owners' equity)만을 투자자산으로 보고 피투자회사의 개별자산과 부채를 고려하지 않지만 연결에서는 피투자회사의 개별자산과 부채도 투자회사의 재무제표 상에 인식을 한다.

즉, 지분법 하에서는 피투자회사에 대한 정보가 관계기업투자자산으로 한 줄(one-line consolidation)로 나타날 뿐이지만, 연결회계를 적용할 경우에는 피투자회사에 대한 정보가 개별적으로 반영된다. 지분율이 49%이어서 지분법을 적용한 경우와 지분율이 51%이어서 연결회계를 적용한 경우를 생각해 보면, 경제적으로 실질이 크게 다르지 않음에도 불구하고 투자자에게 공시되는 정보량이 매우 크게 차이가 생긴다는 사실을 알 수 있다. 일반적으로 지분법 하에서 인식하는 자산과 부채는 적고 지분은 연결과 비교하여 차이가 많지 않아서 연결을 할 때에 비해 부채비율이 낮아진다. 또한 지분법은 연결회계가 적용된 경우와 같은 금액의 이익을 인식하지만 지분법 하에서 계상되는 자산은 연결회계의 경우보다 작기 때문에 자산이익률(ROA)이 연결의 경우보다 높다.

이러한 지분법을 통한 부외부채효과를 얻기 위해 회사는 피투자회사의 지분을 50%보다 조금 적게 인수하는 경우가 있다. 사실 50%를 소유하지 않아도 나머지 지분이 분산된 지배구조라면 충분히 영향력을 행사할 수 있기 때문이다. 지분법을 전략적으로 이용하는 전형적인 예가 코카콜라나 스타벅스이다. 코카콜라나 스타벅스는 해외의 파트너들과 지분을 50%(조인트 벤처)나 50%보다 조금 적게 인수하고 지분법으로 회계처리 하지만, 실질적으로는 충분한 영향력을 행사한다. 이를 통해 피투자 바틀링 회사의 자산과 부채를 인식하지 않아도 되며 자산이익률(ROA)도 상대적으로 높게 된다.

한국채택국제회계기준(K-IFRS)에서는 실질적인 지배력을 연결회계를 적용하는 중요한 판단 기준으로 삼고 있으며, 경우에 따라서는 지분율이 50%에 미달하더라도 피투자회사의 중요한 의사결정에 영향을 미칠 수 있고 영업성과에 큰 영향을 줄 수 있는 경우에는 연결회계를 적용하도록 하고 있다. 그러나 기준이 모호하기 때문에 이를 기회주의적으로 이용할 수 있다.

물론 지분법에도 주석이나 추가적인 공시를 통해 피투자회사의 자산, 부채, 수익 등에 대해서 정보를 전달하는 경우가 있다. 이러한 정보들은 지분법이 재무제표를 통해서 전달하지 못하는 정보를 보완하는 방법이 될 수 있다. 그럼에도 불구하고 기업들은 부채 계약이나 경영진 보상 계약 등을 산정할 때 재무제표에 나타난 정보를 바탕으로 한다. 따라서 해당 계약에 나타난 조건을 맞추려는 유인이 강한 경영자는 연결이 아닌 지분법 적용을 통해서 이익을 얻을 수도 있다.

3 연결

연결이란 투자회사가 피투자회사에 대해서 지배력을 갖는 경우에 적용하는 회계처리를 의미한다. 지배력이란 투자회사가 피투자회사의 의결권의 50% 이상을 소유하는 경우 피투사회사의 재무정책과 영업정책을 결정할 수 있는 능력을 의미하며, 이러한 조건을 충족할

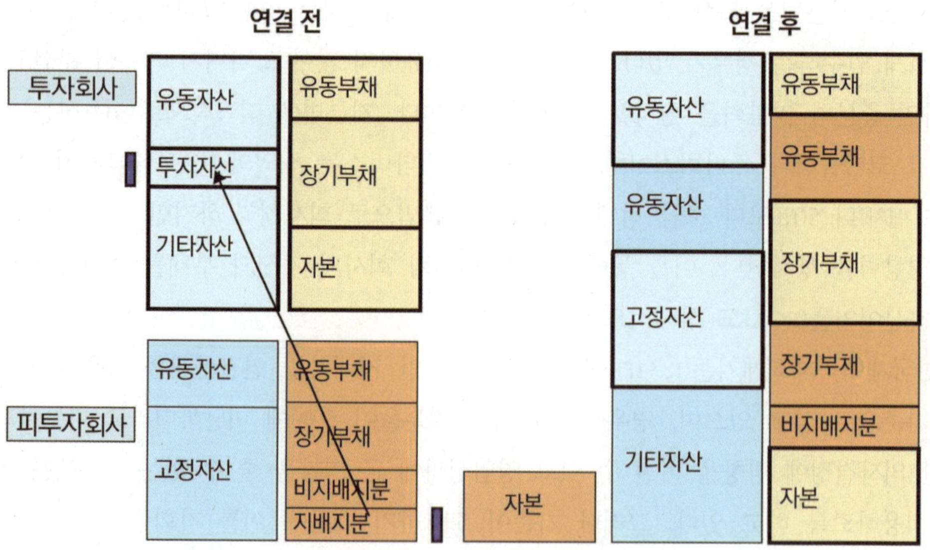

경우 피투자회사는 투자회사에 대한 종속회사가 된다. 지배기업과 종속기업들은 법률적으로는 별도의 회사들이지만, 실질적으로 하나의 경제적 실체라고 할 수 있기 때문에 이들의 재무제표는 세부항목별로 합산한 금액으로 표시한 연결재무제표로 작성한다. 한편 연결재무제표와 대별되는 개별 기업만의 회계정보를 담은 재무제표를 개별재무제표라고 부른다.

연결재무제표를 작성하는 과정은 우선 지배회사와 종속회사의 내부거래를 제거하고, 계정과목을 통합하는 절차가 수반된다. 내부거래의 예로는 지배회사가 종속회사에 대해서 보유하고 있는 매출채권이 있을 수 있다. 이 경우 종속회사는 매입채무를 지배회사에 대해서 보유하게 되는데, 이는 지배회사와 종속회사를 하나의 경제적 실체로 볼 경우에는 상계 되어야 하기 때문에 내부거래를 제거할 필요가 있다. 다른 예로 지배회사가 종속회사로부터 이자를 수취하고 있다면, 지배회사의 이자수익과 종속회사의 이자비용은 상계되어야 한다.

한국채택국제회계기준에서는 연결재무제표를 기본재무제표로 설정함으로써 회계 실체의 경제적 실질을 보다 잘 파악할 수 있도록 하고 있다. 연결재무제표 하에서는 기업이 종속회사에 비용이나 악성 부채 등을 부담시킴으로써 모회사의 경영성과를 좋게 보이려고 하는 분식회계가 어려워진다.

위 그림은 연결재무제표가 어떻게 만들어지는지 보여준다. 아래의 예로 영업권이 어떻게 생기는지 알아보자.

구입가격(3,000억원) = 피투자회사의 순자산 장부가치, 즉 투자회사가 영업권을 인식하지 않는 경우

케인 회사는 호니 회사의 모든 보통주식을 구입하면서 신주를 발행하였다. 구입가격은 호니 회사의 순자산 장부가치와 동일하다. 케인 회사와 호니 회사의 재무제표와 연결재무제표를 작성하는 과정은 다음과 같다. 연결관점에서 생각하면(케인과 호니 회사를 하나의 경제적 실체로 보면) 케인 회사가 호니 회사에 대해서 보유하고 있는 투자자산은 내부 실체 간의 투자이므로 제거되어야 한다. 따라서 투자자산 3,000억원을 감소시키고, 동시에 호니 회사의 자본금액을 감소시킨다.

(단위: 억원)

	케인회사	호니회사	연결조정	연결재무제표
유동자산	5,000	1,000		6,000
투자자산	3,000	0	(3,000)	0
유형자산(순액)	10,000	4,000		14,000
총자산	**18,000**	**5,000**		**20,000**
부채	5,000	2,000		7,000
자본금	10,000	2,000	(2,000)	10,000
이익잉여금	3,000	1,000	(1,000)	3,000
부채와 자본의 합	**18,000**	**5,000**		**20,000**

구입가격(4,000억원) 〉 피투자회사의 순자산 장부가치(3,000억원), 즉, 투자회사가 영업권을 인식하는 경우

만약에 케인 회사가 호니 회사의 순자산보다 더 많은 금액을 주고 모든 지분에 대해서 구입하는 경우, 추가적으로 지불한 금액의 출처를 생각해야 한다. 만약 추가적으로 지불한 금액 1,000억원 중에 300억원은 호니 회사가 보유한 유형자산의 실제가치가 장부금액보다 300억원만큼 더 크고, 케인 회사는 호니 회사를 인수함으로써 시너지 효과가 700억원이 생길 것으로 예상되기 때문이라고 하자. 이때에는 호니 회사의 자산과 부채를 케인 회사의 재무제표에 옮기면서 해당 금액을 반영해야 한다. 따라서 유형자산에 대해서 300억원만큼의

(단위: 억원)

	케인 회사	호니 회사	연결조정	연결재무제표
유동자산	5,000	1,000		6,000
투자자산	4,000	0	(4,000)	0
유형자산(순액)	10,000	4,000	300	14,300
영업권			700	700
총자산	**18,000**	**5,000**		**21,000**
부채	5,000	2,000		7,000
자본금	11,000	2,000	(2,000)	11,000
이익잉여금	3,000	1,000	(1,000)	3,000
부채와 자본의 합	**18,000**	**5,000**		**21,000**

가치를 추가로 인식하고, 회사 인수와 관련된 시너지 효과는 영업권이라는 계정과목으로 하여 별도로 기록한다.

셀프스터디 문제 ❺

레이 회사는 오팔라 회사의 지분 전체를 인수하면서 210,000원을 현금으로 지급하고 주당 10원의 액면가격으로 5,000주의 보통주를 발행하였다. 같은 날 레이 회사의 주식은 주당 36원이었으며, 오팔라 회사의 자본의 장부가격은 280,000원이었다. 결국 레이 회사가 지불하고자 하는 가격은 390,000원으로 오팔라 회사의 장부가격보다 훨씬 높았는데, 그 이유는 오팔라 회사의 자산 중 건물의 장부가치가 실제가치보다 40,000원만큼 저평가되어 있다고 생각했기 때문이며, 또한 건물 이외의 자산 중에서도 장부가치가 실제가치보다 30,000원만큼 저평가되어 있으며, 마지막으로 40,000원의 시너지효과가 발생할 것으로 예상되기 때문이었다. 인수합병일 두 회사의 재무제표는 다음과 같다.

(단위: 원)

	레이 회사	오팔라 회사	연결조정	연결재무제표
현금	84,000	40,000		
매출채권	160,000	90,000		
재고자산	220,000	130,000		
투자자산	390,000	–		
토지	100,000	60,000		
건물	400,000	110,000		
기계장치	120,000	50,000		
총자산	1,474,000	480,000		
매입채무	160,000	30,000		
장기부채	380,000	170,000		
보통주자본금	500,000	40,000		
자본잉여금	74,000	–		
이익잉여금	360,000	240,000		
부채와 자본의 합	1,474,000	480,000		

(a) 레이 회사의 투자를 오팔라 회사의 자본에 대한 장부가치, 장부가치를 초과하는 금액, 영업권을 나타내는 금액으로 분해하시오.

해답

레이 회사가 지불한 금액은 현금 210,000원과 신규발행주식의 공정가치인 180,000원(=5,000×36)을 더해서 390,000원이다. 그런데 오팔라 회사의 자본에 대한 장부가치는 보통주자본금 40,000원과 이익잉여금 240,000원을 더한 280,000원이다. 따라서 자본에 대한 장부가치를 초과하는 금액은 110,000원인데, 이 중 건물과 기계장치에 대해서 각각 40,000원과 30,000원의 가치가 귀속되며, 영업권에 귀속되는 가치는 나머지 40,000원이다. 즉 영업권은 인수합병 대가(390,000원)에서 피인수회사의 순자산의 공정가치(280,000원+70,000원)을 뺀 금액이다.

(b) 연결조정을 수행하고 연결재무제표에 표시되는 계정과 그 금액을 구하시오.

해답

(단위: 원)

	레이 회사	오팔라 회사	연결조정	연결재무제표
현금	84,000	40,000		124,000
매출채권	160,000	90,000		250,000
재고자산	220,000	130,000		350,000
투자자산	390,000	–	-390,000	–
토지	100,000	60,000		160,000
건물	400,000	110,000	40,000	550,000
기계장치	120,000	50,000	30,000	200,000
영업권			40,000	40,000
총자산	1,474,000	480,000		1,674,000
매입채무	160,000	30,000		190,000
장기부채	380,000	170,000		550,000
보통주자본금	500,000	40,000	-40,000	500,000
자본잉여금	74,000	–		74,000
이익잉여금	360,000	240,000	-240,000	360,000
부채와 자본의 합	1,474,000	480,000		1,674,000

지분법과 연결의 차이점

아래 예를 통해서 연결대신 지분법을 사용했을 때 재무성과가 어떻게 변하는지를 살펴보자.

① 부분연결법(Proportionate Consolidation), 완전연결법(Full Consolidation)

모회사가 자회사의 지분을 x% 가지고 있다 가정하자. 이 투자는 모회사 재무상태표에 자산으로 잡힌다. 잔여지분은 (1－x)%로 다른 주주들이 소유하고 있다. 부분연결(proportionate consolidation)시 모회사는 자회사의 자산과 부채를 x%만큼만 인식을 하고 나머지 잔여지분은 인식을 하지 않는다. 따라서 해당 분개는 다음과 같다.

차변	대변
x%×자회사 자산	x%×자회사 부채
	지분법자산(investment)

완전연결(full consolidation) 하에서는 모회사가 자회사의 자산과 부채를 100% 인식하고 일부를 외부지분으로 기록한다. 연결분개는 다음과 같다.

차변	대변
100% 자회사 자산	100% 자회사 부채
	지분법자산(investment)
	잔여지분(external interest)

위에 설명한 내용을 아래에 예를 보면 쉽게 이해가 될 것이다. 자회사의 지분을 모회사가 40% 소유하고 나머지는 외부지분이라 하자. 자회사의 자본은 50원이고 손익은 10원이다. 따라서 지분법투자는 20원이 된다. 모회사와 자회사의 재무상태표는 다음과 같다.

(단위: 원)

모회사		자회사	
현금	100	현금	20
재고자산	200	재고자산	50
매출채권	300	매출채권	50
유형자산	280	유형자산	180
지분법자산	20		
자산	900	자산	300
매입채무	200	매입채무	80
장기부채	200	장기부채	170
		외부지분	30
자본	500	자본	20
부채 및 자본 합계	900	부채 및 자본 합계	300

이를 가지고 부분연결과 완전연결을 하면 다음과 같다.

(이미 설명했듯이 연결은 투자지분은 없애고 내부거래를 없애는 것이다. 연결 후 모회사의 지분이 연결재무제표에 나타난다.)

부분연결법

모회사 지분법		+	40%×자회사		=	연결재무상태표
자산						
현금	100		8	차변		108
재고자산	200		20	차변		220
매출채권	300		20	차변		320
유형자산	280		72	차변		352
지분법자산	20		(20)	대변		–
총자산	900		100			1,000
부채						
매입채무	200		32	대변		232
장기부채	200		68	대변		268
자본	500		–			500
부채+자본	900		100			1,000

완전연결법

모회사 지분법		+	100%×자회사		=	연결재무상태표
자산						
현금	100		20	차변		120
재고자산	200		50	차변		250
매출채권	300		50	차변		350
유형자산	280		180	차변		460
지분법자산	20		(20)	대변		–
총자산	900		280			1,180
부채						
매입채무	200		80	대변		280
장기부채	200		68,170	대변		370
외부지분	–		30	대변		30
자본	500		–			500
부채+자본	900		280			1,180

회사의 금융자산 분류가 부채비율과 자산수익률(ROA)에 미치는 영향을 직접 계산을 통해 확인하면 다음과 같다. 즉 지분법보다는 부분연결법이, 부분연결법보다는 완전연결법이 부채비율을 높이고 자산수익률은 낮추는 점을 확인할 수 있다. 이는 경영자가 연결보다는 지분법을 선호하는 이유가 될 수 있다.

재무비율	지분법	부분연결법	완전연결법
장기부채/자본	200/500 = 0.4	268/500 = 0.54	370/500 = 0.74
자산수익률	64/900 = 7.1%	64/1000 = 6.4%	64/1180 = 5.4%

07 연습문제

01 다음은 기중 금융자산의 가격 변화이다.

	2021.1.1.	2021.12.31.	2022.12.31.	2023.12.31.
주식 A	$1,000	$1,100	$1,200	$1,100
주식 B	$1,000	$900	$1,000	$900

기업은 주식 A와 B를 2021년 1월 1일 공정가치에 매입하여 2023년 12월 31일 공정가치에 처분하였다. 주식 A는 당기손익, 주식 B는 기타포괄손익 인식 금융자산인 경우, 관련된 회계처리를 모두 보이시오.

02 2023년 1월 1일에 마카이 회사는 113,616원을 지급하고 같은 날 발행된 푸푸 회사의 채권을 구입하였으며, 해당 채권은 만기보유증권으로 분류하였다. 첫해 말에 10,000을 두 번째 말에 10,000을, 세 번째 해 말에 110,000을 받았으며, 해당 채권의 수익률은 5%이다. 이를 바탕으로 상각표를 작성하고, 해당 채권과 관련된 최초 1년간의 분개를 마카이 회사의 입장에서 수행하시오.

03 마우리 회사는 2023년 기말 시점에 다음과 같은 지분증권을 보유하고 있었다. 해당 연도의 손익과 배당은 피투자회사가 기록한 당기순이익과 배당금을 의미한다.

(단위: 원)

증권	구입일	구입원가	지분율	2022년 손익	2023년 손익	2022년 배당	2023년 배당
A	2022/1/1	100,000	40%	50,000	100,000	20,000	40,000
B	2022/1/1	200,000	25%	150,000	-50,000	-	20,000
C	2022/1/1	400,000	15%	200,000	50,000	10,000	10,000

1. 2022년 1월 1일 지분법과 관련된 분개를 수행하시오.

2. 2022년 기말 시점에 필요한 지분법 분개를 수행하시오

3 2023년 기말 시점에 필요한 지분법 분개를 수행하시오

4 2024년 1월 2일 B 지분증권을 250,000원에 매각한 거래를 기록하시오.

04 아래의 몰라카이 회사와 마우이 회사의 2023년 1월 1일 자료를 참고하여 물음에 답하시오. 2023년 1월 1일에 몰라카이 회사는 액면 1원인 3,000주의 보통주를 총액 85,000원을 지급하고 마우이 회사의 모든 자산과 부채를 인수하였다.

(단위: 원)

	몰라카이 회사 장부금액	마우이 회사 장부금액	마우이 회사 공정가치
유동자산	20,000	10,000	10,000
유형자산	40,000	20,000	30,000
영업권	–	–	60,000
부채	30,000	15,000	15,000
보통주(주당 액면 ₩1)	2,000	3,000	3,000
자본잉여금	3,000	2,000	2,000
이익잉여금	25,000	10,000	10,000
미인식부분	–	–	70,000

몰라카이 회사의 2023년 1월 1일 시점 인수 직후 재무상태표를 제시하시오.

05 회사가 보유한 금융자산이 매도가능증권이라고 가정하고 다음의 거래를 기록하시오.

1. 마카푸 회사의 보통주를 주당 1,000원에 1,000주 구입하였다
2. 현금 배당으로 주당 200원를 받았다
3. 기말에 해당 주식의 시장가치가 1,400원이 되었다
4. 해당 주식 전부를 다음 연도에 주당 1,600원을 받고 판매했다

해당 거래가 단기매매증권일 경우 같은 거래의 영향을 기록하시오.

06 회사가 2023년 12월 31일에 종료되는 회계기간에 매도가능증권과 관련하여 다음과 같은 내용을 주석에 기록했을 경우 물음에 답하시오. 회사가 보유한 금융자산은 공정가치를 신뢰성 있게 측정할 수 있으며, 모두 매도가능증권으로 분류하고 있다.

(단위: 원)

	상각후원가	미실현이익	미실현손실	공정가치
국채	2,000	200	-50	2,150
지방채	1,400	100	-100	1,400
회사채	1,980	20	-	2,000
회사주식	2,500	1,205	-505	3,200
매도가능증권 합계	7,880	1,525	-655	8,750

1 회사는 얼마의 금액을 매도가능증권으로 재무상태표에 기록하게 되는가? 이 금액은 어떻게 측정되었는가?

2 회사가 기록하게 될 미실현이익(손실)은 얼마인가? 이는 2023년 재무보고시 당기순이익에 어떤 영향을 주는가?

07 2023년 6월 30일에 푸나후 회사는 이올라니 회사의 모든 보통주식을 600,000원의 현금으로 구입하였다. 푸니후 회사가 기록한 투자자산은 모두 아올라니 회사의 보통주식이며, 이는 이올라니 회사의 순자산 장부가치보다 300,000원만큼 큰 금액이다. 회사인수와 관련된 다음의 자료를 참고하여 물음에 답하시오.

(단위: 원)

	푸나후 회사	이올라니 회사	연결조정	연결재무제표
유동자산	1,400,000	200,000		
투자자산	600,000	0		
유형자산	2,800,000	400,000		
영업권	0	0		
총자산	4,800,000	600,000		
부채	2,000,000	300,000		
자본금	1,000,000	120,000		
이익잉여금	1,800,000	180,000		
부채 및 자본 합	4,800,000	600,000		

인수시점에 이올라니의 기계장치의 공정가치는 600,000원으로 평가되었으며, 이올라니의 나머지 자산과 부채는 장부가치와 같은 금액으로 평가되었다. 또한 푸나후 회사는 추가적으로 지급한 100,000원의 금액은 두 기업 간의 합병시 발생할 시너지 효과에서 기인한다고 설명하였다. 연결조정을 거쳐서 연결재무제표를 작성하시오.

08 2022년 12월 31일, 칼라카우아 기업이 보유한 매도가능증권은 다음과 같다.

(단위: 원)

매도가능금융자산	장부금액	공정가치	평가손익
A	10,000,000	15,000,000	5,000,000
B	20,000,000	14,000,000	(6,000,000)
C	25,000,000	25,500,000	500,000
합계	55,000,000	54,500,000	(500,000)
		당기초평가손익	625,000
		당기말평가손익	125,000

칼라카우아 기업은 2022년에 10,000,000원, 2023년에 5,000,000원의 당기순이익을 기록하였다. 칼라카우아 기업은 2023년 6월 15일에 투자자산 A를 16,000,000원에 매도하였다. 2023년에 발생한 매도가능증권평가손익은 1,000,000원이다.

1. 2022년의 포괄이익을 구하여라.
2. 2023년의 포괄이익을 구하여라.

09 알라니 기업은 칼라니 기업의 발행 주식의 20%를 취득하였다. 취득 원가는 10,000주에 주당 10,000원이다. 칼라니 기업은 주당 100원의 배당을 선언하고, 12월 31일에 각각 현금으로 지급하였다. 칼라니 기업은 2023년에 50,000,000원의 순이익을 기록하였으며, 2023년 말의 칼라니 기업 주식의 가치는 주당 12,000원이었다.

1. 알라니 기업의 2022년과 2023년의 분개를 보여라. 알라니 기업이 유의한 영향력을 행사할 수 없으며 단기적인 시세차익을 얻을 목적으로 취득하지 않았다.
2. 알라니 기업의 2022년과 2023년의 분개를 보여라. 알라니 기업이 유의한 영향력을 행사할 수 있다고 가정한다.
3. 각 방법을 이용했을 때, 2023년 말에 얼마의 금액이 금융자산과 관련하여 재무상태표와 당기순이익에 나타날 금액을 구하시오.

10

투자 지분	장부금액	공정가치
A회사 보통주 1,000주	2,000,000원	3,000,000원
B회사 보통주 1,000주	5,000,000원	6,000,000원
	7,000,000원	9,000,000원

1 투자주식 단기매매증권으로 분류되었을 때, 2022년 기말 평가를 수행하시오.

2 투자주식 매도가능증권으로 분류되었을 때, 2022년 기말 평가를 수행하시오.

3 단기매매증권과 매도가능증권으로 분류될 때 당기순이익과 포괄이익에 어떻게 영향을 미치는지 설명하시오.

11 칼레이 기업은 2023년 1월 1일에 발행된 3년 만기의 액면금액 1,00,000원, 표시이자율이 10%인 채권을 같은 날 950,000원에 투자하였다. 이자는 매년 말에 수취하며, 칼레이 기업은 이를 매도가능증권으로 인식하였다. 매년 말의 공정가치가 다음과 같을 때 물음에 답하시오.

(단위: 원)

연도	공정가치
2023년 말	980,000
2024년 말	995,000
2025년 말	1,000,000

1 채권 매입과 관련된 분개를 수행하시오.

2 2023년 이자지급과 관련된 분개를 수행한 이후에 채권의 장부금액은 965,000원이라고 할 때, 2023년의 평가손익과 관련된 분개를 수행하시오.

12 2023년 3월 1일에, 키아카 기업은 페니 기업의 보통주의 25%를 1,000,000원에 매입하였다. 매입 이후 키아카 기업은 페니 기업에 대해서 유의한 영향력을 행사할 수 있게 되었다. 같은 해 페니 기업은 1,000,000원을 배당으로 지급하였으며 2,000,000원의 당기순이익을 기록하였다. 이와 관련하여 키아카 기업이 2023년에 기록할 분개를 수행하시오.

사례문제 다음은 CJ E&M의 2013년 12월 31일에 종료되는 회계기간(제4기)에 대한 재무제표와 주석이다.

(단위: 원)

	제4기	제3기
자산		
유동자산	1,004,913,254,089	927,532,598,386
현금 및 현금성자산	332,310,495,486	165,365,016,573
매출채권 및 기타유동채권	393,437,386,859	411,512,914,427
선급금	177,055,383,184	226,110,211,969
유동성매도가능금융자산	34,307,798,241	28,289,348,118
유동성만기보유금융자산	2,000,000,000	
재고자산	6,526,949,425	5,639,916,488
기타유동금융자산	40,144,339,897	83,479,389,248
기타유동비금융자산	17,388,231,737	5,957,521,236
당기법인세자산	1,742,669,260	1,178,280,327
비유동자산	1,207,029,879,404	1,163,444,864,635
매도가능금융자산	68,732,506,281	68,049,824,754
만기보유금융자산	1,979,395,000	2,000,000,000
지분법적용 투자지분	137,101,486,752	123,211,431,904
유형자산	134,994,689,084	117,658,180,080
무형자산	783,152,220,129	776,191,976,817
투자부동산		3,740,780,117
기타비유동금융자산	31,779,063,171	31,912,211,553
기타비유동비금융자산	8,138,948,153	5,468,651,113
이연법인세자산	41,151,570,834	35,211,808,297
자산총계	**2,211,943,133,493**	**2,090,977,463,021**

(단위: 원)

	제4기	제3기
매출액	1,716,055,900,740	1,394,584,895,345
매출원가	1,297,379,299,385	1,014,934,437,361
매출총이익	418,676,601,355	379,650,457,984
판매비와 관리비	360,210,981,843	340,703,539,637
영업이익(손실)	58,465,619,512	38,946,918,347
금융수익	18,829,719,552	27,999,049,807
금융원가	27,011,908,443	26,221,504,749
지분법이익	8,048,602,556	7,244,287,083

지분법손실	(5,950,646,609)	(4,196,599,647)
기타영업외수익	2,477,316,652	4,798,754,262
기타영업외비용	(51,747,066,475)	(65,215,675,466)
법인세비용차감전순이익(손실)	3,111,636,745	(16,644,770,363)
법인세비용	2,173,847,667	(4,459,649,848)
당기순이익(손실)	937,789,078	23,258,960,087
기타포괄손익	(3,612,970,838)	(14,541,193,433)
총포괄손익	(2,675,181,760)	8,717,766,654

추가자료 1 **종속기업투자주식**

(단위: 천원)

종속기업명	소재지	주요영업활동	당기말		전기말	
			소유지분율	장부금액	소유지분율	장부금액
CJ Entertainment Japan, Inc.	일본	영화 및 방송프로그램 배급업	60.00%	2,159,334	60.00%	2,159,334
(주)제이에스픽쳐스 (*5)	대한민국	컨텐츠 제작	70.00%	10,000,000	-	-
CJ Century E&M Consulting Co,. Ltd.	중국	미디어 및 엔터테인먼트 사업 컨설팅업	100.00%	1,871,311	100.00%	1,871,311
CJ E&M Japan, Inc. (*2, *3)	일본	프로그램 공급업	46.00%	2,909,731	45.71%	2,879,808
(주)미디어웹	대한민국	응용소프트웨어 개발 및 공급업	68.84%	15,287,538	68.84%	15,287,538
좋은콘서트(주) (*4)	대한민국	공연기획업	-	-	100.00%	34,551
씨제이게임즈(주)	대한민국	게임개발 자회사주식 보유 및 관리	50.00%	49,806,325	50.00%	49,806,325
ImaginAsian Entertainment, Inc.	미국	방송서비스업	70.52%	2,369,000	70.52%	2,369,000
CJ E&M America, Inc. (*3)	미국	자회사 주식 보유 및 관리	100.00%	37,179,157	100.00%	20,457,157
일부 생략						
합 계				138,881,917		333,157,859

추가자료 2 관계기업투자주식 및 공동기업투자주식

(단위: 천원)

피투자기업명	당기 말		전기 말	
	소유지분율	장부금액	소유지분율	장부금액
(주)엠비씨플러스미디어	22.88%	27,009,989	22.88%	27,009,989
우리들영상투자조합1호	31.36%	1,599,000	31.36%	1,599,000
FICCJM Asia Limited	49.00%	1,449,557	49.00%	1,449,557
아주연창(상해)문화발전유한공사	20.00%	1,005,500	20.00%	1,005,500
MVP창투문화산업투자조합(*1)	25.00%	4,200,000	25.00%	6,000,000
제미니영상투자조합1호(*4)	33.33%	1,289,345	-	-
(주)폴라리스엠넷(*2)	50.00%	2,750,000	50.00%	1,750,000
일부 생략				
합계		107,690,030		111,382,667

추가자료 3 금융수익 및 공정가치

(단위: 천원)

구분	대여금 및 수취채권	당기손익인식 금융자산	매도가능 금융자산	투자지분 증권	상각후원가로 측정하는 금융부채	합계
이자수익	5,732,514	-	-	-	-	5,732,514
외환차익	1,123,004	-	-	-	1,111,904	2,234,908
외화환산이익	149,977	-	-	-	375,838	525,815
매도가능금융자산처분이익	-	-	878,124	-	-	878,124
파생상품평가이익		139				139
파생상품거래이익	-	161,913	-	-	-	161,913
배당금수익	-	-	-	663,799	-	663,799
합계	7,005,495	162,052	878,124	663,799	1,487,742	10,197,212

(단위: 천원)

구분	장부금액					
	당기손익 인식지정	대여금 및 수취채권	매도가능 금융자산	만기보유 금융자산	상각후원가 측정부채	합계
금융자산:						
공정가치로 측정되는 금융자산						
매도가능금융자산	-	-	35,869,089	-	-	35,869,089
파생상품자산	139	-	-	-	-	139
소계	139	-	35,869,089	-	-	35,869,228
공정가치로 측정되지 않는 금융자산(*1)						
현금 및 현금성자산	-	268,586,510	-	-	-	268,586,510
매출채권	-	344,945,239	-	-	-	344,945,239
매도가능금융자산(*2)	-	-	59,666,074	-	-	59,666,074
만기보유금융자산	-	-	-	3,979,395	-	3,979,395
기타의 금융자산	-	48,728,567	-	-	-	48,728,567
소계	-	662,260,316	59,666,074	3,979,395	-	725,905,785
금융자산 합계	139	662,260,316	95,535,163	3,979,395	-	761,775,013

01 재무상태표를 통해서 회사가 관계회사나 종속회사를 보유하고 있는지 알 수 있는가?

02 추가자료 1에서 회사가 CJ E&M Japan Inc.에 대해서 보유하고 있는 지분율이 50%에 미달하는데 종속기업투자주식으로 분류된 이유를 추정할 수 있는가?

03 추가자료2에서 한국케이블티브이서대구방송㈜에 대해서 지분율을 49.33%을 갖고 있는데, 이처럼 50%에 약간 미달하는 지분율을 갖게 된 이유를 추정할 수 있는가?

04 추가자료3에 나타난 매도가능금융자산의 자산처분이익은 당기순이익, 기타포괄손익, 포괄손익, 이익잉여금에 반영 되는가?

05 회사가 당기에 지분법이익과 지분법손실을 기록할 때의 분개를 제시하시오.

06 CJ E&M은 2014년 1분기에 게임부문을 별도로 독립시켜서 약 35%의 지분율을 보유한다고 발표하였다. 2014년에 200억원의 이익을 기록한다고 가정할 때 CJ E&M이 인식할 수 있는 2014년도의 관련 이익은 얼마인가? 회계처리를 수행하시오.

07 만약 CJ E&M이 독립된 게임부문에 대한 지분을 추가로 매입해서 지분율을 49%로 증가시킨다면 인식할 수 이익은 얼마인가? 지분율이 51%일 경우에는 어떻게 되는가?(2014년도의 게임부문 법인의 이익은 200억원으로 가정한다)

08 회사가 당기에 보유하고 있는 만기보유증권은 얼마인가? 해당 금융상품에 대해 적용되는 회계처리를 설명하시오. 만기보유증권으로 분류하기 위해서 필요한 요건을 설명하시오.

09 회사가 당기에 새롭게 지분법을 적용하기 시작한 피투자회사가 있는가? 해당 회사의 주식을 현금으로 취득했다면 회계처리가 어떻게 되는가? 해당 거래의 결과 자본이나 레버리지 비율에 어떤 변화가 생기는가?

10 회사가 당기에 새롭게 편입한 종속회사가 있는가? 해당 회사의 주식을 현금으로 취득했다면 회계처리가 어떻게 되는지 간단히 설명하시오. 해당 거래의 결과 자본이나 레버리지 비율에 어떤 변화가 생기는가?

1. 부채
2. 우발부채(Contingent liability)
3. 충당부채(Provision)
4. 사채(Bonds payable)

08

부채의 보고 및 분석

Lectures on Financial Accounting

CHAPTER 08

부채의 보고 및 분석

1 부채

부채는 미래에 경제적 희생(economic sacrifices)을 가져오는데 재무상태표에 유동부채(current liability) 혹은 비유동부채(non-current liability)로 기록된다. 기업의 정상영업주기(operating cycle) 이내에 결제될 것으로 예상되거나 보고기간 후 12개월 이내에 만기 결제되는 경우에는 유동부채로 기록되며, 그렇지 않을 경우에는 비유동부채로 분류된다. 유동부채의 대표적인 예로는 매입채무, 미지급임금, 단기미지급금, 미지급법인세 등이 있다. 비유동부채의 대표적인 예로는 사채, 장기차입금 등이 있다.

2 우발부채(Contingent liability)

우발부채는 부채를 인식할 수 있는 요건을 충족시키지 못해서 재무제표에 인식하지 않는 의무를 의미한다. 부채를 인식하기 위해서는 해당 의무가 발생할 가능성이 높고 금액을 신뢰성 있게 측정할 수 있어야 하는데, 우발부채는 과거사건에 의하여 발생하였으나, 기업이 전적으로 통제할 수 없는 하나 이상의 불확실한 미래사건의 발생 여부에 의해서만 그 존재가 확인되는 잠재적 의무이기 때문에 부채로 인식하지 않는다. 기업은 우발부채를 주석을 통해서 공시해야 하며, 투자자 입장에서는 기업을 둘러싼 미래 불확실성과 관련된 정보를 우발부채를 통해 확인할 수 있다. 우발부채의 대표적인 예로 법적 소송이 있다. 회사가 소송에 휘말릴 경우 미래에 현금 등을 지급해야 하는 의무가 존재하지만, 소송에 패소할 가능성이나 소송에서 패소했을 경우 부담해야 할 금액에 대해 신뢰성 있게 측정하기 어려운 경우가 많으므로 우발부채로 공시한다.

충당부채, 우발부채, 우발자산(contingent asset)과 관련된 인식 방식, 공시 대상은 다음과 같다.

항목	실현가능성	회계처리
불확실한 부채	가능성이 높으며(50% 이상) 신뢰성 있게 측정가능	충당부채 인식
	가능성이 높으나(50% 이상) 신뢰성 있게 측정할 수 없음	주석 공시(우발부채)
	가능성이 높지 않음	주석 공시(우발부채)
	가능성이 거의 없음	공시하지 않음
불확실한 자산	가능성이 높음(50% 이상)	주석 공시(우발자산)
	가능성이 높지 않음	공시하지 않음

아래 예를 보자. 미칼라 회사가 커피를 제조하여 매장에서 고객에게 판매하는 영업을 영위하고 있다. 2020년에 회사는 변호사로부터 잠재적인 소송 위험에 대한 정보를 들었는데, 고객이 뜨거운 커피를 들고 가다가 쏟아 화상을 입으면 고객이 회사를 상대로 소송을 걸 수 있다는 것이다. 이 경우 최대 1,000,000원의 비용을 지출하게 될 수 있다고 한다. 한편 2022년에 실제로 위와 같은 일이 발생해서 회사는 고객으로부터 소송을 당했는데, 2023년에 법원은 고객에게 500,000원을 지급하라는 판결을 냈다. 회사는 이에 항소하였으며 2024년 회사는 고객과 150,000원의 금액에 합의하기로 결정하였다. 이와 관련해서 매년 인식해야 할 부채금액과 계정명은 다음과 같다.

(단위: 원)

연도	관련 부채
2020	인식할 부채 없음
2021	인식할 부채 없음
2022	주석으로 공시
2023	주석으로 공시
2024	고객으로 인한 소송과 관련하여 충당부채 150,000원 인식하고 같은 금액을 비용으로 인식

우발부채는 불확실성이 높은 부채이기 때문에, 해당 소송이 영업활동과 긴밀하게 연결되어 있음에도 불구하고 실제 소송이 발생하기 전까지는 부채를 인식하거나 주석으로 공시할 사항이 없다. 그러나 회사가 소송을 당한 2022년부터는 주석으로 해당 사안에 대해서 공시해야 한다. 2023년에는 법원으로부터 구체적인 액수의 판결을 받았으나, 바로 항소하였으므로 해당 금액을 충당부채로 인식하지 않음에 유의해야 한다. 2024년에는 고객과 최종 합의하였기 때문에, 해당 금액을 신뢰성 있게 측정할 수 있으므로 충당부채를 인식한다. 이후 실제로 현금을 지급하게 되면 해당 우발부채를 제거하고 현금의 유출을 기록하면 된다.

3 충당부채(Provision)

우발부채와 비슷한 개념으로 충당부채가 있다. 충당부채는 부채의 인식 요건을 충족해서 재무상태표에 부채로서 계상된다는 점에서 우발부채와 다르다. 그러나 재무상태표에 계상되는 다른 부채와 비교했을 때 경제적 자원의 유출 시기나 금액과 관련된 불확실성이 높은 편이다. 충당부채는 다음과 같은 조건을 만족시켜야 한다.

① 과거 사건의 결과로 현재 의무가 존재
② 경제적 효익이 내재된 자원이 유출된 가능성이 높음(50% 이상)
③ 의무의 이행에 소요되는 금액을 신뢰성 있게 추정할 수 있음

충당부채의 예로는 퇴직급여충당부채, 장기제품보증충당부채 등이 있다. 이들 계정은 많은 기업들의 재무상태표에서 확인할 수 있는 항목들이지만, 해당 의무가 발생하는 시기나 금액과 관련하여 불확실성이 높다는 공통점이 있다. 퇴직급여충당부채의 경우 종업원들이 회사를 떠날 시기를 확실하게 예측하기 어렵고, 그 경우 회사가 지급해야 할 금액은 급여상승률, 물가상승률, 투자수익률 등에 따라 달라진다. 장기제품보증충당부채도 회사가 판매한 제품 중에서 언제 얼마나 A/S가 필요할지 예상하기 어렵다. 이러한 차이점은 채권자들에게 언제 얼마의 이자와 원금을 지급해야 하는지 명시되어 있는 사채와 비교해 보면 확연하다.

경제적 자원의 유출 시기나 금액이 불확실함에도 불구하고 충당부채를 인식하는 이유

는 수익과 비용을 대응하려는 원칙 때문이다. 퇴직급여충당부채의 경우를 생각해 보면, 기업은 종업원이 회사를 위해서 근무하는 기간에 대한 대가로서 퇴직금 혹은 퇴직연금을 제공하는 것이므로, 종업원이 경제적 효익을 회사에 가져다주는 기간에 관련 충당부채를 인식하는 것이다. 제품보증충당부채의 경우에도 회사가 제품을 판매하여 발생하는 매출에 대응하여 같은 시기에 비용을 발생시키기 위해서 인식한다.

충당부채의 금액은 화폐의 시간가치가 중요한 경우에는 현재가치로 할인하여 평가할 수 있는데, 이는 충당부채와 관련된 사건의 실제 발생시기가 오랜 기간에 걸칠 가능성이 높기 때문에 필요하다고 할 수 있다. 충당부채로 인식한 금액만큼을 동시에 비용으로 인식한다.

예로 다음 상황을 생각해 보자. 루아나 회사 2023년에 종업원들의 근무에 대한 대가로 미래에 퇴직급여를 지급해야 할 의무가 생겼다. 보험수리적인 가정을 도입하여 예상 금액을 추정해 본 결과, 2023년 기말 시점의 현재가치로 1,500,000원으로 나타났다. 또한 회사가 2023년에 제품을 판매하면서 2년간 무상수리 조건을 내걸었는데, 이로 인해서 향후 발생할 제품 하자 수리비용의 현재가치가 2013년 기말 시점의 현재가치로 500,000원으로 추정되었다. 이때 필요한 분개는 다음과 같다.

(단위: 원)

2023/12/31			
차변 계정과목	금액	대변 계정과목	금액
퇴직급여	1,500,000	퇴직급여충당부채	1,500,000
제품보증비용	500,000	제품보증충당부채	500,000

4 사채(Bonds payable)

회사가 자금을 조달하는 수단으로는 주식을 발행하는 것(자기자본)과 외부에서 자금을 빌리는 것(타인자본)이 있다. 타인자본은 은행에서 돈을 빌리는 것(차입금)뿐 아니라 시장에서 사채를 발행하는 방법이 있다. 사채는 발행하는 회사가 투자자에게 현금을 받는 대가로 미래에 정해진 시기에 이자와 최종 만기 시점에 원금을 지급할 의무를 나타낸다. 사채에 표시된 이자는 일 년 이자율로 표시되며 보통 반기별로 지급하는 것이 일반적이다. 이자를 정기적으로 지급한다는 점은 차입금과 유사하지만, 은행 등의 금융회사를 거치지 않고 일반투자자들을 상대로 직접 자금을 조달한다는 점이 다르다

채권이 발행되는 시점에서 발행회사에 유입되는 현금흐름은 미래에 채권으로부터 발생할 모든 현금흐름을 적절한 할인율(market interest rate)로 할인한 값이다. 이때 적절한 할인율은 회사의 위험도를 반영한 값이다. 발행회사가 미래에 정해진 이자나 원금을 갚을 가능성이 낮다면 채무불이행 위험이 높다면－투자자 입장에서는 더 높은 할인율(discount)을 적용해야 할 것이다. 따라서 높은 할인율이 적용되는 회사는 같은 조건을 갖는 채권을 발행하더라도, 낮은 할인율이 적용되는 회사에 비해 낮은 가격에 채권을 발행하게 된다. 결국 같은 조건에서도 회사가 사채를 통해 차입한 금액이 작아지게 된다.

회사의 위험도와 관련해서는 신용평가회사가 발행회사의 재무건전성, 상환능력 등을 검토하여 발행한 신용등급을 참고할 수 있다. 한국에서는 다음과 같은 3개의 신용평가 회사가 대부분의 채권에 대한 신용평가를 담당하고 있으며, 홈페이지에서 특정 채권에 대한 신용등급과 기본적인 발행정보를 확인할 수 있다. 그러나 발행회사가 신용평가회사를 선정하고 평가수수료를 지급하고 신용등급을 부여받기 때문에, 신용등급이 항상 객관적이라는 보장은 없다.

한국신용평가: https://www.kisrating.com/
나이스신용평가: https://www.nicerating.com/
한국기업평가: https://www.korearatings.com

미국의 경우에는 다음의 3개 기업이 신용평가를 하고 있다. 한국의 경우와 비슷하게 각각의 신용평가 회사의 웹사이트에 들어가면 신용평가 된 회사의 신용등급을 알 수 있다.

Standard and Poor's(S&P): www.standardandpoors.com
Moody's: www.moodys.com
Fitch: www.fitchratings.com

2022년 Financial times의 조사에 의하면 매출액기준으로 보면 신용평가산업에서 S&P가 50%, Moody's가 33%, Fitch가 10% 정도 차지하고 있는 것으로 나타나고 있다.

사채를 발행한 회사는 해당 부채를 만기까지 남은 기간에 따라서 유동부채(단기부채) 혹은 비유동부채(장기부채)로 분류한다. 간혹 재무제표 상에서 유동성장기사채라는 계정을 발견할 수 있는데, 이는 발행 시점에서 만기가 1년을 초과해서 장기부채로 분류되었으나 시간이 경과하여 만기가 1년 이하로 남은 사채이며 유동부채이다. 채권투자자 입장에서는 투자목적이나 예상보유기간 등에 따라서 단기매매금융자산(FVPL), 매도가능금융자산(FVOCI), 상각후원가측정금융자산으로 분류한다. 사채발행회사와 채권투자자에게 귀속되는 현금흐름을 유형별로 구분하면 다음과 같다. 사채발행회사는 자금을 조달한 대가로 정기적인 이자를 지급하고 만기에는 원금을 상환할 의무가 있으며, 채권투자자는 자금을 제공한 대가로 정기적인 이자를 수취하며 만기에는 원금을 되돌려 받는다.

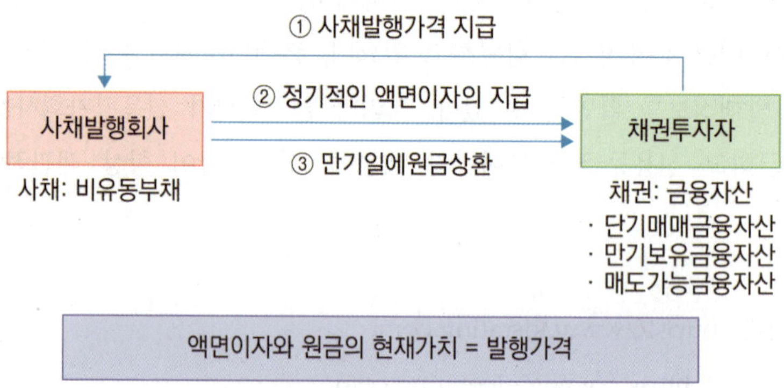

채권이 발행된 이후에는 유통시장에서 투자자들 간에 거래가 된다는 점에서 주식과 유사하며, 채권을 발행한 회사의 의무의 구체적인 내용이 변하지 않음에도 불구하고, 가격은 매일 변할 수 있다. 이는 채권이 다른 투자수단과 경쟁하는 관계에 있기 때문이며, 다른 채권의 이자수준이나 차입회사의 재무상태 등에 따라 가격이 변화한다. 회사가 사채를 발행할 때 액면이자율(coupon rate)이 시장이자율(market rate) 보다 작으면 이를 할인발행이라고 하고 이 경우에는 사채발행가격이 사채액면금액보다 작다. 반면에 액면이자율이 시장이자율보다 높으면 이는 할증발행이라고 하고 사채발행가격이 사채액면금액보다 높다. 아래의 표는 이런 관계를 잘 정리하여 보여준다.

사채가격	이자율	발행가격
시장가격(발행가격) 〈 액면금액	시장이자율 〉 액면이자율	할인발행
시장가격 = 액면금액	시장이자율 = 액면이자율	액면발행
시장가격 〉 액면금액	시장이자율 〈 액면이자율	할증발행

회사 입장에서는 할인, 액면, 할증 발행 중 무엇이 유리할까? 위험도가 주어진 상황에서, 할인, 액면, 할증 발행은 세금을 고려하지 않는다면 무차별적이다. 그러나 현실적으로는 경영자가 목적하는 바에 따라서, 유리한 발행조건이 달라질 수 있다. 가령 당기순이익을 극대화하고자 한다면 할증발행을 해서 이자비용을 적게 인식하는 게 유리하며, 영업으로부터의 현금흐름을 극대화하고자 한다면 할인발행이 유리하다. 할인발행을 하게 되면, 이자비용을 많이 인식함으로써 세후이익을 감소시킬 수 있고, 이를 통해서 법인세 부담을 줄일 수 있다.

사채 발행과 관련된 용어를 정리하면 다음과 같다.

용어	설명
발행일(issue date)과 만기일(maturity date)	발행일은 발행회사가 사채를 발행한 일자를 말하며, 만기일은 사채의 원금(액면금액)을 사채발행회사가 상환하는 일자를 의미한다.
액면금액 (face value)	사채권면에 기재되어 만기일에 상환하기로 약속한 금액을 의미한다.
액면이자율(coupon rate)과 액면이자(coupon interest)	사채의 표면에 기록되어 있는 이자율로 현금으로 지급하는 이자를 결정한다. 사채의 액면금액에 액면이자율을 곱한 금액을 이자지급일에 지급한다.
시장이자율(market rate)	사채를 매입하는 투자자의 기대수익률을 의미한다.
발행가격(issue price)	각 기간 발생하는 사채의 액면이자와 만기에 발생하는 원금상환액을 현재시점에서 평가한 금액이다.
유효이자율 (effective interest rate)	유효이자율이란 사채발행으로부터 유입되는 순 현금수취액을 향후에 발생하는 이자 및 원금 상환과 관련된 현금흐름을 일치시키는 할인율을 의미한다. 사채를 발행한 회사는 유효이자율법을 사용해서 사채의 이자비용을 인식해야 한다.

사채와 관련된 분개를 알아보기 위해 다음의 예를 보자. 라니 회사가 2020년 1월 1일에 만기 3년 사채를 발행하였는데, 액면금액은 10,000,000원이고 6월 말과 12월 말에 한 번씩 이자를 지급한다고 한다. 액면이자율은 8%이다. 해당 사채의 위험을 고려했을 때 시장에서 요구하는 할인율은 10%라고 한다.

위 사채와 관련하여 가장 먼저 수행해야 하는 분개는 발행시점의 분개이다. 문제에서 주어진 할인율을 사용해서 미래 현금흐름을 할인하면 발행가격을 구할 수 있다.

날짜	2020-06-30	2020-12-31	2021-06-30	2021-12-31	2022-06-30	2022-12-31
시기	1	2	3	4	5	6
현금흐름	400,000	400,000	400,000	400,000	400,000	10,400,000
현재가치	380,952	362,812	345,535	329,081	313,410	7,760,640

현재가치의 합을 구하면 9,492,431원이 되는데 이 값이 사채의 발행 가격이며 액면금액보다 낮기 때문에 이를 할인발행이라고 한다. 쉽게 생각하면 10% 위험을 가진 사채가 8% 이자밖에 지급하지 않기 때문에 시장에서 할인되어 거래되는 것이다. 위와 같은 표를 작성하는 대신에 엑셀이나 재무용 계산기 함수기능을 활용해서 다음과 같이 PV(0.05, 6, 400,000, 10,000,000)을 입력해서 쉽게 발행가격을 구할 수도 있다.

2020/1/1 (사채 발행시점)			
차변 계정과목	금액	대변 계정과목	금액
현금	9,492,431	사채	10,000,000
사채할인발행차금	507,569		

위의 분개는 회사가 발행시점에 사채를 발행하여(부채의 증가) 현금을 받은(자산의 증가) 거래를 나타낸다. 사채할인발행차금은 사채를 감소시키는 계정으로 사채의 액면가액에서 이 금액을 빼면 사채발행가액이 됨을 알 수 있다.

2020/6/30 (이자 지급시점)			
차변 계정과목	금액	대변 계정과목	금액
이자비용	474,622	현금	400,000
		사채할인발행차금	74,622

6개월이 지난 뒤 이자를 지급할 시점이 되면, 회사는 액면금액에 약정이자율(또는 액면이자율)을 곱한 금액을 채권자에게 현금으로 지급해야 한다. 따라서 10,000,000원에 4%를 곱한 금액을 대변에 적어서 현금의 감소를 나타낸다. 또한 6개월 동안 현금을 사용한 대가에 대해서 이자비용을 인식해야 하는데, 이는 발행가액(투자자에게서 실제로 받은 현금), 9,492,431원에 할인율(시장이자율) 5%를 곱한 금액이다. 약정한 현금과 이자비용의 차액은 사채할인발행차금을 감소시키므로 대변에 기록한다. 이러한 분개는 매기(이 문제에서는 반기마다) 나타나게 되며, 만기시점에는 이자를 지급하는 분개를 기록함과 동시에 원금의 상환을 다음과 같이 인식한다.

2022/12/31 (원금 상환 시점)			
차변 계정과목	금액	대변 계정과목	금액
이자비용	495,238	현금	400,000
		사채할인발행차금	95,238
사채	10,000,000	현금	10,000,000

위 예에서 나타난 사채의 상각표(amortization table)는 다음과 같다. 상각표를 작성하면 매기 인식해야 할 이자비용, 현금흐름, 상각액에 대한 정보를 쉽게 알 수 있으며, 분개를 용이하게 할 수 있다. 또한 해당 상각표를 따라 계산했을 때 만기에 원금과 같은 금액이 나타나는지 대조함으로써 오류를 사전에 방지하는 효과를 얻을 수 있다.

시기	기초금액	이자비용 = 기초금액×할인율	현금흐름 = 액면금액×이자율	상각액 = 이자비용 - 현금흐름	기말금액 = 기초금액 + 상각액
1	9,492,431	474,622	400,000	74,622	9,567,052
2	9,567,052	478,353	400,000	78,353	9,645,405
3	9,645,405	482,270	400,000	82,270	9,727,675
4	9,727,675	486,384	400,000	86,384	9,814,059
5	9,814,059	490,703	400,000	90,703	9,904,762
6	9,904,762	495,238	400,000	95,238	10,000,000

사채가 할인발행 되었을 경우에는 만기에 가까워질수록 매기 상각하는 과정을 통해서 사채의 기말금액(기말장부가액)은 점차 증가하여 사채액면가액에 근접한다. 사채의 만기시점에는 사채의 장부가치가 액면금액에 수렴해야 한다. 사채가 할증발행 되었을 경우에는 반대로 기말금액이 점차 감소해서 만기에는 액면금액과 같아진다. 액면발행 되었을 경우에는 발행가격, 기말금액, 액면금액이 모두 같다. 그 이유는 시장에서 채권투자자들이 원하는 이자비용과 회사가 지급하기로 약정한 현금이자의 흐름이 매기 동일하기 때문에 상각액이 0이 되기 때문이다. 이를 그림으로 나타내면 다음과 같다. 할증발행, 액면발행, 할인발행에 따라서 시간의 흐름에 따라 사채의 장부금액이 액면가액과 비교해서 어떻게 변화하는지를 보여준다.

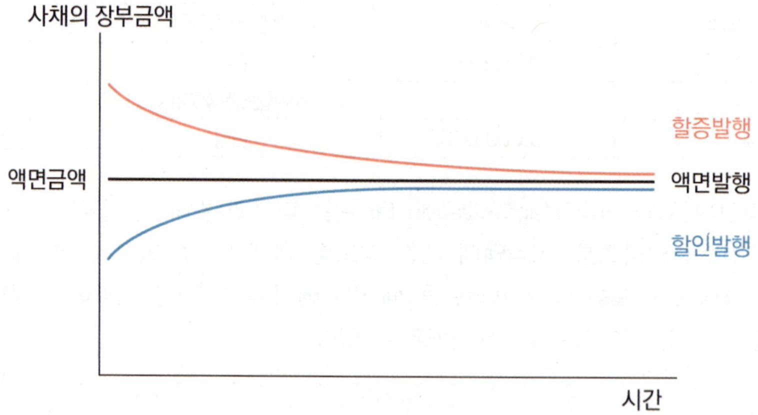

셀프스터디 문제 ❶

다음 두 경우에 대해서 상각표를 작성하고 물음에 답하시오.

1. 만기 20년 채권의 액면가액이 100,000,000원이고 8%의 이자율로 6개월마다 이자를 지급한다. 해당 사채에 적용되는 시장이자율은 10%이다.

해답

문제에 주어진 할인율과 미래 현금흐름 정보를 이용하면 발행가격을 쉽게 계산할 수 있다. 엑셀함수에서 PV(0.05, 40, 4,000,000, 100,000,000)을 사용하면 발행가격이 82,840,914원임을 알 수 있다. 발행가격이 주어지면 다음과 같은 상각표를 작성할 수 있다.

(단위: 원)

시기	기초금액	이자비용 = 기초금액×할인율	현금흐름 = 액면금액×이자율	상각액 = 이자비용 − 현금흐름	기말금액 = 기초금액 + 상각액
1	82,840,914	4,142,046	4,000,000	142,046	+82,982,959
2	+82,982,959	4,149,148	4,000,000	149,148	+83,132,107
3	+83,132,107	4,156,605	4,000,000	156,605	+83,288,713
4	+83,288,713	4,164,436	4,000,000	164,436	+83,453,148
5	+83,453,148	4,172,657	4,000,000	172,657	+83,625,806
6	+83,625,806	4,181,290	4,000,000	181,290	+83,807,096
7	+83,807,096	4,190,355	4,000,000	190,355	+83,997,451
8	+83,997,451	4,199,873	4,000,000	199,873	+84,197,323

9	+84,197,323	4,209,866	4,000,000	209,866	+84,407,189
10	+84,407,189	4,220,359	4,000,000	220,359	+84,627,549
11	+84,627,549	4,231,377	4,000,000	231,377	+84,858,926
12	+84,858,926	4,242,946	4,000,000	242,946	+85,101,873
13	+85,101,873	4,255,094	4,000,000	255,094	+85,356,966
14	+85,356,966	4,267,848	4,000,000	267,848	+85,624,815
15	+85,624,815	4,281,241	4,000,000	281,241	+85,906,055
16	+85,906,055	4,295,303	4,000,000	295,303	+86,201,358
17	+86,201,358	4,310,068	4,000,000	310,068	+86,511,426
18	+86,511,426	4,325,571	4,000,000	325,571	+86,836,997
19	+86,836,997	4,341,850	4,000,000	341,850	+87,178,847
20	+87,178,847	4,358,942	4,000,000	358,942	+87,537,790
21	+87,537,790	4,376,889	4,000,000	376,889	+87,914,679
22	+87,914,679	4,395,734	4,000,000	395,734	+88,310,413
23	+88,310,413	4,415,521	4,000,000	415,521	+88,725,934
24	+88,725,934	4,436,297	4,000,000	436,297	+89,162,230
25	+89,162,230	4,458,112	4,000,000	458,112	+89,620,342
26	+89,620,342	4,481,017	4,000,000	481,017	+90,101,359
27	+90,101,359	4,505,068	4,000,000	505,068	+90,606,427
28	+90,606,427	4,530,321	4,000,000	530,321	+91,136,748
29	+91,136,748	4,556,837	4,000,000	556,837	+91,693,586
30	+91,693,586	4,584,679	4,000,000	584,679	+92,278,265
31	+92,278,265	4,613,913	4,000,000	613,913	+92,892,178
32	+92,892,178	4,644,609	4,000,000	644,609	+93,536,787
33	+93,536,787	4,676,839	4,000,000	676,839	+94,213,627
34	+94,213,627	4,710,681	4,000,000	710,681	+94,924,308
35	+94,924,308	4,746,215	4,000,000	746,215	+95,670,523
36	+95,670,523	4,783,526	4,000,000	783,526	+96,454,049
37	+96,454,049	4,822,702	4,000,000	822,702	+97,276,752
38	+97,276,752	4,863,838	4,000,000	863,838	+98,140,590
39	+98,140,590	4,907,029	4,000,000	907,029	+99,047,619
40	+99,047,619	4,952,381	4,000,000	952,381	100,000,000

2. 만기 20년 사채의 액면가액이 100,000,000원이고 8%의 이자율로 6개월마다 이자를 지급한다. 사채의 발행가격이 123,114,772원이라고 한다.

해답

이 문제에서는 할인율이 주어지지 않았으므로, 현금흐름과 사채발행가격에 대한 정보로부터 시장할인율을 추론해야 한다. Excel에서 RATE함수를 사용해서 구할 수도 있고 재무계산기를 이용해서 구할 수도 있다. 만약 Excel의

RATE(40, 4,000,000, 100,000,000)로 구하면, 매기 적용되는 할인율이 3%, 즉 연간이자율이 6%임을 알 수 있다. 구해진 할인율을 사용해서 상각표를 작성하면 아래와 같다.

(단위: 원)

시기	기초금액	이자비용 = 기초금액×할인율	현금흐름 = 액면금액×이자율	상각액 = 이자비용 - 현금흐름	기말금액 = 기초금액 + 상각액
1	123,114,772	3,693,443	4,000,000	(306,557)	122,808,215
2	122,808,215	3,684,246	4,000,000	(315,754)	122,492,462
3	122,492,462	3,674,774	4,000,000	(325,226)	122,167,235
4	122,167,235	3,665,017	4,000,000	(334,983)	121,832,252
5	121,832,252	3,654,968	4,000,000	(345,032)	121,487,220
6	121,487,220	3,644,617	4,000,000	(355,383)	121,131,837
7	121,131,837	3,633,955	4,000,000	(366,045)	120,765,792
8	120,765,792	3,622,974	4,000,000	(377,026)	120,388,766
9	120,388,766	3,611,663	4,000,000	(388,337)	120,000,428
10	120,000,428	3,600,013	4,000,000	(399,987)	119,600,441
11	119,600,441	3,588,013	4,000,000	(411,987)	119,188,455
12	119,188,455	3,575,654	4,000,000	(424,346)	118,764,108
13	118,764,108	3,562,923	4,000,000	(437,077)	118,327,031
14	118,327,031	3,549,811	4,000,000	(450,189)	117,876,842
15	117,876,842	3,536,305	4,000,000	(463,695)	117,413,148
16	117,413,148	3,522,394	4,000,000	(477,606)	116,935,542
17	116,935,542	3,508,066	4,000,000	(491,934)	116,443,608
18	116,443,608	3,493,308	4,000,000	(506,692)	115,936,917
19	115,936,917	3,478,107	4,000,000	(521,893)	115,415,024
20	115,415,024	3,462,451	4,000,000	(537,549)	114,877,475
21	114,877,475	3,446,324	4,000,000	(553,676)	114,323,799
22	114,323,799	3,429,714	4,000,000	(570,286)	113,753,513
23	113,753,513	3,412,605	4,000,000	(587,395)	113,166,118
24	113,166,118	3,394,984	4,000,000	(605,016)	112,561,102
25	112,561,102	3,376,833	4,000,000	(623,167)	111,937,935
26	111,937,935	3,358,138	4,000,000	(641,862)	111,296,073
27	111,296,073	3,338,882	4,000,000	(661,118)	110,634,955
28	110,634,955	3,319,049	4,000,000	(680,951)	109,954,004
29	109,954,004	3,298,620	4,000,000	(701,380)	109,252,624
30	109,252,624	3,277,579	4,000,000	(722,421)	108,530,203
31	108,530,203	3,255,906	4,000,000	(744,094)	107,786,109
32	107,786,109	3,233,583	4,000,000	(766,417)	107,019,692
33	107,019,692	3,210,591	4,000,000	(789,409)	106,230,283
34	106,230,283	3,186,908	4,000,000	(813,092)	105,417,191

35	105,417,191	3,162,516	4,000,000	(837,484)	104,579,707
36	104,579,707	3,137,391	4,000,000	(862,609)	103,717,098
37	103,717,098	3,111,513	4,000,000	(888,487)	102,828,611
38	102,828,611	3,084,858	4,000,000	(915,142)	101,913,470
39	101,913,470	3,057,404	4,000,000	(942,596)	100,970,874
40	100,970,874	3,029,126	4,000,000	(970,874)	100,000,000

3. 할인 발행으로 인해 기말잔액이 점증하는 경우와 할증발행으로 인해 기말잔액이 체감하는 경우에 매기 인식해야 하는 이자비용에 어떠한 영향을 주는가?

해답

할인발행하는 경우 만기에 원금과 같은 기말잔액을 갖기 위해서는 매기 인식해야 하는 이자비용이 현금흐름보다 커야 한다. 그 결과 양(+)의 상각액이 발생해서 기말잔액이 지속적으로 점증할 수 있다. 이자비용은 기초금액에 이자율을 곱한 금액으로 결정되므로 매기 인식하는 이자비용 역시 점증한다. 반대로 할증발행 하는 경우에는 만기에 원금과 같은 기말잔액을 갖기 위해서는 매기 인식해야 하는 이자비용이 현금흐름보다 작아야 한다. 그 결과 음(−)의 상각액이 발생해서 기말잔액이 지속적으로 체감할 수 있다. 이자비용은 체감하는 기초금액(전기 기말금액과 동일)에 동일한 이자율을 매기 곱해서 결정되므로, 이자비용 금액도 매기 감소한다.[셀프스터디 문제2] 알라모아나 회사가 2023년 초에 원금 700,000원, 만기 10년인 사채를 발행하고자 한다. 이자는 매년 말에 한번 지급한다. 시장이자율은 6%라 가정하자. 할인율이 변함에 따라 할인발행, 할증발행, 액면발행 할 경우 이익, 현금흐름, 세금 측면에서 어떤 효과가 있는지 알아보자.

셀프스터디 문제 ❷

알라모아나 회사가 2023년 초에 원금 700,000원, 만기 10년인 사채를 발행하고자 한다. 이자는 매년 말에 한번 지급한다. 시장이자율은 6%라 가정하자. 할인율이 변함에 따라 할인발행, 할증발행, 액면발행 할 경우 이익, 현금흐름, 세금 측면에서 어떤 효과가 있는지 알아보자.

(붉은색은 직접 구해야 하는 값)

1. **할인발행**

해답

법인세율	40%
원금	700,000
액면이자율	4%
시장이자율	6%

발행가격 596,958.78 = PV(0.06, 10, 28000, 700000)

(단위: 원)

연도	시기	기초금액	이자비용 = 기초금액× 할인율	이자비용 현재가치	이자현금흐름 (영업현금흐름) = 액면금액×이자율	상각액 = 이자비용 - 이자현금흐름	기말잔액 = 기초금액 + 상각액
2023	1	596,958.8	35,817.5	33,790.1	28,000	7,817.5	604,776.3
2024	2	604,776.3	36,286.6	32,294.9	28,000	8,286.6	613,062.9
2025	3	613,062.9	36,783.8	30,884.4	28,000	8,783.8	621,846.7
2026	4	621,846.7	37,310.8	29,553.6	28,000	9,310.8	631,157.5
2027	5	631,157.5	37,869.5	28,298.3	28,000	9,869.5	641,027.0
2028	6	641,026.9	38,461.6	27,113.9	28,000	10,461.6	651,488.5
2029	7	651,488.5	39,089.3	25,996.6	28,000	11,089.3	662,577.8
2030	8	662,577.8	39,754.7	24,942.6	28,000	11,754.7	674,332.5
2031	9	674,332.5	40,460.0	23,948.2	28,000	12,460.0	686,792.5
2032	10	686,792.5	41,207.6	23,010.1	28,000	13,207.6	700,000.0

이자비용 합계	383,041.2		
이자비용 절세효과	153,216.5		
이자 현금지급액 합계			280,000
이자비용절세효과의 현재가치		111,933.1	

2. **할증발행:** 이번에는 회사가 발행하는 사채에 적용되는 할인율이 낮아져서 할증발행하게 된 경우이다.

해답

법인세율	40%
원금	700,000
액면이자율	8%
시장이자율	6%

발행가격 803,041.2 = PV(0.06, 10, 56,000, 700,000)

(단위: 원)

연도	시기	기초금액	이자비용 = 기초금액× 할인율	이자비용 현재가치	이자현금흐름 (영업현금흐름) = 액면금액×이자율	상각액 = 이자비용 - 이자현금흐름	기말잔액 = 기초금액 + 상각액
2023	1	803,041.2	48,182.5	45,455.2	56,000	-7,817.5	795,223.7
2024	2	795,223.7	47,713.4	42,464.8	56,000	-8,286.6	786,937.1
2025	3	786,937.1	47,216.2	39,643.7	56,000	-8,783.8	778,153.3
2026	4	778,153.3	46,689.2	36,982.2	56,000	-9,310.8	768,842.5
2027	5	768,842.5	46,130.6	34,471.4	56,000	-9,869.4	758,973.1

2028	6	758,973.1	45,538.4	32,102.8	56,000	-10,461.6	748,511.5
2029	7	748,511.5	44,910.7	29,868.2	56,000	-11,089.3	737,422.1
2030	8	737,422.1	44,245.3	27,760.1	56,000	-11,754.7	725,667.5
2031	9	725,667.5	43,540.0	25,771.3	56,000	-12,460.0	713,207.5
2032	10	713,207.5	42,792.5	23,895.1	56,000	-13,207.5	700,000.0

이자비용 합계	456,958.8		
이자비용 절세효과	182,783.5		
이자 현금지급액 합계			560,000
이자비용절세효과의 현재가치		135,365.8	

3. 액면발행: 이번에는 회사가 발행한 사채에 적용되는 할인율이 이자율과 같아지는 경우이다.

해답

법인세율	40%
원금	700,000
이자율	6%
할인율	6%

발행가격 700,000

(단위: 원)

연도	시기	기초금액	이자비용 = 기초금액× 할인율	이자비용 현재가치	이자현금흐름 (영업현금흐름) = 액면금액×이자율	상각액 = 이자비용 - 이자현금흐름	기말잔액 = 기초금액 + 상각액
2023	1	700,000	42,000	39,623	42,000	0	700,000
2024	2	700,000	42,000	38,788	42,000	0	700,000
2025	3	700,000	42,000	35,869	42,000	0	700,000
2026	4	700,000	42,000	33,192	42,000	0	700,000
2027	5	700,000	42,000	30,735	42,000	0	700,000
2028	6	700,000	42,000	28,481	42,000	0	700,000
2029	7	700,000	42,000	26,413	42,000	0	700,000
2030	8	700,000	42,000	24,516	42,000	0	700,000
2031	9	700,000	42,000	22,776	42,000	0	700,000
2022	10	700,000	42,000	21,179	42,000	0	700,000

이자비용 합계	420,000		
이자비용 절세효과	168,000		
이자 현금지급액 합계			420,000
이자비용절세효과의 현재가치		123,649.5	

위의 3가지 경우에 계산되는 값을 정리하면 다음과 같다.

	할인발행	할증발행	액면발행
이자비용 합계	383,041	456,958	420,000
이자비용 절세효과	153,216	182,783	168,000
이자 현금지급액 합계	280,000	560,000	420,000
이자비용절세효과의 현재가치	111,933	135,365	123,649

우선 이익 측면에서는 할인발행 < 액면발행 < 할증발행 순으로 더 유리하다. 이는 할증발행이 될수록 이자비용을 구하기 위해서 적용되는 할인율이 낮기 때문이다 (물론 할인율이 곱해지는 장부금액은 할증발행이 될수록 커지지만 할인율의 효과가 이를 상쇄한다). 한편 이자비용과 관련된 현금흐름 측면에서는 3가지 경우 모두 무차별하다. 이자 현금흐름은 원금과 액면이자율에 의해서만 결정되기 때문에 할인율과는 무관하기 때문이다. 세금 측면에서는 이자비용을 많이 계상할수록 이자비용에 따른 절세효과도 커짐을 알 수 있다. 따라서 세금이 존재하는 경우에 현금흐름은 할인발행 > 액면발행 > 할증발행 순으로 유리하다.

셀프스터디 문제 ❸

호롤룰루 회사는 1,000,000원의 액면가액의 5%의 이자를 1년에 두 번 나누어 지급하는 사채를 몇 년 전에 액면발행하였다. 해당 사채는 현재 만기까지 20년이 남았으며, 시장이자율이 발행당시보다 상승해서 해당 사채의 시장가치는 액면의 63% 수준으로 떨어졌다. 회사는 800,000원의 유동부채를 보유하고 있으며, 1,500,000원의 자본을 갖고 있다. 부채/자산비율은 55%(= 1,800,000/3,300,000)으로 계산되는데, 여기에는 당기에 예상되는 이익에 대한 추정치를 포함한 수치이다. 회사의 경영진은 현재 200,000원으로 예상되는 당기 이익을 늘리는 데 관심이 있으며, 부채/자산비율은 동종산업의 다른 회사들보다 높다는 점을 걱정하고 있다. 경영진은 만약 9%의 이자를 1년에 두 번 나누어 지급하는 만기 20년의 사채를 새롭게 발행해서 기존의 사채를 매입하는 방안이 당기순이익과 부채/자산비율에 어떤 영향을 줄지 분석하고 있다. 사채를 조기에 매입하는 과정에서 발생하는 이익에 대해서는 즉시 40%의 세율로 과세된다고 했을 때 다음 물음에 답하시오.

(a) 새로운 사채를 발행하여 기존 사채를 매입하고, 관련 세금을 내는 거래에 대해 분개하시오.

해답

기존 사채의 시장가격은 액면의 63%이므로 1,000,000×0.63=630,000원의 시장가치를 갖는다. 따라서 액면 630,000원의 사채를 새로 발행하면 관련 분개는 다음과 같다.

차변 계정과목	금액	대변 계정과목	금액
현금	630,000	사채	630,000

기존 사채는 액면발행 되었으므로, 장부가치는 시간이 변하더라도 1,000,000원으로 일정하다. 따라서 기존 사채를 조기 매입(early retirement)하는 거래는 다음과 같다. 매입이익에 대해서는 즉시 과세된다.

차변 계정과목	금액	대변 계정과목	금액
사채	1,000,000	현금	630,000
		사채조기매입이익	370,000
법인세비용	148,000(= 370000×40%)	현금	148,000

(b) 당기순이익에 미치는 영향은 어떠한가?

해답

당기순이익은 370,000−148,000=222,000원 만큼 증가하며, 비율로 보면 222,000/200,000=111%의 증가효과가 있다.

(c) 부채/자산비율에 미치는 영향은 어떠한가?

해답

부채/자산비율은 (800,000+630,000)/(800,000+630,000+1,500,000+222,000)=45.37%으로 계산된다. 시장이자율이 상승한 경우 기존 사채를 매입하고 새롭게 사채를 발행하는 의사결정은 당기순이익과 부채/자산비율을 개선시킬 수 있으나, 당장 납부해야 할 세금이 증가하기 때문에 현금유출이 증가하며, 또한 향후 더 높은 이자율로 이자를 지급해야 하는 효과가 발생한다. 즉, 매년 다음의 금액을 추가로 지급해야 한다: 6,700원=630,000×0.09(새로운 사채로부터의 이자)−1,000,000×0.05(기존 사채로부터의 이자).
그렇다면 앞으로 경영진은 같은 방식으로 새로 사채를 발행하여 기존 사채를 갚는 방식을 또 실행할 수 있을까? 위에서 보여준 것처럼 이는 시장이자율이 지속적으로 상승하지 않는 한 불가능하다. 경영진이 취한 행동은 회사의 부채/자산 비율을 줄이고 더 많은 이익을 창출한 점에서는 바람직하다고 볼 수 있지만 추가적인 세금으로 인한 현금유출로 유동성측면에서 바람직하지 않을 수도 있다. 경영자 입장에서는 이런 점을 모두 적절하게 고려해서 회사에 가장 좋은 방향으로 의사 결정을 하여야 한다.

셀프스터디 문제 ❹

마키키 회사는 2023년 재무제표와 함께 장기부채와 관련하여 다음과 같은 주석을 공시하였다.

(단위: 억원)

	2023	2022
이자율 6.25% 만기 2024년의 사채	0	20
이자율 5.88% 만기 2024년의 사채 - 2022년에 만기가 되는 원금 170억원의 변동 이자율 4.12%의 유로화 사채와 스왑계약을 맺음	0	250
이자율 5.85% 만기 2028년의 사채	500	500
이자율 6.55% 만기 2046년의 사채	300	300
이자율 6.15% 만기 2049년의 사채	300	300
기타 사채	35	30
합계	1,135	1,400

6.55% 이자율을 갖는 사채에 관한 현 시점의 가격정보는 다음과 같다.

신용등급	발행자/발행조건	표시이자율/만기	가격/수익률
A3/A-industrial	마키키 회사 수의상환불가(Non-callable)	6.55% 2046년 10월 1일	108.104 5.890

(a) 6.55%의 이자율을 갖는 사채가 원래 액면에 발행되었는데, 현재 가격이 108.104으로 표시된다는 것은 사채 발행 이후 이자율이 어떻게 변화하였음을 의미하는가?(신용등급에는 변화가 없었다고 가정한다)

해답

이자율이 하락하였기 때문에, 현재 액면을 상회하는 108.104%의 가격에 거래되고 있다.

(b) 사채 발행 이후 이자율이 변화한 것은 마키키 회사가 손익계산서에 표시하는 이자비용에 어떤 영향을 주는가?

해답

이자비용은 해당 사채를 발행하는 시점의 이자율에 따라서 계산되므로, 손익계산서에 표시되는 이자비용은 영향받지 않는다.

(c) 해당 사채를 매입하기 위해서는 얼마의 현금이 필요한가? 또한 해당 거래는 당기순이익에 어떤 영향을 주는가?

해답

300억×1.08104=324.312억원의 현금이 필요하다. 사채의 장부금액보다 더 높은 금액의 현금을 지불하여 사채를 매입하였으므로, 사채조기매입손실이 발생한다. 따라서 당기순이익은 감소한다.

(d) 해당 사채가 만기까지 유지되는 경우 2036년에 어떤 가격에 청산되는가?

해답

만기에는 액면금액과 같은 300억원에 청산된다.

부록: 화폐의 시간가치 개념과 사채의 가격 결정

- 만일 오늘 $1,000를 받는 것과 1년 뒤에 $1,000를 받는 것을 고른다면 어느 것을 선호하는가?
- 오늘 $1,000를 지불하는 것과 1년 뒤에 $1,000를 지불하는 것을 선택한다면 어느 것을 선호하는가?
- 이러한 시간과 화폐의 관계를 "화폐의 시간 가치"라 부른다.
- 매년 8%의 이자 수익을 복리로 제공하는 계좌에 $500를 저금하였다고 하자. 아래 그래프는 향후 4년 동안 매기 말 당신 계좌의 가치를 보여준다.

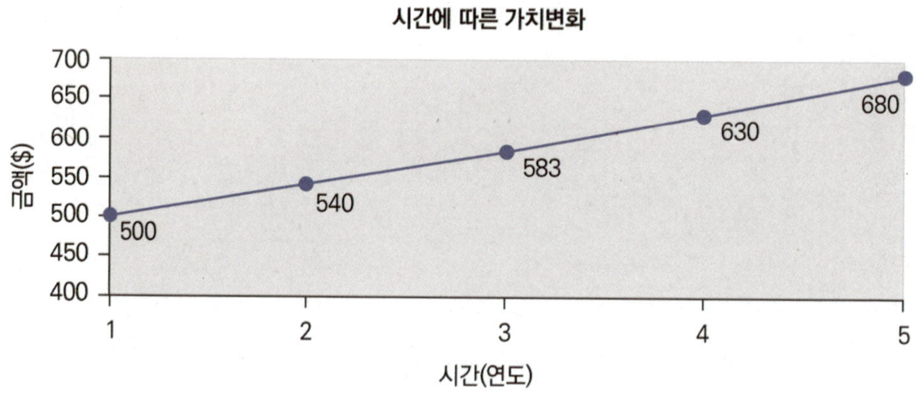

- 이 예시에서 초기 투자 $500은 현재 가치(present value)이다. 초기 투자는 매년 8%의 이자율로 4년 간 투자된다. 4년이 경과하였을 때, 투자의 가치는 $680으로 증가하였고, 이를 미래가치(future value)라 부른다.

▌화폐의 시간 가치 적용 예제▐

1 오늘 $10,000를 매년 10% 복리로 투자하려고 할 때, 해당 투자안의 3년 후 미래 가치는 얼마인가?

2 3년 후 $10,000를 수령할 예정이다. 해당 금액의 현재 가치는 얼마인가?(단, 이자율은 연 10%로 가정한다.)

3 올해 말을 시작으로 총 4년간 매년 말에 $3,000을 투자하려고 한다. 투자가 끝난 시점에 투자안의 미래 가치는 얼마인가?(단, 이자율은 연 10%로 가정한다.)

아래 몇 가지 약어를 이용해 풀어보도록 하자.

- PV = 현재 가치present value
- FV = 미래 가치future value
- PMT = 연금 금액(연금이란 일정 기간마다 동일한 금액을 수령하는 것을 의미한다)
- i = 1기간의 이자율
- n = 기간의 길이

단일 금액의 미래 가치 계산

Example: 당신이 오늘 $10,000를 매년 10% 복리로 투자하려고 할 때, 해당 투자안의 3년 후 미래 가치는 얼마인가?

- 복리: 복리(compound interest)란 매년 획득하게 되는 이자 수익을 출금하지 않고 재투자하는 것을 의미한다.
- 복리 이자는 원금(혹은 초기 투자)과 누적 이자수익으로 결정된다.

연도	원금+기초누적이자	이자율(10%)	원금+기말누적이자
1	$10,000	1,000	$11,000
2	$11,000	1,100	$12,100
3	$12,100	1,210	$13,310

- 도출 공식: 미래 가치는 다음의 공식을 이용하여 계산한다.

$$FV = PV \times (1+i)^n$$

3년 후 미래가치 $= 10{,}000 \times (1+.10)^3$

$= 10{,}000 \times 1.331 = 13{,}310$

- 계산기를 이용한 계산: 재무계산기를 이용하여 미래 가치를 계산하고자 할 때는 다음의 내용을 계산기에 입력한다.

i = 10; PV = −10,000; N = 3; PMT = 0; FV = ? 13,310

단일 금액의 현재 가치 계산

Example: 당신은 3년 후 $10,000를 수령할 예정이다. 해당 금액의 현재 가치는 얼마인가? (단, 이자율은 연 10%로 가정한다.)

- 도출 공식: 현재 가치는 다음의 공식을 이용하여 계산한다.

$$PV = FV \times (1+i)^{-n}$$

$$PV = \$10,000 \times (1+0.1)^{-3} = \$7,513$$

- 계산기를 이용한 계산: 재무계산기를 이용하여 현재 가치를 계산하고자 할 때는 다음의 내용을 계산기에 입력한다.

  I = 10; FV = 10,000; n = 3; PMT = 0; PV = ? $7,513

이자 지급 기간이 1년 미만인 경우

- 이자는 위의 예시처럼 연(year) 단위로 누적될 수도 있으나, 반년 혹은 분기 등 더 짧은 기간마다 누적되는 것도 가능하다.
  - 이자가 더욱 자주 지급될수록(즉, 누적 기간이 짧을수록) 투자 수익률이 더 높아진다 (더 많은 이자를 얻을 수 있다).

  - 이를 계산하기 위해서는 이자율과 기간의 수를 적절하게 조정해야 한다.
  - **이자율 변환**: 변환된 이자율은 i/p이다. 단, i = 연 이자율이며 p = 연간 이자 지급 횟수이다.
  - **기간 변환**: 변환된 기간은 n×p이다. 단, n = 기간(연 단위)이며 p = 연간 이자 지급 횟수이다.

Exercise

1. 2001년 1월 1일에 $7,000를 예금하였다. 해당 예금은 연 이자율 8%의 복리 조건이다. 다음 각 조건 하에서 2006년 1월 1일 예금의 미래 가치를 구하시오.

   a. 1년마다 지급

   N = 5, i = 8%; PV = −7000; PMT = 0; FV = ? 10,285

b. 반기(6개월)마다 지급

N = 0; I = 4% □ FV = 10,361

c. 분기(3개월)마다 지급

N = 20; I = 2% □ FV = 10401

2. 2001년 1월 1일에 연 이자율 8%의 복리 조건으로 일정 금액을 예금하였다. 해당 예금은 2006년 1월 1일 $15,000의 미래 가치를 가질 것으로 예상된다. 아래 각 조건 하에서 2001년 1월 1일에 예금한 금액을 구하시오.

a. 1년마다 지급

FV = 15000; I = 8%; N = 5; PMT = 0; PV = ? 10,208

b. 반기(6개월)마다 지급

I = 4%; N = 10; 10,133

c. 분기(3개월)마다 지급

I = 2%; N = 20; 10,094

연금의 미래 가치 계산

- **연금** Annuity: 동일한 금액을 일정 간격으로 지급받는 것
- **일반(정상) 연금**Ordinary annuities: 매기 말 동일한 금액을 지급받는 연금
- **기초지급 연금**Annuities due: 매기 초 동일한 금액을 지급받는 연금

Example: 올해 말을 시작으로 총 4년 간 매년 말에 $3,000을 투자하려고 한다. 투자가 끝난 시점에 투자안의 미래 가치는 얼마인가?(단, 이자율은 연 10%로 가정한다.)

- 계산기를 이용한 계산: 재무계산기를 이용하여 연금의 미래 가치를 계산하고자 할 때는 다음의 내용을 계산기에 입력한다.

  I = 10%; N = 4; PMT = −3,000; PV = 0; FV = ? $13,923

연금의 현재 가치 계산

Example: 올해 말을 시작으로 총 4년 간 매년 말에 $3,000을 투자하려고 한다. 현재 시점(즉, 올해 초)에서 계산한 투자안의 현재 가치는 얼마인가?(단, 이자율은 연 10%로 가정한다.)

- 계산기를 이용한 계산: 재무계산기를 이용하여 연금의 현재 가치를 계산하고자 할 때는 다음의 내용을 계산기에 입력한다.

  PMT = –4,000; FV = 0; I = 10%; N = 4; PV = ?

  $12,679

Exercise

당신은 복권에 당첨되었는데, 당첨금을 수령할 수 있는 방법에는 두 가지가 있다.

(1) 오늘(1월 1일) 당첨금 $1,000,000을 일시불로 수령한다.

(2) 향후 12년 동안 매년 말 $100,000을 연금으로 수령한다.

연 5% 이자율을 가정하고, 세금은 무시하라. 당신은 어떤 방법을 선호하겠는가?

PV = payment × (factor i = 5, n = 12)

PV = 100,000 × (8.863)

PV = $886,300

- $886,300 〈 $1,000,000 ㅁ 오늘 일시불로 1,000,000받는 것이 낫다.

PMT = 100,000; I = 5%; N = 12; FV = 0; PV = ?

PV = 886,325

아래 사례는 서울대 경영대 김우진 교수의 강의자료에서 가져왔다. 자료이용을 허락해 준 김우진 교수에게 감사한다.

사례: 맥쿼리인프라

맥쿼리인프라

KRX: 088980

10,650 KRW 1 (0.00%)
4월 2일 오전 9 : 36 GMT+9 면책조항

1일 5일 1개월 6개월 YTD 1년 5년 최대

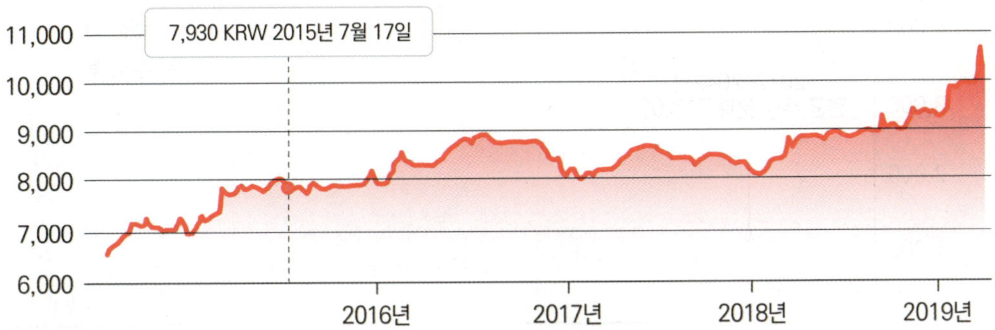

시가	10,600	배당수익률	5.63%
최고	10,650	전일 종가	10,650
최저	10,600	52-주 최고	10,750
시가총역	3,70조	52-주 최저	8,740
주가수익률	19.11		

https://www.google.com/search

088980 배당

배당락일	배당	유형	지불일	수익률
2018년 06월 28일	600	TTM	2018년 08월 31일	6.65%
2017년 12월 27일	540	TTM	2018년 02월 28일	6.01%
2017년 06월 29일	450	TTM	2017년 08월 28일	5.53%
2016년 12월 28일	400	TTM	2017년 02월 28일	4.58%
2016년 06월 29일	454	TTM	2016년 08월 29일	5.14%
2015년 12월 29일	464	TTM	2016년 02월 29일	5.25%
2015년 06월 29일	435	TTM	2015년 08월 31일	5.44%

https://kr.investing.com/equities/macq-kor-infr-dividends

□ 맥쿼리, 14개 인프라에 1조8000억 투자

맥쿼리인프라는 2002년 설립된 국내 최대 인프라 펀드다. 한국거래소와 런던거래소에 상장돼 있으며 국내 주요 도로 및 항만, 교량, 지하철 등 14곳에 약 1조8,000억원을 투자했다.

맥쿼리인프라가 투자한 가장 큰 프로젝트는 천안-논산 고속도로로 총 2,700억원을 투자했다. 이외에 △인천국제공항 고속도로 △우면산터널 △인천대교 △용인-서울 간 고속도로 △서울-춘천 고속도로 등에 1,000억원 자금을 투자했다.

주당분대금 - 2018년부터 크게 증가

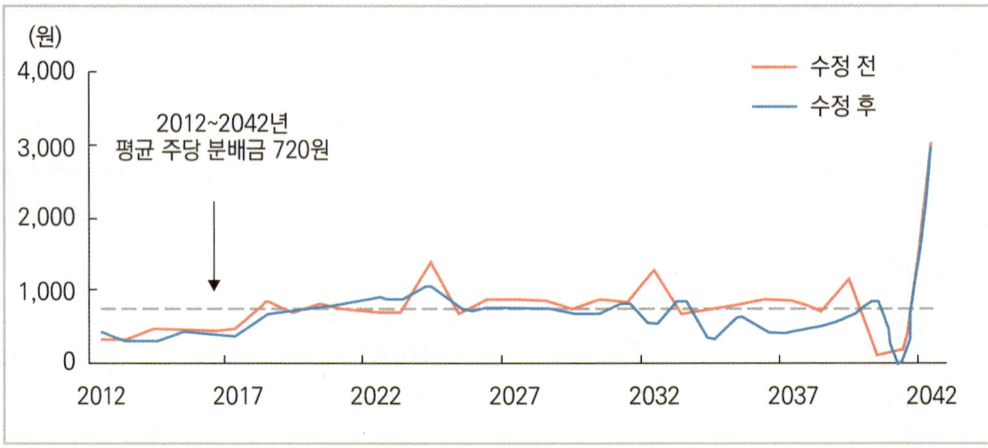

자료: 우리투자증권 리서치센터 전망

적정주가는 2017년 9,44원을 고점으로 완만하게 하락하는 모습

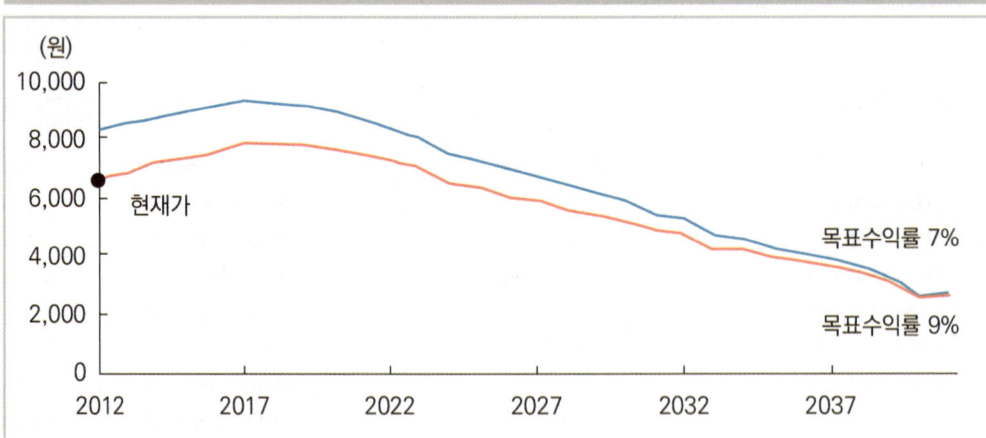

주: 적정주가 line은 할인율 7%, 즉 목표수익률 7%를 달성하는 수준의 주가임
자료: 우리투자증권 리서치센터 전망

주주들에게 모은 자금을 사회간접자본에 투자한 뒤 배당금 및 이자를 받아 주주들에게 돌려준다. 맥쿼리인프라는 부산항 신항 2~3단계 투자를 끝으로 계획했던 14곳의 자산 투자를 모두 집행했으며 향후 2042년까지 투자금을 회수해 주주들에게 돌려주고 해산하게 된다.(2012.4.18) https://news.joins.com/article/7934312

이에 따라 2042년 주당 2,866원(총 9,500억원 가량)의 청산금액이 발생하게 되는데, 이러한 청산금액은 MKIF가 회수한 대출원금(각 자산에 투자한 선순위대출 및 후순위대출 이자는 매출액에 포함되나 원금 회수액은 매출액에 포함되지 않음)에서 MKIF의 차입금 및 회사채를 갚고 남은 금액이다. 위 가정 하에서 맥쿼리투자액은 연 5%의 수익률을 가져온다.

1. N = (2042−2019) = 23
2. I/Y = ? = 5.0%
3. PV = 10,650
4. FV = 2,866
5. PMT = 720

08 연습문제

01 1월 1일에 회사가 15년 만기, 표시이자율 10%, 원금 500,000원의 회사채를 586,460원에 발행했으며, 이 당시의 유효이자율은 연간 8%이다. 이자는 6월말과 12월말에 1년에 두 번씩 지급해야 한다. 발행가격 결정과 관련된 계산을 제시하고, 회사의 재무제표에 미치는 영향을 정리하시오.

(단위: 원)

원금의 현재가치	500,000×0.30832	154,159
이자의 현재가치	25,000×17.29203	432,301
발행가격		586,460

02 2023년 12월 31일에 종료되는 오아후 회사는 다음과 같은 제품 보증과 관련된 정보를 공시하였다. 다음 물음에 답하시오.

(단위: 원)

2023	제품보증채무
1/1	188,000
당기 충당금 설정액	245,000
추당금 사용액	-193,000
당기 충당금 취소액	-43,000
12/31	

1. 회사는 얼마의 금액을 제품보증채무로 재무제표에 기록해야 하는가?

2. 충당금 설정과 관련된 분개를 수행하고 순이익에 미치는 효과를 설명하시오.

3. 회사는 2023년에 보증서비스를 제공해야 하는 사건이 실제로 발생했을 때 어떤 분개를 하는가? 순이익에 미치는 효과는 무엇인가?

4 2023년 동안 기존에 발생한 보증부채를 취소하기 위해서 어떠한 분개를 수행해야 하는가? 이러한 분개가 순이익에 미치는 영향은 무엇인가?

03 회사는 2,000,000원의 전환사채를 발행하였는데, 사채 1,000,000원당 액면가 1,000원의 보통주 400주로 전환할 수 있다. 해당 전환사채가 할인발행되었으며, 채권의 상각후원가가 액면 1,000,000원당 150,000원만큼 작은 상황이다. 이때 전환거래의 재무제표 효과를 분석하시오.

04 카우와이 회사는 현금 948,458원을 받고 3년 만기 액면 1,000,000원인 채권을 발행하였다. 매년 말 6%의 이자를 지급할 예정이다.

1 해당 사채의 요구수익률이 8%임을 보이시오.

2 상각표를 작성하시오.

05 아래 모든 사채에 적용되는 시장할인율은 8%이다. 상각표를 작성하고 물음에 답하시오.

1 몰로키니 회사가 매 6개월마다 400,000원을 지급하고 20년 후에는 원금 10,000,000원을 지급하는 사채의 상각표를 작성하시오. 왜 해당 사채의 장부금액이 계속해서 10,000,000원인가?

2 비샵 회사가 15년간 매 6개월마다 578,301원을 지급하는 액면 10,000,000원의 사채의 상각표를 작성하시오. 왜 해당 사채의 장부금액이 사채의 만기에 0으로 감소하는가?

3 카우카우 회사가 10,000,000원을 10년 후에 한번 지급하는 사채의 상각표를 작성하시오. 왜 해당 사채의 가격이 계속해서 증가해서 10,000,000원이 되는가?

06 다음의 상황은 모두 독립이다. 물음에 답하여라.

1 2023년 중에, 카위카 회사는 국세청과 법인세와 관련된 분쟁에 휘말리게 되었다. 카위카측 고문변호사는 카위카가 소송에서 패소할 가능성이 높은 것으로 판단하였다. 변호사는 카위카

가 정부에 18억원에서 24억원 범위 내에서 추가납세액을 지급해야 할 것이라고 신뢰성 있게 추정하였다. 2023년 재무제표가 공시된 후, 카위카는 추가납세액이 22억원이라는 국세청의 통보를 받고 이를 수락하였다. 2023년 12월 31일에, 카위카는 세금 관련 분쟁으로 재무상태표에 계상해야 할 부채액은 얼마인가?

2 2023년 10월 1일, 케오니 회사는 감독국에 의해 잠재적으로 환경오염 복구 의무를 가진 기업으로 지정되었다. 케오니 회사의 경영진은 케오니가 실제로 환경오염에 책임이 있을 가능성이 높다고 판단하였으며, 그 부담액을 약 50억원으로 추정하였다. 케오니는 손실 부담 보험에 가입하였으며, 70억원의 손실에 대해 10억원의 보험금 청구권을 가지고 있다. 케오니 기업이 보험금으로 얼마를 재무상태표에 보고해야 하는가?

3 아이나 기업은 중동지역에 제조 공장을 소유하였으나, 내전으로 사용할 수 없게 파손되었다. 아이나 기업의 손실을 어디서 보상해 줄지는 정해지지 않았으나, 정부 관계자가 아이나 기업의 손실을 일부 보상해줄 것이라고 확인해 주었다. 보상 금액은 공장의 공정가치보다는 낮지만, 장부금액보다는 높을 것으로 판단된다. 아이나 기업의 보상 금액을 재무상태표에 어떻게 기록해야 하는가?

07 마할로 기업은 만기 20년, 액면금액 800,000원, 액면이자율 10%의 사채를 2023년 1월 1일에 8%의 유효이자율로 할증 발행하였다. 이자는 매 분기별로 6월과 12월 말에 한 번씩 지급된다.

1 사채의 발행을 분개하여라.

2 2023년 6월 30일의 이자 지급과 사채 상각을 분개하여라.

3 2023년 12월 31일의 이자의 지급과 사채 상각을 분개하여라.

08 나니 기업은 만기 20년, 액면금액 800,000원, 액면이자율 10%의 사채를 2023년 1월 1일에 12%의 유효이자율로 할인발행 하였다. 이자는 매 분기별로 6월, 12월 말에 한 번씩 지급된다.

1 사채의 발행을 분개하여라.

2 2023년 6월 30일의 이자 지급과 사채 상각을 분개하여라.

3 2023년 12월 31일의 이자의 지급과 사채 상각을 분개하여라.

09 필라우 기업은 표시이자율이 10%, 액면금액이 5,000,000원인 사채를 4,639,540원에 발행하였다. 발행일자는 2023년 1월 1일이며, 만기일은 2028년 1월 1일이다. 이자는 매년 말에 지급된다.

사채 분개를 위한 상각표를 작성하라.(유효이자율법을 사용할 것)

10 다음은 우니우리 회사가 2023년 재무보고에 주석으로 보고한 내용이다. 채권의 금액은 할인발행차금이나 할증발행차금을 반영한 순액이다. Coupon이자는 매년 말 지급된다.

(단위: 억원)

	2023	2022
채권A: 2020년에 만기가 되는 Zero coupon의 채권	300	270
채권B: 2020년에 만기가 되는 10% 이자의 채권	400	400

1 회사가 2023년에 채권과 관련하여 이자비용으로 기록할 금액은 얼마인가? 채권마다 적용되는 할인율을 구하시오.

2 채권의 액면금액은 각각 얼마인가?

사례문제 다음은 2013년 12월 31일에 종료되는 회계기간(제40기)의 LS산전의 재무제표이다.

	제40기	제39기	제38기
부채			
유동부채	521,551,281,997	604,173,409,404	514,031,973,011
유동성파생상품부채	3,826,003,849	3,240,066,837	10,793,817,425
매입채무	203,833,857,890	229,909,521,104	203,986,211,816
기타채무	90,891,823,386	94,590,436,782	99,294,864,171
초과청구공사	65,257,518,839	58,296,508,889	31,493,206,905
단기차입금	66,387,927,102	49,718,111,118	80,424,267,584
유동성장기차입금	20,529,119,730	95,711,935,862	58,843,629,028
기타유동성금융부채	4,228,428	3,147,273	5,412,812
당기법인세부채	19,131,174,390	19,108,687,616	3,593,351,449
유동성충당부채	9,076,221,090	5,793,480,416	4,992,896,444

기타유동부채	42,613,407,293	47,801,513,507	20,512,227,021
유동성금융리스부채			92,088,356
비유동부채	652,774,681,808	578,611,322,964	478,844,215,334
파생상품부채	279,810,014	417,271,066	
장기기타채무	4,922,819,141	4,686,978,873	4,576,315,412
장기차입금	599,469,968,056	509,636,610,864	430,441,595,286
순확정급여부채	23,439,261,006	39,946,999,664	21,317,481,939
이연법인세부채	15,553,611,997	13,083,697,033	19,573,286,462
충당부채	352,168,028	203,418,456	382,048,988
기타비유동부채	8,757,043,566	10,636,347,008	2,494,795,959
금융리스부채			58,691,288
부채총계	1,174,325,963,805	1,182,784,732,368	992,876,188,345

추가자료 1 사채

당기 말과 전기 말 현재 장기차입금 중 사채의 내역은 다음과 같습니다.

(단위: 백만원)

구분	만기일	이자율(%)	당기 말	전기 말
공모사채				
제167-1회	2013-03-04	4.94	-	60,000
제167-2회	2015-03-04	5.50	60,000	60,000
제168회	2015-06-17	5.35	40,000	40,000
제169-1회	2013-11-08	4.15	-	30,000
제169-2회	2015-11-08	4.64	30,000	30,000
제170회	2016-07-26	4.53	100,000	100,000
제171회	2014-11-10	4.30	20,000	20,000
제172회	2017-04-18	4.09	60,000	60,000
제173회	2017-10-09	3.25	60,000	60,000
제174회	2018-05-30	3.18	70,000	-
소계			440,000	460,000
유동성사채(*)			(20,000)	(90,000)
사채할인발행차금			(1,010)	(1,100)
합계			418,990	368,900

(*) 당기 말 및 전기 말 각각 31백만원 및 47백만원의 유동성사채할인발행차금이 포함되어 있습니다.

추가자료 2 충당부채

당기 및 전기 중 충당부채의 변동내역은 다음과 같습니다.

(당기) (단위: 백만원)

구분	기초	전입	환입 등	기말
판매보증충당부채	3,449	4,409	(1,271)	6,587
하자보수충당부채	1,862	4,396		1,858
합계	5,311	8,805	(5,671)	8,445

(전기) (단위: 백만원)

구분	기초	전입	환입 등	기말
판매보증충당부채	3,038	966	(555)	3,449
하자보수충당부채	1,663	1,516	(1,317)	1,862
합계	4,701	2,482	(1,872)	5,311

추가자료 3 우발부채

1) 전기 중 당사는 구 장항제련소 주변지역 토양오염문제를 해결하기 위하여, LS니꼬동제련㈜, 충청남도 서천군, 충청남도, 지식경제부, 환경부와 오염토양정화를 위한 협약서를 체결하였습니다.

동 협약서에 따르면 토지의 오염 정도에 따라 매입구역과 비매입구역으로 구분하고 오염토양 정화비는 국가와 관련기업(당사 및 LS니꼬동제련㈜)이 72.5% 및 27.5%의 비율로 각각 분담합니다. 비매입구역 정화는 615억원으로 추정(당사 및 LS니꼬동제련㈜ 부담 분 169억원)되어 당사 부담분인 85억원의 충당부채(주석 17 참조)를 인식하였습니다. 한편, 동 충당부채는 과거 중단된 제련사업과 관련된 토지오염 정화비용에 충당하기 위한 것으로 당기 및 전기 중 각각 676백만원 및 6,405백만원을 중단영업손익(법인세효과를 감안한 세후금액)으로 반영하였습니다.

한편, 매입구역은 비매입구역과 비교하여 오염항목과 오염범위가 상이하여 현재로서는 비용추정이 어렵고 향후 토양정밀조사와 실시설계를 통하여 금액산정이 가능한 바, 충당부채 기준서에 따른 금액을 신뢰성 있게 추정하기 힘든 극히 드문 경우에 해당되어 충당부채 요건을 충족하지 않는 것으로 판단하였습니다.

2) 당기 말 현재 당사는 여수시 수정동 관광호텔 신축공사와 관련하여 시행사인 ㈜인터비젼과 서울보증보험㈜가 체결하는 보증보험에 대하여 종속기업인 LS사우타㈜와 공동으로 5,041백

만원에 상당하는 연대보증을 제공하고 있습니다. 한편, 해당 공사는 진행이 원활하지 못하여 전기 중 중단되었으며, ㈜인터비젼은 여수시로부터 '여수도시계획시설사업 시행자 지정, 실시계획인가 취소 및 원상복구명령'을 받았습니다. 이로 인하여 당기 말 현재 시공사인 2개사(당사, LS사우타㈜)는 복구공사를 진행 중이며, 당사는 해당 사건이 재무제표에 미치는 영향이 중요하지 않을 것으로 예상하고 있습니다.

01 회사는 사채를 장기차입금이라는 계정에 포함시켜 보고하고 있다. 회사의 2013년 말 사채할인(할증)발행차금은 총 얼마인가?

02 회사가 발행한 사채에 적용되는 할인율은 추가자료 1에 나타난 이자율보다 높은가?

03 회사의 사채액면 총액과 할인(할증)발행 총액을 비교함으로써, 사채의 발행시기 혹은 할인율에 대한 정보를 추론할 수 있는가?

04 회사가 당기에 새롭게 발행한 사채의 액면가격은 얼마인가?

05 추가자료 2를 참고하여 당기에 충당부채 전입과 관련하여 회사가 수행한 분개는 무엇인가? 충당부채를 왜 추가로 전입하는가? 충당부채 전입과 관련된 경영자의 추측, 가정과 관련하여 답하시오.

06 이익을 당기에 증가시키고자 하는 경영자는 충당부채 전입액을 실제 예상보다 크게 설정할 것인가? 작게 설정할 것인가?

07 추가자료 2에 하자보수충당부채의 빈칸에 들어갈 금액을 계산하고, 환입시 수행할 분개를 보이시오.

08 추가자료 3의 1)에서 회사가 매입구역에 대해서는 충당부채를 인식하지 않은 이유는 무엇인가? 충당부채의 인식요건과 관련하여 답하시오.

09 추가자료 3의 2)에서 회사가 매입구역에 대해서는 충당부채를 인식하지 않은 이유는 무엇인가? 충당부채의 인식요건과 관련하여 답하시오.

1. 보통주와 우선주
2. 자본의 분류
3. 주식 배당과 주식 분할
4. 신종자본증권
5. 주가배수(Price multiples)

09

자기 자본의 보고와 분석

CHAPTER 09

자기 자본의 보고와 분석

기업의 자금조달을 타인자본과 자기자본으로 구분할 때, 자본은 자기자본에 해당하는 부분으로 기업의 소유주인 주주로부터 조달한 자금을 의미한다. 즉 주식을 발행하여 주주로부터 조달한 자금이 자기자본이며, 자기자본은 만기가 정해져 있지 않으며 일반적으로 확정된 대가를 지급할 필요가 없다는 점에서 사채 등의 타인자본과 구분된다. 기업은 이익의 일부를 주주들에게 배당으로 지급하나, 대부분의 경우 배당 지급은 회사의 판단에 따라서 매기 다른 금액을 지급할 수도 있고 아예 지급하지 않을 수도 있다. 이는 부채를 사용했을 경우 사전에 정해진 이율의 이자를 정해진 시기에 지급해야 하는 점과 대조된다.

다음은 LG화학의 2022년 12월 31일에 종료되는 회계연도와 비교공시되는 이전 회계연도에 대한 재무상태표 중 자본과 관련된 항목을 나타낸다. 크게 자본금, 자본잉여금, 이익잉여금, 기타포괄손익, 자본조정으로 이루어진다.

(단위: 천원)

	2022-12-31	2021-12-31
1. 자본금	391,406,000	391,406,000
보통주 자본금	352,962,000	352,962,000
우선주 자본금	38,444,000	38,444,000
2. 자본잉여금	11,569,556,000	2,696,385,000
주식발행초과금	2,014,036,000	2,014,036,000
자기주식처분이익	655,926,000	463,807,000
기타자본잉여금	8,899,594,000	218,542,000
3. 이익잉여금	19,142,263,000	18,091,949,000

4. 기타포괄손익누계액	366,916,000	551,354,000
5. 자본조정	(19,839,000)	(55,321,000)
자기주식	(270,000)	(18,011,000)
자기주식처분손실	0	0
기타자본조정	(19,569,000)	(37,310,000)
6. 비지배지분	6,030,555,000	1,516,204,000
자본 총계	37,481,127,000	23,209,988,000

1 보통주와 우선주

기업은 주식을 발행 시에 액면 금액을 정할 수 있으며, 액면금액은 재무 분석의 관점에서 큰 의미가 없지만 회계적 관점에서는 일정 의미가 있다. 만약 액면 금액 이상으로 발행되어 발행 금액이 액면가액보다 큰 경우, 액면금액을 보통주자본금 계정으로 나머지 차액만큼을 주식발행초과금 계정으로 기록한다. 반대로 액면 금액에 미달해서 발행가격이 결정되었다면 차액을 주식할인발행차금 계정으로 기록한다.

오늘날의 주식회사는 다양한 종류의 주식을 발행하여, 이를 통해 투자자들의 다양한 선호를 충족시켜 자본을 조달하고자 한다. 주주는 자금의 납입을 통해 보통주를 받을 수도 있고, 우선주를 받을 수도 있다. 주주 입장에서는 보통주와 우선주의 차이점을 고려하여 투자 의사결정에 반영할 필요가 있다.

기본적으로 우선주는 의결권이 제외된 대신 보통주주보다 우선적으로 자본투자에 따른 배당을 수령할 수 있는 권리가 부여되어 있는 주식이다. 즉, 회사의 경영에 참여하지 않는 대가로 보다 확실한 배당 현금흐름을 받을 수 있는 주식이다. 여기에서 배당은 회사가 정상적인 영업과정에서 벌어들인 수익을 분배하는 금액과 기업 청산이 잔여재산을 처분하면서 생긴 대가에 대한 권리(청산분배권)를 포함한다. 청산분배권과 관련하여 우선주주는 보통주주보다 앞서 배당 받을 수 있지만, 채권보다는 후순위에 놓인다는 점을 유의해야 한다. 다음은 회사가 청산과정을 거칠 때 잔여지분에 대한 청구권 순서를 나타낸다.

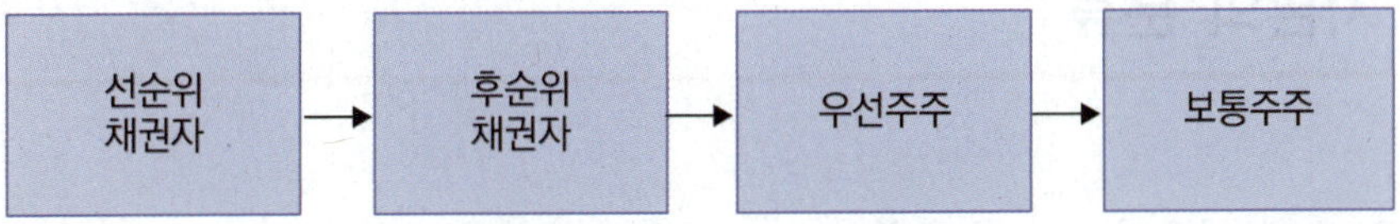

한편, 보통주는 주식회사가 발행하는 주식의 대다수를 차지하는 주식으로서 회사경영에 주식 수에 비례적으로 참가할 권리인 의결권과 증자 시 비례적으로 참가할 권리인 신주인수권을 부여받는다. 배당과 관련해서는 배당을 받을 가능성과 금액 모두 우선주에 비해 불리하지만, 실제로 경영권을 갖고 회사의 중요한 의사결정에 참여할 수 있다는 장점이 있다. 이러한 특성으로 인해 회사의 경영권을 유지하고 싶은 오너는 상장이나 신주발행시 보통주보다는 우선주를 투자자에게 많이 발행해서 경영권을 지키기도 한다. 일례로 Facebook의 창업자인 Mark Zuckerberg를 비롯한 창업자들은 회사를 상장하는 과정에서 많은 자금을 조달함과 동시에 경영권을 지키기 위해서 우선주의 성격을 지닌 주식을 많이 발행하여 신규투자자들에게 나누어 주었으며, 창업자들은 주식 1주당 의결권이 많이 부여된 주식을 수령했다. 한국에서는 보통주 1주에 다수의 의결권을 부여하는 것이 허용되지 않고 있으나, 우선주 발행량을 늘리는 방법으로 경영권을 지키면서 주식시장에서 자본을 조달할 수 있다.

아직 한국에서는 존재하지 않지만 기업의 주식을 2가지 이상의 등급으로 분류하여 등급별로 투표권과 배당권 설정 등을 다르게 하는 경우가 있다. 구글은 이러한 정책을 시행하는 대표적인 IT 기업 중 하나이다. 구글은 Class A와 Class B로 나눠는 지분구조를 갖고 있는데, Class B에 해당하는 주식은 한 1주당 의결권이 10개가 부여되어 있었으며 이를 통해서 구글의 창업자들은 자신들의 경영권을 방어하면서 주식시장에 회사를 상장시킬 수 있었다. 또한 Class B 주식은 공개시장에서 거래되지 않기 때문에 창업자들은 특별한 일이 발생하지 않는 한 장기적으로 경영권을 유지할 수 있다. 그러나 구글의 회사규모가 커지고 인수합병 과정에서 주식을 지속적으로 발행되면서, 창업자들이 유지하고 있는 의결권(2013년 말 기준 약 65% 수준)이 점차 내려갈 가능성이 제기되면서, 2014년 4월 Class C 주식을 새롭게 발행하였다. 이는 의결권이 전혀 부여되어 있지 않은 주식이며, 의결권이 부여된 주식보다 시장에서 약간 낮은 가격에 거래되고 있다.

2 자본의 분류

자본은 크게 다음의 (1) 납입자본, (2) 이익잉여금, (3) 자본조정, (4) 기타포괄손익누계액으로 나눌 수 있다. 각 항목에 대해서 어떠한 거래로 인하여 발생하는지, 어떤 특성을 지니는지 살펴보자.

분류		계정과목
납입자본	자본금	• 보통주자본금 • 우선주자본금
	자본잉여금	• 주식발행초과금 • 기타자본잉여금: 자기주식처분이익, 감자차익
이익잉여금		• 법정적립금: 이익준비금 • 임의적립금: 배당평균적립금, 사업확장적립금, 감채적립금 • 미처분이익잉여금(또는 미처리결손금)
자본조정		• 자기주식 • 기타자본조정: 주식할인발행차금, 주식매수선택권, 감자차손, 자기주식처분손실
기타포괄손익누계액		매도가능금융자산평가손익, 해외사업장환산손익, 현금흐름위험회피파생상품평가손익

(1) 납입자본

납입자본은 주주가 회사와 자본거래를 통해서 출자한 자금을 의미하며, 회사는 현금 등을 출자 받으면서 주식을 교부한다. 주식의 유형에 따라서 보통주자본금, 우선주자본금으로 나누어서 인식한다. 발행가격과 액면가격의 차이에 의해서 발생하는 주식발행초과금과 주식할인발행차금은 모두 수익이나 비용이 아니라 자본(자본잉여금과 자본조정)에 해당함에 유의해야 한다. 주주로부터 자본을 납입 받는 거래는 자본거래에 해당하기 때문에, 해당 거래에서 수익이나 비용을 인식하지 않아야 한다.

이 외에도 자본잉여금에 해당하는 항목으로는 자기주식처분이익이나 감자차익이 있다. 자기주식처분이익은 회사가 보유하고 있던 자신의 주식을 시장에 다시 매각할 때, 장부금액보다 높은 금액으로 판매하는 경우에 그 차이를 의미한다. 감자차익은 회사가 이미 발행한 주식을 소각하는 경우가 있는데, 이때 주주에게 주식을 받고 일정한 대가를 지급하게 된다.

이 경우 주식의 가치보다 적은 대가를 지급한다면, 회사 입장에서는 자본잉여금을 인식하게 된다.

(2) 이익잉여금

이익잉여금은 손익거래로부터 발생한 이익이 기업내부에 유보된 것이며, 당기순이익이 매기 이익잉여금에 더해지게 된다. 이익잉여금은 회사가 현금배당이나 주식배당을 실시할 경우 감소한다. 재무상태표와 포괄손익계산서 상의 금액 간에는 다음과 같은 관계가 성립한다.

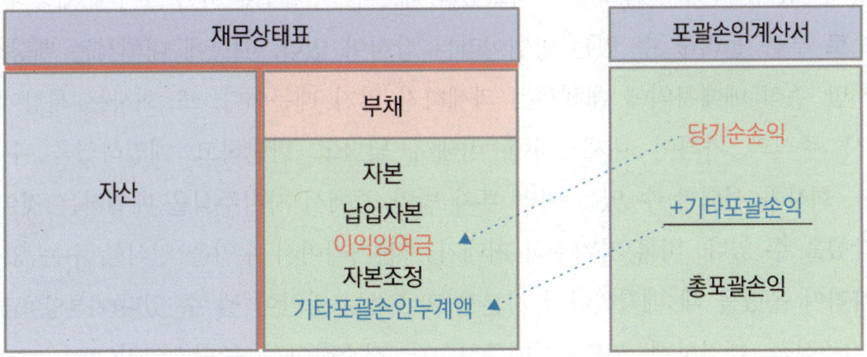

(3) 자본조정

자본조정 항목에 속하는 계정들의 특징은 납입자본의 반대계정 성격을 지닌다는 점이다. 자기 주식은 주주에게 일정 대가를 지급하고 자기 자신의 주식을 구입하는 것이므로, 사실상 납입자본을 반환하는 효과를 갖는다. 즉, 주주가 회사에 현금을 지급하고 주식을 받을 때의 거래와 반대된다. 주식할인발행차금, 자기주식처분손실, 감자차손도 각각 자본잉여금 항목 중에 주식발행초과금, 자기주식처분이익, 감자차익과 반대되는 성격을 갖는다.

자본잉여금	자본조정	성격
주식발행초과금	주식할인발행차금	주식 발행시 액면금액과 발행금액의 차이
자기주식처분이익	자기주식처분손실	회사가 보유한 자기주식을 다시 매각할 때 매각가격과 구입가격의 차이
감자차익	감자차손	회사가 자본을 감소시킬 때 감자대가로 지급한 금액과 주식의 장부금액의 차이

자기주식에 대해 좀 더 살펴보자. 자기주식은 상법에 의하여 자기주식은 의결권이 없으며 배당금도 받지 못하는 특성을 지니며, 취득한 자기주식은 이후에 다시 되팔거나 소각할 수 있다. 되팔 때 이익이나 손실을 손익계산서에 인식하지 않고 자기주식처분이익/손실을 위의 표와 같이 자본에 증감으로 표시한다.

회사가 왜 자기주식을 구입하는 것일까? 자사주매입은 주주에게 회사의 부를 돌려주는 방안이 될 수 있다. 특히 현금배당과 비교했을 때, 자사주매입은 주주들에게 세금 부담이 적은 방식으로 부를 돌려줄 수 있는 방법이라는 장점이 있다. 배당에 대해서는 배당소득세를 내야 하지만 주식 매매차익에 대해서는 과세하지 않기 때문이다. 또 회사는 시장에서 거래되는 자사 주식의 가격이 내재가치에 비해서 낮다고 판단하고 매입하였을 수 있으며(signaling), 회사가 선택할 수 있는 여러 투자 방안 중에서 자사주식을 매입하는 것이 최선이라고 생각했을 수 있다. 비록 자기주식 거래가 자본거래여서 수익을 인식할 수는 없지만, 이후 주식가격이 올랐을 때 매각한다면 자본을 확충하는 방안이 될 수 있다(자본잉여금의 증가). 또한 자기주식을 매입하게 되면 발행주식수가 감소하여서 주당순이익(EPS), 자산이익률(ROA), 자기자본이익률(ROE)를 증가시킬 수 있다. 자기주식을 매입하면 자산과 자본이 감소하기 때문이다. 물론 회사의 본질적인 수익성을 높이는 것은 아니지만, 단기적으로는 재무성과를 좋게 보이도록 할 수 있다.

이 외에도 회사는 스톡옵션 제도를 운영함에 따라 희석효과가 발생하는 것을 막기 위해서 자기주식을 매입하려는 유인이 있다. 또한 대부분의 주식이 경영진이 영향을 미칠 수 있는 우호세력이 갖고 있는 경우에는 경영권 방어 목적으로 자기주식을 매입하는 경우도 있다.

예를 들면 회사가 현재 자기주식이 없으며, 우호세력이 갖고 있는 주식수는 40주이며, 발행주식수가 100주이다. 이때 경영권을 지키기 위해서는 51주 이상을 보유해야 한다. 따라서 적대 세력이 나머지 60주 중에서 51주 이상 매입해서 경영권을 획득할 가능성이 존재한다. 이때 회사가 자기주식 매입을 통해서 20주를 매입한 경우에도 여전히 적대적인 경영권

획득이 가능할까? 그렇지 않다. 자사주를 20주 매입하면 발행주식수가 80주로 감소하는데, 우호세력이 갖고 있는 주식수가 40주이므로, 적대세력은 어떠한 경우에도 41주 이상 보유할 수 없다. 이는 자사주 매입이 경영권 방어 목적으로 활용될 수 있음을 나타낸다. 그렇다면 경영권 방어 목적으로 자사주식을 매입하는 행위는 바람직하다고 할 수 있을까? 만약 회사가 주식을 매입할 때 내재가치보다 적은 가치를 지불한다면 바람직할 수 있지만, 내재가치보다 많은 가치를 지불한다면 아닐 수 있다.

다음은 한국 상장기업들의 2018-2022 회계연도 연평균 배당, 자사주와 관련된 금액과 관련 재무비율을 나타낸다. 평균기업의 배당액은 주가의 1% 정도이다.

(단위: 천원)

	배당액	배당액/시가총액	배당액/당기순이익	자사주총액	자사주/자본
2018	11,804,970	0.97%	11.35%	14,175,539	2.82%
2019	11,143,800	0.91%	24.90%	14,936,934	2.99%
2020	16,253,008	0.84%	17.06%	15,849,716	2.81%
2021	14,548,350	0.88%	10.66%	15,811,080	2.55%
2022	14,724,075	1.17%	24.38%	16,926,267	3.03%

셀프스터디 문제 ❶

다음은 포키 회사의 2023년 12월 31일에 종료되는 회계기간에 대한 정보이다. 물음에 답하시오.

(단위: 원)

항목	금액
8% 우선주는 25의 액면금액을 갖고 있으며 50,000까지 발행가능하며 현재 6,800주가 발행된 상태이다	170,000
보통주는 10의 액면금액을 갖고 있으며 200,000주까지 발행가능한데 현재 50,000주가 발행된 상태이다.	500,000
우선주 - 주식발행초과금	68,000
보통주 - 주식발행초과금	200,000
이익잉여금	270,000

2024년에 회사는 다음과 같은 거래가 있었다.

일자	거래내용
1/10	28,000주의 보통주를 주당 17원에 발행하였다.
1/23	8,000주의 보통주를 주당 19원에 재매입하였다.
3/14	1/23에 구입한 자기주식 중 절반을 시장에 다시 매각하였으며, 주당가격은 21원이었다.
7/15	3,200주의 우선주를 128,000원의 현금을 받고 발행하였다.
11/15	1/23에 구입한 자기주식 중 1,000주를 주당 24원에 매각하였다.

1. 위의 거래를 분개하시오.

해답

1/10			
차변 계정과목	금액	대변 계정과목	금액
현금	476,000	보통주자본금	280,000
		보통주 - 주식발행초과금	196,000
1/23			
차변 계정과목	금액	대변 계정과목	금액
자기주식	152,000	현금	152,000
3/14			
차변 계정과목	금액	대변 계정과목	금액
현금	84,000	자기주식	76,000
		자기주식처분이익	8,000
7/15			
차변 계정과목	금액	대변 계정과목	금액
현금	128,000	우선주자본금	80,000
		우선주 - 주식발행초과금	48,000
11/15			
차변 계정과목	금액	대변 계정과목	금액
현금	24,000	자기주식	19,000
		자기주식처분이익	5,000

2. 2024년 재무제표 중 자본과 관련된 항목을 작성하시오.(당기순이익은 59,000원으로 가정)

해답

항목	금액	
우선주자본금	250,000	
보통주자본금	780,000	
우선주 - 주식발행초과금	116,000	

보통주 - 주식발행초과금	396,000	
자기주식관련 납입자본	13,000	1,555,000
이익잉여금		329,000
자기주식		-57,000
총주주자본		1,827,000

(4) 기타포괄손익누계액

기타포괄손익누계액은 매 회계기간마다 발생하는 기타포괄손익을 누적시킨 금액을 의미한다. 당기순이익을 누적시킨 금액이 이익잉여금이라면, 기타포괄손익을 누적시킨 금액은 기타포괄손익누계액이 된다. 포괄이익은 당기순이익보다 포괄적인 실적을 포함하는 개념이며, 포괄이익은 당기순이익뿐만 아니라 당기순이익에는 영향을 미치지 않지만 재무상태표의 자본에 직접 영향을 미치는 기타포괄손익 항목으로 구성되어있다. 이익잉여금이 자본의 구성요소인 것처럼 기타포괄손익누계액도 자본의 구성요소로서 궁극적으로는 회사의 잔여지분을 갖고 있는 주주에게 귀속되는 금액이다.

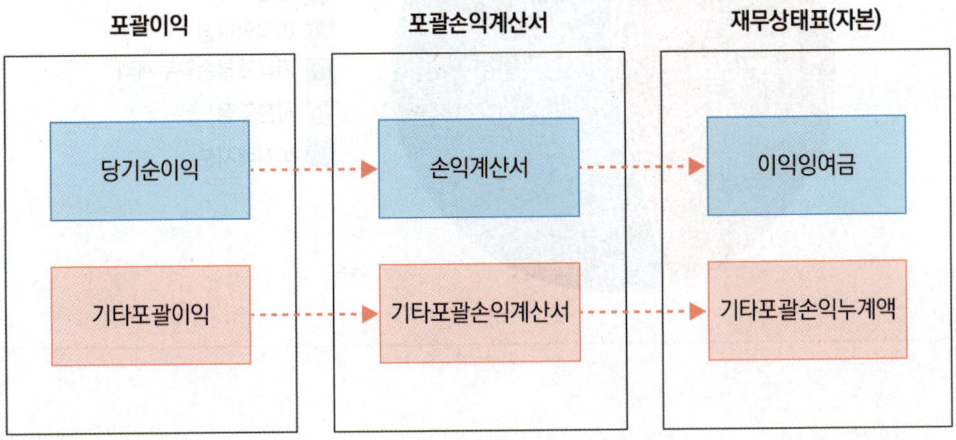

기타포괄이익 항목은 Dirty Surplus라고 부르기도 한다. 그 이유는 기타포괄이익의 특성상 손익계산서를 경유하지 않고 바로 자본에 영향을 주기 때문에 Ohlson이 주장한 Clean

Surplus Relation을 위배하기 때문이다.

Clean Surplus Relation: 기말자본 − 기초자본 = 당기순이익 − 배당

만약 양(+)의 값을 갖는 기타포괄이익이 존재할 경우에는 기타포괄이익이 기말자본을 증가시키지만 당기순이익에는 영향을 주지 않으므로 좌변 금액이 우변 금액보다 커진다. 기타포괄이익의 구체적인 예로는 매도가능증권의 평가손익, 파생상품 회계처리에서 나타나는 미실현손익(현금흐름위험회피 파생상품 평가손익), 해외사업장환산손익, 연금관련 회계처리에서 나타나는 미상각금액 등이 있다.

다음 도표는 2022년 한국 상장 평균 기업의 자본에서 각 항목이 차지하는 비중을 나타낸다. 납입자본이 52%를 차지하고 이익잉여금이 41.6%를 차지한다.

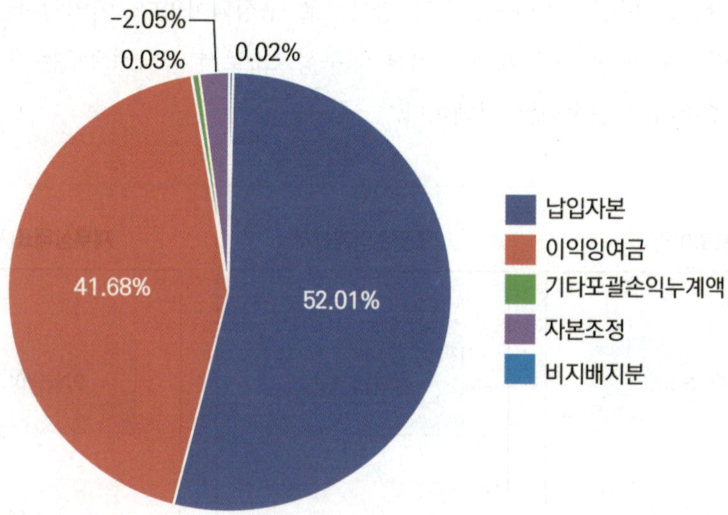

셀프스터디 문제 ❷

다음은 할로아 회사의 2023년 재무상태표 중 자본관련 내용이다.

(단위: 백만)

항목	금액
보통주자본금(주당 0.33원으로 2,805,961,317주 발행)	935
주식발행초과금	6,061
이익잉여금	54,666
기타포괄손익누계액	−1,853
자기주식(721,696,918주)	−24,102
총주주자본	35,707

1. 보통주 자본금 935백만원을 도출하기 위한 계산 과정을 보이시오.

해답

2,805,961,317×0.33=935,320,439원

2. 회사는 보통주식을 평균적으로 얼마의 가격에 발행하였는가?

해답

(935+6061)/2805961317=2.49원

3. 회사는 기말시점에 발행주식수가 얼마인가?

해답

발행가능주식(authorized shares)는 발행된 주식(issued)와 미발행주식(unissued)로 나뉘며, 발행된 주식은 다시 자기주식(treasury shares)과 발행주식(outstanding=issued and outstanding)으로 나뉜다. 따라서 발행주식수는 발행된 주식 2,805,961,317에서 자기주식 721,696,918를 차감한 2,084,264,399주이다.

4. 평균적으로 회사는 자기주식을 얼마에 매입하였는가?

해답

평균 매입 가격은 24,012,000,000/721,696,918=33.4원으로 계산할 수 있다.

3 주식 배당과 주식 분할

(1) 주식 배당(Stock dividend)

기업이 배당금을 배당할 때에 자기 주식을 추가로 발행해서 주주들에게 배당으로 지급할 수 있다. 이익잉여금을 처분하여 자본금으로 대체하는 회계처리를 하게 되며, 현금배당과 달리 현금의 유출이 발생하지 않는다. 기존 주주들은 지분율에 비례하여 주식을 받게 되므로 지분율에 변화가 없으며, 회사의 순자산의 변동 없이 주식 수가 늘어나므로 주당 주식가격을 하락시키게 된다. 다음과 같은 주식배당이 이루어졌을 때 재무상태표의 자본부분이 어떻게 바뀌는지 살펴보자.

(단위: 원)

주식 배당 전	
자본금(100원에 1000주)	100,000
이익잉여금	50,000
총주주지분	150,000
주주 A: 400주	60,000
주주 B: 500주	75,000
주주 C: 100주	15,000
주식 배당 선언 이후(10% 배당, 주식 가격: 130원)	
자본금(100원에 1000주)	100,000
주식배당가능주식 자본금	10,000
주식발행초과금	3,000
이익잉여금	37,000
총주주지분	150,000
주식 배당 분배 이후	
자본금(100원에 1100주)	110,000

주식발행초과금	3,000
이익잉여금	37,000
총주주지분	150,000
주주 A: 440주	60,000
주주 B: 550주	75,000
주주 C: 110주	15,000

주식 배당과 관련해서 수행해야 할 분개는 우선 이익잉여금을 감소시키는 것이다. 주식 배당도 현금배당과 마찬가지로 회사가 벌어들인 이익을 주주에게 분배하는 절차이기 때문이다. 다만 현금배당과 다른 점은 대변에 현금을 적는 것이 아니라 주식발행 내역을 적는다는 점이다. 위 문제의 경우에는 다음과 같은 분개가 필요하다.

차변 계정과목	금액	대변 계정과목	금액
이익잉여금	13,000	자본금	10,000
		주식발행초과금	3,000

(2) 주식 분할(Stock split)

주식 분할은 기존에 발행된 주식을 일정 비율로 분할하여 추가로 주식을 발행하는 것을 말한다. 주식 분할은 경제적 실질에 아무런 변화를 가져오지 못하므로, 회계 상 거래에 해당하지 않아 재무제표에 아무런 효과도 나타나지 않는다. 다만 주식가격이 매우 높은 기업의 경우 주식 분할 결과 주식가격이 낮아져서 주식거래를 활성화시키는 효과가 나타날 수 있다.

위 예시와 같은 기업이 발행주식 1주를 2주로 분할하는 절차를 수행했을 때 재무상태표에는 개별 계정과목의 금액에는 영향이 없고, 다만 주식수와 주당 액면가격만을 조정한다.

주식분할 전		주식분할 후	
자본금 (100에 1000주)	100,000	자본금 (50에 2000주)	100,000
이익잉여금	50,000	이익잉여금	50,000
	150,000		150,000

셀프스터디 문제 ❸

2022년 12월 31일 시점 카네오헤 회사의 주주지분은 다음과 같다.

(단위: 원)

항목	금액
5%의 우선주, 액면가 100원이고, 10,000주까지 발행 승인되었으며, 그 중 4,000주가 실제로 발행되었음	400,000
보통주, 액면가 5원이고, 200,000주까지 발행 승인되었으며, 그 중 50,000주가 실제로 발행되었음	250,000
우선주 발행초과금	40,000
보통주 발행초과금	300,000
이익잉여금	656,000
주주지분 합계	1,646,000

다음과 같은 거래가 2023년에 발생하였다.

날짜	거래
4월 1일	모든 발행된 보통주에 대해서 100%의 주식배당을 실시하였으며, 주가는 11원이었다.
12월 7일	모든 발행된 보통주에 대해서 3%의 주식배당을 실시하였으며, 주가는 14원이었다.
12월 20일	모든 우선주에 대해서 연례 현금 배당을 실시하고, 보통주에 대해서 주당 0.8원의 배당을 실시하였다.

(a) 위 거래가 재무제표에 미치는 영향은 무엇인가?

해답

날짜	거래
4월 1일	이익잉여금 250,000 / 보통주자본금 250,000
12월 7일	이익잉여금 42,000 / 보통주자본금 15,000 보통주발행 초과금 27,000
12월 20일	이익잉여금 102,400 / 현금 102,400

회사가 배당을 지급하면 이익잉여금의 감소가 이루어진다. 현금배당의 경우 현금을 대변에 기록해서 현금의 감소를 나타내며, 주식배당의 경우에는 보통주자본금과 보통주주식발행초과금을 대변에 기록해서 주식이 추가적으로

발행되었음을 나타낸다.

(b) 2023년의 당기순이익이 253,000원이라고 가정하고, 2023년의 이익잉여금을 계산하시오.

해답

기말 이익잉여금 = 기초이익잉여금 + 당기순이익 − 배당금
= 656,000 + 253,000 − (250,000 + 42,000 + 102,400) = 514,600원

셀프스터디 문제 ❹

알라모 회사는 액면가격 100원이고 5%의 우선주 10,000주 발행하고 있으며, 액면가 5원의 보통주 50,000주를 발행한 상태이다. 첫 번째 회계연도에는 배당을 하지 않겠다고 선언하였으며, 두 번째 연도에는 300,000원의 현금배당을, 3번째 연도에는 80,000원의 현금배당을 실시할 예정이다.

1. 만약 우선주가 누적적이라면 얼마의 금액이 우선주와 보통주에 매년 지급되는지 계산하시오

누적적 우선주는 배당이 이루어지지 않은 해가 있다면, 다음번에 배당을 지급할 때 이전에 미지급한 부분까지 지급해야 하는 조건이 붙어있는 우선주이다. 우선주에게 지급해야 할 금액을 제외한 나머지 금액이 보통주주에게 귀속된다.

(단위: 원)

	우선주	보통주
첫 번째 연도	0	0
두 번째 연도	1,000,000×0.05 = 50,000(첫 번째 연도 해당 금액) 1,000,000×0.05 = 50,000(두 번째 연도 해당 금액)	200,000
세 번째 연도	1,000,000×0.05 = 50,000(세 번째 연도 해당 금액)	30,000

2. 만약 우선주가 비누적적이라면, 얼마의 금액이 우선주와 보통주에 매년 지급되는지 계산하시오.

(단위: 원)

	우선주	보통주
첫 번째 연도	0	0
두 번째 연도	1,000,000×0.05 = 50,000(두 번째 연도 해당 금액)	250,000
세 번째 연도	1,000,000×0.05 = 50,000(세 번째 연도 해당 금액)	30,000

4 신종자본증권

신종자본증권은 주식으로의 성격과 사채로서의 성격을 동시에 지닌 증권을 말한다. 회사가 자본을 조달하기 위하여 발행하는 증권은 보통 부채와 자본이라는 명확한 구분이 가능했으나 최근 금융공학의 발전으로 부채와 자본의 성격을 동시에 갖는 증권이 나타나고 있다. 최근 자본시장에는 새로운 형태의 금융상품을 발행하는 경우가 늘어나고 있는데, 대표적인 사례가 코코본드(Contingent Convertible bonds)와 영구채(perpetual bonds)이다. K-IFRS에서 자본으로 인정받는 지분증권이지만 실질적으로 채권에 해당하는 상품이다.

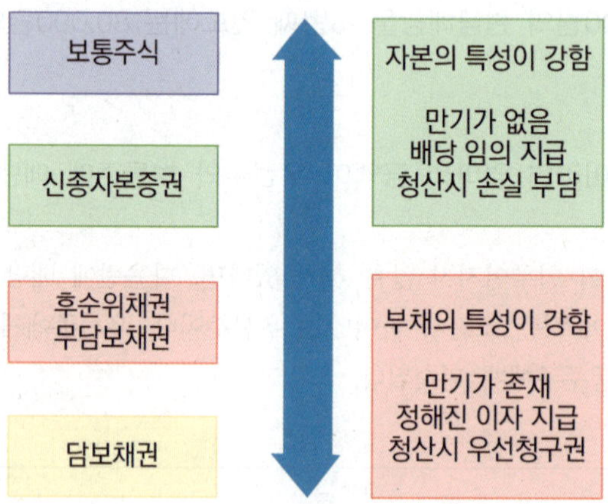

코코본드는 2000년에 메릴린치가 고객사를 위해 발행하면서 처음으로 등장하였는데, 최근 금융위기를 겪으면서 바젤3으로 대표되는 금융권 재무건전성 강화와 맞물려 많이 발행되고 있다. 코코본드는 평상시에는 채권으로 분류되지만, 미리 약정된 우발상황이 발생하면 자본으로 전환되는 특성을 지닌다. 따라서 은행 입장에서는 코코본드를 발행함으로써 유사시 자본비율 규제 요건을 충족시키는 데 도움이 되는 방향으로 사용할 수 있으며, 평상시에는 불필요한 주식희석효과나 경영간섭을 방지하는 이점이 있다. 한국의 경우 우리은행이 2014년 4월 미국자본시장에서 국내기업으로는 최초로 코코본드를 발행한 바 있다. 물론 이러한 탄력적인 자본구조 운영에 따른 대가로 투자자들에게 높은 금리를 지급하여야 하는데,

이는 투자자 입장에서는 우발상황이 발생했을 때 주식으로 전환되어 손실을 입게 될 가능성에 대한 대가이기도 하다. Marquardt and Wiedman(2005)의 연구에 따르면 코코본드를 발행하는 회사는 주식 발행에 대한 주당순이익 희석효과를 막기 위해 코코본드를 발행하는 경향을 보이며, 경영진들에게 주당순이익과 연계된 보상을 제공할 경우 이러한 현상이 더욱 두드러지는 것으로 나타났다. 또한 주식으로 전환되기 전까지는 채권으로서 이자비용을 지불해야 하는데, 이를 통해 이자비용절세효과를 얻을 수 있는 이점이 있다.

영구채는 이자를 지급하는 채권의 성격과 함께 원금 상환 의무가 존재하지 않는 지분증권의 성격도 지니고 있다. 영구채는 자본증권으로 되는 비율이 일정하게 정해지고 전환만기를 계속 연장할 수 있는 조항이 추가되어, 이론적으로 원금 상환을 영구적으로 연기할 수 있다는 특성을 가진다. 이로 인해 회계기준 상 영구채는 자본으로 분류된다. 이러한 영구채의 특성은 발행회사 입장에서는 손쉽게 자본을 확충하여 재무구조를 개선할 수 있다는 점에서 매력적이다. 일반적으로 지분증권은 채권에 비해서 발행이 까다롭고 더 높은 조달비용을 부담하는 경우가 많은데, 영구채를 발행함으로써 자본을 확충하는 효과는 동일하게 누리면서 좀 더 저렴하게 자금을 조달할 수 있다. 영구채는 정상적으로 주식을 추가 발행하는 것이 어려운 기업이나 금융위기 등으로 인해 자본시장이 주식 발행에 대해 우호적이지 않은 경우에 효용이 크다. 투자자 입장에서는 비교적 높은 금리를 얻을 수 있지만 일반사채보다 후순위라는 점을 유의해야 한다. 채권뿐만 아니라 최근에는 상환전환우선주(RCPS)를 자본으로 인정받아 발행하는 기업도 늘어나고 있다. 자본으로 인정받고 지배주주의 지분율도 유지할 수 있는 장점을 가진 신종자본증권에 신용평가기관을 어떻게 반응할까? 시장은 효율적이어서 신용평가기관은 영구채를 사용하는 기업에 평가시 불이익을 주는 경향이 있다. 특히 신종자본증권은 일정기간 후 이자가 오르는 step up 조항이 붙는데 이자가 많이 증가하는 경우 신용평가 기관이 신종자본증권을 부채로 간주한다. 아래 표는 최근 국내기업의 영구채 발행현황을 보여준다.

국내기업의 영구채 발행 현황

(단위: 억원, 건, %)

발행연도		2012년	2013년	2014년	2015년	2016년	2017년	합계	비중
발행액		12,543	24600	13,329	28,448	16,290	24,954	120,164	100.0
	해외	5,343	-	3,633	10,151	290	3,206	22,623	18.8

	국내	7,200	24,600	9,696	18,297	16,000	21,748	97,541	81.2
발행건수		5	7	6	21	6	7	52	N/A

셀프스터디 문제 ❺

다음은 기업의 자본에 영향을 미치는 일련의 거래들이다.

(1) 받을 어음에서 발생한 이자 기록
(2) 주식 분할의 선언 및 지급
(3) 현금 배당의 선언
(4) 선급 보험료로 기록하였던 보험의 기간 만료
(5) 현금 배당의 지급
(6) 미지급 어음에 발생한 이자 기록
(7) 주식 배당 선언
(8) 주식 배당의 지급

위의 거래가 자산, 부채, 자본, 주식발행초과금, 이익잉여금, 당기순이익에 미치는 영향을 분석하라.

해답

항목	자산	부채	자본	주식발행초과금	이익잉여금	당기순이익
1.	I	NE	I	NE	I	I
2.	NE	NE	NE	NE	NE	NE
3.	NE	I	D	NE	D	NE
4.	D	NE	D	NE	D	D
5.	D	D	NE	NE	NE	NE
6.	NE	I	D	NE	D	D
7.	NE	NE	NE	I	D	NE
8.	NE	NE	NE	NE	NE	NE

(I: 증가, D: 감소, NE: 변화없음)

5 주가배수(Price multiples)

주가와 관련된 재무비율로는 PER(가격 대비 이익 비율), PBR(가격 대비 순자산가치 비율), PSR(가격 대비 매출 비율) 등이 있다. 이들은 주가를 기업의 가치를 나타낼 수 있는 어떤 비율로 나누었다는 공통점이 있다. 이러한 비율들은 주식을 1주 가격에 해당하는 이익, 장부가치, 매출액이 얼마인지 나타내 준다. 예를 들어 PER가 5라면 회사가 벌어들인 이익 1원을 구입하기 위해서는 5원을 지급해서 주식을 구입해야 한다는 식으로 해석할 수 있다. 만약 이러한 비율이 높다면 해당 기업은 주어진 이익, 장부가치, 매출액에 비해서 주가가 높게 형성되어 있음을 의미한다.

이러한 비율들은 기업의 가치를 평가할 때 종종 사용되곤 한다. 기업별로 이러한 비율을 비교해서 비율이 높은 기업은 낮은 기업보다 고평가되어 있다고 할 수 있다. 물론 이러한 주장을 하기 위해서는 기업들이 사용하는 자산이 동일한 가치를 지니고 있다는 가정이 필요하다(The law of one price). 이러한 가정이 성립할 때 야후의 PE ratio가 20이고, 구글의 미래 예상 주당이익이 5.21달러라면 구글의 주가는 109.41달러 정도가 적정하다고 평가할 수 있다. 만약 구글의 실제 주가가 109.41달러보다 높다면 구글은 현재 시장에서 과대평가 받고 있다고 해석할 수 있다. 그러나 이러한 비교가 타당하기 위해서는 비교 대상이 되는 기업의 효율성이나 성장력, 위험, 경쟁력 등이 비슷하다는 가정이 필요하다. 동일한 자산이라도 특정 기업은 다른 기업보다 훨씬 효율적으로 이용함으로써 더 많은 가치를 창출할 수 있다. 위의 예시에서 만약 구글이 야후보다 성장률이 훨씬 높을 것으로 기대된다면 구글의 주가가 109.41달러보다 높다고 해서 반드시 과대평가된 상태라고 단정지을 수 없다. 따라서 주가 비율을 활용해서 기업의 가치를 평가할 때는 동종산업에 속해 있는 자산구성이 비슷한 기업과 비교하는 것이 바람직하며, 기업의 가치를 판단하기 위한 유일한 잣대로 사용하는 것은 위험하다.

아래 그림은 우리나라 기업 중 PBR이 1보다 작은 기업들의 비중을 연도별로 보여주고 있다.

연도별로 PBR이 1보다 낮은 기업의 비중이 31%에서 50.5%에 이른다. 평균 41% 기업의 시가총액이 순자산가치보다 낮다. 즉 기업의 청산가치보다 시가총액이 낮은 기업이 41%

나 된다. 물론 지배구조의 문제로 Korea discount가 원인일 수도 있다.

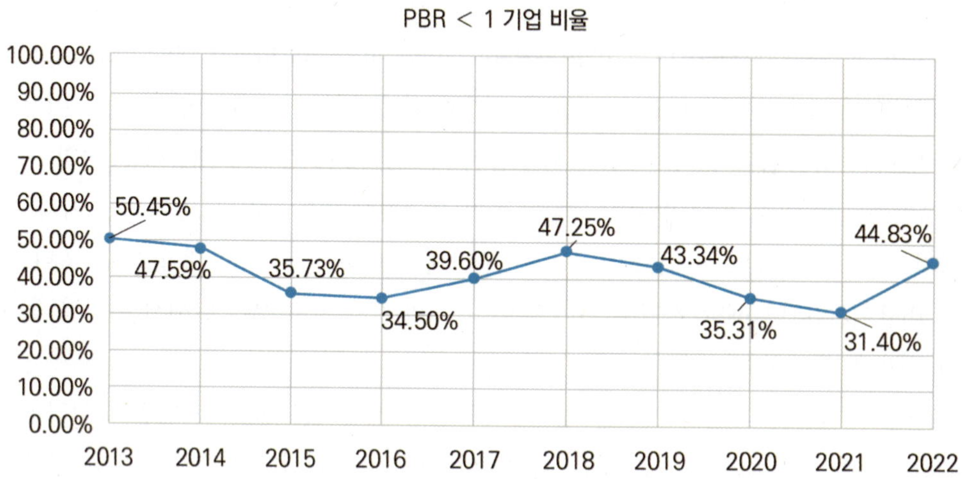

기업의 PBR은 ROE×PER로 나타낼 수 있다. 따라서 청산가치보다 주가가 낮다는 것은 ROE가 낮거나 PER이 낮거나 둘 다인 경우다. PBR이 낮은 이유로 ROE가 자본비용을 넘어서지 못하는 것이 더 큰 이유일 것이다.

부록: 차등의결권(dual-class stock)

"모든 주주는 평등하다. 하지만 일부 주주는 다른 주주보다 더 평등하다." 미국의 테크 기업의 절반이 차등의결권(dual-class stock) 제도를 도입하고 있다. 차등의결권 도입한 기업은 보통 두 종류 주식이 있다. 한 종류는 다른 주식보다 강력한 의결권을 가진다. 2004년 상장한 구글이 IPO filing에 썼듯이 창업자나 Pre-IPO 투자자가 회사의 통제(significant control over the company's decisions and gate)를 유지하려는 이유에서 도입한다. 얼마 전 상장한 Lyft를 비롯해 테그회사의 차등의결권 예를 보면 다음과 같다.

회사	Class A to Class B	IPO year
Lyft	1 to 20	2019
Dropbox	1 to 10	2018
Eventbrite	1 to 10	2018
Roku	1 to 10	2017
Twilio	1 o 10	2016
Zillow	1 to 10	2015
Facebook	1 to 10	2012

차등의결권을 이용해 창업자의 DNA를 남기고 있다. 창업자나 CEO가 기업 투자와 혁신에 자신의 의지를 실현시키고 있다. 미국의 테크회사 뿐만 아니라 포드, 컴캐스트, 비아콤이 뉴욕타임즈 같이 오래된 가족기업, 언론사도 차등의결권을 쓰고 있다. 차등의결권에 반대하는 워런버핏도 자기회사인 Birkshire Hathway를 차등의결권 구조로 지배하고 있다. 독일의 폭스바겐, 프랑스의 루이비통 모에헤네시(LVMH)도 차등의결권을 사용하고 있다.

기존 연구에 의하면 차등의결권의 원인 중 하나는 기업의 무형투자가 장기적으로 이루어져야 하는 데 있다. 주주행동주의 투자자가 늘어나고 기업이 경영권을 방어할 수단(poison pill, staggered board)이 줄어드는 것도 한몫을 한다. 주주행동주의와 각종 규제로 미국의 상장기업이 계속 줄고 있는 추세이다. 비상장기업(going dark)으로 바꾸고 있다. Doidge, Karolyi, and Stulz(2017)는 상장기업이 절반으로 줄고 있음을 보여준다. 차등의결권은 주주행동주의에 방패의 역할도 하고 있다.

1975년에서 2012년 사이 미국(비미국)의 상장회사수 추이(Doidge et al. 2017, JFE)

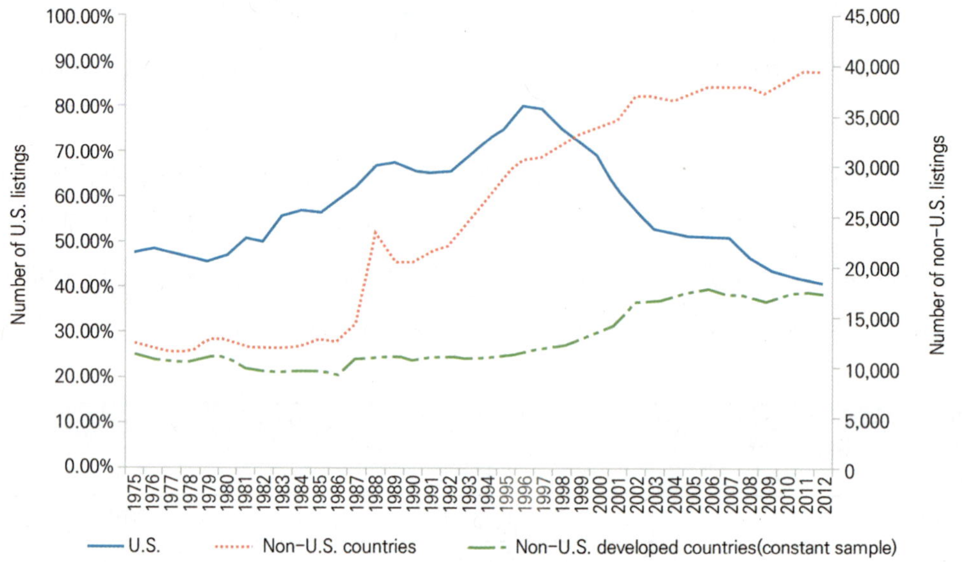

09 연습문제

01 자본의 구성항목을 설명하고, 보통주와 우선주의 차이를 설명하시오.

02 카훌루이 회사는 다음과 같은 거래를 2023년에 기록하였다고 할 때, 재무제표에 미치는 영향을 분석하시오.

1월 15일: 회사는 1,000주의 보통주를 액면가 500원에 발행하였으며, 주당 가격은 1,300원이었다.
3월 31일: 회사는 자기주식 200주를 구입하였으며 주당 가격은 1,500원이었다.
6월 25일: 회사는 자기주식 중 100주를 다시 시장에 매각하였으며, 주당 가격은 2,000원이었다.

03 다음은 기업의 자기주식 보유 내역이다.

1.1	자기주식(액면가 $10) 취득	500주를 주당 $14에 취득
1.3	자기주식 처분	50주를 주당 $12에 처분
1.5	자기주식 처분	100주를 주당 $16에 처분

자기주식의 취득과 처분에 관련된 회계처리를 하시오.

04 마카하 회사는 액면가격 1,000원의 5%의 우선주 1,000주를 발행하고 있으며, 액면가 500원의 보통주 5,000주를 발행한 상태이다. 첫 번째 회계연도에는 배당을 하지 않겠다고 선언하였으며, 두 번째 연도에는 250,000원의 현금 배당을, 세 번째 연도에는 70,000원의 현금 배당을 실시할 예정이다.

1 만약 우선주가 누적적(cumulative feature)이라면 얼마의 금액이 우선주와 보통주에 매년 지급되는지 계산하시오.

2 만약 우선주가 비누적적이라면, 얼마의 금액이 우선주와 보통주에 매년 지급되는지 계산하시오.

05 다음은 힐로 회사의 자본과 관련된 거래를 나타낸다. 12월 31일이 회계기간 말이라고 할 때 다음 거래를 분개하시오.

1. 1월 2일에 액면가격 1,000원인 보통주식을 주당 1,500원에 1,000주 발행하였다.
2. 같은 날에 보통주식을 추가로 100주 발행하였으며, 대가로 특허권을 받았다. 특허권에 대한 공정가치는 신뢰성 있는 추정이 불가능하다.
3. 전환가능한 우선주를 3월 5일에 20주 발행하였으며, 주당 가격은 10,000원이다. 주식 소유자는 우선주 1주당 보통주 4주로 전환할 수 있는 권리를 보유한다.
4. 3번에서 언급된 전환우선주를 갖는 주주들은 우선주 6주를 보통주 24주로 9월 12일에 전환하였다.

06 다음은 코나 회사의 1/1일자 재무상태표 중 자본과 관련된 부분이다. 다음 거래에 대해서 분개하시오.

(단위: 원)

항목	금액
보통주 자본금(액면가 1,000, 발행주식수 25,000)	25,000,000
주식발행초과금	5,000,000
이익잉여금	15,000,000
합계	45,000,000

3/31: 이사회는 주당 500원의 배당을 선언하였으며, 회사는 해당 배당금을 4/15에 지급할 예정이다.

4/15: 회사는 의결된 배당을 예정대로 지급하였다

6/30: 이사회는 10%의 주식 배당을 결의하였으며, 이 날 주당 가격은 1,500이었다.

12/31: 이사회는 2:1의 주식 분할을 결의하였으며, 주식의 액면가격을 기존 1,000에서 500로 바꾸었다.

07 다음 쿠히오 회사에 대한 거래를 분개하시오.

1. 회사는 1/15에 자기주식 2,000주를 구입하였는데, 해당 주식의 액면가격은 1,000원이고 구입일 주당 가격은 4,000원이었다.
2. 회사는 4/25에 자기주식 중 1,200주를 다시 발행하였으며, 발행당시 주당 가격은 3,000원이었다.

3. 8/15에 자기주식을 3,000주 구입하였으며, 주당 액면가격은 1,000원이었으며, 8/15에 주당 가격은 4,800원이었다.
4. 회사는 자기주식 중 1,600주를 다시 발행하였으며, 이는 전환우선주를 갖고 있는 주주들에게 지급되었다. 해당 전환우선주는 11/24에 가치가 8,000,000원으로 추산되었으며, 회사는 자기주식을 다시 발행하는 것과 관련해서 먼저 구입한 자기주식을 먼저 재발행하는 정책을 갖고 있다.
5. 회사는 자기주식 1,500주를 매각하였는데, 12/20의 주당 가격은 4,300원이었다.

08 마카레이 기업은 액면 금액 10,000원의 보통주 50,000주를 발행할 수 있다. 마카레이 기업의 2023년 중의 거래는 다음과 같다.

(1) 주당 35,000원에 5,000주를 발행하였다.
(2) 50,000,000원으로 평가되는 토지로 1,000주를 발행하였다. 마카레이 기업의 주식은 시장에서 활발히 거래되며, 발행일에 약 43,000원에 거래되고 있다.
(3) 자기 주식 500주를 주당 37,000원에 매입하였다. 매입한 자기 주식은 2023년도에 주당 30,000원에 발행된 것이다. 해당 거래를 한국채택국제회계기준에서 채택한 방법을 이용하여 분개하라.

09 빅아일랜드 기업의 보통주는 주당 20,000원에 거래되고 있다. 이사회는 새 주식을 발행하기 전에 주가를 낮추고 발행 주식 수를 늘리기를 원한다. 주당 액면금액은 10,000원이고, 3,000주가 발행되어 유통되고 있다.

(1) 2:1 주식 분할을 결정하였다. 이를 분개하라.
(2) 100% 주식 배당을 결정하였다. 이를 분개하라.
(3) 주식 분할과 주식 배당 사이의 회계 처리 및 증권 시장의 차이에 대하여 간단히 논하라.

10 다음은 기업의 자본에 영향을 미치는 일련의 거래들이다. 각각의 거래가 자산, 부채, 자본, 주식발행초과금, 이익잉여금, 당기순이익에 미치는 영향을 증가, 감소, 영향 없음으로 나타내시오.

(1) 주식 분할의 선언 및 수행
(2) 현금 배당의 선언

(3) 선급 보험료로 기록하였던 보험의 기간 만료
(4) 현금 배당의 지급
(5) 주식 배당 선언
(6) 주식 배당의 지급

11 다음은 2013년 대창단조의 재무제표이다. 대창단조에서 발생한 Shareholder activism이 무엇인지 확인해 보고 이러한 활동이 발생하는 이유는 무엇인지 답하시오.

(단위: 원)

	2013회계연도	2012회계연도
자산		
비유동자산	49,345,703,635	50,906,129,966
기타금융자산	126,645,611	717,382,702
관계기업투자	9,472,856,690	9,353,331,842
유형자산	38,966,056,997	40,138,883,492
무형자산	780,144,337	696,531,930
유동자산	105,763,600,763	93,049,066,820
현금 및 현금성자산	4,207,158,835	8,354,964,126
매출채권	28,206,342,314	31,844,796,015
기타채권	1,377,071,920	1,120,757,782
기타금융자산	40,214,760,600	15,782,142,200
재고자산	31,599,658,550	35,755,035,779
기타유동자산	158,608,544	191,370,918
당기법인세자산	0	0
자산총계	155,109,304,398	143,955,196,786
자본		
자본금	10,000,000,000	10,000,000,000
자본잉여금	4,431,548,131	4,431,548,131
기타포괄손익누계액	(485,600,483)	(351,872,133)
이익잉여금	101,017,489,469	85,065,422,220
비지배지분	4,932,263,935	4,927,204,076
자본총계	119,895,701,052	104,072,302,294
부채		
비유동부채	6,317,726,628	7,718,525,240
차입금	85,500,000	2,142,500,000
기타금융부채	0	0
퇴직급여채무	421,792,267	284,764,358

이연법인세부채	5,810,434,361	5,291,260,882
유동부채	28,895,876,718	32,164,369,252
매입채무	16,404,231,840	17,612,848,218
기타채무	4,494,837,400	3,643,078,234
차입금	4,906,955,317	5,688,607,680
기타금융부채	0	204,657,148
기타유동부채	1,251,682,111	1,288,306,289
당기법인세부채	1,838,170,050	3,726,871,683
부채총계	35,213,603,346	39,882,894,492
자본과 부채총계	155,109,304,398	143,955,196,786

(단위: 원)

	2013회계연도	2012회계연도
매출액	258,338,704,255	312,275,610,436
매출원가	222,742,146,077	268,695,851,254
매출총이익	35,596,558,178	43,579,759,182
판매비와 관리비	13,061,237,744	13,008,391,849
영업이익	22,535,320,434	30,571,367,333
기타수익	301,935,601	268,418,317
기타비용	410,903,644	252,104,956
금융수익	1,798,938,731	1,621,313,571
금융비용	1,211,940,332	2,769,383,267
관계기업투자이익	182,682,150	1,094,015,018
법인세비용 차감 전 순이익	23,196,032,940	30,533,626,016
법인세비용	5,137,339,789	7,197,357,767
당기순이익	18,058,693,151	23,336,268,249

12 다음은 KT&G의 재무제표이다. KT&G에 발생한 shareholder activism이 무엇이었는지 파악하고 이후에 어떤 변화가 있었는지 판단하시오.

(단위: 원)

과목	2008회계연도	2007회계연도	2006회계연도
자산			
Ⅰ. 유동자산	1,710,974,303,199	1,467,145,057,088	1,602,748,530,187
(1)당좌자산	635,462,142,903	487,632,006,941	586,208,799,775
(2)재고자산	1,075,512,160,296	979,513,050,147	1,016,539,730,412
Ⅱ. 비유동자산	2,671,598,698,866	2,510,656,239,373	2,065,594,429,789
(1)투자자산	1,105,460,830,051	980,610,783,633	623,641,487,382

(2)유형자산	1,398,774,874,683	1,408,958,193,203	1,344,156,304,689
(3)무형자산	1,188,576,598	1,719,492,500	2,106,462,380
(4)기타비유동자산	166,174,417,534	119,367,770,037	95,690,175,338
자산총계	4,382,573,002,065	3,977,801,296,461	3,668,342,959,976
부채			
Ⅰ. 유동부채	643,272,060,083	622,723,692,763	345,846,908,816
Ⅱ. 비유동부채	199,471,440,607	213,074,575,645	276,761,489,461
(1)퇴직급여충당부채	38,516,936,936	64,359,555,829	77,697,118,474
(2)임대보증금	24,953,520,700	26,861,286,700	29,783,105,000
(3)이연법인세부채	136,000,982,971	121,853,733,116	94,797,643,191
(4)연초생산안정화기금충당부채	0	0	74,483,622,796
부채총계	842,743,500,690	835,798,268,408	622,608,398,277
자본			
Ⅰ. 자본금	954,959,485,000	954,959,485,000	954,959,485,000
Ⅱ. 자본잉여금	471,143,622,062	466,768,901,371	336,252,423,784
Ⅲ. 자본조정	(224,649,823,925)	(414,947,292,068)	(321,903,875,892)
Ⅳ. 기타포괄손익누계액	30,658,987,625	1,592,968,915	14,881,440,214
Ⅴ. 이익잉여금(결손금)	2,307,717,230,613	2,133,628,964,835	2,061,545,088,593
자본총계	3,539,829,501,375	3,142,003,028,053	3,045,734,561,699
부채와자본총계	4,382,573,002,065	3,977,801,296,461	3,668,342,959,976

과목	2008회계연도	2007회계연도	2006회계연도
Ⅰ. 미처분이익잉여금	516,402,110,817	397,313,845,039	(204,795,592,561)
1. 전기이월미처분이익잉여금	1,864,671,039	5,492,451,439	3,316,539,264
2. 회계정책변경누적효과		25,561,358	(25,561,358)
3. 자기주식의 이익소각	(379,752,788,480)	(269,410,043,980)	(857,777,545,890)
4. 당기순이익	894,290,228,258	661,205,876,222	649,690,975,423
Ⅱ. 임의적립금등의 이입액	15,000,000,000	15,000,000,000	530,000,000,000
1. 연구 및 인력개발준비금	15,000,000,000	15,000,000,000	
2. 별도적립금이입액			530,000,000,000
Ⅲ. 이익잉여금처분액	529,356,640,000	410,449,174,000	319,711,956,000
1. 배당금	360,356,640,000	340,449,174,000	319,711,956,000
가. 현금배당	360,356,640,000	340,449,174,000	319,711,956,000
주당배당금(률)	2,800원(56%)	2,600원(52%)	2,400원(48%)
2. 별도적립금	169,000,000,000	70,000,000,000	
Ⅳ. 차기이월미처분이익잉여금	2,045,470,817	1,864,671,039	5,492,451,439

사례문제 다음은 2013년 12월 31일에 종료되는 회계연도(제30기)에 대한 SK텔레콤의 재무제표이다.

	제30기	제29기	제28기
연결당기순이익	1,609,549,453	1,115,662,553	1,582,073,280
연결기타포괄손익	18,496,290	(319,541,807)	(391,084,990)
당기손익으로 재분류되지 않는 세후기타포괄손익	5,946,439	(15,047,636)	(25,275,271)
법인세비용차감후기타포괄손익, 확정급여제도의 재측정손익	5,946,439	(15,047,636)	(25,275,271)
매도가능금융자산평가손익	2,009,104	(149,082,114)	(433,545,912)
관계기업의 기타포괄손익변동	3,033,916	(82,512,723)	(2,173,317)
파생금융상품평가손익	11,222,249	(23,360,705)	29,235,792
해외사업장환산외환차이	(3,715,418)	(49,538,629)	40,673,718
연결총포괄손익	1,628,045,743	796,120,746	1,190,988,290
연결포괄손익의 귀속			
지배기업의 소유주지분	1,655,569,810	851,565,286	1,206,577,498
비지배지분	(27,524,067)	(55,444,540)	(15,589,208)

	제30기	제29기	제28기
자본			
지배기업의 소유주에게 귀속되는 자본	13,452,372,339	11,854,777,781	11,661,880,863
자본금	44,639,473	44,639,473	44,639,473
기타불입자본	317,508,426	(288,882,796)	(285,347,419)
이익잉여금	13,102,495,264	12,124,657,526	11,642,525,267
기타 자본구성요소	(12,270,824)	(25,636,422)	260,063,542
비지배지분	714,185,009	1,000,004,536	1,070,828,184
자본총계	14,166,557,348	12,854,782,317	12,732,709,047
자본과 부채총계	26,576,515,239	25,595,559,623	24,366,036,429

추가자료 1 주식의 총수

구분	주식의 종류			비고
	보통주	-	합계	
Ⅰ. 발행할 주식의 총수	220,000,000	-	220,000,000	-
Ⅱ. 현재까지 발행한 주식의 총수	89,278,946	-	89,278,946	-
Ⅲ. 현재까지 감소한 주식의 총수	8,533,235	-	8,533,235	-
1. 감자	-	-	-	-

2. 이익소각	8,533,235	-	8,533,235	-
3. 상환주식의 상환	-	-	-	-
4. 기타	-	-	-	-
Ⅳ. 발행주식의 총수 (Ⅱ-Ⅲ)	80,745,711	-	80,745,711	-
Ⅴ. 자기주식수	9,809,375	-	9,809,375	-
Ⅵ. 유통주식수 (Ⅳ-Ⅴ)	70,936,336	-	70,936,336	-

추가자료 2 배당에 대한 자료

가. 배당에 관한 사항

(1) 2011년 3월 11일, 제27기 정기주주총회를 통해 현금배당금액 확정
- 주당 현금배당금 8,400원(중간배당 1,000원 제외) 확정

(2) 2011년 7월 28일, 제330차 이사회를 통해 주당 중간배당금 1,000원 확정

(3) 2012년 3월 23일, 제28기 정기주주총회를 통해 현금배당금액 확정
- 주당 현금배당금 8,400원(중간배당 1,000원 제외) 확정

(4) 2012년 7월 25일, 제344차 이사회를 통해 주당 중간배당금 1,000원 확정

(5) 2013년 3월 22일, 제29기 정기주주총회를 통해 현금배당금액 확정
- 주당 현금배당금 8,400원(중간배당 1,000원 제외) 확정

(6) 2013년 7월 25일, 제357차 이사회를 통해 주당 중간배당금 1,000원 확정

(7) 2014년 3월 21일, 제30기 정기주주총회를 통해 현금배당금액 확정
- 주당 현금배당금 8,400원(중간배당 1,000원 제외) 확정

나. 최근 3사업연도 배당에 관한 사항

구분	주식의 종류	제30기	제29기	제28기
주당액면가액(원)		500	500	500
당기순이익(백만원)		910,157	1,242,767	1,694,363
주당순이익(원)		12,837	17,832	24,002
현금배당금총액(백만원)		666,374	655,133	656,533
주식배당금총액(백만원)		-	-	-
현금배당성향(%)		73.2	52.7	38.7
현금배당수익률(%)	보통주	4.1	6.2	6.6
	우선주	-	-	-
주식배당수익률(%)	보통주	-	-	-
	우선주	-	-	-
주당 현금배당금(원)	보통주	9,400	9,400	9,400
	우선주	-	-	-

주당 주식배당(주)	보통주	–	–	–
	우선주	–	–	–

01 회사의 포괄손익계산서에 나타난 기타포괄손익 항목을 설명하시오. 공통점이 있는가?

02 2013년 회사의 재무제표는 Clean Surplus Relation이 성립하는가?

03 회사의 재무상태표 자본부만 참고했을 때, 최근 3년간 증자가 있었는지 파악할 수 있는가?

04 추가자료 1에서 회사가 발행한 주식 중 의결권은 총 몇 개인지 알 수 있는가?

05 추가자료 1과 추가자료 2로부터 2013년 3월 22일 현금배당금액이 확정되었을 때 수행할 분개를 제시하시오.

06 현금배당성향과 현금배당수익률은 각각 어떻게 계산되는가? 이들 비율은 어떻게 해석할 수 있는가?

07 회사의 기타자본구성요소는 음(–)의 값을 보고하고 있다. 기타자본구성요소에 포함될 수 있는 계정으로는 무엇이 있는가?

08 본문에 보고된 한국 상장기업의 평균적인 배당성향과 비교했을 때, SKT의 배당성향에 대해 평가하시오. 평균보다 크게 배당하는 기업은 흔히 배당주라 하는데, 대표적인 예시를 제시하시오. 이들 회사가 다른 회사들보다 배당을 많이 하는 이유는 무엇인가?

1. 리스(Lease)
2. 연금
3. 특수목적법인을 통한 부외부채
4. 법인세

10

부외금융과 법인세의 보고 및 분석

CHAPTER

10 부외금융과 법인세의 보고 및 분석

필요 없는 자산은 처분하여 군살을 빼는 게 최선이다. 하지만 자산이나 부채를 재무상태표에 나타내지 않는 부외금융(off-balance sheet financing)을 이용하기도 한다. 회계기준에서는 이러한 부채에 대해서 주석을 통해 자세히 공시할 것을 요구하고 있으며, 많은 애널리스트와 신용평가기관이 분석과정에서 주석 공시 사항을 고려한다. 그러나 여전히 경영자들은 대체로 부채를 재무상태표에 기록하는 것보다 부외부채를 유지함으로써 영업성과 및 재무 상태에 대한 시장의 인식을 개선시킬 수 있다고 믿는 경향이 있다. 운용리스, 연금 자산/부채, 특수법인을 이용한 부외부채, 그리고 앞에서 다룬 지분법 등이 대표적인 예이다.

아래 그림과 같이 부외금융으로 부채 수준이 낮아지면, 레버리지 비율이 낮아진다. 시장이 부외금융을 고려하지 않는다면 자본조달비용이 낮아지기 때문에, 기업가치가 높게 평

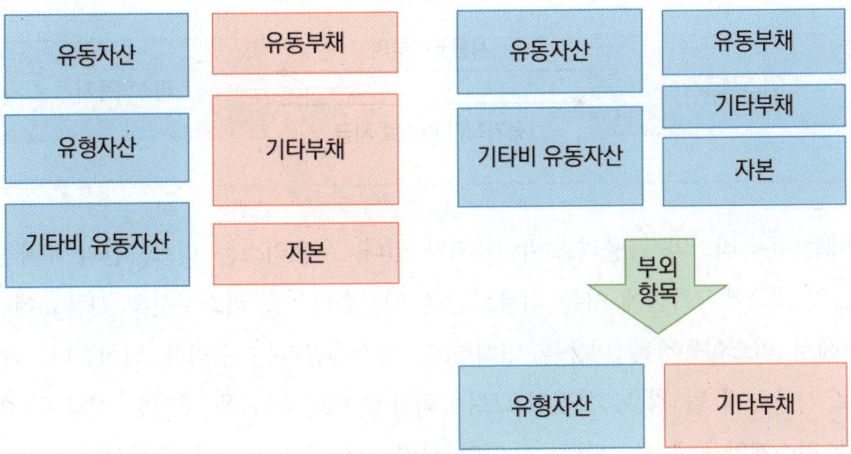

가될 가능성이 있다. 또한 부채 수준이 낮아지면 상환능력이 좋다고 평가할 가능성이 있으며 부채수준이 낮아지면 총자산 역시 줄어들기 때문에, 자산회전율을 비롯하여 분모에 총자산이 포함되는 재무비율이 개선되어, 기업에 대한 평가가 좋아질 수 있다.

1 리스(Lease)

운용리스(operating lease)는 대표적인 부외부채 항목 중 하나이다. 항공사는 상당수의 항공기 등을 리스로 이용하기 때문에 운용리스와 관련된 부외부채가 특히 중요하다. 예를 들어 미국의 경우 대규모의 항공사(예를 들어, Delta, American, UAL 등)들은 약 20% 정도의 비행기를 운용리스를 통해서 운영하고 있다(자료출처: 2010년 미국공인회계사회 자료). 델타에어의 경우 2018년 기준으로 약 871대의 비행기를 운영하고 있는데 이 중 약 150대를 운용리스 계약을 통해서 사용하고 있다.

리스는 리스제공자가 특정 자산의 사용권을 합의된 기간 동안 리스이용자에게 이전하고, 리스이용자는 그 대가로 사용료를 리스제공자에게 지급하는 계약을 의미한다. 리스계약은 1주 단위로 짧을 수도 있으며, 수십 년에 이르기까지 길어질 수도 있다.

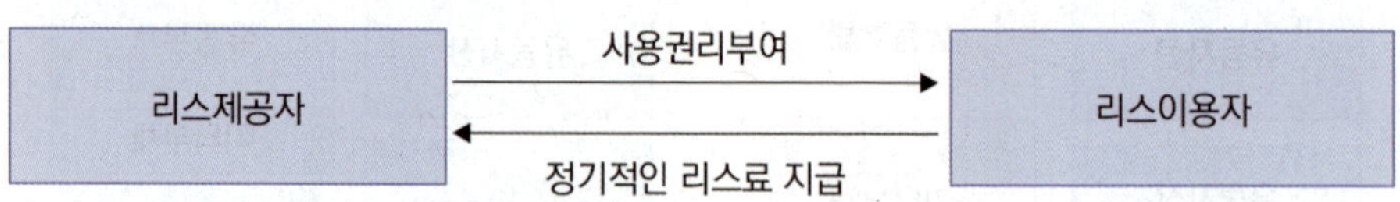

리스에는 운용리스와 금융리스 두 가지가 있다. 운용리스는 리스자산과 부채를 인식하지 않고 단지 리스계약기간에 따른 사용료만을 인식한다. 즉 리스자산의 사용료에 해당하는 부분에 대해서 리스이용자는 비용을 인식하고, 리스제공자는 수익을 인식한다. 리스자산을 장기적으로 사용하게 될 경우, 실질적으로는 회사가 해당 자산을 구입한 것과 큰 차이가 없다. 그러나 리스계약을 통해 사용하게 되면 관련 자산이나 부채를 재무상태표 상에 인식할 필요가 없다. 이러한 점에서 운용리스를 부외금융(off-B/S financing)이라 한다.

만약 경제적 실질이 직접 해당 자산을 구입하여 사용하는 것과 매우 유사할 경우에는 금융리스로 분류된다. 금융리스는 리스이용자가 미래 리스비용의 현재가치만큼 리스자산과 부채를 인식한다. 또한 해당 자산이 감가상각자산일 경우, 감가상각비를 인식하고, 부채 사용에 따른 이자비용도 인식한다. 따라서 금융리스는 해당 자산을 직접 구매하여 이용하는 것과 유사한 회계처리를 따르게 되는 셈이다.

그렇다면 운용리스와 금융리스를 구분하는 기준은 무엇인가? 회사입장에서는 가능하다면 운용리스로 분류해서 부채를 인식하지 않고 싶겠지만, 경제적 실질이 자산 구입과 차이가 없다면 회계기준은 금융리스로 분류하도록 정해두고 있다. 운용리스와 금융리스를 구분하는 핵심은 리스의 위험과 보상이 리스이용자로 실질적으로 넘어가는지 여부이다. 리스와 관련된 위험과 보상이 리스이용자에게 실질적으로 넘어갈 경우, 이는 자산을 직접 구입하는 것과 크게 다르지 않은 것으로 판단한다. 구체적으로 리스를 운용리스로 할지 금융리스로 할지 구분하는 기준은 다음과 같다. 다음 조건 중 하나 이상을 충족하는 리스계약은 계약서의 형태와는 무관하게 경제적 실질에 따라 금융리스로 분류한다.

- 리스기간 종료시점까지 리스자산의 소유권이 리스이용자에게 이전되는 경우
- 리스약정일 현재 염가매수선택권이 리스이용자에게 주어지고, 행사할 것이 거의 확실한 경우
- 리스기간이 리스자산의 경제적 내용연수의 상당부분을 차지하는 경우
- 리스약정일 현재 최소리스료를 내재이자율로 할인한 현재가치가 리스자산의 공정가치의 대부분을 차지하는 경우
- 리스이용자만이 중요한 변경 없이 사용할 수 있는 특수한 성격의 리스자산인 경우

금융리스: 리스이용자에게 리스자산의 소유에 따른 대부분의 보상과 위험이 이전된다고 보아 자본화(capitalize)를 하는 리스

운용리스: 리스이용자에게 리스자산의 소유에 따른 대부분의 보상과 위험이 이전되지 않는다고 보아 자본화를 하지 않는 리스

(1) 운용리스와 금융리스가 재무제표에 미치는 영향

운용리스와 금융리스의 가장 큰 차이는 재무상태표에서 확인할 수 있다. 금융리스는 회사가 사용하는 자산이 리스이용자의 자산으로 계상되지만, 운용리스는 리스제공자의 자산으로 계상된다. 또한 금융리스 하에서는 최소리스료의 현재가치만큼을 부채로 계상해야 한다. 대부분의 리스계약은 다년 계약이기 때문에 장기부채를 증가시키게 될 것이며, 다만 1년 이내에 지급할 부분에 대해서는 유동부채를 증가시키게 된다. 리스계약 초기에는 장기부채로 분류되는 리스부채가 많겠지만, 자산을 사용함에 따라 단기부채로 구분되는 비율이 점차 커진다. 따라서 리스계약이 운용리스인지 금융리스인지 여부는 회사의 레버리지 비율뿐 아니라 유동비율에도 영향을 줄 수 있다.

운용리스와 금융리스의 구분은 손익계산서 상에 인식하는 계정에도 영향을 준다. 운용리스 하에서 비용으로 인식할 항목은 리스이용료이다. 한편 금융리스 하에서는 해당 자산이 감가상각대상 자산일 경우 감가상각비를 인식해야 하며, 리스부채에 따른 이자비용을 매기 인식해야 한다. 장기적으로 두 가지 리스 분류 하에서 인식해야 할 총 비용은 같으나, 인식시기 측면에서 차이가 발생한다. 감가상각비와 이자비용의 합이 자산 이용초기에는 더 크게 된다. 왜냐하면 리스부채에서 발생하는 이자비용이 리스부채×할인율로 계산되는데 시간이 지남에 따라 리스부채는 지속적으로 상각(즉, 감소)되며 그로 인해 인식해야 할 이자비용이 줄어든다. 만약 회사가 가속상각법을 사용한다면 감가상각비도 자산 이용 초기에 집중되므로, 차이가 더욱 커질 수 있다. 물론 자산의 사용 후반부에는 이러한 차이가 반대가 되어서 금융리스 하에서 인식해야 할 비용이 더 적다. 따라서 회사는 운용리스를 통해서 비용의 인식시기를 미룰 수 있다는 장점이 있다. 회사가 리스자산을 많이 사용해서 매년 새로운 리스계약을 맺는다면 이러한 장점이 극대화될 수 있다. 특히 자산 이용 초기에 당기순이익을 높이고자 하는 경영자는 운용리스에 대한 선호가 더욱 크다. 다음은 금융리스와 운용리스의 차이를 요약한 표이다.

	자산	부채	비용	현금흐름
금융리스	보고됨	보고됨	이자비용과 감가상각비	계약에 따른 현금흐름
운용리스	보고되지 않음	보고되지 않음	리스이용료	계약에 따른 현금흐름

아래의 예로 운용리스와 금융리스 하에서 각각 인식해야 하는 관련 비용의 차이를 확

인해 보자. 회사는 5년간 매년 ₩1,000을 리스이용료로 지출해야 한다. 관련 자산에 적용되는 할인율이 10%일 경우 두 리스의 비용 차이는 다음과 같다.

(단위: 원)

연도	금융리스			운용리스	차이	누적차이
	이자비용	감가상각	합계	리스료		
1	400	700	1100	1000	100	100
2	350	700	1050	1000	50	150
3	300	700	1000	1000	0	150
4	250	700	950	1000	-50	100
5	200	700	900	1000	-100	0
합계	1500	3500	5000	5000	0	0

리스자산의 사용 초기에는 금융리스 하에서 인식해야 할 비용이 더 크기 때문에 양(+)의 차이가 발생하지만, 시간이 지남에 따라 차이가 역전되고, 누적차이가 0으로 수렴함을 확인할 수 있다. 이는 리스 분류가 자산의 사용시기에 걸친 총비용에는 차이가 없지만 발생시기에 영향을 준다는 점을 의미한다. 이를 그림으로 나타내면 아래와 같다.

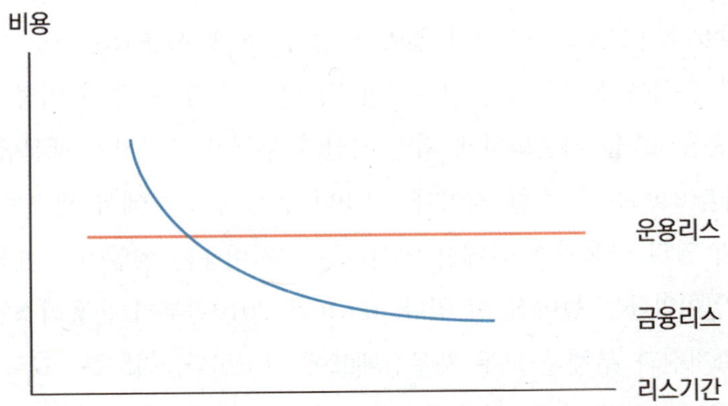

(2) 운용리스의 자본화(Homemade capitalization of operating leases)

기업이 운용리스를 사용하여 부외금융을 할 때 이를 자본화하여 부외금융이 아닐 경우의 재무상태표를 만들 수 있다. 이를 운용리스의 자본화(homemade capitalization of operating leases)라 한다. 리스이용자는 주석을 통해서 향후 5년 동안 매년 리스와 관련되어 지불한 금액과 그 이후(5년 후)에 리스와 관련하여 발생하는 지출의 총합에 대해서 공시해야 할 의무가 있다. 금융리스의 경우에는 총 리스금액이 원금(재무상태표의 리스부채)과 이자로 구분되어 공시된다. 이를 바탕으로 재무제표 이용자는 운용리스를 자본화해 리스자산가치를 추정해야 한다. 예를 들어 신용평가회사들의 경우 보다 정확한 신용평가를 하기 위해서 이처럼 운영리스를 자본화하여 자산과 부채를 다시 계산해서 신용평가를 해왔다.

운용리스를 금융리스로 전환하기 위해서는 해당 리스 계약에 적용할 할인율을 알아야 한다. 만약 회사에 적용되는 할인율을 적절히 추정할 수 없다면, 간단하게 리스자산과 같은 금액을 리스부채로 가정할 수 있다.

정보이용자 입장에서는 회사가 공시한 주석을 통해서 해당 자산을 몇 년간 이용하는지 리스기간에 대해 추정할 수 있다. Ge(2006)의 연구에 의하면 운용리스를 자본화하여 운용리스부채(obiligation)를 계산하여 전체 부채에서 차지하는 비중을 살펴보았다. 2004년 미국 상장회사 기준(Compustat이라는 데이타베이스 기준)으로 전체 장기부채에서 운용리스 관련 부채가 평균적으로 약 40% 정도인 것으로 보고하였다. 금융리스 관련 부채의 비중은 단지 1.5% 정도 밖에 되지 않았다. 이는 운용리스가 얼마나 광범위하게 사용되는지를 알 수 있게 한다.

보다 중요한 분석은 운용리스를 자본화한 뒤 회사의 재무비율이 어떻게 변화하는지 살펴보는 일이다. 운용리스를 자본화하게 되면 자산과 부채가 증가하기 때문에, 부채비율이 증가하며 자산이익률(ROA)은 감소할 것이다. 그러나 운용리스 하에서 리스이용료가 영업비용에 포함되는 것과 달리 금융리스 하에서 인식하는 이자비용은 영업이익 계산에 포함되지 않기 때문에, 순영업이익률은 높아질 수 있다. IFR16은 2019년부터 운용리스와 금융리스의 구분을 없애고 리스자산과 부채를 모두 재무상태표에 보고한다. 리스를 모두 금융리스로 처리하는 것이다. 운용리스를 많이 써 왔던 항공, 호텔, 유통업계가 많은 영향을 받을 것으로 예상된다. 2019년 이전의 재무제표와 그 이후의 재무제표의 비교가능성을 높이기 위해 운용리스를 어떻게 자본화 하는지 알아보자.

셀프스터디 문제 ❶

마누 회사의 회계연도는 12월 31일에 종료되며, 해당 시점에 2조원의 자산과 1조원의 부채를 보고하였다. 다음과 같은 리스 관련 주석을 보고 물음에 답하시오.

2013년 5월 31일 시점의 금융리스와 관련된 최소리스료는 다음과 같다. 2014년 이후에 발생하는 최소리스료는 4년간 매년 동일하다.

(단위: 억원)

2014	100
2015	100
2016	100
2017	100
2018	100
2019년 이후	400
	900
최소리스료 현재가치	750

2013년 5월 31일 시점 운용리스와 관련된 최소리스료의 정보는 다음과 같다.

	차량 및 운반구	기계장치	합계
2014	500	1,000	1,500
2015	600	900	1,500
2016	500	700	1,200
2017	400	600	1,000
2018	500	500	1,000
2019년 이후	2,000	2,800	4,800
	4,500	6,500	11,000

(a) 리스자산과 리스부채의 잔액은 얼마인가?

해답

금융리스와 관련된 자산 및 부채만 재무상태표에 보고된다. 리스관련부채는 금융리스와 관련된 최소리스료의 현재가치인 750억원이며 리스자산은 특별한 조건이 없는 한 금융리스부채와 금액이 같다. 리스자산은 향후 감가상각회계를 적용 받는다.

(b) 금융리스의 현재가치를 구하기 위해서 마누 회사가 사용하는 이자율을 구하시오.

해답

현재 리스관련 부채가 750억원이며, 향후 현금흐름은 첫 번째 표에 나타나 있다. 이를 근거로 내재이자율을 구하면 3.81%이다. 엑셀 혹은 재무용 계산기의 IRR함수를 이용해서 구할 수 있다.

(c) 4%의 이자율을 가정하고, 마누 회사가 부외부채 리스를 통해서 보고할 자산과 부채의 금액을 구하시오. 2019년 이후에 발생하는 금액은 4년간 동일하게 1,200억원씩 발생한다고 가정한다.

해답

할인율을 4%으로 가정할 경우, 두 번째 표에 나와 있는 현금흐름 정보를 이용해서 현재가치를 구하면 원이다. 따라서 부외부채 리스를 통해서 보고할 자산과 부채금액은 9,153억원이다.

시기	현금흐름	현재가치
1	1,500	1,442.308
2	1,500	1,386.834
3	1,200	1,066.796
4	1,000	854.8042
5	1,000	821.9271
6	1,200	948.3774
7	1,200	911.9014
8	1,200	876.8282
9	1,200	843.1041
합계		9,152.88

(d) 운용리스가 부동산과 관련하여 발생한다고 가정하고, 정액법으로 10년 동안 잔여가치 없이 해당 자산을 감가상각한다고 가정했을 때, 회사가 운용리스를 자본화할 때 회사의 세전이익에 미치는 영향을 구하시오.

해답

금융리스 하에서 감가상각비용은 915.3억원(=(9153−0)/10)로 매년 인식한다. 이자비용은 9153억원의 부채에 대해서 4%의 할인율을 적용하면 366.12억원이다. 따라서 세전 순이익은 1500(운용리스시 비용)−(915.3+366.12)(금융리스시 비용)=218.58억원만큼 증가한다.

(e) 운용리스를 자본화함에 따라 ROE를 분해해서 얻어지는 재무비율은 어떠한 영향을 받는가? (운용리스 하에서 지출하는 리스비용은 금융리스 하에서의 이자비용과 감가상각비의 합과 같다고 가정한다.)

해답

운용리스를 자본화할 경우 최소리스료의 현재가치만큼 자산과 부채가 증가한다. 따라서 ROE는 변화하지 않지만 ROE=RNOA+Financial Leverage×SPREAD로 분해할 경우 순영업자산이익률(RNOA)는 감소하지만 재무레버리지(Financial Leverage)는 증가하며, SPREAD에는 변화가 없다. 따라서 운용리스를 자본화하면 ROE는 변하지 않지만 영업활동에서의 수익성이 감소하고 비영업활동에서 수익성이 증가하는 현상이 나타난다.

(f) 위의 분석에 근거해서 마누 회사는 차량 및 운반구와 기계장치와 관련된 자산과 부채를 적절히 표시한다고 생각하는가?

해답

그렇지 않다. 마누 회사는 운용리스를 이용함으로써 회사의 순영업자산이익률(RNOA)을 보다 높게 보고할 수 있었다.

EVA(Economic Value Added)

경제적 부가가치(EVA)는 영업활동에서 발생한 이익을 회사가 부담한 자본조달비용과 비교해서 나타내 주는 성과 지표이다. 경제적 부가가치는 앞서 5장에서 배운 순영업이익(NOPAT)에서 회사가 부담한 자본조달비용을 차감한 값이다. 즉, EVA = NOPAT − Invested Capital × WACC이다. Invested Capital은 회사가 영업활동을 수행하기 위해 조달한 자금을 의미하며 구체적으로는 주주로부터 조달한 자금과 채권자로부터 조달한 자금으로 나눌 수 있다. 가중평균자본비용(WACC = Weighted Average Cost of Capital)은 주주와 채권자로부터 조달한 자금을 가중평균한 값인데, 가중치는 주주와 채권자로부터 조달한 자금의 크기이다. 이 성과지표는 우리가 지금까지 배운 당기순이익이나 자산이익률(ROA), 자기자본이익률(ROE) 등이 조달한 자본 비용을 고려하지 않은 성과지표라는 점에서 차별화된다. 즉, 회사가 이익을 보고하였더라도 해당 투자를 수행하는 과정에서 회사가 부담한 자본조달비용 이상을 벌어들이지 못했다면 바람직한 성과라고 볼 수 없다는 관점이다.

만약 회사가 1,000,000원을 주주와 채권자로부터 각각 조달했으며, 주주 자금조달비용이 12%, 채권자 자금조달비용이 8%이라고 하면, 가중평균자본비용은 10%으로 계산된다. 또한 Invested Capital은 2,000,000원이 된다. 그리고 회사가 자금을 투자해서 얻은 순영업이익이 400,000원이라면 EVA는 400,000 − 2,000,000 × 10% = 200,000원으로 계산된다.

경제적 부가가치의 유용성을 높이기 위해서는 회사가 R&D 활동을 위해서 투자한 금액을 이익에 더해주는 것이 바람직하다. 한국채택국제회계기준(K−IFRS) 하에서 연구비는 자산화되지 않고 당기 비용으로 처리되는데, 비록 회계적으로는 비용으로 처리되더라도 회사가 미래를 위해서 투자한 금액이기 때문에 이익에 더해준다. 이를 통해 신생 하이테크 기업 등과 같이 R&D에 비용을 많이 지불하는 회사들을 보다 적절히 평가할 수 있다. 또한 본장에서 설명한 것처럼 운용리스를 이용해서 회사가 부외부채를 통한 이득을 얻으려는 경우가 있는데, 운용리스를 이용하지 않는 기업과의 비교가능성을 높이기 위해서는 운용리스를 자본화한 뒤 경제적 부가가치를 계산하는 것이 바람직하다.

2 연금

연금은 확정기여제도와 확정급여제도로 나눌 수 있으며, 각각의 경우에 연금자산 운영에 따른 위험을 부담하는 주체가 달라지며, 회사의 회계처리도 달라진다.

(1) 확정기여제도(Defined contribution: DC)

회사는 매기 일정액을 퇴직연금운용자산에 기여하며, 종업원은 적립금 운용 성과에 따라서 받을 수 있는 금액이 정해진다. 이 경우 종업원이 자산운용과 관련된 위험을 부담하게 된다. 회사 입장에서는 종업원으로부터 받은 자금을 단순히 정해진 자산운용사나 보험회사에 맡기고, 실제수익률에 해당하는 금액을 종업원에게 지급하면 되므로 회계처리가 간단해진다. 회사는 납부해야 할 기여금을 퇴직급여라는 비용으로 인식하며, 기타 자산이나 부채를 인식할 필요가 없으므로 회계처리가 단순해진다. 만약 회사가 10,000원의 퇴직급여 기여금을 납부했다면, 다음과 같은 회계처리가 필요하다. 퇴직급여는 회사가 종업원을 고용함에 따른 대가이므로 비용으로 인식한다.

(단위: 원)

차변 계정과목	금액	대변 계정과목	금액
퇴직급여	10,000	현금	10,000

(2) 확정급여제도(Defined benefit: DB)

회사가 미래에 지급할 금액이 정해져 있는 제도이다. J.P. Morgan의 자료에 의하면 2011년 기준으로 확정기여제도(Defined contribution plan)가 확정급여제도(Defined benefit plan)를 압도하는 것으로 나타났다. 민간기업의 69%가 확정기여제도를 사용한 반면 오직 7%만 확정급여제도를 사용한 것으로 나타났다. 자산운용과 관련된 위험이 회사에 있으며, 만약 자산의 실제수익률이 예상수익률보다 낮다면 회사의 부담액이 더욱 커지는 구조를 갖는다. 따라서 확정급여제도 하에서 퇴직급여 관련비용을 적절히 회계처리하기 위해서는 사외적립자산이라는 자산과 퇴직급여충당부채라는 부채가 등장한다.

사외적립자산은 회사가 외부에 마련해 두는 자산으로서 회사가 납부해야 하는 기여금으로 구성된다. 사외적립자산은 자산운용에 따라서 금액이 변화하는데, 수익률이 높으면 사외적립자산이 크게 증가할 수 있지만, 수익률이 낮으면 반대로 사외적립자산이 감소할 수 있다. 이 경우에는 회사가 더욱 많은 금액을 부담해야 한다. 이후 종업원이 퇴직하게 되면 사외적립자산을 감소시켜서 종업원에게 퇴직급여를 지급하게 된다.

퇴직급여충당부채는 회사가 퇴직급여와 관련하여 부담해야 하는 채무를 나타낸다. 따라서 회사가 많은 종업원을 고용할수록, 해당 종업원들이 회사에서 오래 근무하고, 퇴직연한이 적게 남을수록 퇴직급여충당부채는 증가해야 한다. 이는 회사의 고용계획, 종업원들의 예상근속연수, 경제 전반의 인플레이션, 임금상승률 등에 대해서 추정이 필요함을 의미한다. 또한 퇴직급여충당부채는 미래에 지급의무가 발생하는 계정이기 때문에, 할인율에 대한 가정도 중요하다. 기대수익률에 대한 추정치가 낮아진다면, 연금과 관련하여 적은 퇴직급여충당부채를 기록할 수 있으며(공격적인 회계처리), 높은 추정치를 적용할 경우, 많은 퇴직급여충당부채를 기록해야 한다(보수적인 회계처리). 이러한 보험수리적 가정을 적용해서 회사가 지급해야 하는 퇴직급여 금액을 합리적으로 추정해서 퇴직급여충당부채의 금액으로 정한다.

셀프스터디 문제 ❷

다음은 비샵 회사의 재무제표에 포함된 연금과 관련된 내용이다.

1. 연금회계처리에서 비용을 인식할 때 실제수익률과 기대수익률 중 무엇을 기준으로 하는가? 실제수익률과 기대수익률의 차이는 어떻게 조정되는가? 실제수익률이 아닌 기대수익률을 사

용하는 이유는 무엇일지 설명하시오.

2. 또한 회사는 연금지급과 관련된 충분한 자산을 사외에 적립하고 있는지 언급하시오.

(단위: 억원)

	DB			DC		
	2023	2022	2021	2023	2022	2021
서비스원가	280	250	240	50	40	40
이자비용	800	800	780	150	150	130
사외적립자산에 대한 기대수익률	−1,200	−1,100	−1,100	−30	−30	−20
과거근무원가상각액	50	10	20	−10	−20	−10
미실현손실상각액	125	40	20	20	10	10
기타비용	10	50	10	10	40	–
비용(순액)	65	50	−30	190	190	150

	DB		DC	
	2023	2022	2023	2022
기초 퇴직급여충당부채	15,000	13,000	2,000	2,000
서비스원가	280	250	25	25
이자비용	825	800	125	125
종업원기여액	20	20	–	–
조정액	100	200	–	300
보험수리적 가정변화	700	800	100	150
인수합병 활동	–	10	–	−10
퇴직급여 지급액	−800	−800	−200	−200
환율효과	−400	400	10	10
기타비용	−20	20	–	30
기말 퇴직급여충당부채	15,705	14,700	2,060	2,430
기초 사외적립자산	12,000	11,500	500	300
실제수익	800	1,500	20	30
회사기여액	1,000	400	–	50
종업원기여액	20	20	–	–
인수합병 활동	–	–	–	−10
퇴직급여 지급액	−800	−800	−20	−40
기말 사외적립자산	13,020	12,620	500	330

	2023	2022
할인율	6.00%	7.00%
기대수익률	8.00%	9.00%
Initial health care cost trend rate	10.00%	7.00%
Ultimate health care cost trend rate (2019)	6%	7.00%

해답

1. 회사 입장에서는 퇴직급여가 지나치게 크게 변동하게 되면, 그에 따라 인식해야 할 부채 금액과 비용의 변동성이 커지는 문제가 있다. 따라서 이익의 변동성을 줄이려는 노력이 연금과 관련된 회계처리에 반영되어 있다. 특히, 이익의 변동성을 줄이기 위해서 회사는 사외적립자산의 수익률을 인식할 때, 실제수익률이 아니라 기대수익률을 이용한다. 장기적으로는 실제수익률이 기대수익률과 비슷해질 것이라는 가정 하에서 이러한 회계처리는 타당성이 인정되지만, 회사의 이익변동성을 줄이기 위해 고안된 장치이기도 하다.
   문제에서 기초 사외적립자산이 12,000억원이고 예상수익률이 8%으로 주어졌기 때문에 2013년 기말에 약 960억원의 기대수익률만큼 당기에 인식해야 할 퇴직급여가 감소한다. 그러나 실제수익률과 차이가 있기 때문에, 해당 차이는 보험수리적차이에 반영한 뒤 시간을 두고 당기순이익에 반영해 나가는 회계처리를 한다.
2. 또한 위의 문제에서 사외적립자산과 퇴직급여충당부채 중 어떤 금액이 더 큰지 판단해 볼 필요가 있다. 2013년 기준으로 사외적립자산은 13,020억원이고, 퇴직급여충당부채는 15,705억원으로 실제 회사가 부담해야 할 것으로 추산된 금액(부채)보다 적은 금액이 자산으로 적립되어 있는 상황이다. 이러한 상황을 Underfunded 상황이라고 하는데, 이는 회사가 앞으로 기여금으로 납부해야 할 금액이 커질 수 있음을 의미한다. 2012년 시점에서 계산하더라도 퇴직급여충당부채가 사외적립자산보다 2,080억원만큼 더 크다.

3 특수목적법인을 통한 부외부채

엔론 사건으로 주목받은 특수목적법인(Special Purpose Entities: SPEs 또는 Special Purpose Vehicles: SPVs 또는 Variable Interest Entities)은 부외부채를 가능하게 하는 합법적인 재무적 도구로서, SPE가 되기 위한 조건이 많이 까다로워졌지만, 많은 블루칩 기업에 의해서 사용되고 있다. 특수목적법인은 금융기관에서 발생한 부실 채권을 매각하기 위해 일시적으로 설립되기도 한다.

다음 도표는 특수목적법인과 관련된 이해관계자들과 관련된 현금흐름을 보여준다. 회사(자산보유자)는 특수목적법인을 설립함으로써 고객(차주/거래처)과의 거래에서 발생한 채권 등을 양도한다. 회사 입장에서는 특수목적법인에 유동성이 낮은 자산을 매각하면서 대금을 조기에 상환할 수 있다는 장점이 있다. 이후, 특수목적법인은 유동화 작업을 거치게 된다. 특수목적법인이 보유하고 있는 자산에 대해서 신용평가기관이 신용등급을 부여한 뒤 증권으로 전환할 수 있다. 이러한 증권은 해당 특수목적법인이 보유하고 있던 매출채권 등의 자산의 현금흐름에 대한 권리를 나타낸다. 높은 신용등급이 부여될수록 미래 현금흐름을 낮은 할인율로 할인해서 보다 높은 가격에 증권을 매각할 수 있다. 이러한 증권을 구입하는 투자자들은 특수목적법인에게 대금을 지급하고 증권을 갖게 되며, 해당 증권에서 발생하는 현금흐름에 대한 권리를 갖는다. 해당 증권과 관련된 채권이 부도 처리되어서 현금을 회수하지 못할 위험도 투자자가 부담한다. 이러한 특수목적법인의 설립과 유동화 과정은 상당히 복잡하고 금융, 법률 지식이 필요하기 때문에, 회사가 직접 처리하기보다는 수탁은행이나 자산관리자에게 업무를 위탁하여 처리하는 경우가 많다. 만약 특수목적법인이 갖고 있는 자산이 지나치게 위험이 높아서 증권화가 잘 이루어지지 않을 경우에는 신용보강기관이 일정 수준의 신용보증을 제공하는 과정이 필요할 수 있다.

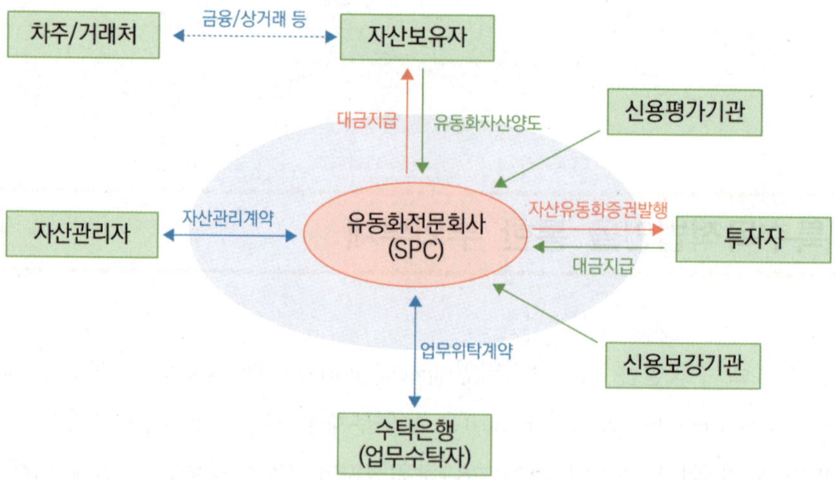

다음 표는 유동화 대상이 되는 자산을 종류별로 발행규모를 정리한 것이다. 2022년 기준으로 약 44조원의 자산유동화증권이 발행되었으며, 이 중 절반가량은 대출채권을 유동화한 거래이다. 대출채권 유동화는 대부분 한국주택금융공사가 발행한 모기지 관련 증권에서 비롯되었다. 매출채권을 유동화 한 거래는 약 18조원 규모이며, 이는 여신금융채권, 주택분

양대금채권, 기업매출채권 등으로 구성되어 있다. 마지막으로 사모사채를 기초로 하여 발행한 유가증권 유동화 규모가 약 5.4조원 규모이다.

자산종류	2022년		2021년		2020년	
	금액(조원)	비중(%)	금액(조원)	비중(%)	금액(조원)	비중(%)
1. 대출채권	20.5	46.6	28.4	65.4	52.0	65.7
주택저당채권	17.2	39.1	25.2	58.2	48.6	61.4
기업 및 개인여신	3.3	7.5	3.2	7.2	3.4	4.3
2. 매출채권	18.1	41.1	12	27	27.1	25.6
여신금융채권	11.3	25.5	4.8	10.4	8.9	11.2
기업매출채권	6.0	13.7	5.2	11.9	9.4	11.9
부동산PF	0.8	1.9	2	4.7	1.9	2.5
3. 유가증권	5.4	12.3	3.2	7.6	6.9	8.7
합계	44.0	100.0	43.6	100.0	79.1	100.0

* 2021년 수치는 2021년 1분기 보도자료를 4배하여 추정.

증권화(Securitization): 증권화란 미래의 오랜 기간 동안 발생할 현금흐름을 부분적으로 팔아서 현재시점에서 현금흐름을 창출시키는 것을 의미한다. 예를 들어 다른 기업에 대해 대출/매출채권을 갖고 있다면, 미래에 발생할 현금흐름을 적절히 할인해서 현재시점에 다른 회사에 팔 수 있다. 이를 통해 기업의 유동성을 높일 수 있다는 장점이 있다. 이러한 유동화는 금융기법이 발달함에 따라 더욱 다양한 상황에서 사용되고 있으며, 특히 지난 금융위기 기간에는 모기지론(mortgage loan)을 유동화하는 일이 매우 광범위하게 발생하였다. Dechow, Myers, Shakespeare(2010)이 보여준 아래 3가지 시나리오를 검토함으로써 유동화가 어떤 효과를 가져오는지 생각해 보자.

상황1 회사는 고객에게 248.7억원을 주고, 향후 3년간 매년 10% 이자율을 적용해서 10억원씩 받기로 하였다. 회사는 248.7억원을 7%에 금융기관으로부터 빌렸다.

(단위: 억원)

	현재	1년 후	2년 후	3년 후
(고객으로부터 받는) 현금흐름		100.0	100.0	100.0
현재가치 @ 10%	248.7	90.9	82.6	75/2

(차입금 상환) 현금유출		96.5	96.5	96.5
현재가치 @ 8%	248.7	89.4	82.5	76.6
차익		3.5	3.5	3.5
현재가치 @ 8%	9.0	3.2	3.0	2.8

이는 회사가 유동화를 이용하지 않는 경우이며, 현재시점에서는 회사가 고객에게 제공하는 현금흐름은 실질적으로 대출에서 발생하는 현금흐름과 같다. 즉, 현재시점에서는 현금유입이 없으며 미래기간에 현금유입이 예상된다. 따라서 유동화를 이용하지 않는 회사는 자금을 금융기관으로부터 차입하여 현금에 대한 수요를 충족시킬 수 있다. 위 사례에서는 고객으로부터의 현금흐름에 적용되는 이자율이 차입이자율보다 높으므로 차익이 발생한다. 위의 시나리오는 회사가 고객으로부터 받을 현금흐름(예를 들면 대출채권)보다 회사가 직접 금융기관으로부터 자금을 차입해서 사용하는 것이 더욱 저렴하다는 사실을 보여주기도 한다.

상황 2 회사는 고객에게 대한 채권을 매각하고, 신용평가회사는 미래 현금흐름의 20%는 회사가 보유할 것을 요구한다. 이는 유동화 자산의 위험을 낮추기 위함이다.

(단위: 억원)

	현재	1년 후	2년 후	3년 후
(고객으로부터 받는) 현금흐름		100.0	100.0	100.0
현재가치 @ 10%	248.7	90.9	82.6	75.2
Tranche A		80.0 (100.0×80%)	80.0 (100.0×80%)	80.0 (100.0×80%)
현재가치 @ 5%	217.9	76.2	72.6	69.1
Tranche B 보유지분가치(Plug)	30.8 (Plug)	20.0 (100.0×20%)	20.0 (100.0×20%)	20.0 (100.0×20%)

회사는 80%의 지분을 매각하여(Tranche A) 증권화하였으며, 이 경우 해당 자산(Tranche A)에 대해서 적용되는 할인율은 회사가 고객으로 받는 현금흐름을 할인할 때 사용하는 값(10%)보다 작으며, 회사가 차입할 때 부담해야 하는 이자율(8%)보다도 작다. 이는 Tranche A에 속한 자산의 신용위험이 상대적으로 낮고, 증권화를 통해서 해당 현금흐름과 관련된 위험을 다른 시장참여자에게 효율적으로 판매할 수 있게 되었기 때문에 가능하다. 보유지분가치(Tranche B)는 248.7억원과 217.9억원의 차이로 결정되며, 이는 향후 3년간 매년 20.0억원씩 발생하는 현금흐름에 대한 대가이다. 이러한 관계로부터 해당 현금흐름에 적용되는 할인율, 즉 미래 현금흐름을 현재가치와 동일하게 만들어주는 내재이자율은 42%로 계산된다. 이 값이 의미하는 바는 무엇일까? 회사는 Tranche B에 속한 자산에 대해서 최대 42%의 할인율을 적용 받더라도 증권화에 따른 손해가 발생하지는 않는다는 점이다. 그

리고 42%보다 낮은 할인율이 적용된다면 보유지분의 현재가치가 30.8억원보다 높아지므로 증권화를 통해서 고객으로부터 받게 될 현금흐름의 가치를 높일 수 있게 된다.

상황 3 회사는 고객에게 대한 대출을 매각하고, 신용평가회사는 미래 현금흐름의 20%는 회사가 보유할 것을 요구한다. 보유지분에 대한 할인율은 10%을 적용한다.

(단위: 억원)

	현재	1년 후	2년 후	3년 후
(고객으로부터 받는) 현금흐름		100.0	100.0	100.0
현재가치 @ 10%	248.7	90.9	82.6	75.2
Tranche A		80.0 (100.0×80%)	80.0 (100.0×80%)	80.0 (100.0×80%)
현재가치 @ 5%	217.9	76.2	72.6	69.1
Tranche B 보유지분		20.0 (100.0×20%)	20.0 (100.0×20%)	20.0 (100.0×20%)
현재가치 @ 10%	49.7	18.2	16.5	15.0
증권의 현재가치(plug)	267.6 = 217.9 + 49.7	100.0	100.0	100.0
증권화로 인한 이득	18.9 = 267.6 − 248.7			

이번 시나리오에서는 Tranche B에 대해서 10%의 할인율이 적용되었을 때 증권화에 따른 이득을 구할 수 있도록 되어 있다. 앞서 42%보다 낮은 할인율이 적용된다면 증권화에 따른 이득이 발생한다고 하였는데, 여기에서는 10%의 할인율이 적용되었을 경우 18.9억원의 증권화에 따른 이득을 얻음을 보여준다.

위의 사례를 아래와 같이 요약해 보자. 회사는 가지고 있는 채권을 특수목적법인을 통해서 매각하여 유동성을 높이고자 한다. 이를 위해 특수목적법인을 설립해서 현금흐름을 2개의 Tranche로 나누었으며, Tranche A에 대해서는 신용평가회사로부터 신용등급을 부여받아서 다른 시장참여자에게 매각한다. Tranche B에 대해서는 회사가 보유해야 할 의무가 있는데, 이는 유동화 작업을 하더라도 회사가 일부 지분을 보유하고 있어야 매각되는 Tranche에 대해 높은 신용등급을 받아 할인율을 낮출 수 있기 때문이다.

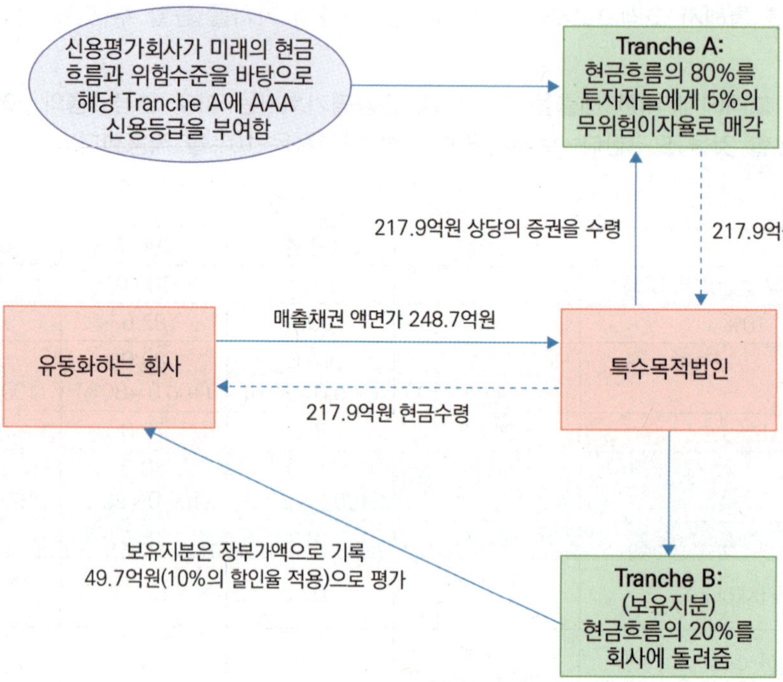

위 사례와 관련된 거래 결과를 요약하면 다음과 같다. 회사는 유동화를 통해서 장부가치 49.7억원의 잔여지분을 보유하고 있으며, 나머지 80%에 대한 지분을 유동화 과정을 통해 매각하여 217.9억원의 현금의 증가와 고객에 대한 채권의 감소를 인식했다. 위의 사례에서 계산하였듯이 회사가 보유한 지분에 대해서 적용되는 할인율이 10%일 경우, 18.9억원의 이익이 생긴다. 만약 회사가 유동화를 선택하지 않았다면, 고객에 대한 채권 248.7억원이 재무상태표에 그대로 존재하고, 회사가 금융기관에서 자금을 차입해서 1년 후에 3.5억원의 이익을 남길 수 있었을 뿐이다.

일반적으로 유동화는 부채를 덜 인식함으로써 레버리지를 낮추고, 매출채권의 일부 혹은 전부를 매각함으로써 현금을 증가시킬 수 있다. 손익계산서과 관련해서는 단순히 차입을 했을 때보다 이익을 더욱 늘릴 수 있으며, 현금흐름표와 관련해서는 영업활동의 현금흐름을 증가시킬 수 있는 장점이 있다. 영업활동으로부터의 현금흐름이 증가하는 이유는 당기순이익의 증가, 매출채권의 감소와 관련되어 있다. 물론, 같은 금액만큼 재무활동으로부터의 현금흐름이 감소하는데, 이는 유동화를 선택하는 회사는 차입을 하지 않기 때문이다.

Dechow, Myers, and Shakespeare(2010)에 따르면 유동화는 주로 분기 말에 실행되는 경우가 많은데, 그 이유는 재무상태표상에 존재하는 단기부채를 효과적으로 감소시키고, 부채계약을 위반하지 않기 위함이다. 다음의 도표는 1987년에서 2005년에 이르는 기간에 발생한 미국시장에서 발생한 유동화이다. 11,218건의 유동화 거래 건수가 분기 말에 집중되어 있음을 알 수 있다.

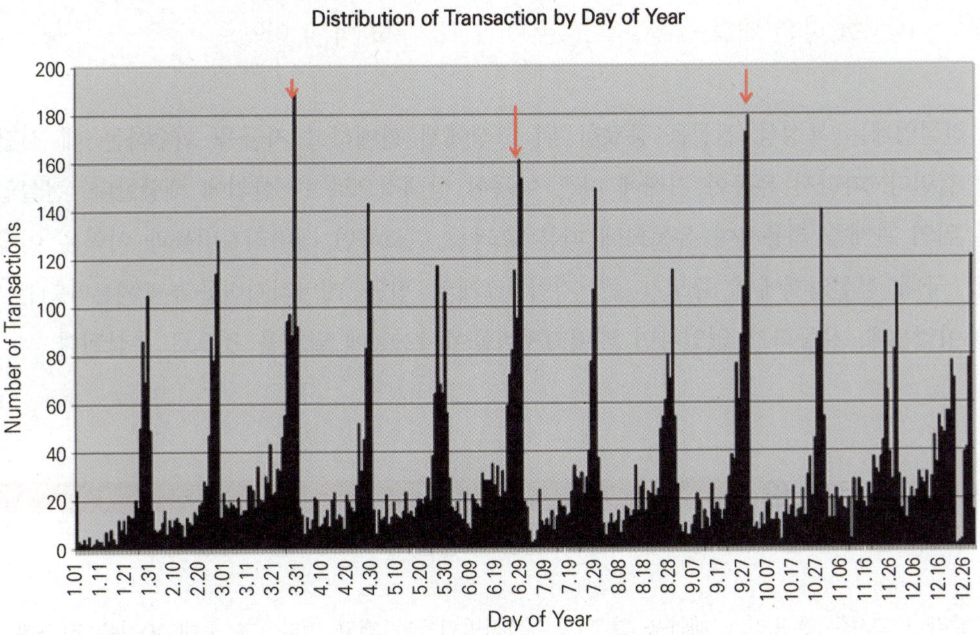

미국의 회계보고체계에서는 연간보고에서는 회사가 특수목적법인에 매각한 규모를 밝히도록 되어 있으며 유동화를 통해서 얻은 이득은 주석으로 공시해야 하는 항목이다. 그러나 분기보고에서는 이러한 유동화의 효과가 별도로 보고되지 않으며, 유동화를 통해 회사의 이익조정이 가능함에도 불구하고 전반적으로 이와 관련된 정보가 충분히 공시된다고 보기는 어렵다. 최근 국내 사모 자산유동화증권(ABS) 시장이 급증하고 있는데 관련 내용에 대해 공시해야 할 의무가 없다. 그 결과 주주가 인수자의 공시 내용을 통해 유동화 상황을 파악하는 것이 불가능하며, 이러한 정보 불균형은 금융시장의 안정성을 저해할 수 있다.

투자자입장에서는 회사의 유동화 거래가 재무상태표 및 손익계산서에 미치는 영향을 파악하고, 만약 회사가 유동화를 수행하지 않았다면 재무제표에 나타날 수치가 어떨지 알아야 한다. 다음과 같은 관계를 적용하면 유동화 효과 이전의 재무제표에 나타날 수치를 대략적으로 구할 수 있다.

(유동화 이후) 자산 + 유동화 대상 자산 − 보유지분 = (유동화 이전) 자산
(유동화 이후) 부채 + 유동화 대상 자산 = (유동화 이전) 부채
(유동화 이전) 자산 − (유동화 이전) 부채 = (유동화 이전) 자본
(유동화 이후) 이익 − 유동화를 통한 이익 = (유동화 이전) 이익

건설업계는 특성상 건설을 종료한 뒤 고객에게 판매하고 자금을 회수하는 데 시간이 오래 걸린다. 따라서 유동화 거래에 따른 이득이 상대적으로 큰 산업에 해당한다. 건설업계에서 위의 관계를 적용하여 유동화에 따른 효과를 취소하면 레버리지비율과 이익은 어떻게 될까? 국내 건설업계에서 규모가 큰 기업 41개의 평균 레버리지비율(부채/자본비율)은 약 189%이었는데, 유동화가 없었다면 레버리지비율이 429%에 달했을 것으로 추산된다.

셀프스터디 문제 ❸

알라니 회사는 2012년 재무제표에 다음과 같은 사항을 주석으로 공시하였다.

> 알라니 회사는 운용리스 계약을 많은 특수목적법인들과 맺고 있다. 그 중에 10건은 리스계약에 명시된 조건과 잔여가치에 대한 보증내용을 고려하면 알라니 회사의 재무제표에 통합해서 나타나야 한다.

2013년 재무제표에는 다음과 같은 주석을 공시하였다.

> 알라니 회사는 2013년 중 기존 특수목적법인들과 리스 계약을 종료하였으며, 새로운 특수목적법인을 설립하여 리스계약을 맺었다. 그러나 알라니 회사는 해당 특수목적법인의 일차적인 수혜자가 아니며, 따라서 알라니 회사의 재무제표에 통합하여 나타날 필요가 없다. 2013년에 수행한 가치평가에 따라서 500억원을 해당 리스자산과 관련된 금액으로 추산하였다. 리스계약은 2024년에 종료될 것으로 예상되는데, 알라니 회사는 해당 리스자산을 공정가치에 해당하는 금액으로 구입할 수 있다. 2013년 기말 시점에 회사는 450억원에 해당하는 잔여지분에 대한 대가를 지급하였

다. 해당 설비의 생산성을 고려하면, 알라니 회사는 잔여지분에 대한 대가 이상의 경제적 효익을 얻을 수 있을 것으로 예상된다.

1. 일반적으로 알라니 회사가 특수목적법인을 설립한 이유는 무엇인가?

해답

특수목적법인을 설립하여 설비 자산과 관련된 부채를 알라니 회사의 재무상태표에 나타나지 않도록 하기 위함이다. 즉, 부외부채에 따른 효익을 얻기 위해서이다. 일반적으로 회사는 관련 자산을 운용리스로 구분하여 레버리지를 낮게 표시하고자 하는 유인이 있다.

그러나 회계기준이 회사가 특수목적법인을 설립해서 부외부채에 따른 효익을 얻는 것을 막는 장치를 두고 있다면, 해당 부채를 알라니 회사의 재무상태표에 통합해서 나타내야 하며, 이 경우 부외부채에 따른 효과를 누릴 수 없게 된다. 실제로 엔론 사태 이후 특수목적법인을 이용한 부외부채와 관련된 회계기준이 강화되면서 특수목적법인을 설립해서 부외부채 효과를 누리기는 어려워졌다.

2. 알라니 회사가 특수목적법인과 관련된 계약을 다시 체결한 이유는 무엇인가?

해답

회사는 리스계약을 다시 체결하여 해당 리스계약의 일차적인 수혜자가 아니도록 하였으며, 그 결과 특수목적법인의 부채를 알라니 회사의 재무상태표에 통합하여 나타낼 필요가 없게 되었다. 즉, 보다 강화된 회계기준을 위배하지 않으면서 부외부채에 따른 효익을 얻을 수 있게 되었다.

3. 특수목적법인의 자산과 부채를 알라니 회사의 재무제표에 통합해서 나타내게 되면, 재무상태표에 어떤 영향이 있는가?

해답

부외부채에 따른 효과가 반대로 나타난다. 즉, 통합하지 않을 경우와 비교해서 더 많은 부채를 재무제표 상에 인식하게 되며, 이로 인해 레버리지 비율이 증가한다.

TRS(Total return swap)

소유(ownership)는 효익과 위험(reward and risk)과 한 형제이다. 소유와 같이 존재하는 효익/위험을 갈라놓을 수 있는 방법(decoupling)이 없을까? 다시 말하면 내가 소유를 하지 않아도 소유에서 오는 경제적 효익을 얻을 수는 없을까? IMF 위기 때 국내 증권사를 곤혹스럽게 만들었던 TRS가 이제는 소유와 경제적 효익을 분리시키는 상품으로 인기를 끌고 있다. TRS 거래는 기초자산을 매입하는 보장매입자(TRS지급자)와 보장매도자(TRS수취자)로 이루어진다. 보장매입자(증권회사)는 기초자산에서 오는 자본이득이나 손실을 보장매도자에게 이전하고, 일부의 약정된 수수료를 받는다. 보장매도자(기업)는 큰 자금을 들이지 않고 자산을 매입하여 얻는 경제적 효과를 누릴 수 있다. 보장매입자는 소유권을 갖고 보장매도자는 경제적 효과를 누린다. 소유와 경제적 효익을 절묘하게 분리시킨다. 물론 보장매입자는 큰 위험부담 없이 안정적인 수수료 수익을 얻을 수 있다. TRS는 기업의 인수합병, 계열사 지원, 불공정거래 규제회피, 조세절감 등 다양한 용도로 사용되고 있다. 또한 연결대상 범위에 해당하는 실질적 지배력이 미치지 않게 TRS 구조를 설계할 수 있다. 지분법으로 처리하여 피투자회사를 book-off하는 것이다.

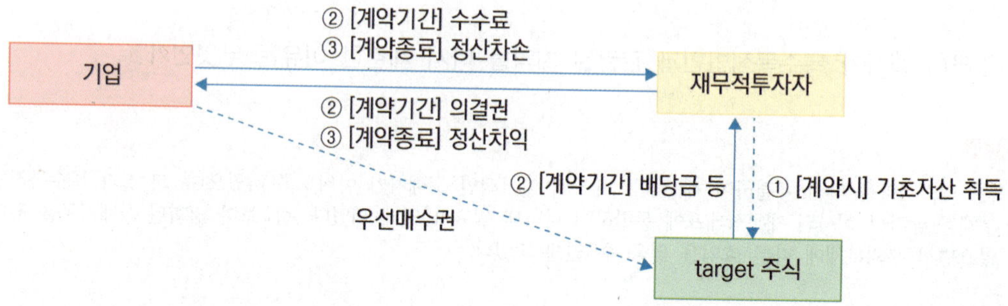

위의 그림은 국내 모기업이 피투자회사 인수 과정에서 재무적 투자(증권회사)와 맺은 TRS 거래구조다. TRS 구조상 적극적인 경영 참여보다는 안정적 수익 창출에 목적이 있는 재무적 투자자를 거래상대방으로 하여 재무적 투자자가 매수자에게 우호적인 방향으로 의결권을 행사하도록 요청할 수 있다. 피투자회사를 연결에 포함시켜야 할 것인지 논란이 되고 있다. 명시적으로 의결권을 위임받은 경우 피투자회사를 연결에 포함시켜야 한다. 하지만 그렇지 않은 경우 이러한 TRS 구조가 간접적으로 지배력을 강화하는 효과가 있지만 연결에 포함시켜야 할지는 객관적으로 평가하기 쉽지 않다. 결국 사실관계를 종합하여 판단할 수밖에 없다. 기업은 TRS공시에 보다 투명하게 하여야 하고, 정보이용자는 TRS공시에 세심한 주의가 필요하다.

4 법인세

법인세 회계의 특징은 국세청에 보고하는 세무이익(pre-tax taxable income)이 재무제표상의 회계이익(pre-tax book income)과 같지 않다는 것이다. 두 가지 이유에서 차이가 생기는데 하나는 일시적 차이(temporary differences)이고 다른 하나는 영구적 차이(permanent differences)이다.

따라서 회계이익=세무이익±일시적 차이±영구적 차이로 나타낼 수 있다. 앞에서 설명했듯이 회계이익은 발생주의에 따라 계산되어서 현금의 유출입에 관계없이 수익과 비용을 인식할 수 있다. 국세청은 기업이 선택한 회계방침을 그대로 인정해 주는 경우가 많지만, 현금주의나 별도 기준에 따라서 계산하는 항목도 많다. 따라서 수익(익금)이나 비용(손금)을 인식하는 기준의 차이로 인해서 회계이익과 세무이익은 다를 수 있다.

일시적 차이는 법인세 목적상 인식된 익금과 손금항목이 회계 상으로는 다른 회계기간에 수익이나 비용으로 인식되기 때문에 발생한다. 세금 목적상 익금을 인식하는 시점이 회계 목적상 수익을 인식하는 시점보다 빠를 수도 있으며 늦을 수도 있다. 만약 세금 목적상 익금을 회계기준에서의 수익 시점보다 먼저 인식했다면, 미래에 회계기준에서 수익을 인식하는 시점에 해당 차이가 소멸된다. 따라서 일시적 차이 항목은 세무이익과 회계이익 간에 특정 회계연도에는 차이를 일으키지만 장기적으로는 차이가 없다.

일시적 차이의 예로 (1) 회계기준에서는 감가상각대상자산을 정액법으로 상각하지만 세법에서는 가속상각법을 적용하는 경우 (2) 회계기준에서는 충당금을 설정하여 대손을 처리하지만 세법에서는 대손발생시점에 매출채권을 직접 상각하는 경우 등이 있다. 장기적으로는 총감가상각비나 총대손상각비가 회계처리방법에 관계없지만, 특정 회계기간에는 비용으로 인식한 금액에서 차이가 발생한다.

예를 들어 회사가 2023년 말 구입한 총액이 100,000원인 기계장치를 5년간 감가상각한다고 하자. 회사는 회계기준상 정액법을 사용해서 매년 20,000원의 감가상각비를 인식하지만, 세무목적상으로는 다른 방법을 적용해서 다음과 같은 금액을 매기 감가상각비로 인식한다고 한다. 회사는 매년 100,000원의 이익을 기록했다. 이때 매년 세무이익을 계산하면 다음과 같다.

(단위: 원)

회계연도	회계기준 감가상각비	세무기준 감가상각비	일시적 차이 = 회계기준 – 세무기준	회계이익	세무이익 = 회계이익 – 일시적 차이
2024	20,000	35,000	−15,000	100,000	85,000
2025	20,000	25,000	−5,000	100,000	95,000
2026	20,000	20,000	0	100,000	100,000
2027	20,000	15,000	5,000	100,000	105,000
2028	20,000	5,000	15,000	100,000	115,000
합	100,000	100,000	0	500,000	500,000

일시적 차이의 총합은 결국 0이 되는데, 이는 동일한 금액을 감가상각하기 때문이다. 감가상각이 이루어지는 기간 동안 특정 시기에는 회계기준상 감가상각비 인식을 더할 수 있지만, 이후에 같은 금액만큼 회계기준상 감가상각비를 덜 인식하기 때문에, 일시적 차이는 0으로 수렴한다.

다른 예로 대손과 관련된 상황을 살펴보자. 회사는 거래처에 대해서 보유하고 있는 대출채권 100,000원에 대해서 회수가능성이 낮다고 판단해서 2023년에 해당 대출채권을 전액 감액하고 대손충당금을 설정하였다(차변: 대손상각비 100,000 대변: 대손충당금 100,000). 하지만 세법은 대손충당금 인식을 자의적으로 기업들이 조절해서 세금을 적게 내려는 시도를 막기 위해서, 실제 대손이 발생한 시기에 손금을 인정해 준다. 거래처가 2025년에 부도가 나서 대금을 전혀 회수할 수 없는 상황이 되었다면, 다음과 같은 표를 작성할 수 있다.

(단위: 원)

회계연도	회계기준 대손상각비	세무기준 대손상각비	일시적 차이 = 회계기준 – 세무기준	회계이익	세무이익 = 회계이익 + 일시적 차이
2023	100,000	0	100,000	100,000	200,000
2024	0	0	0	100,000	100,000
2025	0	100,000	−100,000	100,000	0
합	100,000	100,000	0	300,000	300,000

이번에는 영구적 차이와 관련된 항목에 대해서 알아보자. 영구적 차이는 세법상 손금으로 인정하는 항목을 회계기준상 비용으로 인식할 수 없거나(당기뿐 아니라 미래에도), 반대로 세법에서는 손금으로 인정하지 않는 항목이 회계상 비용으로 인식될 경우(당기뿐 아니라 미래에도)에 발생한다. 물론 수익과 익금 측면에서도 영구적 차이가 발생하는 경우가 2가지 존재한다. 영구적 차이가 일시적 차이와 다른 점은 해당 차이 금액은 시간이 흘러도 해소되지 않는다는 점이다.

예를 들어 회사가 산업폐수를 무단으로 방류해서 50,000원의 과징금을 납부했다고 하자. 회사는 해당 금액을 회계상 비용으로 처리했지만, 세법에서는 해당 항목을 손금으로 인정해 주지 않는다. 과징금을 낸 기업에 대해서 세금을 적게 내는 것을 허용한다면 과징금의 효과가 감소하기 때문이다. 이때 회계이익과 세무이익은 다음과 같이 계산된다.

(단위: 원)

회계연도	회계기준 과징금	세무기준 과징금	일시적 차이 = 회계기준 – 세무기준	영구적 차이 = 회계기준 – 세무기준	회계이익	세무이익 = 회계이익 + 일시적 차이 + 영구적 차이
2023	50,000	0	0	50,000	100,000	150,000
2024	0	0	0	0	100,000	100,000
2025	0	0	0	0	100,000	100,000
…	…	…	…	…	…	…

과징금과 관련된 회계기준과 세무기준의 차이는 일시적 차이가 아니라 영구적 차이로 분류되며, 영구적 차이는 미래에 같은 금액이 반대방향으로 나타나지 않는다. 이 외에도 영구적 차이에 해당하는 항목으로는 비과세 수익이 있는데 가령 정부채에 대한 비과세 이자수익에 대해서는 회계상으로는 수익으로 인식하지만 세무목적상으로는 해당 금액을 세무이익 계산 시 차감해서, 해당 이자수익에 대한 세금을 내지 않도록 한다.

회사의 세무이익을 계산하기 위해서는 회계기준과 세법의 차이를 이해해야 하며, 나아가 해당 차이가 일시적 차이인지 영구적 차이인지 구분할 수 있어야 한다.

(1) 이연법인세 자산과 부채

이연법인세 항목은 일시적 차이와 관련하여 발생하는데, 이연법인세자산과 이연법인세부채가 있다. 일시적 차이 중에 회계이익이 세무이익보다 더 크게 만드는 차이는 향후 일시적 차이가 소멸되는 시점에 납부해야 할 세금을 증가시키므로 이연법인세부채가 된다. 반대로 회계이익보다 세무이익을 더 크게 만드는 차이는 향후 일시적 차이가 소멸되는 시점에 납부해야 할 세금을 감소시키므로 이연법인세자산이 된다. 이들은 향후 경제적 자원의 유출을 감소시키거나 증가시켜 준다는 점에서 자산과 부채의 정의를 충족하며, 재무상태표에 계상된다.

	수익		비용	
회계상 인식이 빠른 경우	회계이익>세무이익	이연법인세부채	회계이익<세무이익	이연법인세자산
세무상 인식이 빠른 경우	회계이익<세무이익	이연법인세자산	회계이익>세무이익	이연법인세부채

주의할 점은 자산이나 부채로 계상할 금액은 일시적 차이 자체가 아니라 일시적 차이에 미래시점의 법인세율을 곱한 금액이라는 점이다. 왜냐하면 미래에 세금부담이 감소하거나 증가하는 금액은 일시적 차이가 소멸되는 시점에 (한계) 법인세율을 곱한 금액이기 때문이다. 여기에서 적용되는 법인세율이 현재 법인세율이 아니라 일시적 차이가 소멸되는 시점의 법인세율임에 유의해야 한다.

예를 들어 회사가 대손과 관련하여 2023년에 대손상각비로 인식한 금액이 300,000원인데 실제로 발생한 대손금액은 2024-2026년 동안 매년 100,000원씩 발생했다고 하자. 예상법인세율이 다음과 같이 예상될 경우 2023-2025년 기말 재무제표에 나타날 이연법인세 금액을 구해보자.

회사는 당기에 세무목적상 인정되지 않는 대손상각비 300,000원을 회계목적상 먼저 인식했기 때문에, 앞으로 실제 대손이 발생하는 연도에 세법상 관련비용이 손금으로 인식되면서 세금을 줄일 수 있다. 따라서 이연법인세자산이 발생할 것이라고 예상할 수 있으며, 구체적인 금액은 다음과 같이 계산한다.

(단위: 원)

회계연도	일시적 차이 합계	일시적 차이 소멸금액	예상 법인세율	이연법인세 (기말 재무제표에 나타날 금액)
2023	300,000			100,000×0.2 + 100,000×0.3+100,000×0.4 = 90,000(이연법인세자산)
2024		-100,000	20%	100,000×0.3 + 100,000×0.4 = 70,000 (이연법인세자산)
2025		-100,000	30%	100,000×0.4 = 40,000 (이연법인세자산)
2026		-100,000	40%	

(2) 법인세비용과 이연법인세자산 및 부채 계산방법(Balance Sheet Method)

법인세 관련 분개에는 법인세비용, 이연법인세자산 및 부채, 미지급법인세 등의 계정이 나타난다. 법인세비용은 비용계정으로서 손익계산서 상에서 비용으로 처리된다. 이연법인세자산 및 부채는 재무상태표 항목이며, 실제 재무제표에는 자산과 부채를 상계해서 순액으로 이연법인세 자산 혹은 부채로만 나타난다. 미지급법인세는 회사에 법인세 납부 의무가 생겼으나 아직 현금으로 납부하지 않았을 때 나타나며, 법인세의 경우 회사의 재무제표일(회계연도 말)에 납부 의무가 성립하지만 납부기한은 다음해 3월 31일이므로 기말시점에 작성하는 재무제표에 부채계정인 미지급법인세로 나타난다. 이들 계정의 금액이 어떻게 결정되는지 아래의 그림으로 알아보자.

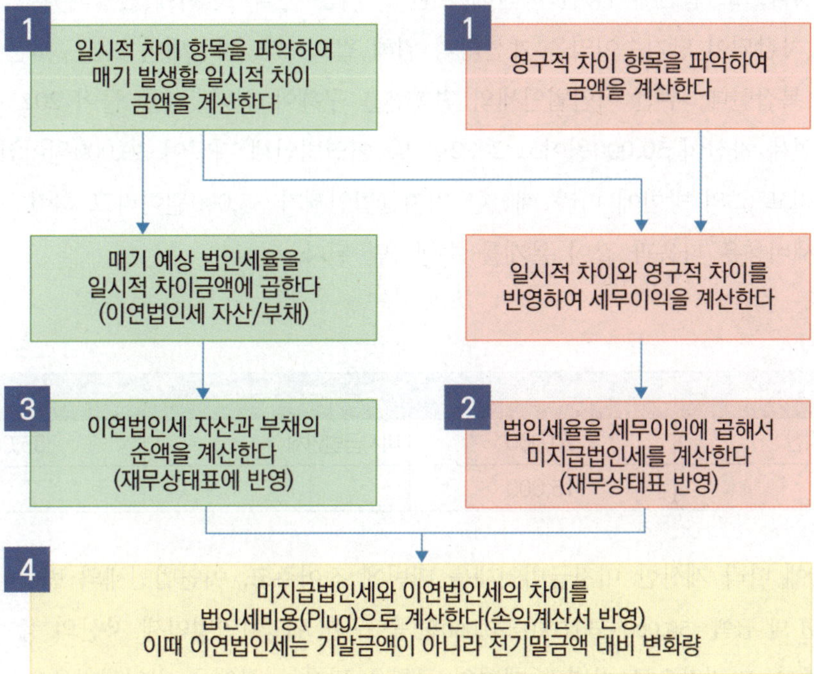

① 먼저 세법과 회계기준의 차이를 파악하고, 해당 차이가 일시적 차이인지 영구적 차이인지 구분하는 일이다. 앞서 예를 통해서 살펴본 것처럼 회계이익에 일시적 차이와 영구적 차이를 반영하면 세무이익을 구할 수 있다.

② 세무이익이 구해지면 법인세율을 곱해서 미지급법인세를 구할 수 있다. 이는 부채항목으로 재무상태표에 반영한다. 미지급법인세는 유동부채에 해당한다.

③ 다음으로는 이연법인세 자산과 부채를 구해야 한다. 이연법인세는 일시적 차이 항목에서만 발생하며, 일시적 차이가 해소되는 시기와 금액을 표로 정리한 뒤, 해당 시기에 예상되는 법인세율을 곱하면 된다. 이렇게 계산된 금액은 재무제표에 나타나며, 이연법인세자산과 이연법인세부채는 순액으로 해서 자산이 크다면 이연법인세자

산만, 부채가 크다면 이연법인세부채만 재무제표에 나타난다. 이연법인세자산이나 부채는 유동항목일까 비유동항목일까? 답은 일시적 차이가 해소되는 시점에 따라 다르다. 일시적 차이가 1년 이내에 해소될 것으로 예상되는 부분은 유동항목으로 인식하고, 1년이 지나서 해소될 것으로 예상되는 부분은 비유동항목으로 분류한다.

④ 마지막으로 법인세비용을 계산해야 한다. 이는 손익계산서에 반영되어서 세전이익에서 차감되어 당기순이익을 계산하기 위해 필요하다. 법인세비용을 구하는 과정은 다소 복잡한데, 우선 이연법인세의 변화량을 구해야 한다. 예를 들어 2023년 말 이연법인세 자산이 50,000원이고 2022년 말 이연법인세 자산이 30,000원이었다고 하자. 그리고 ②의 방법에 따라 계산한 미지급법인세가 35,000원이라고 하자. 이 경우 법인세비용은 다음과 같이 분개를 수행하면 된다.

(단위: 원)

차변 계정과목	금액	대변 계정과목	금액
이연법인세 자산	20,000	미지급법인세	35,000
법인세비용	15,000		

즉, ②에 따라 계산한 미지급법인세를 대변에 적어주고, 이연법인세의 변화량(2023년 말 금액－2022년 말 금액＝50,000－30,000＝20,000원)을 구한 뒤, 이연법인세 자산의 증가이므로 차변에 적어준다. 마지막으로 차변과 대변의 균형을 맞추는 금액을 법인세비용으로 적어준다.

(3) 영구적 차이와 실효세율

앞서 회계이익에 일시적 차이와 영구적 차이를 조정하면 세무이익을 구할 수 있다고 하였다. 그리고 세무이익에 법인세율을 곱하면 당기에 부담해야 할 법인세(미지급법인세)가 구해진다. 여기에 곱하는 법인세율은 법정세율을 의미한다. 그리고 지금까지는 편의상 세무이익이라고 지칭하였으나, 이하에서는 좀 더 정확하게 과세소득이라는 용어를 쓰기로 하자. 그러면 과세소득×법정세율＝미지급법인세이므로, 법정세율＝미지급법인세/과세소득이라는 식이 성립한다. 그리고 법인세율이 변화가 없다면 일시적 차이×법정세율＝이연법인세이므로 법정세율＝당기법인세/과세소득＝이연법인세/일시적 차이가 성립한다. 나아가 분자와 분모를 각각 더하더라도 성립하므로 정리하면 다음과 같다.

법정세율 = (미지급법인세/과세소득) = (이연법인세/일시적 차이)
= (미지급법인세 + 이연법인세)/(과세소득±일시적 차이)

다음으로 실효세율에 대해서 알아보자. 법정세율은 세법에 정해진 세율을 의미하는 데 반해, 실효세율은 회사가 실제로 부담하는 법인세 부담을 구하기 위해서 고안된 개념이다. 이는 다음과 같이 계산된다.

실효세율 = (미지급법인세 + 이연법인세)/(과세소득±일시적 차이±영구적 차이)

산식에서 알 수 있듯이 영구적 차이가 없다면 실효세율은 법정세율과 동일하다. 달리 말하면 영구적 차이로 인해 실효세율은 법정세율과 달라진다. 만약 손금산입불가능항목이 존재한다면 실효세율이 증가하고 비과세소득이 존재한다면 실효세율이 감소한다. 회사는 주석을 통해서 실효세율과 법정세율의 차이를 조정하는 내역을 보여주는데, 여기에 등장하는 항목은 모두 영구적 차이에 해당한다. 최근 Google, Amazon.com, Apple, Starbuck 등 외국계회사의 조세회피가 언론에 보도되면서 이에 대한 관심이 증가하고 있다. 이들 기업이 실제로 얼마나 조세회피를 했는지 알기 위해서 실효세율을 이용할 수 있다.

기업들은 법인세를 줄이기 위해 이익을 세율이 높은 나라에서 낮은 나라로 옮기기도 하고, 세율이 높은 나라에서 부채를 조달하기도 한다(earnings stripping). 해외지사 간 내부거래가 있을 때 세금이 높은 곳에서 파는 재화와 서비스는 가격을 가능한 낮추고 반대로 자재구입, 로열티는 높게 책정하여 세금을 줄이기도 한다(transfer pricing). Check－the－box 조항을 이용해 이익을 세율이 낮은 곳으로 옮기기도 한다. 한 예로 우리나라의 유한회사가 이 조항에 해당 되 NIKE, P&G 등의 해외법인이 법인세 감면을 받고 있다.

(4) 법인세관련 재무제표공시

법인세 비용은 손익계산서에 나타나며 이연법인세 자산/부채와 미지급법인세는 재무상태표에 나타난다. 주석에는 (1) 당기와 이연 법인세 비용의 구성 (2) 법정 법인세율과 실효세율의 차이조정 (3) 이연 법인세 자산과 부채 항목을 공시해야 한다.

만약 회사가 이연법인세 부채의 급증 또는 이연법인세 자산의 급감을 표시하는 경우 주의를 요한다. 왜냐하면 회사가 의도적으로 감가상각방법이나 감가상각기간 등 회계정책이나 추정치를 변경하여 이익을 조절하고 있을 가능성이 있기 때문이다. 가령 세법이 허용하는 기간 이상으로 감가상각 내용연수를 길게 설정하면 회계상 감가상각비가 세법상 감가상각비보다 작게 보고된다. 그 결과 회사는 당기에 보고되는 이익의 크기를 증가시키게 되고 미래에 납부해야 할 세금 부담이 줄어들어 이연법인세자산을 보고할 수 있다. 이는 경영자가 세법이 허용하는 범위 이상으로 회계정책이나 추정치를 변경할 경우로 이연법인세자산의 변화가 야기됨을 의미한다. 따라서 재무제표를 해석하는 투자자입장에서는 이연법인세 자산이나 부채의 급격한 변화로부터 경영자가 수행하는 이익조정의 단서를 찾을 수 있다. 한편, 세전 회계이익/세무이익 비율을 계산하여 회계처리가 얼마나 보수적인가(즉, 이익의 질)를 알 수 있다. 세무이익은 회계이익에 비해 현금주의에 가까운 기준으로 매우 보수적인 성과측정치이기 때문에, 세전 회계이익/세무이익 재무비율이 낮을수록 회사는 보수적인 회계처리를 한다고 볼 수 있다.

셀프스터디 문제 ❹

회사는 올해 1월 1일에 새로운 기계장치를 구입하여 원가가 80,000원이었으며, 향후 4년간 사용하며, 잔존가치는 없을 것으로 예상된다. 회사는 다음과 같이 법인세 납부 목적상 감가상각비를 배분할 계획이다. 회사는 재무보고 목적으로 정액법을 사용하며, 법인세율은 40%, 영업이익은 매년 100,000원으로 가정한다.

연도	1	2	3	4
감가상각비율 (%)	33	44	15	8

매년 미지급법인세, 법인세비용을 계산하고, 법인세와 관련된 분개를 수행하시오.

해답

(단위: 원)

연도	영업이익	세무조정		과세소득	미지급법인세(= 과세소득×세율)
1	100,000	80,000 * 0.33 =	36,400	73,600	29,440
2	100,000	80,000 * 0.44 =	35,200	64,800	25,920

3	100,000	80,000 * 0.15 =	12,000	88,000	35,200
4	100,000	80,000 * 0.08 =	6,400	93,600	37,440
합계	400,000		80,000	320,000	128,000

연도	영업이익	감가상각비	세전이익	법인세비용 = 세전이익×세율
1	100,000	20,000	80,000	80,000×0.4 = 32,000
2	100,000	20,000	80,000	80,000×0.4 = 32,000
3	100,000	20,000	80,000	80,000×0.4 = 32,000
4	100,000	20,000	80,000	80,000×0.4 = 32,000
합계	400,000	80,000	320,000	128,000

1			
차변 계정과목	금액	대변 계정과목	금액
법인세비용	32,000	미지급법인세	29,440
		이연법인세부채	2,560
2			
차변 계정과목	금액	대변 계정과목	금액
법인세비용	32,000	미지급법인세	25,920
		이연법인세부채	6,080
3			
차변 계정과목	금액	대변 계정과목	금액
법인세비용	32,000	미지급법인세	35,200
이연법인세부채	3,200		
4			
차변 계정과목	금액	대변 계정과목	금액
법인세비용	32,000	미지급법인세	37,440
이연법인세부채	5,440		

부록: 소프트뱅크 그룹의 자회사 야후를 통한 절세

경영자의 목표는 기업가치 극대화이다. 기업은 투자자로부터 자금을 조달하여 이를 활용하여 사업활동으로 부를 창출한다. 기업투자자는 주식에 투자한 주주와 차입금을 제공한 은행, 사채투자자가 있다. 기업이 만들어 낸 부는 차입금에 대한 이자, 국가에 내는 세금, 그리고 남은 부분은 주주의 배당으로 분배된다. 경영자가 기업의 가치를 극대화하기 위해 절세를 하는 것은 자연스러운 일이다. 또한 규제의 애매함(regulatory arbitrage)을 이용할 유인도 있다.

세금은 매출에서 비용을 차감하여 얻은 이익에 대해 일정비율을 곱하여 정해진다. 따라서 세금을 줄이려면 과세소득을 줄이거나 세율을 줄이거나 해야 한다. 세율은 국가별로 세법에 정해져 있어서 기업 마음대로 줄일 수 없다. 차입금의 이자는 세금혜택이 있기 때문에 차입금을 늘려서 절세를 할 수 있다. 또한 전 세계에서 사업을 하는 글로벌기업의 경우 비용은 세율이 높은 곳에서 지출하고 이익은 세율이 낮은 곳에서 벌어들인다. 이렇게 해야 기업 전체의 세율이 낮아지기 때문이다. 예로 연구개발은 세금이 높은 프랑스(35%)에서 하고 매출은 세율이 낮은 아일랜드(12.5%)에서 할 수 있다. 마이크로소프트, 애플, 스타벅스 등 세계적 기업이 실제로 부담하는 법인세인 실효세율이 10% 미만인 것이 이러한 이유다.

2019년 6월 소프트뱅크그룹(SBG)이 실시한 야후의 그룹 내 자본재편성이 화제다. 자본재편성 후 SBG는 야후 지분 5조원을 통신자회사 SB corporation으로 넘겼다. 절세를 위해 야후를 이용한 것이다. 먼저 야후는 15억주의 신주를 발행하여 SB corporation에 팔아서 5조원의 자본을 조달한다. 야후는 이 돈으로 SBG로부터 18억주(5조 2천억원)의 주식을 다시 산다. SBG가 받은 5조 2천억원의 대부분은 배당으로 인정되어 세금이 면제되었다. SBG가 야후 지분을 SB corporation에 직접 양도하는 것보다 세금이 훨씬 덜 들었다. 소프트뱅크그룹(SBG)이 야후를 이용해 shell game을 했는지 사업다각화를 하려 했는지 두고 볼 일이다.

10 연습문제

01 코코 회사의 계속영업활동으로부터 기인하는 법인세 부담은 다음과 같이 구성된다.

(단위: 억원)

	2023	2022	2021
당기법인세부담액			
국내	1,000	1,600	1,700
해외	900	700	1,050
합계	1,900	2,300	2,750
이연법인세부담액			
국내	−1,600	−400	100
해외	−100	−150	90
합계	−1,750	−550	240
계	150	1,750	2,990

1 회사가 2023년 손익계산서에 인식해야 하는 총 법인세비용은 얼마인가?

2 회사는 얼마를 현금으로 부담하게 될 것인가?(즉, 당기에 지급해야 할 의무가 있는가)

3 회사가 법인세 관련 비용을 인식하는 과정을 설명하시오.

02 푸나후 회사는 다음과 같은 재무 및 세무 보고와 관련된 정보를 제공하였다.

(단위: 억원)

재무보고 목적상 감가상각비	300
재무보고 목적상 세전이익	200
재무보고 목적상 법인세비용	45
세무보고 목적상 미지급법인세	30

70억원의 영구적 차이는 지방채와 관련된 이자에서 기인하는데, 이는 재무보고 목적상 수익이

지만, 세무보고 목적상 면세수익이다. 30억원의 일시적 차이는 재무보고 목적상 정액법을 사용하지만 세무보고 목적상으로는 가속상각법을 적용함에 따라 발생한다.

세율은 40%이며, 감가상각비를 고려하기 전 영업이익은 500억원이다. 매년 일시적 차이와 영구적 차이를 고려하여 재무보고 목적의 손익계산서와 세무보고 목적의 손익계산서를 조정하시오.

03 매리놀 회사의 직원들은 이번 달에 일하고 100억원을 임금으로 받아야 하는데, 회사는 다음 달 첫 번째 날까지 지급하지 않을 예정이다. 회사는 미지급인건비와 비용을 이번 달에 인식해야 하는가?

04 이올라니 회사는 2023년 재무제표에 다음과 같은 주석사항을 공시하였다. 2023년 기말시점에 회사는 항공기를 리스하여 사용하기 시작하였으며, 향후 예상되는 리스이용료는 다음과 같다. 운영리스, 금융리스와 관련하여 예상되는 비용이나 부채는 다음과 같다.

(단위: 억원)

단위: 억원	운영리스				금융리스
	승객용 항공기	화물용 항공기	항공기 외	합계	
2024	400	410	550	1,360	350
2025	300	435	535	1,270	200
2026	310	430	520	1,260	450
2027	310	420	450	1,180	150
2028	300	380	420	1,100	120
2029 이후	900	1,380	3,200	5,480	600
B회사 최소리스료	2,520	3,455	5,675	11,650	1,870
최소리스료의 현재가치					1,420
유동부채					270
비유동부채					1,150

1. 금융리스의 현재가치를 계산하기 위해서 사용되는 내재이자율을 계산하시오. 2029년 이후에 발생하는 금액은 5년간 120억원씩 발생한다고 가정한다.

2. 운영리스를 자본화한다면 회사의 재무제표에 어떠한 조정을 해야 하는가? 해당 운영리스에 적용할 할인율은 8%로 가정한다. 2029년 이후에 발생하는 금액은 5년간 균등하게 발생하는 것으로 한다. 회사는 모든 유형자산에 대해서 잔존가치 없이 상각하는 회계정책을 갖고 있다.

05 알라카이 회사의 연간보고서에는 다음과 같은 주석내용이 공시되었다.

재무상태표의 세부내역

(단위: 억원)

	2023	2022
확정급여채무(기초금액)	2,700	2,600
서비스원가	100	52
이자비용	201	124
보험수리적 이익(손실)	-205	195
연금수령액	-49	-95
조정항목	-158	-295
확정급여채무(기말금액)	2,589	2,581

(단위: 억원)

	2023	2022
사외적립자산(기초금액)	1,500	1,400
실제수익	142	102
회사기여액	424	253
연금수령액	-49	-95
조정항목	-195	-292
사외적립자산(기말금액)	1,822	1,368

손익계산서 세부내역

(단위: 억원)

	2023	2022
서비스원가	100	52
이자비용	201	124
기대수익	-140	-150
미실현보험수리적 손익 상각	60	70
과거근무원가 상각	15	24
비용(순액)	236	120
조정항목	32	67
연금비용	268	187

1 일반적으로 회사의 확정급여채무에 영향을 미치는 요소에는 무엇이 있는가?

2 일반적으로 회사의 사외적립자산에 영향을 미치는 요소에는 무엇이 있는가?

3 2023년 사외적립자산과 관련하여 회사의 재무상태표에 보고되는 금액은 얼마인가?

4 회사의 기대수익률은 연금 관련 비용에 어떤 영향을 주는가?

5 회사의 기대수익률은 실제수익률과 비교하여 어떠한가?

6 연금과 관련하여 회사의 손익계산서에 인식할 금액은 얼마인가?

7 회사가 퇴직자들에게 연금을 지급할 능력에 대해 평가하시오.

06 하와이카이 기업은 통신 장비를 모아나 기업으로부터 리스하여 사용하기로 하였다. 리스 기간은 5년이고, 매년 초 300억원의 리스료를 지급하는 계약을 맺었다. 리스 개시일의 리스의 공정가치는 1,350억원이고 추정 내용 연수는 10년이며, 잔존가치는 0원이다. 하와이카이 기업은 리스 관리비용을 제3자에게 직접 지불한다. 모아나 기업의 내재이자율은 10%이며, 하와이카이 기업도 알고 있다. 해당 리스에는 소유권이전약정이나 염가매수선택권이 없다. 이 경우, 리스를 어떻게 분류해야 하는가?

07 2023년 1월 1일, 마카푸 기업은 1,000,000원에 설비를 구입하였다. 설비의 내용 연수는 10년이며 잔존가치는 없다. 회사는 정액법을 사용한다. 루아누 기업은 해당 설비를 2023년 1월 1일에 마카푸 기업으로부터 리스하였으며, 연간 리스료로 200,000원을 지급하기로 하였다. 리스기간은 3년이며 리스자산과 관련하여 25,000원의 관리비용이 발생하였다.

1 2023년 마카푸 기업이 리스와 관련하여 인식할 세전 이익은 얼마인가?

2 2023년 루아누 기업이 리스와 관련하여 인식할 세전 비용은 얼마인가?

08 다음 정보는 2023년의 아이나 기업의 퇴직급여에 관한 정보이다.

2023년 1월 1일의 사외적립자산	1,000,000
2023년 1월 1일의 확정급여채무	900,000
할인율	10%
당기근무원가	100,000
회사기여액	90,000
사외적립자산 실제수익률	50,000

연금지급액 60,000

2023년에 인식해야 할 연금관련 비용은 얼마인가? 또한 확정급여채무와 사외적립자산의 기말금액을 구하시오. 실제수익률은 예상수익률과 항상 같다고 가정하며, 언급되지 않은 항목이 연금관련 비용, 확정급여채무, 사외적립자산에 미치는 영향은 없다.

09 다음은 회사가 2023년 재무보고에 주석으로 공시한 사항이다. 물음에 답하시오.

회계연도	최소리스료
2024	125,000
2025	125,000
2026	125,000
2027	125,000
2028	125,000
2029 이후	625,000

1 할인율 7%를 적용하여 최소리스료의 현재가치를 구하시오. 최소리스료는 매년 동일하게 발생한다.

2 해당 리스가 금융리스로서 자본화되며, 향후 8년간 잔존가치 없이 정액법으로 감가상각한다고 할 때, (운영리스인 경우와 비교하여) 2014년도 영업이익에 미치는 영향을 구하시오.

3 운영리스를 자본화하는 결정이 ROE와 ROE의 구성요소(ROE = PM × AT × FL)에 미치는 영향을 분석하시오.

10 난키 회사는 2023년 1월 1일에 새로운 리스계약을 맺고 차량을 사용하기로 하였다. 계약 내용은 향후 5년간 매년 200억의 최소리스료를 지급하는 내용이었으며, 계약 내용을 검토했을 때 금융리스로 분류해야 할지 운영리스로 분류해야 할지 고민하고 있다. 한편, 회사는 차량운반구에 대해서 5년 동안 정액법으로 잔존가치 없이 상각하는 정책을 갖고 있다. 리스와 관련하여 적용될 할인율은 10%이다.

1 다음 양식을 작성하시오.

(단위: 억원)

	금융리스일 경우			운영리스일 경우
	금융리스부채	이자비용	감가상각비	리스료
2023년 초				
2023년 말				
2024년 말				
2025년 말				
2026년 말				
2027년 말				

2 금융리스와 운영리스 중 당기순이익 측면에서 유리한 회계처리는 무엇인가?

3 금융리스와 운영리스 중 재무레버리지에 더 유리한 회계처리는 무엇인가?

11 루카 회사는 2023년 초에 새로운 기계장치를 800억원에 구입하였다. 회사는 재무보고 목적으로는 정액법으로 매년 200억원씩 상각할 예정이며, 세무보고 목적으로는 가속상각할 예정이다. 이는 다음 표에 정리되어 있다.

(단위: 억원)

감가상각비	재무보고	세무보고	차이
2023	200	300	-100
2024	200	250	-50
2025	200	150	50
2026	200	100	100
합계	800	800	0

1 위 정보를 이용해서 매년 세전이익과 세무이익(과세소득)을 계산하시오. 감가상각비를 제외할 경우 2023-2026년에 매년 인식할 이익은 1,000억원이라고 가정한다. 편의상 세무이익(과세소득)에 세율 24%을 곱한 금액을 회사가 법인세비용으로 인식한다고 할 때, 매년 당기순이익을 구하시오.

2 이번에는 회사가 세무보고 목적으로 2023-2026 기간에 감가상각비를 각각 100, 150, 250, 300억원을 기록한다고 하자. 이때 1번 문제를 다시 답하시오. 회사가 세무보고 목적으로 가속상각을 하는 이유는 무엇인가?

12 다음은 금융업을 영위하는 Wells Fargo의 재무제표에 나타난 정보를 나타낸다. 회사는 고객에 갖고 있는 채권의 상당한 금액을 증권화하는 거래를 수행하였으며, 관련 정보도 나타나 있다. 증권화는 재무제표에 미치는 영향을 고려하여 다음 요구사항에 답하시오.

	2007	2006	2005	2004
손익계산서				
매출액	39,520	35,768	33,095	30,080
대손상각비	4,939	2,204	2,383	1,717
기타비용	22,746	20,767	18,943	17,504
비지배지분	208	147	221	90
당기순이익	8,057	8,420	7,671	7,014
재무상태표				
매도가능증권	72,951	42,629	41,834	33,717
대출금	382,195	319,116	310,837	287,586
대손충당금	5,307	3,764	3,871	3,762
영업권	13,106	11,275	10,787	10,681
자산	575,442	481,996	481,741	427,849
예금	331,731	228,068	253,341	229,703
장기부채	99,393	87,145	79,668	73,580
부채	527,528	435,928	440,842	389,736
자본금	47,628	45,814	40,660	37,866
비지배지분	286	254	239	247
자본	47,914	46,068	40,889	38,113

	2007	2006	2005	2004
증권화된 자산	88,397	43,546	35,047	34,489
보유지분	17,756	18,414	12,910	8,045
증권화로 인한 이익	10	339	326	119

	2007	2006	2005	2004
증권화로 받은 금액	38,971	50,870	41,207	33,550
수수료	300	229	154	88
기타보유지분	502	262	566	149

증권화가 발생하지 않았다면 재무상태표에 나타날 매년 총자산, 총부채, 자본, 순이익을 추산하시오.

사례문제 다음은 2013년 12월 31일에 종료되는 회계기간의 아시아나항공의 재무제표 및 주석의 일부이다.

추가자료 1 법인세

(1) 당기와 전기 중 회사의 법인세비용차감전순이익(손실)에 대한 법인세비용(이익)과 평균세율을 사용하여 이론적으로 계산된 금액과의 차이는 다음과 같습니다.

(단위: 천원)

구분	당기	전기
법인세비용 차감 전 순이익(손실)	(180,278,294)	70,030,801
적용세율에 따른 법인세비용(이익)	(43,266,791)	16,485,454
법인세 효과:		
- 세무상 과세되지 않는 수익	(4,149,281)	(795,733)
- 세무상 차감되지 않는 비용	9,585,545	2,771,040
- 세액공제	(268,466)	(268,686)
- 확정신고시 법인세추납액	-	1,039,660
- 기타	919,706	186,817
법인세비용(이익)	(37,179,287)	19,418,552

(2) 당기 중 동일과세당국과 관련된 금액을 상계하기 이전의 이연법인세자산과 부채의 변동은 다음과 같습니다.

(단위: 천원)

구분	기초	기중변동액(당기손익)	기중변동액(기타포괄손익)	기말
이연법인세부채				
압축기장충당금	(3,148,853)	-	-	(3,148,853)
토지	(7,380,864)	-	-	(7,380,864)
유형자산	(96,762,117)	8,392,440	-	(88,369,677)
사외적립자산	(37,988,800)	(1,378,801)	-	(39,367,601)
연구 및 인력개발준비금	(12,117,071)	1,478,535	-	(10,638,536)
사채할인발행차금	(1,118,352)	1,118,352	-	-
미수수익	(5,214,388)	510,784	-	(4,703,604)
기타	(35,448,329)	(33,428,699)	-	(68,877,028)
소계	(199,178,774)	(23,307,389)	-	(222,486,163)
이연법인세자산				
이연수익	89,749,666	11,322,424	-	101,072,090
확정급여부채	69,569,616	9,797,074	(6,044,180)	73,322,510

매도가능금융자산	71,882,055	7,770,853	(1,176,301)	78,476,607
사채상환할증금	21,063,086	(21,063,086)	-	-
추정항행원가	22,256,093	2,744,540	-	25,000,633
감가상각비	15,824,860	4,514,818	-	20,339,678
복구충당부채	15,174,846	448,129	-	15,622,975
이월결손금	-	37,316,532	-	37,316,532
기타	13,888,507	7,635,393	-	21,523,900
소계	319,408,729	60,486,677	(7,220,481)	372,674,925

추가자료 2 리스

운영리스

회사는 항공기 및 엔진 등에 대하여 International Lease & Finance Corporation 등과 운용리스 계약을 체결하고 있습니다. 당기 말 현재 운용리스로 사용 중인 항공기 및 엔진 등은 각각 62대 및 21대이며, 이 중 6대의 항공기에 대하여는 에어부산(주)와 전대리스계약을 체결하고 있습니다.

(1) 회사가 당기와 전기 중 운용리스로 인하여 인식한 손익은 다음과 같습니다.

(단위: 천원)

구분	당기	전기
매출원가(최소리스료)	407,554,118	394,692,609
기타항공운송수익(전대리스료)(*1)	14,153,673	11,165,202
유형자산처분손실	2,866	-

(*1) 회사는 에어부산(주)와 전대리스계약을 체결하고 있으며 관련 전대리스료 수입을 매출액으로 계상하고 있습니다.

(2) 보고기간종료일 현재 리스계약내용 및 금융리스부채금액은 다음과 같습니다.

(단위: 천원)

구분	차입처	연이자율(%)	금액	
		당기말	당기말	전기말
외화금융리스부채	OZ JUPITER	3M LIBOR	26,225,539	37,519,311
	OZ PHOENIX	3M LIBOR	2,689,529	13,429,173
	OZ SATURN	3M LIBOR	45,637,697	57,368,796
	OZ ALTAIR	3M LIBOR	-	61,789,018
	OZ GEMINI	3M LIBOR + 0.3~2.91	189,533,882	-
	OZ CAELUS	3M LIBOR + 0.5	88,344,464	103,209,421
	OZ CANIS(*1)	6M LIBOR + 3.5	9,829,643	28,915,535
	OZ CAPELLA	3M LIBOR + 0.38	108,421,495	123,383,548

	OZ SCORPIO	3M LIBOR + 1.1~3.54	144,968,181	162,306,812
원화금융리스부채	OZ JUNO	91 CD Rate -0.12 ~ -0.34	124,520,775	142,914,408
소계			740,171,205	730,836,022
차감: 유동성금융리스부채			(116,666,455)	(122,548,777)
차감계			623,504,750	608,287,245

추가자료 3 퇴직급여

(1) 보고기간 종료일 현재 퇴직급여부채의 산정내역은 다음과 같습니다.

(단위: 천원)

구분	당기 말	전기 말
확정급여채무의 현재가치	360,892,162	345,740,117
사외적립자산의 공정가치(*1)	165,279,547	159,571,935
재무상태표상 부채	195,612,615	186,168,182

(2) 당기와 전기 중 퇴직급여부채의 변동내역은 다음과 같습니다.

(단위: 천원)

구분	당기	전기
기초금액	345,740,117	278,036,712
당기근무원가	50,900,467	43,943,630
이자비용	14,361,244	14,293,360
재측정요소:		
- 인구통계적가정의 변동으로 인한 보험수리적 손익	170,822	-
- 재무적가정의 변동으로 인한 보험수리적 손익	(14,464,661)	21,607,217
- 경험적조정으로 인한 보험수리적 손익	(12,388,967)	1,333,307
관계기업 순전출입	(208,711)	1,131,257
제도에서의 지급액:		
- 급여의 지급	(23,218,149)	(14,605,366)
보고기간 말 금액	360,892,162	345,740,117

(3) 당기와 전기 중 사외적립자산의 변동내역은 다음과 같습니다.

(단위: 천원)

구분	당기	전기
기초금액	159,571,935	151,250,649
이자수익	6,586,483	7,032,604
재측정요소:		
- 사외적립자산의 수익(이자수익에 포함된 금액 제외)	(1,498,723)	(396,249)
기여금:		
- 사용자	10,000,000	8,000,000
제도에서의 지급:		
- 급여의 지급	(9,296,586)	(6,226,762)
관계기업 순전출입	(83,562)	(88,307)
보고기간 말 금액	165,279,547	159,571,935

(4)보고기간종료일 현재 사외적립자산의 구성내역은 다음과 같습니다.

(단위: 천원)

구분	당기 말		전기 말	
	비공시가격	구성비	비공시가격	구성비
정기예금 및 현금성자산	151,397,677	91.60%	144,192,142	90.36%
기타자산	13,881,870	8.40%	15,379,793	9.64%
합계	165,279,547	100.00%	159,571,935	100.00%

(5) 주요 보험수리적 가정은 다음과 같습니다.

(단위: %)

구분	당기 말	전기 말
할인율	4.67	4.25
임금상승률	5.13	5.13

01 추가자료 1에서 적용세율에 따른 법인세 비용(이익)은 어떻게 계산되었는가? 적용세율은 얼마인가?

02 법인세와 관련하여 이익을 보고할 수 있는 이유는 무엇인가?

03 회사의 전기의 유효세율을 계산하시오. 1번에서 구한 적용세율과 유효세율 중 무엇이 더 큰가? 그 이유를 간단히 설명하시오. 구체적인 계산 없이 유효세율과 적용세율 중 무엇이 더 큰지 알 수 있는가?

04 재무제표에 나타날 이연법인세는 자산인가 부채인가? 금액을 계산하시오. 해당 금액은 일시적 차이를 순액으로 계산한 값과 일치하는가?

05 회사가 이연법인세 자산과 관련하여 이연수익이라는 항목을 보고하고 있으며, 당기에 금액이 증가하였다. 이연수익이 이연법인세 자산으로 분류된 배경을 제시하시오.(회계기준과 세법에서 관련 수익을 인식하는 시기가 더 빠른 쪽이 어디인지 언급하시오)

06 아시아나항공과 International Lease & Finance Corporation의 관계에서 아시아나항공은 리스제공자인가 리스이용자인가? 에어부산㈜와의 관계에서는 어떠한가?

07 (추가자료 2)에서 나타난 금융리스에 적용되는 이자율과 금융리스부채 금액 간에는 어떤 관계가 있는가? 만약 적용 이자율이 높아진다면 회사의 레버리지 비율은 증가하는가?

08 만약 회사가 금융리스로 분류한 항공기들이 감리결과 금융리스 분류 조건을 충족하지 못해서 운영리스로 재분류했다면, 이 경우 레버리지는 어떻게 변화하는가? 대략적인 레버리지 비율(부채/자본) 변화를 계산하여 제시하시오.(금융리스자산은 금융리스부채와 같은 금액이라고 가정한다)

09 다음 자료를 추가로 고려하여 물음에 답하시오.

10 아시아나항공은 확정기여방식과 확정급여방식 중 어떤 형태를 채택하고 있는가?

11 아시아나항공의 2013년 퇴직급여는 Underfunded된 상태인가? Overfunded된 상태인가?

12 아시아나항공의 보험 수리적가정과 관련하여 할인율과 임금상승률은 확정급여부채에 어떤 영향을 주는가?

1. 현금흐름표 예시
2. 현금흐름의 분류와 현금흐름표 형식
3. 현금흐름표의 분석
4. 현금흐름과 기업성장주기

Lectures on Financial Accounting

11

현금흐름표의 작성

CHAPTER

11 현금흐름표의 작성

현금흐름은 기업의 당기순이익과는 다른 개념으로, 현금흐름이 부족하면 유동성 위기에 직면하여 기업이 부도에 이를 수 있다. 따라서 현금흐름표에 포함된 정보를 올바르게 이해하는 것은 매우 중요하며, 흑자도산과 같은 기업들은 당기순이익은 잘 관리하였으나 현금흐름의 관리 실패가 기업을 지급불능에 이르게 한 경우이다. 현금흐름표는 재무상태표와 포괄손익계산서를 가지고 쉽게 만들 수 있어 1980년대 후반까지는 재무제표로 공시하지 않아도 됐다. 하지만 많은 회사들이 현금흐름표를 만드는 데 충분한 정보를 재무상태표와 손익계산서에 포함시키지 않고 일부는 기회주의적으로 여러 항목을 합쳐서 공시하여(bundling) 투자자들이 현금흐름표를 제대로 만들기 어렵게 했다. 따라서 1980년대 후반부터 의무공시로 바꾸고 현재 한국채택국제회계기준은 기업들이 현금흐름표를 작성하여 현금의 기중 흐름에 대한 정보를 상세히 정보이용자들에게 전달하도록 하고 있다.

현금흐름표는 여러 유용한 정보를 제공한다. 우선 회사에 유입되는 현금흐름과 유출되는 현금흐름에 대한 정보를 활동별(영업, 투자, 재무)로 제공한다. 현금흐름표에서 지칭되는 현금은 현금 및 현금성자산을 의미하는 것으로, 매우 유동성이 높고 일반적으로 만기가 3개월 이내인 자산이다. 또한 현금흐름표는 단순히 당기순이익에 포함되어 있는 정보를 제공하는 것을 넘어서서 미래 현금흐름을 예측하는 데 유용한 정보를 제공하며, 회사가 채권자나 주주들에게 이자비용, 배당 등의 형태로 의무를 다하고 있는가도 알 수 있다. 마지막으로 현금흐름은 발생기준을 바탕으로 한 발생액(accruals)보다 더욱 믿을만한 성과지표인데, 그 이유는 현금흐름 계산에는 추정이 덜 개입하며 조작이 어렵기 때문이다.

1 현금흐름표 예시

아래는 2022년 셀트리온의 현금흐름표이다. 영업활동현금흐름, 투자활동현금흐름, 재무활동현금흐름으로 이루어진다.

연결 현금흐름표
제32기 2022.01.01부터 2022.12.31까지
제31기 2021.01.01부터 2021.12.31까지
제30기 2020.01.01부터 2020.12.31까지

(단위: 원)

	제32기	제31기	제30기
영업활동현금흐름	863,531,984	911,159,432,327	350,746,671,970
영업으로부터 창출된 현금	217,904,142,594	1,047,102,837,680	415,186,737,039
법인세의 납부	(217,040,610,610)	(135,943,405,353)	(64,440,065,069)
투자활동으로 인한 현금흐름	(297,051,208,427)	(355,825,397,294)	(471,983,443,239)
투자활동으로 인한 현금유입액	110,315,342,567	97,725,935,494	112,962,965,930
배당의 수취	12,632,064,616	4,309,556,751	5,896,596,035
이자의 수취	232,646,611	2,238,981,759	243,347,553
단기금융자산의 감소	35,282,930,000	17,034,380,800	87,583,514,271
장기금융자산의 감소	546,223,638	1,638,296,519	1,526,933,333
기타수취채권의 감소	27,518,181,522		
장기기타수취채권의 감소	8,018,630,760	604,170,100	3,990,099,756
관계기업의 투자 감소	8,551,200,000	11,862,798,628	8,793,400,000
기타보조금의 수취		72,563,896	271,276,190
유형자산의 처분	3,460,000	13,425,000	957,798,792
무형자산의 처분	10,216,440	27,822,518,383	1,500,000,000
정부보조금의 수취			2,200,000,000
투자부동산의 처분	31,448,980	32,129,243,658	
연결범위의 변동	17,488,340,000		
투자활동으로 인한 현금유출액	(407,366,550,994)	(453,551,332,788)	(584,946,409,169)
단기금융자산의 증가	(44,575,000,000)	(49,950,600,000)	(32,582,476,920)

기타수취채권의 증가	(676,100,000)	(41,013,642,847)	
장기금융자산의 증가	(6,295,440,516)	(4,833,800,000)	(940,000,000)
장기기타수취채권의 증가	(7,467,763,783)	(2,857,938,734)	(3,142,868,349)
관계기업의 투자 증가	(32,879,530,434)	(32,781,862,649)	(6,250,000,000)
유형자산의 취득	(111,168,804,221)	(63,379,331,965)	(87,008,156,984)
무형자산의 취득	(200,816,896,237)	(258,186,156,593)	(454,384,294,563)
기타자산의 취득		(548,000,000)	(638,612,353)
연결범위의 변동	(3,487,015,803)		
재무활동으로 인한 현금흐름	(350,219,428,442)	(69,277,577,731)	265,988,484,871
재무활동으로 인한 현금유입액	190,651,620,273	228,910,655,918	458,519,200,487
단기금융부채의 증가	118,163,458,378	182,431,040,528	246,713,136,930
장기금융부채의 증가	62,626,000,320	24,994,065,452	192,411,018,279
보통주의 발행	9,862,161,575	21,485,549,938	19,395,045,278
재무활동으로 인한 현금유출액	(540,871,048,715)	(298,188,233,649)	(192,530,715,616)
이자의 지급	(22,667,489,925)	(16,021,913,305)	(14,868,726,038)
배당의 지급	(102,450,966,000)	(3,780,985)	
단기금융부채의 감소	(77,523,959,563)	(108,023,490,595)	(107,106,818,452)
유동성장기부채의 감소	(54,480,804,578)	(132,043,240,000)	(52,043,240,000)
리스부채의 감소	(3,162,872,275)	(2,950,745,614)	(2,632,680,791)
보증금의 감소	(17,000,000)		
신주발행비	(18,769,360)	(19,058,800)	(12,801,340)
자기주식의 취득	(280,549,187,014)	(39,126,004,350)	(15,866,448,995)
현금 및 현금성자산의 증가	(646,407,104,885)	486,056,457,302	144,751,713,602
현금 및 현금성자산의 환율변동효과	9,267,922,643	17,975,507,355	(6,595,409,688)
기초현금 및 현금성자산	1,188,325,852,061	684,293,887,404	546,137,583,490
기말현금 및 현금성자산	551,186,669,819	1,188,325,852,061	684,293,887,404

2 현금흐름의 분류와 현금흐름표 형식

현금흐름표에서의 현금이란 현금 및 현금성 자산을 의미한다. 즉 통화 및 요구불예금뿐만 아니라 현금으로 쉽게 전환되며 이자율 변화 등에 의한 가치변동의 위험이 적은 만기 3개월 이내의 단기 투자자산을 포함한다.

1. 영업활동으로부터의 현금흐름 현금유입: • 고객으로부터 매출대금 회수 • 이자나 배당금 수령 • 공급자로부터 구입한 제품 환불 현금유출: • 공급자에게 지급 • 종업원에게 지급 • 이자 지급 • 법인세 지급 • 운영리스 등 기타 비용 지급	포괄손익계산서
2. 투자활동으로부터의 현금흐름 현금유입: • 유형자산 매각 • 지분증권이나 채권매각(단기매매증권 제외) • 대여금 회수 현금유출: • 유형재산 매입 • 지분증권이나 채권매입(단기매매증권 제외) • 자금 대여	대부분 비유동자산 항목
3. 투자활동으로부터의 현금흐름 현금유입: • 채권이나 지분증권 발행을 통한 대금 유입 • 장기대여금 현금유출: • 채권 만기에 따른 원금 지출 • 자기주식 구입 • 배당금 지급	대부분 비유동부채나 주주자본 항목

현금흐름은 영업활동으로부터의 현금흐름, 투자활동으로부터의 현금흐름, 재무활동으로부터의 현금흐름으로 크게 분류할 수 있다. 영업현금흐름이란 기업의 주요 수익창출활동으

로부터 발생하는 현금흐름을 의미한다. 따라서 영업활동 현금흐름이 원활하지 않을 경우 기업의 핵심역량이 악화된 것인지 확인할 필요가 있다. 투자와 재무활동으로부터의 현금흐름은 다시 현금유입과 현금유출로 추가적인 구분을 적용할 수도 있다. 투자활동으로 인한 현금흐름이란 장기투자자산의 취득 및 처분활동에 따른 현금의 유출입을 의미한다. 영업현금흐름과 투자활동현금흐름의 합은 잉여현금흐름(free cash flow)이라 불린다. 재무활동으로 인한 현금흐름이란 기업활동에 필요한 자금을 주식, 사채 등으로 조달하고 그에 대한 대가를 지불하거나 상환하는 것과 관련된 현금흐름을 의미한다. 3가지 현금흐름에서 나타난 현금의 순 변화량은 재무상태표에서 확인할 수 있는 기초현금과 기말현금의 차이금액과 일치한다. 현금흐름표를 작성하는 경우, 이러한 관계를 확인함으로써, 적절히 작성되었는지 확인하는 용도로 사용할 수 있다.

추가로 유의미한 비현금 투자 및 재무활동(noncash investing and financing)은 별도의 항목을 통해 공시되어야 한다. 이러한 활동의 예로는 어음(note)을 발행해서 새로운 자산을 취득하는 경우, 금융리스를 통해서 새로운 자산을 이용하는 경우, 부채를 상환하고 대신 주식을 발행하는 경우, 비현금 자산이나 부채를 교환하는 경우 등이 있다. 이러한 거래는 분개를 할 경우 현금 계정이 차변이나 대변에 나타나지 않는다. 주식분할이나 주식배당도 비현금 거래에 해당하지만, 유의미한 거래가 아니므로 일반적으로 공시되는 항목에 포함되지 않는다.

(1) 한국채택국제회계기준(K-IFRS)

한국채택국제회계기준이 도입되면서 현금흐름표와 관련된 정보를 이해하는 데 복잡하게 만드는 요소가 생겼다. 기본적으로 원칙만을 제공하고 구체적인 지침을 제시하지 않는 회계기준인 까닭에 특정 현금흐름이 어떤 활동으로 분류되는 가와 관련하여서도 경영자의 판단을 요구하고 있다. 구체적으로는 이자와 배당금의 수취 및 지급과 관련된 현금흐름은 회사의 선택에 맡기고 있다. 기존 기업회계기준에서는 이자의 지급, 이자의 수취, 배당금의 수취는 영업활동으로 구분하고, 배당금의 지급은 재무활동으로 하는 것으로 되어 있었다. 그러나 새로운 회계기준 하에서는 비금융업종의 경우 여러 회계기간 동안 일관성 있게 분류한다면 영업, 투자, 재무활동 중 어떤 것으로도 분류 가능하다. 이자나 배당은 기업이 금융자산에 대해 투자의 결과로 얻어지는 현금흐름(투자현금흐름)으로 볼 수도 있으며, 기업이 자금을 조달하고 사용하는 과정에서 발생하는 현금흐름(재무현금흐름)으로 볼 수도 있다는 의미이다. 이로 인하여 영업활동으로부터의 현금흐름을 특히 좋게 보이려 하는 경영자들 입장에서는 이자와 배당금과 관련된 현금흐름의 분류를 의도적으로 선택할 가능성이 있다. K－IFRS 하에서 이자비용의 재무현금흐름 분류가 가장 흔하고 우리나라 기업의 14% 정도가 이자비용을 영업현금흐름대신 재무현금흐름으로 분류한다(백복현 등 2016). 이자비용이 많고 부채비율이 높은 회사들이 재무현금흐름으로 분류하는 경향이 있다. Lee(2012)는 미국기업도 영업, 투자, 재무활동의 분류를 바꾸어 영업활동 현금흐름을 증가시키는 경향을 보여준다.

위의 셀트리온의 사례에서도 제32기의 경우에는 이자지급과 관련된 현금유출을 재무활동으로 분류하고 있는데, 만약 이자지급이 영업현금흐름으로 분류되었다면, 음(－)의 영업현금흐름을 기록하게 되었을 것이다.

또한 기존 기업회계기준에서는 단기매매증권의 취득과 처분으로 인한 현금흐름을 투자활동현금흐름으로 하였으나, 한국채택국제회계기준에서는 영업활동현금흐름으로 분류해야 함을 명시하고 있다.

(2) 간접법

현금흐름표를 작성하는 데 필요한 정보는 여러 재무제표와 공시를 통해서 얻을 수 있다. 영업활동과 관련된 현금흐름을 구하기 위해서는 손익계산서와 재무상태표의 계정들이 중요한 출처이다. 투자활동이나 재무활동은 재무상태표 계정의 변화가 중요한 출처이다.

현금흐름표를 작성하는 방식은 크게 1) 직접법과 2) 간접법으로 나눌 수 있다. 두 방법의 가장 큰 차이점은 영업으로부터의 현금흐름(CFO)을 어떻게 구하느냐에 있다. 투자활동의 현금흐름과 재무활동의 현금흐름은 직접법과 간접법에 차이가 없다. 간접법을 이용하는 경우, 기업은 당기순이익을 조정하여 영업으로부터의 현금흐름을 작성한다. 이때, 당기순이익과 영업으로부터의 현금흐름은 각각 발생주의 회계와 현금주의 회계 방식을 이용하여 구한 값이다. 이러한 측면에서 현금흐름표는 발생주의 중심의 회계보고를 현금주의 회계와 조정하는 표이기도 하다.

우리나라나 미국에서 90% 이상 기업이 간접법을 사용한다. 간접법은 영업활동과 관련된 현금흐름은 당기순이익에서 출발해서, 현금의 유출입이 없는 항목(발생주의 항목)을 조정하는 방식으로 접근한다. 우선 현금흐름과 관련 없는 비용을 당기순이익에 모두 가산하고,

현금흐름과 관련 없는 수익을 당기순이익에서 모두 차감한다. 가령 감가상각비는 현금흐름을 수반하지 않는 대표적인 비용항목이다. 그리고 유동자산의 증가분을 당기순이익에서 모두 차감하고, 유동자산의 감소분을 당기순이익에서 모두 가산한다. 이때 유동자산에서는 현금과 단기매매증권을 제외한 부분만을 의미한다. 또한 유동부채의 증가분을 당기순이익에 모두 가산하고, 유동부채의 감소분을 당기순이익에서 모두 차감한다. 여기에서의 유동부채에서는 단기사채를 제외한 금액이다.

당기순이익에 가산하는 항목	당기순이익에서 차감하는 항목
감가상각비	
기타 현금흐름을 수반하지 않는 비용	기타 현금흐름을 수반하지 않는 수익
사채할인발행차금 상각액	사채할증발행차금 상각액
영업활동과 관련된 자산의 감소(매출채권, 재고자산, 선급비용 등)	영업활동과 관련된 자산의 증가(매출채권, 재고자산, 선급비용 등)
영업활동과 관련된 부채의 증가(매입채무, 미지급비용, 미지급법인세 등)	영업활동과 관련된 부채의 감소(매입채무, 미지급비용, 미지급법인세 등)

(3) 직접법

회계당국은 기업에게 직접법을 쓰도록 권고하고 있다. 직접법을 이용하는 경우, 손익계산서의 각 항목에서 시작하여 현금의 유출입이 없는 항목을 조정한다. 즉 영업으로부터의 현금 수취와 현금 지출을 활동별로 직접 구하여 집계함으로써 영업활동으로부터의 현금흐름을 구한다. 즉 영업활동으로부터의 현금흐름을 매출활동, 매입활동, 이자수익 유입, 배당금 유입, 이자비용 유출, 급여 지급 등 구체적인 활동으로 분류하여 해당 현금흐름을 직접 구한다. 이 방법은 만드는 데 많은 비용과 시간이 들고, 경쟁사에 많은 정보를 제공하기 때문에, 소수의 회사에서만 사용하고 있다. Orpurt & Zang(2009)은 신생기업, 하이텍 회사의 경우 투자자들이 미래의 현금예측하기 쉽게 직접법을 사용하는 경향이 있음을 보여준다. 구체적으로는 해당 활동과 관련된 손익계산서 항목에서 시작해서 재무상태표의 관련 계정을 조정하는 방식으로 구한다.

1. 매출활동으로부터의 현금흐름 = 매출액 − 매출채권 변화량 − 대손액

2. 매입활동으로부터의 현금흐름 = 매출원가 + 재고자산의 변화량 − 매입채무의 변화량
3. 기타 발생액으로부터의 현금흐름 = 관련비용 + 관련자산의 변화량 − 관련부채의 변화량

만약 관련 비용이나 자산, 부채가 존재하지 않는다면 0으로 두고 나머지 값만 더하거나 빼서 구하면 된다. 변화량을 구할 때는 기말잔액에서 기초자산을 뺀 금액을 의미한다.

	손익계산서 계정	재무상태표 계정
매출활동	매출액	매출채권, 미수수익
매입활동	매출원가	매입채무, 재고자산
기타 발생액	인건비	미지급인건비, 선급인건비
	이자비용	미지급이자, 선급이자, 사채할인(할증)발행차금 상각액
	보험료	미지급보험료, 선급보험료
	임대료	미지급임대료, 선급임대료
	이자수익	미수이자, 선수이자
	법인세비용	미지급법인세, 선급법인세

기타 발생액으로부터의 현금흐름 중 인건비와 관련된 현금흐름을 예로 설명하면, 인건비와 관련된 비용인 급여에서 선급급여의 변화량을 더하고, 미지급급여의 변화량을 빼서 구한다. 간단한 예를 들면 당기에 급여로 기록된 비용이 700,000원이고 선급급여는 존재하지 않고, 미지급급여의 잔액이 기초에 35,000원이고 기말에 15,000원이라고 하자. 이 경우 미지급급여의 변화량은 15,000 − 35,000 = − 25,000원으로 구해진다. 따라서 위의 식에 따라 계산하면 인건비와 관련된 활동으로부터의 현금흐름은 700,000 + 25,000 = 725,000원이 된다.

한편 간접법과 직접법을 통해서 계산되는 영업활동으로부터의 현금흐름은 물론 같다. 또한 간접법 하에서 영업활동과 관련된 자산 부채의 증감액을 조정하기 위해서 사용하는 부호(+/−)는 직접법에서 영업활동과 관련된 자산 부채의 증감액을 조정하기 위해서 사용되는 부호와 반대이다. 예를 들어, 매출이 100원이고 비용이 45원이어서 순이익이 55원인 회사가 있다고 하자. 매출채권이 10원만큼 증가하였으며, 선급임대료가 3원만큼 증가였다고 할 때, 간접법과 직접법 하에서 계산하는 과정은 다음과 같다.

(단위: 원)

간접법	직접법
순이익: 100 - 45 = 55	매출활동 현금흐름: 100 - 10(매출채권) = 90
매출채권의 증가: -10	매입활동 현금흐름: -45 - 3(선급임대료) = -48
선급임대료의 증가: -3	
영업활동 현금흐름: 42	영업활동 현금흐름: 42

셀프스터디 문제 ❶

[현금흐름 활동의 분류] 다음의 항목들을 해당하는 항목과 연결하시오.

A	당기순이익에 가산(간접법)
B	당기순이익에서 차감(간접법)
C	영업활동 현금 수취(직접법)
D	영업활동 현금 차감(직접법)
E	투자활동 현금 가산
F	투자활동 현금 차감
G	재무활동 현금 가산
H	재무활동 현금 차감

다음의 계정 잔액을 이용하여 물음에 답하시오.

E	1. 현금 대출
C	2. 고객으로부터 현금 수취
B	3. 매출채권의 증가
C	4. 이자 회수
D	5. 재고자산 구입
B	6. 재고자산 증가
D	7. 이자 지출
G	8. 사채발행에 따른 현금수취
F	9. 토지 구입
G	10. 주식발행에 따른 현금수취
C	11. 배당금 수취
H	12. 주주에게 배당 지급
D	13. 종업원에게 인건비 지급
A	14. 미지급인건비 증가
D	15. 법인세 지급

셀프스터디 문제 ❷

다음의 재무상태표 계정잔액을 이용하여 물음에 답하시오.

(단위: 원)

	2021년 12월 31일	2022년 12월 31일
현금	50	75
매출채권	100	120
재고자산	70	90
선급비용	30	20
총자산	250	305
매입채무	80	90
자본금	100	120
이익잉여금	70	95
부채 및 자본 합	250	305

배당금은 당기에 지급하지 않은 것으로 한다.

1. 2022년의 순현금흐름은 얼마인가? 순유입 25원

2. 2022년의 순이익은 얼마인가? 배당이 없었으므로 이익잉여금의 변화량인 25원

3. 간접법을 사용해서 2022년 현금흐름표를 작성하시오.

(단위: 원)

영업활동으로부터의 현금흐름		
당기순이익	25	
매출채권의 증가	-20	
재고자산의 증가	-20	
선급비용의 감소	10	
매입채무의 증가	10	5
투자활동으로부터의 현금흐름		0
재무활동으로부터의 현금흐름		
주식발행을 통한 현금수취		20
순현금흐름		25
기초현금		50
기말현금		75

셀프스터디 문제 ❸

알라카이 회사의 회계사는 다음과 같은 정보를 얻었으며, 해당 정보는 2023년 12월 31일에 끝나는 회계기간에 대한 기록이다.

(단위: 원)

고객으로부터 현금회수	520,000
재고자산을 구입하기 위해 공급자에게 현금 지급	350,000
종업원에게 현금 지급	62,000
보험료 지급	17,000
재고자산의 증가	8,700
미지급급여의 감소	1,500
매출채권의 증가	42,800
매입채무의 증가	31,600
선급보험료의 감소	2,000

판매활동, 매입활동, 인건비, 보험과 관련된 현금흐름을 각각 구하시오.

판매활동: 520,000+42,800=562,800원
매입활동: 350,000+31,600−8,700=372,900원
인건비활동: 62,000−1,500=60,500원
보험활동: 17,000+2,000=19,000원

3 현금흐름표의 분석

현금흐름표를 이용하여 재무제표이용자는 여러 가지 정보를 얻을 수 있다.

1) 기업의 현금 창출능력이 어느 정도인가? 영업으로부터의 현금이 양수인가 음수인가? 만약에 음수라면 왜인가? 기업이 성장하고 있기 때문인가? 아니면 단지 기업의 수익성이 악화되었기 때문인가?

2) 기업이 이자비용과 같은 단기 부채를 상환할 능력이 충분한가? 영업 활동의 중단 없

이 이러한 부채 상환능력이 계속 이어질 수 있는가?

3) 기업이 성장에 투자했던 현금이 얼마나 있는가? 이러한 투자가 기업의 전략과 일치하는가? 기업이 내부 현금을 이용하여 투자하였는가? 아니면 외부에서 자금을 조달하여 투자하였는가?
4) 기업이 내부현금으로 배당을 지급했는가? 아니면 외부 자금을 이용했는가? 만약 기업이 외부 자금을 이용해서 배당했다면, 이러한 배당 정책이 계속 지속될 수 있을 것인 것?
5) 어떤 곳에서 외부 자금을 조달하였는가? 그것이 주식 발행, 단기 채권, 또는 사채 중 어느 것인가? 이러한 자금 조달 방식이 기업의 안고 있는 리스크와 관련이 있는가?
6) 기업의 모든 투자 이후에도 잉여 현금이 남아있는가? 이것이 장기적인 현상인가? 이러한 잉여 현금을 어떻게 사용할 수 있는가?

특히, 기업의 당기순이익과 영업으로부터의 현금의 차이가 큰 경우 다음의 사항을 고려해야 한다.

1) 당기순이익과 영업으로부터의 현금흐름의 차이가 꽤 큰가? 그 차이를 유발하는 원인을 확인할 수 있는가? 어떤 회계 정책이 그러한 차이를 유발했는가? 이러한 차이를 유발한 사건이 있는가?
2) 당기순이익과 영업으로부터의 현금흐름의 차이가 시간이 지나면서 바뀌는가? 그 차이가 왜 벌어지는가? 경영 상황 때문인가 아니면 기업의 회계 정책과 추정의 변경에서 오는 것인가?
3) 영업 채권과 채무, 재고자산의 변동이 정상적인가? 그렇지 않다면, 이에 대한 충분한 설명이 가능한가?

W.T. Grant와 네오세미테크의 사례

1,200여개의 지점을 보유하고 약 17억달러의 매출을 기록하던 미국의 17번째 규모의 소매기업인 W.T. Grant가 1975년 10월 결국 파산을 신청했다. Grant의 몰락의 원인에 대해서 많은 논의가 이루어졌다. 1960년대 중반 이후 Grant가 수립했던 사업 전략의 실패, 모호한 마케팅 전략, 보상 시스템 설계의 실패 등이 그 원인으로 꼽힌다. 하지만 1906년부터 꾸

준히 배당을 지급할 정도로 우량 기업이었던 Grant의 파산은 당시 자본시장, 특히 단기 기업금융을 해주던 은행들조차도 미처 예상하지 못했던 큰 충격이었다. 그러나 과연 이러한 문제점들이 하룻밤 사이에 Grant를 파산에 이르게 했을까? 파산 직전의 W.T. Grant의 재무제표를 살펴보자.

<표 11-1> W.T. Grant의 현금흐름과 당기순이익(단위: 백만달러)

연도	영업현금흐름	투자현금흐름	재무현금흐름	기타현금흐름	총 현금흐름	당기순이익
1967	-16.6	-15.5	48.9	-0.5	16.4	31.6
1968	5.0	-8.2	-10.3	-0.4	-13.9	33.0
1969	10.7	-10.7	0.5	-0.1	0.5	38.1
1970	-3.0	-14.4	24.7	-0.1	7.3	41.8
1971	-15.0	-16.6	33.0	-0.4	1.0	36.4
1972	-26.9	-31.9	76.0	-1.3	15.8	31.6
1973	-114.3	-28.5	121.3	2.5	-18.9	35.0
1974	-93.2	-28.8	137.7	-0.6	15.0	10.9
1975	-84.9	-20.8	140.0	-0.6	33.7	-177.3

<그림 11-1> W.T. Grant의 당기순이익과 영업현금흐름

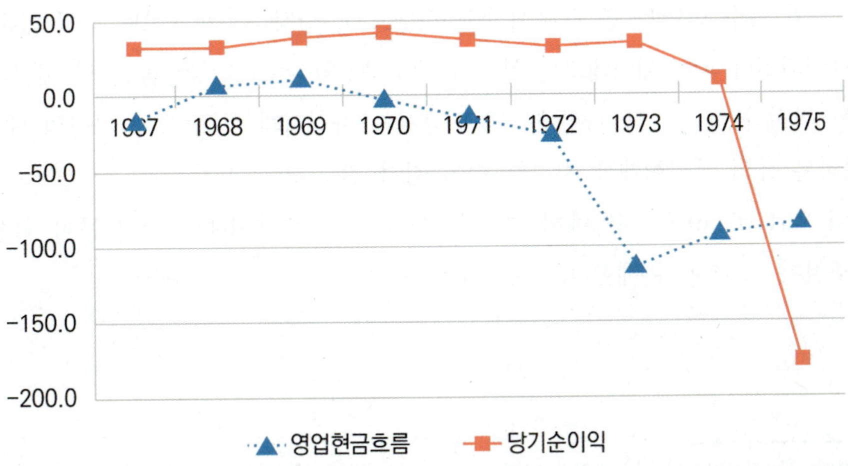

<그림 11-1>은 파산 직전 W.T. Grant의 당기순이익과 영업현금흐름을 나타낸다.

먼저 Grant의 당기순이익 추이를 살펴보자. 파산에 이르기 직전까지, Grant의 당기순이익은 안정적으로 보인다. 특히, 69년부터 73년까지 Grant가 교외 지역으로의 사업 확장을 공격적으로 시도했던 시기에도 당기순이익에는 큰 문제가 없어 보인다. 이를 주식시장에서도 반영하듯, 73년 Grant의 시가총액은 당기순이익의 20배에 달했다. 즉, 투자자들은 Grant가 과거에 그래왔듯이 앞으로도 지속적으로 성장하리라고 굳게 믿었던 것이다. 하지만 Grant의 현금흐름표를 보다 면밀하게 살펴본다면, 몇 년 뒤에 있을 Grant의 몰락이 그다지 놀라운 일이 아닐 수 있다. 파산 직전 Grant의 현금흐름표에 나타난 가장 큰 특징은 Grant가 내부적으로, 즉 영업을 통해 현금을 창출할 능력을 상실했다는 점이다. 이 회사는 현금의 유입이 없이 매출채권과 재고자산을 늘려서 이익만 부풀려 왔던 것이다. 이는 영업현금흐름이 음에 해당하는 1970년부터 지속적으로 확인할 수 있다. 내부적으로 현금을 창출할 능력이 없다면, 기업은 외부 금융에 의지할 수밖에 없고 이를 반증하듯 Grant의 재무활동으로부터의 현금흐름은 69년 50만달러에서 74년 1억4천만달러로 급증했다. 결과적으로 Grant의 당기순이익은 안정적으로 보이지만, 회사 내부에서는 버는 돈보다 들어가는 돈이 더 많았던 것이다. 즉, Grant의 지속적인 현금창출능력의 부재는 Grant의 몰락에 대한 충분한 가능성을 암시했다고 볼 수 있다.

다음으로 국내 기업인 네오세미테크의 사례를 보자. 네오세미테크는 거래 중지 직전 국내 코스닥 기업 중 시가 총액 26위에 해당하는 큰 기업이었다. 네오세미테크는 2009년 10월 (주)디엔티와의 흡수 합병을 통해 우회상장[1]하였으나, 상장 후 채 1년도 되지 않은 2010년 9월 상장폐지되었다. 네오세미테크는 부실한 재무구조와 손실을 상장을 통해 해결하기 위해 우회상장을 결정하였으며, 그 과정에서 허위공시와 자전거래 등을 통해 가공의 매출 및 자산을 계상하는 등의 분식회계를 저지른 것이 감사 결과 밝혀졌다.

그러나 W.T. Grant의 사례에서 보는 바와 같이, 네오세미테크 역시 분식 회계를 의심할 만한 조짐이 그 전에 존재했다. 다음 표를 보자.

---

1) 우회상장이란 비상장기업이 상장기업과 합병 등의 방법을 통해 상장하는 수단을 말한다. 신규상장이 엄격한 심사과정이나 공모절차를 거쳐야 하는 데 비해, 우회상장은 이러한 요건들이 다소 완화되어 있다. 그러나 우회상장제도 본래의 취지에서 벗어나 부실한 기업 또는 우회상장제도를 악용하는 기업들이 경영진의 배임, 횡령, 주가조작 등 여러 부작용을 발생시키고 있어, 금융감독원은 2010년 우회상장에 대한 추가적인 규제를 도입하였다.

<표 11-2> 네오세미테크의 수정전 현금흐름과 당기순이익 (단위: 억원)

연도	영업현금흐름	투자현금흐름	재무현금흐름	기타현금흐름	총 현금흐름	당기순이익
2005	-40	-46	107	0	21	12
2006	-41	-191	393	0	161	13
2007	14	-404	230	0	-160	25
2008	-16	-720	775	0	39	230
2009	-142	-395	889	-6	346	-224

<그림 11-2> 네오세미테크의 수정 전 당기순이익과 수정 전 영업현금흐름

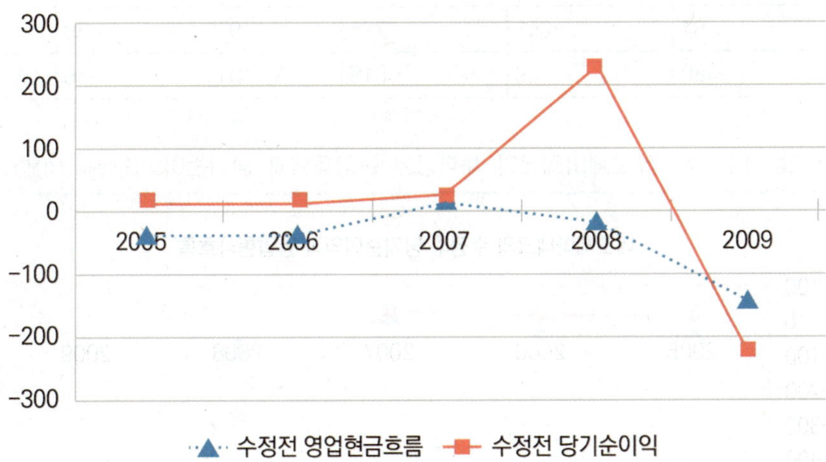

<그림 11-2>는 네오세미테크의 분식 회계가 적발되기 이전의 현금흐름과 당기순이익을 나타낸다. 2009년 상장폐지 전까지 네오세미테크의 매출액과 당기순이익은 지속적으로 증가하였다. 그러나 영업현금흐름은 당기순이익이 증가하는 만큼 증가하지 않으며 오히려 2007년을 제외하면 음의 현금흐름을 나타내고 있다. 즉 기업의 내부 현금창출능력이 부족한 상황에서 당기순이익이 지속적으로 증가했다는 사실은 의심스럽다. 또한 기업의 모자란 운영 자금을 충당하기 위해 외부에서 자금을 지속적으로 조달했다는 사실을 재무현금흐름으로부터 확인할 수 있다. 이러한 비정상적인 현금흐름은 네오세미테크의 부정을 짐작하게 한다.

결국 네오세미테크는 우회상장의 비교적 완화된 심사과정과 공모조건을 이용하여 자신들의 분식을 숨기고 주식시장에 상장하여 자금을 조달하려 했던 것이다. 일련의 사례를 통

해서 장기간 현금흐름이 없는 이익의 증가는 기업의 지속가능성에 문제점(red flag)일 수 있다. 당기 순이익의 이면에 숨겨진 기업의 현금흐름을 확인하는 것이 얼마나 중요한 일인지 확인하였다.

<표 11-3> 네오세미테크의 재작성된 현금흐름과 당기순이익(단위: 억원)

연도	수정 후 영업현금흐름	수정 후 투자현금흐름	수정 후 재무현금흐름	기타	총 현금흐름	수정 후 당기순이익
2005	-40	-46	107	0	21	12
2006	-41	-191	393	0	161	13
2007	14	-404	230	0	-160	25
2008	-84	-653	776	0	39	-274
2009	-480	8	818	0	346	-838

<그림 11-3> 네오세미테크의 재작성된 현금흐름과 당기순이익(단위: 억원)

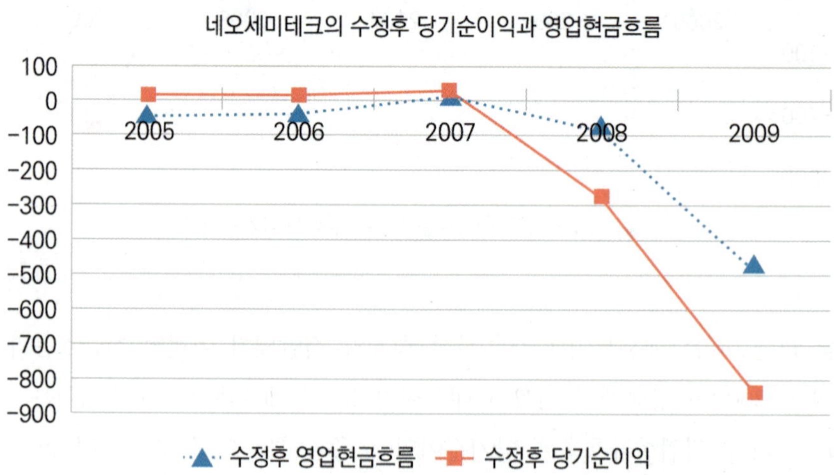

네오세미테크와 W.T. Grant 이외에 다른 파산회사의 재무제표를 살펴보면 다음과 같다. 아래 Freightways의 경우에는 회계상 이익이 나고 있으나 영업현금흐름이 악화되어서 이른바 흑자 도산하는 경우를 보여주고 있다.

4 현금흐름과 기업성장주기

현금 창출이 기업의 궁극적인 목적이다. 기업의 가치도 현금을 얼마나 창출해 내는가에 달려있다. 앞에서 언급했듯이 현금흐름표는 영업활동으로 인한 현금흐름, 투자활동으로 인한 현금흐름, 재무활동으로 인한 현금흐름으로 이루어져 있다. Dickinson(2011)에 따르면 현금흐름표의 세 구성 부분의 상호관계를 이용하여 기업의 성장주기를 파악할 수 있다. 인간의 성장단계와 비슷하게 기업도 성장주기에 따라 초기 설립단계부터, 발전단계, 성숙단계, 쇠퇴단계, 파산으로 나누어 볼 수 있다. 물론 인간과 달리 기업은 여러 성장주기를 거칠 수 있으며 오래된 기업이라고 해서 반드시 쇠퇴나 파산에 이르는 것은 아니다. 프락터 & 갬블, 시멘스 같은 회사는 100년이 넘은 회사이다. 일본의 경우 1,000년이 넘은 회사도 있다. 서로 다른 발전단계에서 현금흐름표의 세 구성 부분의 상호관계에는 큰 차이가 존재한다. 아래 표는 성장주기의 현금흐름표 구성 부분 간의 상호관계를 보여준다.

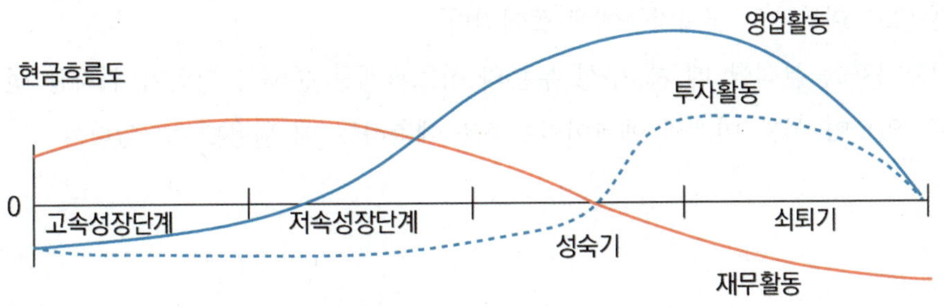

초기단계는 기업의 설립 및 고속성장단계이다. 이 단계에서 기업은 투자자(주주 및 채권자)로부터 성장에 필요한 대량의 자금을 확보해야 하므로 재무활동 부분에서 대량의 현금유입이 나타난다. 조달된 자금으로 기계설비 및 공장건물의 매입 등 비유동자산에 투자되고, 일부는 재고, 원자재 등 유동자산에 투자된다. 따라서 투자활동 부분에서 대량의 현금지출이 일어난다. 초기단계에서는 시장점유율 확보가 목표이어서 음(−)의 영업현금흐름을 보인다. 초기단계의 예로 우버나 리프트를 들 수 있다.

두 번째 발전단계에서는 첫 번째 단계의 투자가 운영에 투입되어 제품을 생산하게 되며, 기업의 성장은 계속된다. 영업활동으로 인해 양(+)의 현금유입이 일어나고 금액이 서서히 증가한다. 투자활동도 초기보다 줄어들기는 하나 영업활동으로 인한 현금유입만으로 투자활동에 필요한 현금흐름을 충당할 수는 없다. 그러므로 기업은 투자자로부터 소량의 자금을 추가적으로 조달해야 한다. 이 단계에서 재무활동으로 인한 현금흐름과 영업활동으로 인한 현금흐름은 소량의 유입이 나타나며, 이 두 부분의 현금유입은 재생산을 위한 투자지출에 사용된다. 아마존이 이러한 예라 볼 수 있는데 현금흐름표를 보면 성장을 위해 배당은 하지 않고 투자활동에 많은 현금 지출을 하고 있음을 알 수 있다.

세 번째 단계에서 기업의 영업활동이 안정적으로 이루어지면서 대량의 영업현금유입이 발생하기 시작한다. 이 유입은 유형자산의 생산능력을 유지하기 위해 재투자될 뿐만 아니라 나머지 부분은 투자자에게 지급하는 데 사용된다. 기업 설립시 차입으로 조달된 자금을 상환하고 주주들에게는 배당을 지급한다. 따라서 영업활동 분야에서 대량현금유입이 나타나고, 투자활동은 소액의 유출, 재무활동으로 인한 현금흐름은 순유출로 나타난다. 애플과 같은 회사가 이 단계에 있다고 볼 수 있다.

마지막으로 기업은 쇠퇴단계에 들어선다. 이때 영업활동으로 인한 현금흐름은 유입이지만 성숙단계에 비하여 금액이 줄어든다. 현금유입의 아주 적은 부분은 유형자산을 유지하기 위해 사용되고 대부분은 투자자들에게 돌아간다.

현금흐름표를 분석할 때 세 구성 부분의 상호관계를 통해서 기업이 위치한 성장주기를 추측할 수 있으며 이를 미래의 예상이익수준을 예측하는 데 활용할 수 있다.

11 연습문제

01 현금흐름표를 구성하는 세 가지 현금흐름의 종류와 이에 대한 설명을 하시오.

02 다음 현금흐름표를 바탕으로 정보를 분석하고 투자의사결정을 할 때 주의할 점(reg flag)이 있는지 말하시오. 또한 이 회사의 채권이나 지분에 투자할 것인지 결정하시오.

(단위: 억원)

영업활동으로부터의 현금흐름		
순이익	200	
감가상각비 (건물)	40	
감가상각비 (컴퓨터)	30	
매출채권의 증가	−240	
재고자산의 증가	−320	
미지급임대료의 감소	−31	
매입채무의 감소	−5	
미지급법인세의 증가	12	−314
투자활동으로부터의 현금흐름		
기계장치 취득	−190	
비품 구입	−110	−300
재무활동으로부터의 현금흐름		
은행 대출	240	
주식 발행	310	
배당금 지급	−10,000	540
현금 변화량		−74
기초현금		100
기말현금		26

03 다음 현금흐름표를 바탕으로 정보를 분석하고 투자의사결정을 할 때 주의할 점(reg flag)이 있는지 말하시오. 또한 이 회사의 채권이나 지분에 투자할 것인지 결정하시오.

(단위: 억원)

영업활동으로부터의 현금흐름		
순이익	-300	
감가상각비	80	
매출채권의 감소	400	
선급보험료의 감소	25	
재고자산의 감소	490	
미지급인건비의 증가	19	
매입채무의 증가	300	1,014
투자활동으로부터의 현금흐름		
건물 구입	-400	-400
재무활동으로부터의 현금흐름		
은행 대출	130	
배당금지급	-29	101
현금 변화량		715
기초현금		156
기말현금		871

04 다음 항목들은 네네 기업이 현금흐름표를 간접법으로 작성하는 데 고려해야 하는 항목들이다. 해당 항목들을 영업현금흐름, 투자현금흐름, 재무현금흐름으로 분류하시오. 회사는 배당금지급은 재무현금흐름으로 분류하는 정책을 갖고 일관되게 적용하고 있다.

1. 기계설비 구입
2. 부채 상환액
3. 건물 판매대금
4. 감가상각비
5. 무형자산 상각액
6. 보통주 발행액
7. 자기주식 취득
8. 미지급이자 증가
9. 배당금 지급

05 다음의 항목들이 영업, 투자, 재무활동으로부터의 현금흐름 중에 어디에 해당하는지 나타내시오.. 회사는 배당금수령과 이자지급을 영업활동 현금흐름으로 분류하는 정책을 갖고 있다.

	내용	분류
A	상품 공급업자에게 50억원을 지급하였다	
B	보통주를 발행하여 현금 200억원을 수령하였다	
C	고객으로부터 매출을 통해 현금 49억원을 수령하였다	
D	고객으로부터 지난 기에 기록한 매출에 대해 현금 50억원 수령하였다	
E	고객으로부터 18억원을 받았으며 제품을 다음 기에 발송할 예정이다	
F	차입금에 대한 이자 16억원을 지급하였다	
G	토지를 구입하기 위해 40억원을 지급하였다	
H	120억원의 토지를 구입하였다	
I	당기에 종업원들에게 인건비 25억원을 지급하였다	
J	전기에 종업원들이 일을 하고 미지급한 인건비 79억원을 지급하였다	
K	발명가에게 130억원을 지급하고 특허권을 구입하였다	
L	은행에서 90억원을 차입하였다	
M	주주들에게 배당금으로 200억원을 지급하였다	
N	기계장치를 판매하고 20억원을 받았는데, 본래 원가가 30억원이었으며 누적된 감가상각비가 10억원이었다	
O	만기가 된 사채를 상환하기 위해 100억원을 지급하였다	
P	다른 회사의 주식을 구입하기 위해 90억원을 지급하였다	
Q	위의 거래와 관련하여 회사로부터 배당금 200억원을 받았다	

06 다음은 회사의 상품과 관련된 정보이다.

항목	잔액
기초 재고자산	$ 4,000
기말 재고자산	$ 2,000
기초 매입채무	$ 1,000
기말 매입채무	$ 3,000
매출원가	$ 10,000

회사는 모든 거래를 신용으로 한다. 거래처에 상품 제공으로 당기에 지출한 현금 금액을 계산하시오.

07 다음은 기업의 비교 재무상태표이다. 2023년 당기에 건물의 취득과 처분이 각각 1건씩 발생하였다. 유형 자산 처분으로 인한 현금 유입액, 그리고 투자 활동 현금흐름을 계산하시오.(건물과 감가상각 누계액의 T계정으로 시작하면 쉽다)

	2023	2022
자산		
건물	$200,000	$180,000
(감가상각 누계액)	$80,000	$95,000
부채		
유동 부채	$5,000	$6,000
추가정보		
감가상각비	$11,000	$13,000
유형 자산 처분 이익	$2,000	0

기업이 당기에 취득한 건물은 $ 50,000이다.

08 다음 재무제표를 참고하여 2023년 현금흐름표를 작성하시오. 회사는 당기순이익과 배당금 이외에 이익잉여금에 영향을 미치는 항목은 없다. 또한 건물과 기계장치를 처분하였는데 구입가격이 40억원이었으며 판매 당시 누적 감가상각액은 20억원이었다. 배당금지급은 재무활동으로 분류하는 회계정책을 갖고 있다.

(단위: 억원)

	2023	2022		2023	2022
현금	100	120	매입채무	340	320
매출채권	400	190	미지급법인세	80	60
재고자산	400	420	기타유동부채	260	70
선급비용	50	70	사채	200	250
토지	250	210	보통주	540	410
건물과 기계장치(순액)	1000	800	이익잉여금	780	700
총자산	2200	1810	부채와 자본 합	2200	1810

매출액	2000
매출원가	-1050
판매관리비	-250
감가상각비	-200
이자비용	-90
유형자산처분손실	-10
법인세비용	-110
당기순이익	290

09 회사가 모든 거래를 분개하고 장부를 마감한 상황에서 다음의 거래가 추가적으로 발견되었다고 할 때, 다음의 양식에 맞추어 현금흐름에 미치는 영향을 나타내고 분개하시오.

A	회사에서 사용하는 컴퓨터에 감가상각비 300억원을 인식하였다.
B	기계장치를 현금 100억원을 지급하고 구입하였다.
C	보통주에 대해서 배당금 50억원을 선언하였으며, 기말시점까지 배당을 현금 지급하였다.
D	보통주를 현금 200억원을 받고 발행하였다.
E	회사의 투자자산을 매각하여 현금 33억원을 받았으며, 판매 당시 해당 자산의 감가상각누계액을 차감한 순 장부가액은 33억원이었다.

차변 계정과목	금액	대변 계정과목	금액
현금 변화량 =	부채 변화 +	자본 변화 -	비현금자산 변화

10 다음과 같은 거래가 당기에 발생했으며, 다음의 양식을 이용해서 해당 거래가 현금 자산에 미치는 영향을 분석하고 분개하시오. 해당 거래로부터 발생하는 세금 효과는 무시하시오. 회사는 배당금 수령을 영업활동으로 분류하는 회계정책을 일관되게 적용해 오고 있다.

A	회사는 원가가 50억원이고 감가상각비 누적액이 26억원인 기계장치를 20억원을 받고 판매하였다.
B	회사는 다른 회사에 대해서 24%의 지분을 갖고 있으며, 몇 년 전부터 지분법으로 회계처리를 해오고 있다. 피투자회사가 순이익을 200억원을 보고하였으며, 배당을 당기에 80억원 지급했다.
C	회사는 리스이용자인데, 자본리스에 대해서 80억원을 지급하였으며, 이 중 65억원은 이자비용에 해당한다.
D	당기 법인세로 인식할 비용은 120억원이었으며, 이 중 90억원은 당기에 현금 지급하였으며, 30억원에 해당하는 금액은 이연법인세로 인하여 나중에 지급한다.
E	회사는 다른 회사의 주식 10% 보유하고 있으며, 매도가능증권으로 분류하고 있다. 해당 피투자회사는 90억원의 순이익을 보고하였으며 38억원의 배당금을 지급하였다. 해당 주식의 기말 시장가치는 기초 시장가치와 동일하다.

차변 계정과목	금액	대변 계정과목	금액
현금 변화량 =	부채 변화 +	자본 변화 -	비현금자산 변화

11 다음은 롤리 회사가 2023년 재무보고에 포함한 내용이다.

(단위: 억원)

	기초	기말
기계장치(총액)	6600	6000
감가상각누계액	2000	1700
기계장치(순액)	3000	4300

기중에 회사는 기계장치를 40억원의 처분이익을 기록하면서 판매하였으며, 새로운 기계장치를 기중에 900억원에 구입하였다. 당기 중에 기록한 감가상각비는 400억원이었다. 회사가 당기에 기계장치를 매각하면서 받은 금액을 구하시오.

사례문제 1 모뉴엘은 비상장회사로서 최근 5년간(2009-2013) 매출액이 약 5배로 증가하면서, 한국을 대표하는 강소기업으로 자리매김하고 있었다. 가파른 매출 성장과 함께 충분한 영업이익을 기록하였기에, 모뉴엘에 대한 미래 전망 역시 밝아 보였다. 2013년 회계연도 기준으로 회사의 매출은 1조를 넘었으며, 영업이익이 1,100억원대, 당기순이익이 600억원대에 달했기 때문이다. 부채비율 역시 200%를 넘지 않았기 때문에, 금융권에서도 모뉴엘의 재무건전성에 대해서 큰 의문을 표하지 않았으며, 이는 회사가 6,000억원이 넘는 자금을 금융권에서 조달할 수 있었던 이유이기도 하다. 은행에서 여신 심사를 할 때 회사의 재무제표에 지대한 관심을 갖기 마련인데, 수익성, 성장성 측면에서 흠 잡을 곳이 없었기 때문이다.

	2013	2012	2011	2010	2009
유동비율(유동자산/유동부채)	1.586	1.461	1.620	2.287	2.922
자산성장률	27.8%	63.2%	331.0%	144.2%	-
부채/자본비율	1.779	1.953	1.586	0.859	0.593
매출성장률	36.6%	85.1%	70.6%	80.4%	-
영업이익성장률	25.3%	110.4%	68.4%	82.6%	-

이러한 까닭에 2014년 10월 20일 모뉴엘이 갑자기 법정관리를 신청하였을 때 많은 투자자들과 금융업계 종사자들이 크게 놀랄 수밖에 없었다. 모뉴엘의 법정관리 여파는 모뉴엘의 자회사인 잘만테크에 이어졌다. 잘만테크 역시 탄탄한 기술력을 바탕으로 최근 큰 폭의 성장세를 기록하던 회사였는데, 모뉴엘의 법정관리 소식에 주가가 하한가를 면하지 못하고 있다.

금융당국에서는 분식회계 여부를 조사하고 있으며, 잘만테크의 주가 움직임에서 나타난 비정상적인 거래물량에 대해서 추가적인 조사를 예고하고 있다. 이러한 사태가 발생한 근본적인 이유는 무엇일까? 만약 분식회계가 사실로 드러난다면 분식회계를 주도한 회사 경영진에게 책임이 있을 것이며, 회계감사 과정에서 충분한 주의를 기울이지 않은 것으로 드러난다면 외부감사인에게도 책임 소지가 있을 수 있다. 은행 역시 좀 더 체계적인 신용 심사와 사후 관리가 필요했을 수 있다.

하지만 이러한 사후약방문 식의 조치에 의존하지 않더라도, 모뉴엘은 이미 재무제표 상에 부실의 징후가 나타나고 있었다. 투자자 입장에서는 재무제표를 좀 더 상세히 살펴봄으로써 회사의 잠재적이 부실에 대해서 선제적으로 회피하는 것이 바람직하다.

다음은 모뉴엘의 최근 5년간(2009-2013) 현금흐름표를 요약한 표이다. 다음의 표를 통해서 회사의 잠재적인 부실 징후를 알 수 있는 항목이 있는가? 투자자 입장에서 주의해야 할 점(red flag)을 찾아보자.

과목	10기	9기	8기	7기	6기
I. 영업활동으로 인한 현금흐름	-1,513,705,618	1,684,079,602	17,260,771,849	-3,238,431,399	27,911,451,098
1. 연결당기순이익	60,187,511,315	35,536,340,964	19,900,115,702	16,175,464,940	9,356,832,551
2. 현금의 유출이 없는 비용 등의 가산	43,542,183,752	28,261,341,791	19,746,280,886	5,154,148,639	1,651,464,002
퇴직급여	1,578,986,350	1,247,365,262	1,471,840,146	223,382,859	109,798,618
감가상각비	2,581,867,547	2,816,721,920	2,134,764,914	639,145,410	99,644,422
대손상각비	12,125,866,844	1,313,688,173	3,108,208,978	359,189,029	133,046,241
무형자산상각비	508,138,637	503,406,567	359,969,197	94,769,209	3,840,333
외화환산손실	724,184,267	1,434,911,118	701,186,963	182,264,538	24,987,227
단기매매증권평가손실	3,371,960	-	2,319,436		
매도가능증권처분손실	112,971,043	-	1,834,388,160	223,382,859	109,798,618
매도가능증권손상차손	45,900,000	334,772,727	-		
무형자산손상차손	-	21,931,000	-		
지분법손실	5,026,142,829	4,803,243,171	1,323,319,557	57,300,568	139,460,000
지분법적용투자주식손상차손	509,019,935	-	0		
매출채권처분손실	13,660,765,764	10,714,083,531	5,677,023,970	3,593,089,826	1,132,002,004
유형자산처분손실	11,155,727	180,172,699	35,212,933	5,008,200	721,501
판매보증비용	22,050,820	148,949,872	-		
사채상환손실	-	1,140,751,764	235,653,187		
기타의대손상각비	2,028,096,850	-	2,328,144,055	-	7,963,656
재고자산평가손실	4,603,665,129	2,573,559,277	477,685,890		
재고자산감모손실	-	1,080,444,710	-		
마일리지비용(환입)	-	-52,660,000	56,563,500		
3. 현금의 유입이 없는 수익 등의 차감	-2,182,051,740	-3,709,212,026	-205,218,622	-27,244,919	-50,180,736
종속기업투자자산처분이익	-	1,161,516,016	20		
외화환산이익	1,633,819,337	1,343,395,557	199,864,505	14,421,929	49,870,975
유형자산처분이익	4,908,091	2,544,455	5,354,097	-	309,761
단기매매증권평가이익	7,798,619	5,422,161	-	2,634,875	-
지분법이익	192,986,655	16,799,843	-		

재고자산평가충당금환입	258,330,699	207,626,876	-		
기타의대손충당금환입	-	971,907,118	-	10,188,115	-
리스해지이익	61,308,339	-			
잡이익	22,900,000	-			
4. 영업활동으로 인한 자산·부채의 변동	-103,061,348,945	-58,404,391,127	-22,180,406,117	-24,540,801,059	16,953,335,281
매출채권의 증가	-41,305,608,788	-52,674,914,665	-25,253,254,867	-13,345,372,205	14,566,663,237
미수금의 증가	-2,838,522,872	-120,572,102	2,182,113,392	-2,238,203,992	-797,077,513
미수수익의증가	-377,646,411	-45,266,888	-13,963,673	-5,731,497	-14,757,506
선급금의 감소(증가)	1,074,299,401	-2,723,756,149	1,423,905,676	-918,475,449	9,682,151,086
선급비용의 감소(증가)	218,722,101	-244,363,411	-38,385,977	-103,425,703	-6,034,717
정부보조금의 증가(감소)	-2,545,773,033	2,633,408,336	318,719,167		
재고자산의 증가	-63,116,441,670	-44,192,303,488	-29,551,745,445	-15,558,795,254	-5,934,378,705
미수법인세환급액의 증가	0	0	-8,560,452		
장기선급금의 증가	0	0	-17,957,600		
매입채무의 감소	1,312,557,432	14,797,321,799	24,955,054,657	5,560,524,571	139,821,642
미지급금의 감소	1,115,878,889	4,353,163,600	411,001,766	2,364,095,140	-247,364,435
미지급비용의 감소	1,861,358,343	1,981,510,866	19,480,885	-263,116,747	230,101,374
미지급법인세의 감소(증가)	-4,366,216,433	11,897,609,052	1,931,494,931	209,779,635	-621,736,727
선수금의 감소(증가)	719,909,551	-220,258,008	-842,509,368	-165,766,151	64,418,736
예수금의 증가(감소)	-2,938,073	1,059,461,316	-77,154,428	125,845,005	15,237,004
마일리지충당부채의 감소	-	-2,750,000	-1,153,500		
반품충당부채의 증가	6,662,323	-	139,470,590		
장기미지급금의 감소	-35,622,800	-35,622,800	-		
퇴직금의 지급	-705,683,224	-294,411,068	-900,875,250	-38,221,108	-10,262,034
퇴직연금운용자산의 증가	-456,369,860	-301,077,787	-7,493,810	-163,937,304	-113,446,161
이연법인세의 증가	6,380,086,179	5,728,430,270	3,161,407,189		
II. 투자활동으로 인한 현금흐름	-44,385,783,237	-34,363,833,667	-29,660,584,234	-9,304,881,373	-4,058,547,753
III. 재무활동으로 인한 현금흐름	59,643,882,512	37,779,286,442	43,625,534,234	11,691,625,658	-12,239,135,948
IV. 현금현금성자산의 증가	13,745,880,152	4,815,847,316	31,225,722,430	-851,687,114	11,613,767,397
V. 기초의 현금 및 현금성자산	60,068,808,213	55,252,960,897	24,027,238,467	12,685,696,992	1,071,929,595
VI. 기말의 현금 및 현금성자산	73,814,688,365	60,068,808,213	55,252,960,897	11,834,009,878	12,685,696,992

사례문제 2 다음은 삼성엔지니어링의 2013년 12월 31일에 종료되는 회계연도(제47기)에 대한 재무제표의 일부이다. 자료를 참고하여 물음에 답하시오.

	제47기	제46기
영업활동현금흐름	(1,230,923,921,082)	(198,920,441,093)
영업에서 창출된 현금흐름	(1,006,787,330,552)	(13,807,905,117)
당기순이익	(708,658,932,989)	524,464,528,023
조정	71,577,132,989	360,730,482,493

순운전자본의 변동	(369,705,530,552)	(899,002,915,633)
이자의 수취	9,613,622,572	13,183,919,769
이자의 지급	(28,665,218,850)	(21,272,970,606)
배당금수익	1,182,736,000	1,307,835,800
법인세부담액	(206,267,730,252)	(178,331,320,939)
투자활동현금흐름	80,627,986,767	(173,589,057,215)
유형자산의 처분	8,375,196,473	1,157,536,447
투자부동산의 처분	174,991,000,319	
무형자산의 처분		2,053,538,408
단기금융상품의 순증감	(56,840,525,709)	118,058,148,901
매도가능금융자산의 처분	20,325,325,618	3,400,221,645
유동성만기보유금융자산의 회수	1,014,005,000	974,445,000
기타유동자산의 증감	4,035,475,779	(6,630,000,000)
기타비유동자산의 증감	(9,623,593,914)	(11,813,476,416)
매도가능금융자산의 취득	(5,000,000)	(56,752,713,900)
만기보유금융자산의 취득	(275,636,626)	(277,242,533)
종속기업의 취득		331,395
관계기업주식의 취득	(1,083,010,000)	(1,436,941,500)
유형자산의 취득	(42,985,955,068)	(208,701,735,162)
무형자산의 취득	(17,299,295,105)	(13,557,669,500)
투자부동산의 취득		(63,500,000)
재무활동현금흐름	989,996,003,199	258,797,848,011
주식매수선택권의 행사	74,880,000	19,240,000
단기차입금의 순증감	662,834,039,181	369,650,424,011
장기차입금의 차입	437,970,000,018	
배당금의 지급	(110,882,916,000)	(110,871,816,000)
자기주식의 취득		
외화환산으로 인한 현금의 변동	(12,325,716,097)	(9,896,720,751)
현금의 증감		(123,608,371,048)
기초 현금 및 현금성자산	436,409,774,915	560,018,145,963
기말의 현금 및 현금성자산		436,409,774,915

영업활동으로부터의 현금흐름 대해서는 다음과 같은 추가자료가 공시되어 있다.

추가자료 1

구분	당기	전기
감가상각비	46,159,214	37,861,551
무형자산상각비	8,754,672	5,656,670
퇴직급여	64,096,341	48,377,170
외화환산손실	40,296,124	73,211,454
유형자산처분손실	379,191	1,800,979
매출채권처분손실	9,323,844	16,526,122
소송충당부채전입	12,936,775	-
무형자산처분손실	-	54,428
이자비용	20,895,927	21,116,749
법인세비용(수익)	-227,873,070	167,464,774
통화선도평가손실	15,918,257	2,301,868
확정계약평가손실	22,151,824	12,510,022
외화환산이익	-22,121,903	-44,015,049
매도가능금융자산처분이익	-10,746,974	-2,342,567
투자부동산처분이익	-129,290,158	-
유형자산처분이익	-1,430,872	-281,539
복구충당부채환입	-1,581,132	-2,030,034
대손충당금전입(환입)	13,511,595	-4,121,831
이자수익	-8,944,113	-12,149,565
배당금수익	-3,110,096	-3,490,426
통화선도평가이익	-13,147,534	-4,678,730
확정계약평가이익	-16,958,896	-11,699,705
소송충당부채환입액	-152,454	-
하자보수충당부채전(환)입액	7,112,835	-556,068
공사손실충당금전입액	154,326,254	956,821
종속기업투자손상차손	34,912,734	-
매도가능금융손상차손	304,714	-
보증충당부채전입액	709,305,852	-
종속기업투자처분손실	749,445	-
합 계	725,778,396	302,473,094

추가자료 2

구분	당기	전기
매출채권의 증감	(140,037,840)	(10,309,199)
미청구공사의 증감	(72,415,258)	(67,814,308)
미수금의 증감	(10,279,992)	1,613,183
미수수익의 증감	(73,642)	(23,495)
선급금의 증감	3,887,062	218,151,665
선급공사비의 증감	8,472,482	(12,771,986)
선급비용의 증감	(26,582,672)	(103,108,089)
기타유동자산의 증감	5,776,272	15,893,672
보증금의 증감	78,093,537	(186,742,766)
장기선급비용의 증감	7,802,118	6,976,878
통화선도의 변동	(585,322)	(17,583,261)
확정계약의 변동	9,598,602	(1,246,400)
매입채무의 증감	(135,899,186)	(296,919,043)
미지급금의 증감	(41,104,328)	98,041,249
초과청구공사의 증감	73,249,891	(115,314,701)
기타유동부채의 증감	(3,293,730)	(2,009,416)
예수금의 증감	32,774,841	2,721,623
미지급비용의 증감	(263,117)	1,702,899
충당부채의 증감	(31,620,175)	5,142,630
기타비유동부채의 증감	17,927,711	85,418,306
퇴직급여부채의 감소	(65,338,852)	(41,447,767)
합 계	(289,911,598)	(419,628,326)

추가자료 3

구분	당기	전기
만기보유금융자산의 유동성대체	954,830	1,014,005
장기미지급비용의 유동성대체	-	-
자기주식처분손실의 발생	46,592	11,001
건설중인자산의 본계정대체	4,846,524	374,795,443
임차자산개량권의 취득	505,893	-
매도가능금융자산평가이익(기타포괄손익)의 증감	(12,564,782)	6,007,177
매도가능금융자산평가손실(기타포괄손익)의 증감	(15,286,860)	(1,054,685)
통화선도평가이익(기타포괄손익)의 증감	(7,601,406)	2,782,520

통화선도평가손실(기타포괄손익)의 증감	6,212,226	4,698,023
유무형자산 취득으로 인한 미지급금의증감	14,498,624	6,050,728
투자부동산 처분으로 인한 보증금승계	67,619,562	-

01 회사가 추가자료 1을 통해서 공시한 항목의 공통적인 특성은 무엇인가? 영업활동으로부터의 현금흐름을 간접법으로 계산하는 것과 관련하여 답하시오.

02 회사가 추가자료 2를 통해서 공시한 항목의 공통적인 특성은 무엇인가? 영업활동으로부터의 현금흐름을 간접법으로 계산하는 것과 관련하여 답하시오.

03 회사의 2013회계연도 당기순이익과 영업활동으로부터의 현금흐름은 각각 얼마인가? 두 항목 간 차이를 발생시키는 가장 큰 이유는 무엇인가?

04 회사의 2012년에 종료되는 회계연도의 자료를 보면 당기순이익은 흑자를 기록하였으나 영업활동으로부터의 현금흐름은 음(-)의 값을 보고하고 있다. 투자자로서 이러한 기업에 투자할 때 유의해야 할 점이 있는가?

05 회사의 2013년 기말 현금을 구하시오.

06 회사는 이자지급과 관련된 현금흐름을 어떤 활동으로 분류하고 있는가? 회사는 이에 대해서 대체적인 분류를 적용할 유인이 있는가?

07 회사의 2013년 매출액은 9,806,322,604,277원으로 보고되었다. 직접법으로 매출활동 현금흐름을 구하시오.

항목	금액
매출액	9,806,322,604,277
매출채권처분손실	(9,323,844)
매출채권의 증가	(140,037,840)
대손충당금 증가	13,511,595
매출활동 현금흐름	9,806,186,754,188

08 추가자료 3에 나타난 항목의 공통적인 특성은 무엇인가? 이러한 정보를 왜 공시해야 할까?

09 회사가 배당으로 지급한 현금은 얼마인가? 배당금액과 관련하여 어떠한 추세를 발견할 수 있는가? 필요하다면 회사의 최근 배당자료를 추가적으로 찾으시오.

10 만약 회사가 당기에 증자를 했다면 이는 어떤 활동으로 분류되어야 하는가?

〈부록〉

재무비율	영문	분자	분모
수익성비율			
총자산순이익률(ROA)	Return on Asset(ROA)	순이익+이자비용(법인세 효과 차감)	평균총자산
매출액순이익률	Profit margin ratio	순이익+이자비용(법인세 효과 차감)	매출액
총자산회전율	Total asset ratio turnover	매출	평균총자산
매출채권회전율	Accounts Receivable turnover ratio	매출	매출채권
재고자산회전율	Inventory turnover ratio	매출원가	평균재고자산
고정자산회전율	Fixed asset turnover ratio	매출액	평균고정자산
자기자본순이익률(보통주)	Rate of return on common shareholders' equity(ROCE)	순이익-우선주배당	평균보통주자기자본
자본구성비율	Capital structure leverage ratio	평균총자산	평균보통주자기자본
주당수익(보통주)	Earnings per share	순이익-우선주배당	가중평균유통주식수
단기유동성비율			
유동비율	Current ratio	유동자산	유동부채
당좌비율	Quick ratio	당좌자산	유동부채
영업현금흐름부채비율	Cash flow from operations to current liability ratio	영업현금흐름	평균유동부채
매입채무회전율	Accounts payable turnover ratio	매입	평균매입채무
매출채권회전기간	Days accounts receivable outstanding	365일	매출채권회전율
재고자산회전기간	Days inventories held	365일	재고자산회전율
매입채무회전기간	Days accounts payable outstanding	365일	매입채무회전율
장기유동성비율			
부채자산비율	Liabilities to assets ratio	부채	자산
장기부채비율	Long-term debt ratio	장기부채	자산
부채자본비율	Debt-equity ratio	장기부채	자기자본
영업현금흐름부채비율	Cash flow from operations to total liabilities ratio	영업현금흐름	평균부채
이자보상비율	Interest coverage ratio	이자비용 및 법인세 전 순이익	이자비용

찾아보기

[공저자 약력]

백 복 현
서울대 경영학사
미시간대 경제학 석사
버클리대 경영학 박사
한국은행 근무, 플로리다 주립대 조교수 역임
(현재) 서울대학교 경영대학 교수
서울대 MBA 부학장

Journal of Financial Economics,
Journal of Accounting Research,
Accounting Review 등에 논문 출간

정 부 천
서울대 경영학사
서울대 경영학 석사
콜로라도대 경영학 박사
(현재) 하와이대학교 경영대학 교수
Shidler College Distinguished Professor

Journal of Accounting & Economics,
Contemporary Accounting Research,
Journal of Accounting, Auditing, and Finance
등에 논문 출간

재무회계강의

2024년 2월 25일 인쇄
2024년 3월 5일 발행

공저자 백복현 · 정부천
발행인 임 권 규
발행처 弘 文 社

05855 서울시 송파구 송파대로 167 테라타워 B동 802호
등록 1993. 6. 24. 제1-1543호
TEL. 712-5311(代) FAX. 716-5311

값 32,000원

ISBN 978-89-7770-758-0 93320